LEXICON

POLITIQUE,

OU DÉFINITION

DES MOTS TECHNIQUES DE LA SCIENCE

DE LA POLITIQUE;

Par M. le Chevalier DE SADE,

Ancien Officier de Marine, auteur de la *Tydologie*, des *Orateurs*,
des *Préceptes politiques*, et de l'*Art de faire les Lois*.

OUVRAGE POSTHUME.

Tome Second.

A PARIS,

Chez A. POUGIN, libraire-commissionnaire,
Quai des Augustins, n° 49.

A SENS,

Chez Théodore TARBÉ, imprimeur-libraire,
Grande-Rue, n° 148.

1837.

LEXICON
POLITIQUE.

OUVRAGE POSTHUME
De M. le Chevalier DE SADE.

DE L'IMPRIMERIE DE THÉODORE TARBÉ, A SENS.

LEXICON POLITIQUE

ou

DÉFINITION DES MOTS TECHNIQUES

DE CETTE SCIENCE. *

152. Théocratie. Gouvernement de Dieu ou des dieux. La Divinité en est le souverain et le prince. Ses lois sont dictées par le ciel; elles sont annoncées au peuple par les prêtres du Seigneur, qui ont seuls le droit juridique de connaître et de faire punir les infractions commises contre la teneur du *Code divin*, qui régit cette société politique.

Ce gouvernement est très-fort dans son intérieur, parce que son autorité est fondée sur une croyance, en si grande vénération parmi les citoyens, que de manifester le moindre doute sur son authenticité, et sur la plénitude des droits des pontifes qui sont les délégués de ce Souverain, c'est un crime sacrilége, qui excite contre le délinquant la fureur et l'indignation du peuple. Code et catéchisme sont synonymes sous cet empire; ils ne sont qu'un seul et même ouvrage; dans lequel, dès leur plus bas âge, les enfants s'instruisent des devoirs qu'ils auront à remplir,

---

* Tous ces mots sont définis les uns à la suite des autres, suivant des rapports d'analogie. L'ouvrage sera terminé par une table alphabétique de tous ces articles, avec l'indication des pages.

II.

1

quand ils seront des hommes faits. Les habitudes, les préjugés religieux et de la vie privée, deviennent des habitudes et des préjugés communs et nationaux, qui entretiennent le peuple dans la haute opinion qu'il a de son *Prince invisible*, et dans une soumission aveugle aux ordres qu'on promulgue au nom de ce *Divin Maître*. L'unité jouit de sa toute-puissance dans la théocratie, et il n'y a que des causes étrangères qui puissent corrompre ou détruire cette espèce de gouvernement, quand il ne déroge point à ses principes fondamentaux. C'est encore lui qui exalte le plus les esprits, et qui inspire à ses sujets le plus d'amour, de confiance et de dévouement.

Le commerce, la fréquentation des étrangers, la tolérance religieuse, les philosophes et les métaphysiciens sont aussi dangereux, pour la conservation de ces sortes de gouvernements, que les invasions de leurs voisins. C'est dommage, parce que ce sont les États où les peuples se croient le plus heureux.

La théocratie est moins soutenue par la sublimité de la Religion qui fonde son pouvoir, que par la stricte observance des pratiques superstitieuses que son culte prescrit. La durée de ce gouvernement exige en outre que les *archipontifes*, ceux qui remplissent les premières magistratures du spirituel et du temporel chez ces peuples, soient des hommes pieux, charitables, instruits, fermes et modérés en même temps, ayant une invariabilité persévérante dans leurs actes législatifs et dans le mode de leur exemption. Les innovations empoisonnent ces empires, et il faut y introduire, avec beaucoup de ménagement, celles qui sont d'une absolue nécessité. Les chefs d'une pareille société ne sont jamais libres ; nuit et jour, au contraire, ils sont forcés de se surveiller eux-mêmes, d'assister ponctuellement aux offices publics, et de porter la plus grande attention à ce que leurs places, leur contenance, et jusqu'à la moindre partie de leur vêtement, soient conformes, avec la plus scrupuleuse exactitude, aux règles du rit qu'ils professent. Cette conduite soutenue leur donne la réputation de *Saints* : si elle n'est pas indispensable, cette opinion est au moins très-favorable à leur existence politique.

Le corps des prêtres étant plus nombreux, il serait impossible de lui donner un ensemble aussi édifiant, si, par une discipline exacte, sévère et clairvoyante, les premiers pontifes ne s'attachaient point à séparer, autant que possible, du reste du peuple, le clergé subalterne ; afin que, uni avec ses chefs naturels, il se regardât dans la société, comme composant un ordre distinct, qui n'a d'autre ambition et d'autre but, que celui de dominer, et de s'en montrer digne par l'ascendant de la vertu et du savoir, par une abnégation totale de soi-même, le mépris des plaisirs, tant publics que privés, et enfin, par une étiquette soigneusement suivie, qui ne permet à ses membres de ne se montrer qu'en fonctions sacerdotales, et bien rarement comme de simples particuliers (1).

---

(1) Sous ce point de vue, toutes choses d'ailleurs égales, le clergé régulier convient mieux au gouvernement théocratique, que le séculier ; parce que, renfermés dans un couvent comme dans une caserne, sans cesse surveillés par une hiérarchie de supérieurs et de sous-supérieurs, les moines sont soumis à une discipline plus prochaine et plus continue que les autres prêtres, qui sont livrés à eux-mêmes, et aux

1*

Ces conditions ont été remplies à l'origine de l'établissement de plusieurs cultes et de quelques congrégations religieuses. La vie des apôtres, et celle de leurs successeurs immédiats, l'histoire des ordres monastiques et des premiers califes, en fournissent des preuves multipliées.

Mais ces pontifes et ces prêtres gouvernants sont tous des hommes. Il est difficile que, dans la succession de ces archi-pontifes, il ne se trouve point un sujet véreux, mais doué de grands talents. Très-indulgent pour lui-même, il se livrera sans réserve au cours de ses passions, et il propagera ses vices parmi les membres de son Conseil. Les gens austères le chagrineront; il les écartera, il les vexera, il les fera tourner en ridicule par ses partisans; il ne manquera aucune occasion de dégoûter les bons prêtres et de protéger les sujets scandaleux; et le luxe des autels sera surpassé par celui de leurs desservants. Le peuple, étonné de voir tant de somptuosité remplacer l'humilité apparente de ses premiers pasteurs, commencera à concevoir des doutes sur la divinité de la mission de ceux qui le gouvernent.

Fier et orgueilleux d'une supériorité non contestée, la gloire d'être le vicaire de son Dieu ne suffit plus à la vanité de cet archi-pontife : l'honneur de se voir placé au rang des

---

distractions qu'on rencontre si fréquemment dans le commerce des sociétés particulières.

Il serait donc plus facile de soustraire aux yeux du public les faiblesses humaines de ces religieux, de les empêcher de se trop familiariser avec le monde, et d'entretenir le peuple dans les sentiments respectifs qu'il doit aux ministres de son Dieu, en n'employant que des cloîtrés qu'on ne verrait jamais que dans l'exercice de leurs fonctions sacerdotales.

princes de la terre, le flatte davantage. Il en prend le ton et le faste ; il s'entoure d'une Cour brillante et corrompue, et il n'épargne ni soins ni dépenses, pour y rassembler, en grand nombre, des philosophes, des gens de lettres, et les plus fameux artistes..... ; bruyants avant-coureurs de la décadence d'un État, comme le prouve l'histoire des siècles qui ont suivi ceux de Périclès, d'Auguste, de Léon X, et de Louis XIV.

La théocratie est chancelante, quand la foi n'est pas implicite ; et la foi ne se soutient pas long-temps devant le scandale des prêtres qui la prêchent. Elle s'évanouit bien vite à la vue de ces pontifes qui, pour subvenir aux besoins croissants de leurs prodigalités mondaines, font, dans l'unique intention d'augmenter leurs revenus, un commerce lucratif des grâces du ciel et de ses indulgences ; et qui interpellent, à chaque instant, le saint nom de la divinité, dans le dessein prémédité, non pas d'excuser, mais de rendre adorables leurs actes de débauche et leurs abus d'autorité.

Le bon sens et la routine soutiennent la théocratie ; les innovations et les qualités brillantes l'affaiblissent considérablement.

Ce gouvernement s'allie très-bien, tant au fond qu'à la forme, avec le despotisme, la monarchie et l'aristocratie ; mais il est incompatible avec la démocratie.

Les quatre gouvernements primitifs dont nous venons de parler se trouvent souvent plus ou moins entremêlés avec des pouvoirs qui tiennent à la théocratie : elle jouit alors d'une puissance subalterne, mais importante dans l'État.

Ce n'était point comme théocrate qu'autrefois, en France, le clergé formait un ordre distinct dans l'État. Ce titre lui appartenait de droit, comme possesseur d'un genre de propriété dont il jouissait exclusivement. Sa suprématie sur les deux autres ordres, la noblesse et le tiers-état, lui fut peut-être accordée, parce que, composé indifféremment de nobles et de roturiers, ce corps représentait mieux, et avec moins de jalousie, l'ensemble des citoyens français de toutes les classes. Ces prêtres étant tous célibataires, on présuma que leur administration serait plus impartiale que celle d'aucun des deux ordres, dont les membres, presque tous attachés par les liens du mariage, auraient pu avoir des gestions et des avis plus ou moins influencés par l'envie de bonifier le sort futur de leurs femmes et de leurs enfants. Il peut se faire aussi que le bon sens de nos ancêtres se soit aperçu qu'en accordant une prééminence marquée aux ministres de leur culte, ils en rendaient la religion plus respectable aux yeux du peuple qui, presque toujours, ne juge que sur les apparences.

153. HIÉRARCHIE DES POUVOIRS DANS LE SPIRITUEL DE LA RELIGION CATHOLIQUE. Le gouvernement de la religion catholique, apostolique et romaine, est une *théocratie*. La hiérarchie des pouvoirs de son spirituel consiste dans la papauté, l'épiscopat et la prêtrise. Ces bases fondamentales ont été posées par Notre-Seigneur lui-même, dans ses saints évangiles, et aucune puissance humaine n'a le droit de les changer.

Le *diaconat* a la même origine et la même prérogative. Mais l'usage a si fort prévalu dans l'église, d'élever la totalité des diacres à la prêtrise, qu'on peut assurer que, depuis très-long-temps, pas un simple diacre n'a été employé dans le saint ministère d'aucune paroisse de la France, et peut-être même de toute la catholicité. Cette raison nous justifie, si, dans ces considérations politiques, nous rangeons le diaconat avec les ordres subalternes de notre hiérarchie ecclésiastique.

Les grades de diacre, de sous-diacre, d'acolyte, d'exorciste, de lecteur, de portier et de tonsuré, désignent les échelons qu'un laïque est obligé de monter successivement depuis la tonsure jusqu'au diaconat, s'il veut s'élever jusqu'au sacerdoce. Mais leurs pouvoirs spirituels sont si restreints, qu'on peut les négliger dans des considérations sur la politique qui doit régir ce gouvernement théocratique.

Les moines ne font point partie essentielle de notre hiérarchie religieuse. Ils ne sont que des prêtres enregimentés, et soumis à des devoirs particuliers, suivant la règle de leur institut. Si quelques-uns de leurs abbés avaient les pouvoirs de l'épiscopat en certaines occasions, ils rentraient alors, quant à leur juridiction spirituelle, dans la classe des évêques, sans former entre eux un ordre séparé, par des pouvoirs distincts qui leur fussent uniquement affectés.

Les ordres religieux et militaires, les congrégations séculières et laïques, sont dans le même cas. Ces corps décorent et appuient la religion catholique; mais elle pourrait s'en passer, sans nuire à son essence ni à sa hiérarchie fondamentale.

La religion catholique s'étant étendue dans beaucoup de provinces de l'Asie, de l'Afrique, et la presque généralité de l'Europe, il a fallu nécessairement que le nombre des prêtres s'augmentât, en proportion de celui des fidèles qu'ils avaient à instruire, à entretenir et à conduire dans la voie du salut, par la prédication de l'évangile et l'administration des sacrements. L'esprit des siècles du moyen âge, et quelques autres circonstances, engagèrent une quantité considérable de personnes à prendre aussi l'état ecclésiastique. Il devint donc indispensable de créer des dignités intermédiaires entre les évêques et les simples prêtres, sans autres pouvoirs que ceux que voudrait leur donner l'évêque diocésain, afin d'entretenir l'ordre et la discipline dans le clergé inférieur, et de ménager en même temps des retraites honorables à des vieillards hors d'état de remplir leurs fonctions pastorales. C'est l'origine des grands-vicaires, des chanoines, des archiprêtres, des archidiacres, et autres grades, n'ayant d'autres extensions de pouvoirs sur les simples prêtres, que celles qu'ils recevaient de l'épiscopat. Quant aux cardinaux et aux abbés commendataires, mon ignorance m'empêche d'en parler.

Les papes, les évêques et les curés ou simples prêtres, tous d'institution divine, sont si inhérents à notre culte, que, si une de ces trois classes venait à s'effacer, la religion catholique, apostolique et romaine n'existerait plus. Les autres charges ecclésiastiques, d'institution humaine, peuvent s'augmenter, se diminuer, ou s'annuler entièrement, sans rompre l'unité de l'Eglise, ni sa constitution évangélique. Voilà les deux grandes divisions établies dans le culte, que l'article 6 de la charte a proclamé la religion de l'État.

Les titulaires de ces différentes classes ont été des hommes. On doit s'attendre, par conséquent, à rencontrer, dans leur histoire, des abus d'autorité d'une part, des insubordinations marquées de l'autre, et des prétentions illégitimes des deux côtés. Il devient donc indispensable, si l'on veut s'éclairer sur les droits respectifs de chacun de ces titulaires, et les discuter avec connaissance de cause, de bien définir la distinction de leur pouvoir, et de fixer la subordination graduelle qui les lie ensemble.

Cette tâche si importante, mais si difficile et si hors de ma portée, se trouve parfaitement remplie dans le passage suivant d'un des écrits du profond et éloquent abbé *Gaschet*, curé de Vignole (1).

« Tout est divinement lié dans l'admirable constitution
» de la religion catholique, apostolique et romaine. J'y re-
» connais une hiérarchie d'ordre et de gouvernement qui
» n'est point l'ouvrage des hommes : elle a JÉSUS CHRIST
» même pour auteur ; elle ne peut se soutenir que par les
» rapports mutuels et intimes de toutes les parties de son
» ensemble, de tous les membres avec le chef, et du chef
» avec tous les membres. Y mettre ce qui est d'institution
» humaine avant ce qui est d'institution divine, c'est ren-
» verser l'ordre et l'arrangement. Les diacres succèdent
» aux premiers diacres, les prêtres aux disciples, les évêques
» aux apôtres. Le pontife romain, comme successeur de
» Saint Pierre, chef du collège apostolique, est la tête de
» tout le corps. La primauté des honneurs et de juridiction

---

(1) Lettres apologétiques de M. Gaschet, curé de Vignole, dans le diocèse de Saintes, pour servir de suite à celles qu'il a publiées en 1808 et 1809.

Londres, 25 juillet 1815. Pag. 372 et suivantes.

» lui est dévolue de droit divin. Cette céleste prérogative,
» qui lui impose le devoir de confirmer ses frères, lui donne,
» par une conséquence nécessaire, la surveillance univer-
» selle ; mais elle ne le constitue ni despote, ni maître ab-
» solu ; il préside, mais il n'est pas seul juge.

» Si nous remontons à notre origine, si nous consultons
» notre établissement et notre constitution, nous connaî-
» trons quels sont les emplois dont nous sommes respecti-
» vement chargés. La tête n'est point les jambes et les
» pieds ; elle ne peut marcher seule : la pierre fondamen-
» tale d'un édifice n'est point l'édifice entier ; la partie qui
» se constituerait le tout, finirait par n'être rien.

» Ecclésiastiques, de quelques rangs que nous soyons,
» nous ne formons qu'un seul et même corps dans notre
» organisation primitive, qui, par la succession, doit durer
» jusqu'à la consommation des siècles. Nous avons chacun
» une destination particulière, et un office propre à rem-
» plir ; pour être bien d'accord, il faut donc que nous
» soyons chacun à nos places.

» Si nous sommes déplacés, remettons-nous ; soyons si
» intimement unis, qu'on ne puisse plus dire de nous que,
» *lorsqu'un de nos membres souffre, les autres ne partagent*
» *pas les souffrances.* »

Ces deux derniers alinéas sont un avis au lecteur, de
quelque classe et de quelque parti qu'il soit.

154. Concordat. Pacte, transaction, contrat synallagmatique entre le pape et un Souverain laïque, consacrant et
établissant quelques maximes, quelques droits respectifs et
quelques points de discipline ou de forme à suivre, tant par

la cour de Rome, que par les églises catholiques qui se trouvent sous la dépendance de la puissance laïque qui contracte. Le *concordat germanique*, passé en 1448, entre le pape Nicolas V et l'empereur Frédéric IV, est le premier traité de ce genre que je connaisse. Léon X et François Ier, roi de France, en signèrent aussi un en 1516. Ce concordat a suffi, pendant plus de 300 ans, pour régir l'église gallicane, jusqu'en 1801. Buonaparte, cette année-là, voulut à son tour publier un concordat qui fut son ouvrage. Leur nombre, depuis cette époque, a si fort varié, que je ne sais plus à quel numéro ils en sont.

En réglant, déréglant, tourmentant et variant sans cesse la forme d'une religion, il est difficile que quelquefois on ne morde pas un peu sur le fond. Si cela arrive, ou qu'on puisse en tirer l'induction, les partisans d'une routine immuable ont un avantage décidé sur la Cour de Rome. Une religion est divine ou humaine : si elle est humaine, elle n'est qu'une profanation, et elle devient l'objet d'un mépris universel, du moment que son origine est connue ; si elle est divine, personne, en aucune manière, n'a le droit de la changer ; et une modification quelconque est un changement.

Puisque chaque souverain a le droit de passer un concordat avec le pape, de revenir sur les anciens, de les annuler en tout ou en partie, et d'en modifier les articles selon son bon plaisir, il s'ensuit que l'on en aura tant que l'on voudra ; et que l'administration religieuse de chaque diocèse pourra changer de forme, de discipline, et quelquefois même de maxime, autant de fois que ces souverains, ou leurs ministres, en auront la fantaisie. Si les parties contractantes

sont capricieuses, les apparences extérieures de la religion
catholique, apostolique et romaine, se ressentiront nécessairement de la variation d'esprit des personnes qui en dirigent les formes, et elle ne sera plus reconnaissable de pays
à pays, ni d'époque à époque.

Le principe fondamental de la religion catholique est
d'être *une et universelle*. Si cette discordance de concordats
ne brise pas son *unité*, elle en détruit au moins les apparences ; et les apparences ne sont-elles rien aux yeux de la
multitude ? Le peuple ne discute point ; il regarde et il
voit. Sa raison n'est pas assez accoutumée aux distinctions
des écoles, pour qu'on puisse facilement lui persuader que
ce qui lui paraît différent, est pourtant la même chose. Il
n'entendra jamais qu'une institution qui varie toujours dans
sa forme, soit une institution invariable ; et, sans s'embarrasser de l'excellence de l'ancienne sur la nouvelle, ou de
la nouvelle sur l'ancienne, il n'en croira pas moins avoir
changé de religion.

Si Dieu, dans son ineffable bonté, a daigné nous instruire
de la seule religion qui lui fût agréable, pourquoi ne con-
serve-t-on pas à son culte la forme et la discipline habi-
tuelles ? L'unité, qu'on recommande tant, est rompue par
ces transformations continuelles, ou si elle ne l'est pas
réellement, les doutes sur son existence sont si forts, que
les gens simples, comme moi, s'y tromperont, en confron-
tant les articles de ces différents concordats qui se contredisent entre eux.

C'est pourtant en faveur de cette unité que le pape s'est
déclaré infaillible, et qu'il avait soumis à sa juridiction
toutes les affaires spirituelles et temporelles concernant la

religion catholique. Il entrait dans ses vues qu'il n'y eût qu'un souverain, qu'une volonté dans son culte, afin, sans doute, qu'il y eût une uniformité parfaite dans toutes ses parties. Cette concordance générale a paru si importante à la cour de Rome, qu'elle a ordonné que les fidèles se serviraient du même langage, et que tous leurs offices se feraient en latin.

D'après ces réflexions, il paraîtrait inutile, et dès lors imprudent, de faire et refaire de nouveaux concordats. Bossuet, avec l'approbation générale de l'église, avait exposé et fixé les dogmes de la discipline de la religion catholique, apostolique et romaine. Ses ouvrages faisaient loi en France, depuis plus d'un siècle. Les théologiens catholiques de tous les partis reconnaissent son autorité : on pouvait donc y revenir. Ce moyen était simple; il chassait l'arbitraire, et renvoyait les critiques à se disputer avec l'évêque de Meaux. On aurait répondu à ses antagonistes, dans le cas que ce prélat se fût trompé, que ce n'était pas le moment de s'occuper de cette controverse, qu'on y reviendrait en temps et lieu; mais qu'en attendant, ses erreurs, s'il lui en était échappé, avaient acquis force d'autorité, par les lois de la prescription.

Ces concordats, cette fluctuation et cette abondance de réglements ruinent la théocratie. Au lieu d'augmenter son autorité, ils lui font perdre tous les jours de sa force, par l'abandon de ceux qui réfléchissent, et de leur influence sur l'esprit des autres. On peut prédire que la puissance théocratique du pape sera finie, du jour qu'en le traitant comme un homme sans conséquence, on ne lui disputera plus la suprématie universelle, ni aucune de ses prétentions.

155. Concordat de 1817, *signé à Rome le 11 juin.* Il y a trois manières de considérer ce concordat : en homme de bon sens, en théologien, et en politique.

Art. 1. Le concordat passé entre le pape Léon X et François Ier est rétabli.

Avant de consentir à cet article, *un homme de bon sens* eût voulu connaître ce concordat, et la manière dont il avait été exécuté.

Il forme un volume assez gros, divisé en vingt-et-un livres ou chapitres distincts. Ce sont autant de codes ou de traités de droit, dont le fond et le style ne conviennent plus, pour la plupart, à la situation actuelle de la France. Ces chapitres particuliers sont pleins de citations d'autres ouvrages, ou d'ordonnances différentes, d'une rédaction souvent obscure, ou amphibologique, « plus ou moins révoltants ou inexécutables, ou jamais exécutés, ou abrogés par les lois les plus expresses, générales ou locales, et toujours sans s'inquiéter de la Cour de Rome (1). »

D'après les comptes qu'on lui aurait rendus, cet homme de bon sens eût appris que ce concordat de Léon X n'avait été en vigueur que dans une partie de la France, et que son autorité n'avait jamais été reconnue dans les provinces annexées à ce royaume, sous les successeurs de François Ier. La Flandre, l'Artois, les Trois-Evêchés, par exemple, suivaient le concordat germanique, passé en 1448, près d'un siècle avant celui dont nous parlons. Il fallait donc que ces

_____

(1) Appréciation du projet de loi relatif aux trois concordats, par J. D. Lanjuinais, pair de France, seconde édition, page 15.

deux concordats fussent rappelés, et rétablis, chacun en son droit, afin que celui de 1817 devînt également applicable à tous les départements qui composent aujourd'hui le royaume de France.

Mais le concordat germanique a des défauts à peu près pareils à ceux que nous avons reprochés à celui de Léon X. Pour prévenir les objections très-graves que leur exécution eût immanquablement fait naître, un homme de bon sens aurait conseillé de ne parler d'aucun de ces deux concordats, et d'en faire transcrire tout simplement les dispositifs qu'on voulait conserver et mettre en vigueur.

Par les mêmes raisons, un homme de bon sens eût pareillement supprimé les articles 2, 3, 4, 5, 6 et 7; il aurait évité, par cette réforme, de parler et de reconnaître la validité du concordat du 15 juillet 1801, des articles organiques du 8 avril 1802, de la bulle du 29 novembre 1801. Ces actes n'ayant jamais eu force de loi que par l'autorité de l'usurpateur, les ministres de Louis XVIII auraient dû, sans aucun doute, les regarder ostensiblement comme nuls et non avenus.

Les articles IV, V et VI, qui réforment arbitrairement d'anciens évêques, qui en créent de nouveaux, et qui les changent de leurs siéges à volonté, auraient été rédigés d'une manière plus conforme au précepte que Saint Paul donna aux évêques de son temps, et que Pie VII avait répété avec satisfaction dans sa Lettre encyclique (page 10) : « Veillez sur vous, et sur le troupeau sur lequel le SAINT-» ESPRIT vous a établi évêque, pour gouverner l'église » de Dieu (Actes des apôtres, chap. 20, ver. 28). » L'homme de bon sens aurait remarqué que ces mots : *In quo vos SPIRITUS SANCTUS posuit episcopos*, déclaraient les évêques inamovibles dans leurs siéges ; et ils auraient engagé S. S. d'éviter, autant qu'il lui serait possible, de se mettre en contradiction avec le SAINT-ESPRIT, et de lui donner des démentis formels à la face du peuple de Dieu.

Les théologiens observent que, proposer un nouveau concordat en 1818, c'est mettre en principe qu'il n'y a jamais eu de règle en France, pour l'exercice de la religion catholique, apostolique et romaine. S'il y en a eu, prenez les dernières, celles qui étaient en vigueur avant la nouvelle constitution civile du clergé, décrétée par l'assemblée nationale, le 29 novembre 1790. Elles n'avaient pas beaucoup varié depuis la fin du règne de Louis XIII ; elles avaient régi l'église gallicane, à l'époque où elle a été la plus florissante ; et ces règles de discipline ont peut-être plus contribué que toutes autres causes à son illustration. Mais il s'y était glissé des abus ? Emparez-vous du fond, qui est excellent, en attendant que le temps vous permette d'en arracher l'ivraie qui a pu s'y introduire. Ne détruisez pas votre récolte, parce que de mauvaises herbes se trouveront mêlées avec des épis productifs.

Ce n'est pas le moment de vous occuper de la correction des vieux abus. Commencez par prendre possession de votre ancienne demeure ; vous travaillerez ensuite à l'arranger de la manière la plus convenable. Vous n'avez pas de temps à perdre : courez au but, crainte qu'il ne vous échappe. Forcez de voiles, pour arriver au port avant que l'ennemi ne s'en soit emparé, et vous empêche à jamais de rendre à la véritable religion catholique, apostolique et romaine, l'autorité et la splendeur qu'elle avait en France, avant la révolution.

Le concordat de 1801 suppose implicitement que le pape s'était trompé en 1516, puisque, sans égard pour ses anciennes bases, il en pose de nouvelles qui ne lui ressemblent point. Celui de 1817, annulant le concordat de 1801, et revenant à celui de François 1er, déclare formellement qu'en 1801, ce n'était point Léon X, mais Pie VII qui s'était trompé. Les mêmes raisonnements et les mêmes conséquences s'appliqueront également bien aux divers concordats qu'on fera par la suite. Quelle foi assez robuste pour croire à l'infaillibilité des hommes qui se trompent toujours, à moins que l'infaillibilité du pape ne soit comme celle d'une girouette, qui ne se trompe jamais, en désignant la direction du vent qui souffle (1)!

Il y avait en France cent quarante métropoles ou cathédrales, avant la révolution. Il faut supposer qu'elles existent encore toutes. Sans cette précaution, vous reconnaissez légale l'autorité qui les a détruites, pour en former d'autres à sa façon. Suivez les conséquences géométriques et rigoureuses de cette reconnaissance, et tremblez !

La révolution n'a pas tout annihilé. Il reste encore des cartes de France antérieures à 1790 et divisées par diocèses. Voilà un guide sûr, qui, sans l'intervention de la Cour de Rome, vous conduira dans le vrai sentier que vous devez tenir, pour ne pas vous égarer. Cette circonscription a

_____

(1) Voyez l'article *Girouette*. Tydologie, première partie, pages 76 et 77.

pour elle son ancienneté, sa légitimité, son authenticité, et ne laisse aucune prise à l'arbitraire. Trouverez-vous des conditions plus convenables pour consolider un établissement religieux ?

La prudence ne permet pas, dans les circonstances présentes, de faire cent quarante évêques nouveaux. Qui vous dit de les nommer ? Les fastes de l'église fourmillent d'exemples, où le même prélat a gouverné, par *interim*, plusieurs diocèses à la fois. La loi a prévu votre position. Vous pouvez en profiter, sans qu'on vous accuse d'être innovateur, et c'est beaucoup en fait de religion.

Par ce plan de conduite, vous conserverez la succession non interrompue, depuis les apôtres jusqu'au dernier titulaire d'un évêché quelconque. Ces saintes généalogies étaient authentiques avant 1790. Les concordats de 1801 et de 1817 ont éteint les familles auxquelles elles appartenaient. L'église de Lyon, par exemple, fondée par saint Irénée, n'existe plus : celle d'aujourd'hui ne remonte qu'au Cardinal Fesch, qui n'a pas encore été canonisé. Si vous continuez, on en dira bientôt autant de l'église gallicane; l'on vous prouvera que la religion catholique, apostolique et romaine, a été remplacée en France par la religion *francicane*, qui datera de Louis XVIII, comme la religion anglicane, de Henri VIII. Songez-y : ces observations méritent qu'on y pense sérieusement.

L'arrangement que je propose répond à tout; il prévient les objections; il instruit les chefs et les subalternes de leurs devoirs réciproques, et il eût garanti l'infaillibilité du pape de tomber en contradiction avec elle-même, dans une pièce officielle.

Article Ier du concordat de 1817.

» Le concordat passé entre le pape Léon X et le roi Fran-
» çois Ier est rétabli.

La Cour de Rome reconnaît donc la validité de cette transaction; car sans cela, il serait étonnant qu'elle ait rétabli,
selon sa forme et teneur, l'autorité d'une ordonnance qu'elle
eût toujours regardée comme nulle : elle l'avait pourtant
considérée, en 1801, comme non-avenue, parce qu'elle n'en
parla pas dans le concordat qu'elle passa avec le premier
consul. Cette distraction, ou cet oubli volontaire est assez
singulier de sa part.

La réhabilitation que la Cour de Rome, en 1817, a accordée au concordat de François Ier, rend canonique la totalité des actes ecclésiastiques qui, depuis le 16 août 1516
jusques et compris le 14 juillet 1801, ont été faits en conformité des articles de ce contrat synallagmatique, signé
par Léon X et François Ier. Les évêques de France nommés,
sacrés et en possession de leurs siéges, avant le 15 juillet
1801, avaient été installés avec toutes les formalités requises. Ils étaient donc les vrais évêques de leurs diocèses.
In quo Spiritus Sanctus posuit episcopos. Ils étaient donc
inamovibles : par conséquent, ils se trouvaient rétablis de
droit, et *ipso facto*, par le rétablissement du concordat de
Léon X et de François Ier.

Article 3. « Les articles dits organiques, qui furent faits
» à l'insu de S. S., et publiés sans son aveu, le 8 avril 1802,
» en même temps que le concordat du 15 juillet 1801, sont
» abrogés, en ce qu'ils sont contraires à la doctrine et aux
» lois de l'Église ».

2*

Ces articles dits organiques, ont été faits et publiés à l'insu et sans l'aveu de S. S. Nous ne l'aurions pas contredite le 9 avril 1802, mais elle les a connus au moins le 24 mai de la même année; puis, dans son allocution de ce jour, elle en juge la suppression nécessaire. Deux ans après, son légat à Paris les approuva par un acte authentique du 7 juin 1804. Le cardinal Caprara aurait-il eu le front, à l'insu et sans l'aveu de sa Cour, de sanctionner publiquement des articles organiqus qu'elle ne connaissait pas, ou qu'elle désapprouvait formellement? La longue résidence que ce ministre fit à Paris, après la publication de son mandement; son gouvernement spirituel continué en France, le couronnement de Buonaparte en 1804 par S. S., et les magnifiques éloges qu'elle prodigua à cet usurpateur, avant et après cette auguste cérémonie; enfin l'allocution du S. P., en date du 26 juin 1805, panégyrique public et exagéré de la nouvelle Église de France, qui, comme tout le monde sait, n'était fondée que sur l'autorité de ces fameux articles dits organiques, sont autant de témoignages irrécusables qui prouvent que le pape avait connu ces articles, qu'il avait approuvé leur forme et leur teneur, quand, de tout son pouvoir, il en avait recommandé et ordonné l'entière et pleine exécution. Si son légat a sanctionné publiquement un acte criminel, ce n'est pas à lui qu'il faut s'en prendre, mais aux instructions qu'il avait reçues, au pape de qui il les tenait, qui, seul, avait le droit de lui en donner d'impératives. Cet article 3 est donc moins un subterfuge qu'une conspiration montée et manifeste contre la vérité.

Quand les faits précédents nous seraient inconnus, il suffirait que la Cour de Rome eût, dans le même paragraphe, assimilé ces articles dits organiques avec le concordat de 1801, pour en conclure qu'elle leur reconnaissait une égale autorité. Elle ne les distingue point, quand elle leur donne la même force de loi dans son concordat de 1817. Elle se contente d'en abroger les articles qui sont contraires à la doctrine et aux lois de l'Église. Cette abrogation ne date que de 1817 : par conséquent depuis au moins 1802 jusqu'en 1817, la Cour de Rome a reconnu des règlements contraires à la doctrine et aux lois de l'Église, et en a ordonné l'exécution. Cette confession est touchante. Le concordat de 1817 n'a donc pas été fait pour sauver l'honneur de Pie VII, comme quelques personnes l'ont avancé.

Mais les dispositions du concordat de 1801, qui étaient contraires à celles du concordat de 1516, ne sont pas abrogées : que deviennent-elles ? L'article 4 répond à cette question, en statuant que « les siéges qui furent supprimés par la bulle » du 29 novembre 1801 seront établis en tel nombre qui » sera convenu d'un commun accord, comme étant le plus » avantageux pour le bien de la religion ».

Ils seront établis, à la façon de Barbari sans doute, et de la même manière que ceux-ci l'ont été; c'est-à-dire sans procédure, sans enquête préalable, et sans remplir aucune des formes en pareil cas; mais seulement par un commun accord de sa S. S. et de S. M. T. C., de leurs ministres, ou de ses ayants-cause. Ce triomphe d'une instabilité arbitraire sur la stabilité légale, est-il une déclaration du principe que dorénavant la Cour de Rome compte suivre dans toutes les autres parties de son gouvernement Théocratique ?

Ces siéges ne seront donc rétablis qu'en partie. Ils ne le seront pas de droit; ils ne le seront qu'en vertu de la bulle du 29 novembre 1801, qui ne tenait ses pouvoirs que du concordat du 15 juillet de la même année. Cette convention avait annulé et mis au rebut le concordat du 16 août 1516, que celui du 11 juin 1817 rétablit, en abrogeant celui de 1801 : mais tout abrogé qu'il est, ce sont ses lois que l'on suit, au mépris de celles du concordat de 1516, qu'on a rétabli dans un premier article pour n'y plus penser après.

Les parties contractantes, dans la crainte qu'on ne se trompât sur le véritable sens de leur intention, ont eu le soin d'ajouter un surcroît de preuves dans l'article V.

« Toutes les églises archiépiscopales et épiscopales du » royaume de France, érigées par la bulle du 29 novembre » 1801, sont conservées ainsi que leurs titulaires. »

Voilà encore la suprématie législative du concordat de 1804, que l'on abroge, reconnue aux dépens de celui de 1516 qu'on rétablit. Une convention légale, passée entre le pape et un roi de France, qui est subordonnée à un traité conclu sous le règne de Louis XVIII, sans son attache et à son détriment, entre le souverain pontife et l'usurpateur de son trône ! On ne pouvait pas pousser plus loin le désintéressement, ni l'oubli des injures.

L'article V, en conservant les archevêques et évêques nommés en vertu du concordat du 15 juillet et de la bulle du 29 novembre 1801, dépossède, sans forme de procès, les anciens prélats qui avaient été installés dans leurs siéges avant 1801, par l'autorité du concordat de Léon X, soi-disant remis en vigueur, et de celles des bulles successives qui étaient émanées de la chancellerie romaine, depuis le 16 août 1516. Où en est donc l'inamovibilité de l'épiscopat, principe fondamen-

tal de la religion catholique et même de toutes les législations , puisqu'un évêque est le grand juge, le premier magistrat du spirituel de son diocèse.

Si les évêques sont inamovibles dans leurs sièges respectifs , ceux installés avec toutes les formes canoniques avant
1801 ne pouvaient être dépossédés qu'après une procédure
en règle et suivie d'un jugement légal. Si , comme l'article V
le suppose , ils sont amovibles à la volonté du souverain pontife , l'autorité du SAINT-ESPRIT, les décrets des conciles ,
les maximes des Saints Pères et toutes les lois de l'Église ,
en vigueur avant 1801 , sont effacés d'un trait de plume.

La théocratie ne souffre point que le mortel , vicaire de
l'Être-Suprême qu'elle adore , se moque ainsi des commandements de son Dieu ; et qu'il exige impérieusement que le
code de ses caprices ait seul force de loi dans la religion
qu'elle professe. Je ne sais pas si je suis orthodoxe, schisma-
tique ou hérétique, mais je me confesse d'être en commu-
nion avec M. de VILLEDIEU, qui signe toujours : † *François*,
Évêque de Digne, *quoiqu'on en dise.*

Qu'on ne m'accuse point d'avoir subtilisé sur le concordat de 1817, pour en tirer ensuite des conséquences forcées : les faits viendraient à l'appui de la justesse de mes
interprétations, puisque tous les évêques nommés à la faveur du concordat de 1801 , sont conservés, et qu'au contraire , ceux qui ne l'étaient qu'en vertu de celui de 1516,
et des lois subséquentes pendant les 285 ans d'intervalle
qu'il y a eu entre ces deux conventions, ont été expulsés
de leurs diocèses, avec un dédain si marqué, qu'on ne
leur a pas même fait l'honneur de leur dire qu'on ne voulait plus d'eux.

Le concordat de 1817 ne fait aucune mention de ces évêques, parce que sans doute Pie VII ne regardait pas leur installation comme canonique. Il jugeait, par conséquent, que leur règne avait été un épiscopat usurpé; et qu'ils n'étaient que des *intrus*, qu'on chasse sans égards, quand l'autorité des lois redevient en vigueur. Ainsi, le concordat de 1516, rétabli de droit par le concordat de 1817, est abrogé de fait par le concordat de 1817; et le concordat de 1801, abrogé de droit par le concordat de 1817, est rétabli de fait par le concordat de 1817. Quelle fluctuation de principes! quel enchaînement! il n'y a pas de *foi de charbonnier* qui puisse y résister!

La dernière objection, celle que le public a jugée généralement être la plus forte contre le rétablissement en entier des diocèses de France, comme ils étaient avant la constitution civile du clergé, décrétée le 27 novembre 1790, par l'assemblée constituante, était le manque de fonds nécessaires, pour solder dignement cette quantité d'évêques. Mais leur nombre n'est fixé qu'idéalement; on peut se dispenser de remplir à l'instant tous les siéges vacants, en ne nommant que ceux qu'on croira utiles, et qu'on sera en état de payer; et l'on répond ainsi à cette objection d'une manière victorieuse.

La réponse à cette objection est d'ailleurs du ressort de la politique, car le théologien dira : « Le premier besoin » d'un prêtre, et surtout d'un évêque, n'est pas de vivre, » mais de prêcher, convertir, catéchiser, instruire, édifier, » accroître son troupeau, y ramener les brebis égarées, » entretenir dans la pureté de la foi, et dans l'exercice continuel des vertus chrétiennes, le plus grand nombre

» des fidèles attachés à son église. En mourant de faim,
» ou par le martyre, son ambition sera satisfaite, pourvu
» qu'il meure pour la plus grande gloire de Dieu. Les apô-
» tres en ont donné le précepte et l'exemple, et puisqu'ils
» sont leurs successeurs, ils doivent les imiter en tout, s'ils
» veulent réussir comme eux. La totalité du clergé de
» France n'est pas assez corrompue, la miséricorde divine
» n'est pas encore assez épuisée en notre faveur, pour dés-
» espérer de trouver quelques sujets dignes de l'épiscopat,
» qui, sans être payés d'avance, s'engageront dans cette
» noble et sainte entreprise. »

Je crois que ce théologien a raison. Je n'ai, par malheur,
jamais eu de relation avec beaucoup de membres de ce
corps illustre ; mais, dans le petit nombre d'évêques de
ma connaissance, je puis, sans crainte de me tromper, en
citer un qui ne demande pas mieux que de retourner dans
son diocèse, et d'y reprendre ses fonctions épiscopales, sans
exiger aucune rétribution quelconque ; c'est M. DE THÉMINE,
évêque de Blois. Que le gouvernement le veuille, qu'il sache s'y prendre, et il en trouvera plus qu'il ne lui en faudra : ou bien tout est perdu, et il ne faut plus songer au
rétablissement de la religion catholique en France. Si,
malgré cette impossibilité absolue, vous voulez une religion, il faut vous adresser aux méthodistes. Le nombre de
leurs églises est considérable en Angleterre ; il s'augmente
tous les jours à vue d'œil, quoique, depuis leur fondateur,
ils n'aient jamais demandé de fonds au gouvernement,
pour établir et soutenir leur culte et ses ministres.

La politique n'est pas si sévère : inflexible en certaines
occasions, elle sait se plier aux circonstances et aux carac-

tères des volontés qui ont de la prépondérance dans les gouvernements qu'elle dirige ; elle est convaincue d'avance de
l'utilité d'avoir une religion dominante dans un État. Celle
républicaine des méthodistes qu'on lui propose, ne convient
pas à la France : il lui faut une religion monarchique ; et,
par les plus fortes raisons, la politique voit très-bien que
la religion catholique, apostolique et romaine, est la seule
qu'on puisse y rétablir avec la sûreté d'un succès solide.

Les ministres essentiels à son culte, sont le pape, les
évêques et les prêtres, curés ou vicaires. Les autres corps,
dépendants de son clergé, l'ornent, lui rendent des services
utiles et presque indispensables ; mais enfin ils ne lui sont
pas d'une nécessité absolue, et on ne peut pas s'en occuper
dans ces premiers moments. Des papes ! on n'en manquera
pas ; on en aura tant qu'on voudra : il n'y a qu'à le vouloir.

Les évêques et les curés, voilà les seules charges ecclésiastiques qui doivent aujourd'hui fixer notre attention. On
a avancé, avec autant d'assurance que de succès, qu'il
fallait commencer par avoir des curés, avant de songer à
nommer des évêques. Si cette grande erreur n'a pas été
dictée par une volonté décidée d'entraver l'établissement
de la religion catholique en France, elle provient d'une
ignorance absolue du caractère des hommes et des premiers
principes de la formation des corps. Le ministère de la
guerre connaît mieux cette partie : quand il veut créer un
régiment, il ne débute pas par lever des cohues de soldats
sans officiers ni sous-officiers ; il publie l'ordonnance qui
fixe la nature, la composition, la discipline, et le genre de
service de ces corps qu'il veut ajouter à son armée ; il

nomme ensuite son colonel, son état-major et ses principaux officiers. Les recruteurs ne vont en campagne que
quand ces cadres sont bien arrêtés, et prêts à recevoir,
contenir et instruire les hommes, à mesure qu'ils arrivent
au régiment. Cette méthode s'applique également bien à
l'organisation de toutes les masses d'individus qu'on veut
assujettir à aller ensemble et avec ordre, sous une même
règle. Cette marche n'est point exclusive à la formation
d'une armée. Les prêtres ne sont-ils pas les soldats d'une
sainte milice, et les évêques leurs colonels ?

Ces points convenus, la loi promulguerait que la religion catholique, apostolique et romaine serait rétablie en
France, tant en ses dogmes, qu'en la forme de son culte,
de la composition de son clergé, et de la circonscription de
ses églises, de la même manière qu'elle était en 1788, sans
aucune modification, ni perfection quelconque. Ce serait
une grande base de posée, et sur laquelle on forcerait tous
les ouvriers de se rendre, pour travailler en commun à
réparer, d'après un plan déjà connu, et irrévocablement
arrêté, le temple du Seigneur, afin que les fidèles puissent
encore le revoir dans sa force et sa splendeur primitive.
De quelle source intarissable de disputes et de divagations
ne se débarrasserait-on pas avec ce moyen, qui est bien
simple ?

Les grands faiseurs, les architectes en réputation, y
trouveront, sans doute, des inconvénients insoutenables,
et de la plus haute importance. Ils entraîneront à leur suite
des milliers d'échos d'aboyeurs subalternes, qui s'empres-
seront, à l'envi, de déchirer, avec leurs dents enragées,
l'auteur, la conception, et l'exécution de l'ouvrage. C'est

le sort des bons artistes qui montrent leurs chefs-d'œuvre au public. L'église de Saint-Pierre, à Rome, que les hommes de goût n'ont pas encore pu se lasser d'admirer, n'en a pas été moins critiquée par ces frondeurs impitoyables de profession. Ces gens, incapables de concevoir les beautés d'un ensemble, sont très-habiles à découvrir et à relever mille petits défauts de détails, sans savoir en corriger aucun. La réputation des ministres qui proposeront cette loi dont nous venons de parler, aura sûrement le même sort qu'a eu celle de Michel-Ange; ils doivent s'y attendre. Mais au lieu de la craindre, ils l'ambitionneront.

Il n'y a que la loi fondamentale de décrétée. Elle fixe le plan unique sur lequel les coopérateurs doivent travailler, et c'est beaucoup. L'ancienne circonscription des diocèses de France est-elle défectueuse en quelques points? Le temps permettra qu'on y fasse, *une à une*, et après de mûres réflexions, les corrections qu'on croira nécessaires. On doit donc espérer que dans un an ou deux, tout au plus, les diocèses seront aussi bien circonscrits que les circonstances actuelles l'exigeront.

De tout temps, l'Église a érigé, réuni, morcelé ou réformé l'étendue des diocèses. Elle en a le droit, en se conformant aux lois prescrites par les canons. Les règlements suivis à cet égard, étaient encore en vigueur en 1788. Reprenons-les. Nous avons donc la faculté d'asseoir légalement, dans ce royaume, la circonscription des diocèses qu'on y croira la plus avantageuse. Ces nouvelles divisions géographiques, qu'on juge indispensables, pourront se tracer, sans introduire des innovations dans l'Église gallicane, ni sans accorder à son souverain pontife une extension de pouvoir aussi dangereuse pour lui que pour sa religion.

On suivrait la même méthode relativement à la nomination des titulaires des nouveaux évêchés qu'on aurait résolu de conserver définitivement. Mais, pour être conséquent, les prélats élevés à l'épiscopat avant le 27 novembre 1790, et qui, du consentement du roi et du pape, avaient été intronisés sur leurs siéges, avec toutes les formalités d'usage, depuis François Ier jusqu'à cette époque, seraient forcés, dans quelque état de santé qu'ils fussent, et sans admettre aucun prétexte quelconque, de retourner dans leurs diocèses et d'y reprendre leurs fonctions épiscopales. Leur présence, au milieu de leur ancien troupeau, confirmerait l'intention où est le gouvernement, de suivre avec ponctualité, à l'égard de son clergé, les conséquences du principe qu'on vient de poser : sauf à recevoir la démission des prélats qui renonceraient à l'apostolat ; mais alors ils ne seraient plus susceptibles d'aucune grâce ecclésiastique.

Malgré l'exactitude qu'on mettrait à faire exécuter ce point essentiel de l'ordonnance, la répartition faite, il resterait encore beaucoup de siéges vacants. Le ministre des cultes examinera avec des soins scrupuleux, le caractère, la conduite et les qualités des autres évêques déplacés, parce que leurs installations n'avaient pas été revêtues des formes usuelles avant 1790. Il prendra des renseignements aussi détaillés et aussi exacts sur les simples prêtres qui, par des considérations de diverses natures, lui paraîtraient dignes de l'épiscopat, et capables de bien gouverner un diocèse. Ce triage se ferait avec lenteur, et leur nomination *une à une*. C'est le moyen que la Cour a d'être moins surprise dans ses choix.

Les promotions par douzaines et par centaines de personnes qu'on élève le même jour à des charges éminentes,
nuisent considérablement à la dignité et au respect qu'on
doit, et qu'il est si essentiel de conserver à ces places et à
leurs titulaires. La quantité de nouveaux évêques qui, en
1791, sortirent tous à la fois du four de la révolution, dé-
grada l'épiscopat, et le rendit ridicule aux yeux du peuple.
Si c'était l'intention des auteurs, ils ont lieu de s'en applaudir, car ils ont bien réussi.

Un ministre, qui d'ailleurs a d'autres occupations, n'a
pas, dans un, deux et même six mois, le temps si nécessaire pour apprécier, avec connaissance de cause, le mérite
particulier des *mille et une* personnes qui demandent, à la
fois, d'être évêques, et pour choisir sur-le-champ les cent
meilleurs sujets qui s'y trouvent. Mais la voix publique, une
vie connue, un talent distingué, quelque événement honorable, et plusieurs autres titres, militent souvent en faveur
d'un individu. Tout le monde, d'avance, le nomme à un
tel évêché, et le ministre, sans hésiter, commence, en
sûreté de conscience, par proposer au roi et au souverain
pontife, d'élever cet ecclésiastique à la pourpre épiscopale.
Il recommencera ensuite son examen, et il nommera un
second de la même manière; et il continuera ainsi, jusqu'à ce que la totalité des diocèses soient pourvus de
leurs évêques.

Sans s'embarraser des protestations, des clabauderies,
des pamphlets, remontrances, etc., des évêques qu'on
laisserait définitivement sans diocèse, il n'y aurait plus de
divisions religieuses entre les nouveaux titulaires en fonctions. Avant d'accepter leurs siéges, ils connaissaient jus-

que dans le moindre détail, les obligations qu'ils allaient se donner ; et puisque, de plein gré, ils se sont soumis à les remplir, ils auraient mauvaise grâce à vouloir s'en affranchir.

Mais ces évêques nommés *un à un*, et choisis avec les plus grandes précautions, n'en sont pas moins des hommes qui ont besoin d'une subsistance honnête. Il faut donc la leur procurer par un revenu solide et une dotation imprescriptible. Si la saine théologie rejette cette demande avec mépris, et répond brusquement : *ayez de la foi, et vous transporterez les montagnes* ; la politique, plus accommodante, entend raison là-dessus. A cette considération, les arguments changent de face : il ne s'agit pas de raisonner, mais de calculer la plume à la main.

Je ne connais point l'état des biens qui restent encore au clergé qu'on a détruit, et que je voudrais voir rétablir. Faute de matériaux authentiques, je ne puis me permettre d'entreprendre ces calculs, ni risquer d'en présenter les résultats définitifs. Mais si nous supposons, comme les budjets et beaucoup d'autres pièces nous portent à le croire, qu'il y a encore entre les mains du gouvernement 14 millions de rentes, en fonds de terre, qui, avant la révolution, appartenaient au clergé, nous ne sommes plus embarrassés de le doter d'une manière convenable. Avec du temps, de la sagesse, du génie, et une persévérance à toute épreuve, une pareille somme annuelle suffit pour pourvoir d'un revenu honnête, chacun selon son état, les évêques, curés, vicaires, chapitres, archidiacres, etc., qu'on aura jugé nécessaire de rétablir ; et tous les ordres monastiques, tels qu'ils étaient avant leur destruction totale.

Accordez beaucoup de considération aux ecclésiastiques, maintenez-les dans une discipline sévère, et sachez choisir, vous aurez à profusion, et à bon marché, des évêques et des prêtres excellents ; mais si vous vous entêtez à les regarder, et à les traiter comme des sous-préfets spirituels de leurs diocèses, ou des adjudants des maires de leurs paroisses, vous dépenseriez tout l'or du pactole, à salarier votre clergé, malgré le grand nombre de ministres des autels qui seront à votre charge, vous serez fort heureux, si, dans la quantité, vous en trouvez quelques-uns de passables.

L'union de la religion et de l'État sont si intimes, que ce qui compromet l'un, nuit aussi à l'autre. La politique le sait bien ; elle est convaincue aussi des principes que nous avons développés dans ce mémoire ; mais elle se prête aux circonstances et aux caractères qui dominent dans un gouvernement. La nécessité d'avoir une religion chez un peuple, n'est pas douteuse à ses yeux. Son plus grand désir serait d'y introduire la bonne ; mais s'il y a impossibilité, elle aime mieux lui en donner une mauvaise que pas du tout. Elle examine celle que l'esprit du jour adoptera avec le moins de répugnance, les ressources qu'elle offrira dans les grands mouvements de l'État, et elle s'arrangera en conséquence. Si les disciples de Bossuet, par exemple, traitent de schismatiques les sectaires du concordat de 1817, elle les laissera se disputer entre eux ; mais elle n'en votera pas moins pour l'acceptation pure et simple de ce concordat, si, par une opposition trop fortement prononcée, elle n'a pas l'espoir de rétablir, dans sa primitive teneur, la religion de nos pères.

La très-grande majorité qui professe aujourd'hui un culte, est, et ne peut être en France, que catholique de cœur et d'esprit. Au défaut de cette religion, la politique est d'avis d'adopter celle qui en approchera le plus, et dont les formes extérieures seraient parfaitement semblables avec celles du vrai culte de Dieu, afin que le peuple, qui regarde et qui ne discute point, puisse se tromper sur les apparences. Cette nouvelle religion exige, comme l'ancienne, des évêques, des curés et des vicaires, répartis à résidence habituelle dans les départements, et répandus sur presque tous les points de la France. Ces masses d'ecclésiastiques, payés et disséminés, en quantité plus ou moins considérable, dans chaque ville et village du royaume, sous un même chef, avec lequel ils auront des correspondances et des devoirs journaliers à remplir, feront nécessairement corps ; ils répondront à un centre commun, afin de toujours agir de concert, de mieux résister à leurs ennemis, et d'être plus forts par leur ensemble. Il arrivera donc, tôt ou tard, que l'esprit de parti animera le clergé de France. Dès-lors, ses membres s'occuperont, avec une persévérance et un zèle religieux, d'acquérir de l'influence sur leurs ouailles et sur les élections de leurs provinces, par conséquent dans la chambre des députés, par conséquent dans le gouvernement.

L'exemple, les bonnes mœurs, l'édification publique, la propagation de la foi et de la saine morale, enfin toutes les voies vertueuses ou hypocrites qui pénètrent le cœur humain et y font des impressions durables, seront les moyens les plus sûrs que ce clergé emploiera, pour obtenir et conserver sur le peuple son autorité et sa considéra-

tion. Les principes religieux, l'amour des vertus chrétiennes, la crainte du scandale, la honte du crime, une
haine déclarée contre les idées révolutionnaires, seront les
résultats immanquables des travaux apostoliques de ces
prêtres. Ces fruits, tant désirés, germeront et mûriront,
avec abondance, dans le sein de leurs ouailles, et ils augmenteront, de toute nécessité, parmi elles, le nombre des
heureux ménages, des bons pères de famille, des enfants
respectueux, des honnêtes gens, des personnes estimables,
et par conséquent des bons citoyens. La politique voit déjà
avec satisfaction, ce surcroît de richesses inattendues, ces
récoltes bienfaisantes de fruits salutaires que ce concordat
aura semés, avec profusion et avec succès, sur le sol de la
France. Voilà ses motifs d'en demander l'adoption et l'exécution, avec une impatience très-raisonnée de sa part.

Les mêmes raisons forceront les révolutionnaires de le
rejeter. Ils craignent trop l'ascendant de la vertu; et jamais,
de plein gré, ils ne tolèreront les moyens qui seraient susceptibles de lui en donner. Les fidèles ne veulent donc
point de ce concordat, parce qu'il est en opposition manifeste avec la doctrine des apôtres; les mécréants le renvoient, parce qu'ils ne veulent ni de religion ni de clergé:
il ne lui reste, pour toute ressource, que les tièdes et les
indifférents. Ce parti mitoyen n'a de force que par la fluctuation de ses principes, penchant tantôt d'un côté, tantôt
de l'autre d'un de ces deux extrêmes, entre la vraie dévovotion et l'athéisme; sa protection faible et inconstante,
tourne à tous les vents, selon les caprices impérieux de
l'opinion du jour. Ainsi poursuivi avec acharnement, par
les bons et par les mauvais, faiblement défendu par les

impartiaux, la politique seule soutient ce concordat, faute de mieux.

156. Libertés de l'Église gallicane. Il paraît singulier que l'*Église gallicane* ait eu des libertés que les autres n'avaient pas. Par les libertés que l'on prend dans une religion révélée de se régir d'une manière différente du reste des fidèles, n'assimlie-t-on pas les œuvres de Dieu avec celles des hommes? Une religion humaine peut-elle être une religion? Elle est divine ou fausse, il n'y a pas de milieu.

Si l'Église gallicane a pris, en 1682, des libertés qui lui convenaient, quelles raisons l'empêcheraient, en 1818, d'en prendre d'autres qui lui conviendraient mieux aujourd'hui. Avec les mêmes titres, diverses Églises se piqueront aussi de prendre les libertés qui leur conviennent; chaque pays finira par avoir ses libertés religieuses, qui différeront toutes entre elles. De convenances en convenances, et de libertés en libertés, où en sera la religion catholique, dans un siècle ou deux, et même où en est-elle à présent?

La religion catholique, apostolique et romaine, nous a été donnée par le Dieu tout-puissant. Souffrira-t-il que de faibles mortels prennent impunément des libertés évasives, pour n'obéir qu'avec les restrictions qui leur plaisent, aux lois que sa profonde sagesse nous a dictées? Ces mots, *des libertés*, offrent trop de prise aux raisonnements sacriléges des philosophes; il faut les effacer du dictionnaire de notre théologie.

Ne nous réclamons donc point des libertés de l'Église

gallicane, et rejetons d'avance les nouveaux concordats qu'on voudra nous proposer. Tenons-nous-en à la religion de nos pères : on en trouve le code dans les ouvrages de Bossuet. Leur autorité a été et est encore reconnue par la généralité des théologiens catholiques. Elle a pour nous sa légitimité, et pour le pape sa stabilité : principe protecteur que le saint père a le plus grand intérêt de conserver dans la plénitude de sa force, comme la seule puissance qu'il puisse invoquer à son secours, pour maintenir la suprématie et le respect qui lui sont dus.

Abandonnons aux érudits les recherches historiques sur les lois originaires qui ont gouverné notre Église, avant cet illustre prélat. Instruisons-nous dans leurs écrits ; mais ne leur donnons aucune influence dans les réglements que, si nous sommes sages, nous ferons, une fois pour toutes, relativement à la discipline, aux controverses, et aux prétentions de notre clergé. (1).

157. Siècle des Cardinaux. Le XVIᵉ siècle, depuis 1501 jusqu'à 1600, peut rigoureusement s'appeler le *Siècle des Cardinaux.*

1° On vit Louis XII gouverné par le cardinal d'*Amboise.*

2° François Iᵉʳ, par le cardinal *Du Prat.*

3° Le cardinal *De Tournon* fut ministre et eut une grande influence sous ce règne.

---

(1) C'est en travaillant à la confection de ces lois, qu'on sentira la nécessité, ou au moins la très-grande utilité des discussions triennales que nous avons proposées.

Voyez le volume II du *Correspondant,* pag. 117 et suiv.

4° François II fut gouverné par le cardinal *De Lorraine.*

·5° Le cardinal *Ximenez* gouverna les royaumes d'Arragon et de Castille, sous Ferdinand et Isabelle.

6° Le cardinal *Adrien*, fils d'un tisserand, eut la plus grande influence sous Charles-Quint, qui le fit élire pape, sous le nom d'Adrien VI.

7° Le cardinal *De Volsey* eut, pendant quelque temps, un empire presque souverain sur Henri VIII, roi d'Angleterre.

8° Le cardinal *Granvelle* gouverna la Flandre en vice-roi absolu.

9° Le cardinal *Martinisius* fut maître en Hongrie, sous Ferdinand, frère de Charles-Quint.

10° Mathieu *Shinner*, cardinal de *Sion*, eut une influence souveraine en Suisse.

11° Le cardinal *Don Henri* fut roi de Portugal, en 1572.

12° En 1589, le cardinal *De Bourbon* fut proclamé roi de France, après la mort de Henri III.

158. ORIGINE DES CONSTITUTIONS POLITIQUES. La capitale et la métropole alors du genre humain, fut, sans contredit, après le déluge, le local sur lequel Noé et sa famille établirent leur domicile. Les calculs qui lui prédirent, presque à point nommé, l'approche d'une comète qui devait produire une grande inondation sur la terre; l'arche qu'il construisit, pour sauver lui et les siens de ce naufrage universel; le pronostic heureux et infaillible qu'il tira de la vue de l'*arc-en-ciel*, prouvent qu'il connaissait parfaitement la nature de ce phénomène. L'attention d'embarquer différentes races d'animaux, et les précautions de détail et indispensables,

pour réussir dans cette entreprise mémorable, annoncent des connaissances profondes en histoire naturelle et dans les travaux agricoles ou de la *maison rustique*. Tout con·court donc à démontrer que cet ancien patriarche ne faisait point partie d'une tribu *sauvage*, mais qu'au contraire il sortait de chez une nation très-instruite et très-avancée dans les sciences et les arts de la société. D'ailleurs, les saintes écritures nous apprennent que les hommes, à cette époque, étaient parvenus au comble de la perversité : donc ils étaient parvenus au comble de la civilisation.

Il paraît que l'arche, dans sa route, conduisit Noé du nord vers le midi (1), puisqu'il ne connaissait pas la vigne, et qu'il ignorait les effets du vin. Le froid des régions septentrionales, en suspendant les travaux de la campagne, diminue de beaucoup les sujets de distraction, retient l'homme plus long-temps auprès de son foyer, lui donne plus de loisir pour exercer son esprit, pour en développer les ressources, acquérir des connaissances variées, et approfondir les diverses spéculations qui font l'objet de ses études. Le témoignage unanime des voyageurs vient à l'appui de cette assertion. Les *Algonquins*, les *Iroquois* et les *Esquimaux*, ces peuples voisins du pôle, ont été trouvés plus intelligents et plus instruits que les *Gaorinis*, les *Chiquitos* et les *Chacoyens*, habitants de la zone torride, qui (peu s'en fallait), vivaient, quand on les a découverts, comme de vrais *sauvages*, dans toute la force du terme.

---

(1) On en trouvera les preuves géométriques et géographiques dans la Tydologie, tome II, article *Déluge*.

Quelque savant qu'ait pu être Noé dans son pays natal, il se vit dans la nécessité, en descendant à terre, d'abandonner ses hautes spéculations d'académicien, et de réduire ses études aux pratiques vulgaires du berger, de l'art d'élever et de soigner les troupeaux, pour procurer une subsistance et des vêtements assurés à tout son monde. Nos plus anciennes traditions représentent aussi l'état *nomade*, comme celui des premières sociétés qui se sont formées immédiatement après cette terrible catastrophe, que les savants d'aujourd'hui, qui ne veulent pas de l'ancien français, ont appelée *cataclysme*.

Il faut observer que ce n'est pas le *sauvage* qui s'est élevé au rang de nomade, mais des hommes déjà civilisés de la famille de Noé, qui y sont descendus. Cette différence est très-importante dans les études de la politique, si, d'échelons en échelons, on veut remonter à l'origine des premières souverainetés, et suivre les progrès de l'esprit humain, dans l'art de les former et de les diriger.

Par le calcul des progressions géométriques, il résulte, sans suppositions forcées, et sans admettre une fécondation extraordinaire, que trois ou quatre siècles suffisent pour donner des millions de descendants à cet ancien patriarche, régénérateur du genre humain. L'état du nomade, se nourrissant de viande et menant une vie réglée, est encore très-favorable à la population. La garde de leurs troupeaux exigeait en outre qu'ils s'exerçassent dans l'art de la vénerie, afin de se garantir du brigandage des animaux carnassiers, qui, nuit et jour, tâchaient d'enlever une partie de leurs richesses, et de vivre à leurs dépens. Il arriva, de toute nécessité, que, parmi ces chasseurs, il y en eut qui se dis-

tinguèrent par un courage extraordinaire, une force sur-
naturelle, et par des succès brillants. Ils délivrèrent leur
société de ces monstres formidables qui menaçaient d'engloutir, dans leurs gueules dévorantes, les hommes et les
bestiaux ; de ces dragons, de ces énormes serpents portant
l'effroi avec eux, et auquel l'opinion publique, fondée sur
des expériences fatales et journalières, ne s'imaginait pas
qu'il fût possible de résister. Après une telle victoire, et la
destruction d'un de ces ennemis puissants, qu'on croyait
invincibles, la reconnaissance, jointe à l'admiration, exalta,
jusqu'au plus haut degré, l'esprit d'enthousiasme de leurs
compatriotes qui s'attendaient à une mort inévitable sous
la dent meurtrière de ces bêtes féroces. A la vue de ces
exploits mémorables, ces heureux chasseurs furent, sur le
champ, proclamés des *héros*, par l'universalité de leurs
concitoyens, et peu de temps après, ils en firent des *dieux*.
Ce passage n'est pas long chez un peuple grossier et à demi-
sauvage. Apollon, Hercule, et plusieurs divinités fabu-
leuses, n'ont pas eu d'autres commencements.

A mesure que ces nomades et leurs troupeaux augmen-
tèrent en nombre, et qu'il leur fallut plus de terrain pour
s'établir, ils se virent dans la stricte obligation de classer
leurs travaux, et d'assigner à chaque membre de leur peuplade, des fonctions particulières et exclusives dans l'ensemble de leur gouvernement. Le chef, le *patriarche* se mit
au centre, dirigeant et commandant tout : les *chasseurs*
furent aux avant-postes et placés sur les frontières, et les
pâtres, le gros de la nation, restèrent au milieu de leurs
moutons, pour en avoir soin. Les détails de ces différents
services se multipliaient, se perfectionnaient et se compli-

quaient de jour en jour. Ils absorbaient le temps de ceux qui en étaient chargés, et ils auraient fini par ne pouvoir pas y suffire, si, leurs enfants en grandissant, ne les avaient point aidés. Ils apprenaient donc machinalement le métier de leur père, et ils les remplaçaient, quand ils avaient le malheur de les perdre ; et sans intention et sans qu'on y prît garde, les occupations et les charges de cette société se perpétuèrent de père en fils, dans les mêmes familles. Deux ou trois générations suffirent ensuite pour les rendre héréditaires par droit de prescription.

Rappelons les faits que nous venons d'exposer si rapidement. Noé et ses enfants, hommes doctes chez une nation instruite et très-civilisée, se trouvent, par un événement des plus extraordinaires, seuls dans le monde, et réduits à la condition de ces animaux *sauvages*, qui n'ont d'autres soucis que de chercher, chaque jour, leur subsistance, au péril de leur vie. Ils durent en contracter les mœurs, les habitudes, et leur profonde indifférence sur toutes les connaissances qui n'avaient point de liaisons très-prochaines avec leurs besoins physiques. Mais quelques pratiques grossières des arts usuels, et un petit nombre de faits scientifiques et historiques, faibles ressources de leur ancienne patrie, ont échappé à cet oubli universel, et sont venus jusqu'à nous, mutilés, exagérés et isolés entre eux, en passant de bouche en bouche, par les traditions successives de ces suites d'hommes vagabonds, ignorés et non lettrés.

Les causes de cette ignorance, toujours croissante, rapprochaient de plus en plus la race de Noé de l'état de la brute et du vrai *sauvage* qui ne songe qu'à vivre, et à jouir du présent. Ce n'est pas la condition la plus favorable à l'esprit humain, pour se débarrasser de ses préjugés : au contraire, moins il est susceptible de réflexions, moins il a de moyens de former des idées à lui; plus il tient à celles qui lui ont été transmises par ses ancêtres, et plus il s'entête à les conserver avec persévérance et un respect religieux. Par une impulsion naturelle, le droit d'aînesse et de primogéniture dans chaque famille, et la loi salique pour le commandement suprême, furent sans doute les premières bases des statuts que Noé donna à ses enfants et au gouvernement futur du peuple de frères qui devait sortir de son sang. L'opiniâtreté que les gens bornés mettent à conserver les routines qu'ils ont reçues dès leur enfance, persuade que cet ordre de subordination resta en vigueur et intact, pendant quelques générations.

Mais nous avons aussi remarqué que l'accroissement de leur population avait nécessité la *division du travail*, et la formation des corps spéciaux, chargés uniquement de remplir des fonctions d'une nature déterminée; et que la vie nomade avait exigé, en premier lieu, de partager la somme de leurs individus en trois classes bien distinctes l'une de l'autre, savoir : le *chef*, les *défenseurs* et les *serviteurs* ; le patriarche, les chasseurs (*militaires*), et les pâtres (*ouvriers composant le reste de la nation*), qu'on traduit littéralement, en langage moderne, par les mots *roi*, *noblesse*, *tiers-état* ou commune.

C'est encore la classification politique des citoyens anglais. Elle existait chez les anciens Germains. Montesquieu s'en étonne, et il s'écrie avec enthousiasme : « Comment une si admirable législation a-t-elle été trouvée dans les forêts qu'habitaient ces barbares » (1) ! Elle datait de plus loin. Ce grand publiciste n'a pas aperçu que c'était une constitution forcée par les circonstances impérieuses qui ont déterminé le mode du gouvernement de la première société qui s'est formée immédiatement après le déluge.

On conçoit que durant la vie de Noé, ses fils et petits-fils vécurent entre eux dans la plus parfaite égalité de naissance. Mais après la mort de ce père commun, et à mesure que les différentes branches de cette famille s'éloignaient de leur souche primitive, les liens de parenté et de confraternité s'affaiblirent en proportion. La suprématie des emplois que les pères et les grands-pères avaient exercés dans le genre de services auxquels on les avait attachés, dut rejaillir en partie sur leurs enfants, et les faire jouir, en entrant dans le monde, d'une considération et d'un rang dans l'opinion au-dessus de celui de leurs cousins, dont les parents étaient toujours restés dans les bas grades et occupés des travaux les moins estimés; et les *inégalités héréditaires* de condition s'établirent en conséquence. La politique, la vanité des chefs, l'autorité des officiers supérieurs, et, par-dessus tout, la force des choses, les soutinrent. Elles sont indestructibles, parce qu'elles sont fondées sur la nature du cœur humain. Des philosophes brouillons ont, à plusieurs reprises, tenté de renverser des souverainetés, sous prétexte d'en abattre les éminences qui les gênaient, et de projeter tous leurs compatriotes sur le même plan de niveau. Ils sont quelquefois parvenus à mettre les *derniers* à la place des *premiers* ; mais, pour peu que la population

_____

(1) *Esprit des Lois*, livre XI, chapitre VI.

fût nombreuse, ils n'ont pu établir une parfaite égalité dans l'opinion publique entre toutes les familles qui composaient leur nation. La chose est impossible, à moins d'un nouveau déluge universel qui réduise le genre humain à un patriarche et trois ou quatre de ses enfants mariés.

Il faudrait aussi bien peu connaître le caractère de notre race, pour admettre différents ordres dans l'État, et prétendre qu'il n'y ait jamais de jalousies, de rivalités et de prétentions contradictoires entre ces diverses corporations. La connaissance que nous avons de nos semblables nous porte à croire que, dans ces querelles de confréries à confréries, le corps des guerriers eut des avantages décidés sur toutes les autres classes des officiers municipaux de la bergerie. Dans ces conflits réciproques, *le militaire* finit par prendre une suprématie et une prépondérance qui, après une ou deux générations, attirèrent sur lui des sentiments de vénération, de respect et de subordination volontaire, de la part de ses compatriotes; et, d'un commun accord, ils reconnurent cette *noblesse d'épée*, dans le premier ordre de l'État.

Les soldats, quand ils sont les plus forts ne sont pas les plus endurants, ni les plus discrets dans leurs prétentions. A la suite des siècles, il dut y avoir quelques-uns de ces généraux qui abusèrent de l'autorité de leurs armes pour détrôner le patriarche, leur souverain légitime, et pour régner à sa place; nous en retrouverons des souvenirs dans notre histoire moderne, où nous voyons des rois qui s'honorent encore d'être le premier soldat, le premier gentilhomme de leur pays: il ne faut pas en conclure avec Voltaire, que

Le premier qui fut roi, fut un soldat heureux.

Ce *soldat heureux* ne créa point une société nouvelle, mais il s'empara de force d'un État déjà formé. Il ne devint *roi*, que parce qu'il fut un *usurpateur* (1). Il y avait donc eu un *roi* avant lui : il ne fut donc pas le premier.

Le *premier qui fut roi* fut Noé, le plus juste des hommes de son temps. Ce fait historique est incontestable.

Noé, le plus juste des hommes, se trouva, de droit, à la sortie de l'arche, le père, le roi, et le grand pontife de la famille; et, à l'exemple des *califes*, et d'une infinité d'autres souverains, il réunit sur sa tête la puissance spirituelle et temporelle, pour gouverner le reste de ses sujets. L'Écriture sainte ne laisse aucun doute que le patriarche

(1) Le premier de ces guerriers usurpateurs, dont la Bible, la plus ancienne de nos histoires, fasse mention, est *Nemrod*, nom propre tiré de l'hébreu, dont la traduction littéraire est le *Rebelle*.

Puisque Moïse appelle le *Rebelle* ce premier conquérant, fondateur de Ninive, il ne reste aucun doute sur l'existence d'une souveraineté légitime, dont ce chasseur ambitieux dépendait, avant que lui et sa bande ne s'en séparassent criminellement, pour s'emparer des États d'un autre souverain déjà établi, et dont l'existence était antérieure à la sienne.

Aussi habile politique que guerrier entreprenant, pour mieux consolider son autorité sur ses nouveaux sujets, et les tenir plus éloignés de leur ancienne patrie, Nemrod leur fit changer de religion. Il fut, dit-on, l'auteur du culte du feu. (*The universal History*, in-fol. London, 1736, tome I, page 122.)

On s'accorde assez à placer l'usurpation de Nemrod dans le sixième siècle après le déluge. Les descendants de Noé devaient alors offrir une population très-nombreuse. La division du travail y était donc introduite depuis assez de temps, pour y avoir formé des classes et des races entières de chasseurs ou de militaires, exclusivement dévouées au maniement des armes.

était le grand-prêtre de sa peuplade, et qu'il remplissait les fonctions de premier sacrificateur, dans les holocaustes solennels que l'on offrait à l'Être-Suprême.

Le gouvernement établi par Noé, étant monarchique, sa religion dut l'être aussi. Il y eut donc, parmi ses prêtres, un ordre hiérarchique de fonctions, de rang et de subordination. Tous, d'échelons en échelons, répondaient au trône pontifical, et se conformaient aux instructions qu'ils en recevaient. Cette chaîne de relations et de devoirs ne fut pas considérable au commencement. Un père et ses trois enfants suffisaient alors, et au delà, pour maintenir l'unité de la foi et de la discipline, dans toutes les Églises du genre humain. Noé en était le patriarche ; et *Sem*, *Cham* et *Japhet*, avec un caractère sacerdotal inférieur à celui de leur père, furent, chacun dans leur famille respective, le pasteur particulier de la branche qu'il avait commencée, et qu'il voyait croître sous ses yeux.

Le plus juste des hommes ne négligea pas de graver les sentiments religieux dans l'âme de ses enfants, et de soutenir leur ferveur, tant par son autorité paternelle, que par ses exhortations et son exemple. Le malheur qu'ils venaient d'éprouver, les privations de toute espèce auxquelles leur nouvelle existence les assujettissait, la vie simple et laborieuse qu'ils étaient obligés de mener, furent de puissants motifs qui les portaient naturellement à la dévotion la plus sincère.

Les accroissements successifs de la population propagèrent les dogmes de la foi et les pratiques du véritable culte, sur une plus large surface, et dans un plus grand nombre d'individus, qu'il fallait instruire, entretenir et seconder

dans leurs actes de piété, et dans l'exercice de leurs céré-
monies religieuses. Ce fut l'époque où se fit sentir le besoin
de diviser, le travail, et d'en assigner un genre particulier
à chacun des membres de cette famille. Les fonctions sacerdotales furent comprises dans cette répartition générale,
et il y eut un certain nombre de citoyens essentiellement
occupés du service divin. Il se forma donc, au milieu des
descendants de Noé, une classe de citoyens, intermédiaire
entre le ciel et la terre : les *interprètes* jurés du *Très-
Haut*. Ce titre sacré, reconnu par un assentiment général,
et soutenu par un extérieur grave, un caractère respectable, une plus grande somme de connaissances des hommes
et des affaires, et surtout par un ensemble bien lié dans
toutes les parties, en imposa nécessairement à une multitude confiante et crédule. Il ne serait pas d'ailleurs étonnant que chaque branche de cette famille eût conservé,
avec un mystère impénétrable, quelques tours de physique
et de chimie, que Noé avait appris et transmis à ses enfants, sous les conditions de la loi *salique*, et au moyen
desquels les archi-prêtres, leurs successeurs, opéraient des
miracles au vu et au su de l'universalité de cette population
primitive. On sent, avec de tels avantages, l'ascendant
impérieux que les ministres du Seigneur prirent sur l'esprit
grossier de ces hommes ignorants, et plus près de l'état
sauvage que ne l'étaient leurs pontifes.

L'homme, dit Burke, est un animal religieux par essence;
plus il se rapproche de l'état de nature, plus il est éloigné
de la jouissance des arts et des vanités de ce monde, et
moins il s'occupe des connaissances abstraites et des idées
de la métaphysique. Il n'acquiert le perfectionnement de

son esprit qu'aux dépens de sa raison ; et, à force de
science, il parvient ordinairement à une incrédulité systématique, qui finit par égarer son jugement, dessécher son
âme, obscurcir son bon sens naturel, et remplacer les anciennes maximes par les assertions nouvelles d'une philosophie abstruse, qui réforme les sentiments de la conscience,
corrompt les citoyens, agite les imaginations, les remplit
des chimères d'un mieux idéal, met la confusion dans un
gouvernement, lui persuade et l'entraîne à se tuer lui-
même, dans l'espoir de ressusciter plus resplendissant de
gloire. Le luxe de l'esprit est peut-être plus dangereux que
celui des richesses ; et, dans un État florissant et tranquille, les hautes classes de cette société sont presque toujours la dupe de ces apôtres de constitutions par excellence, qui, toutes armées d'instruments meurtriers, doivent
sortir des cerveaux de ces philosophes législateurs, pleins
d'un orgueil enragé, qui les rend insatiables de pouvoir et
de célébrité.

Une activité excessive, suivie du repos, d'une paresse
absolue ; ces passages subits et continuels de l'abondance à
la privation du plus strict nécessaire, et une vie se débat-
tant sans cesse au milieu des dangers dont elle est constamment entourée, rapprochent, sur beaucoup de points,
le caractère de l'esprit du guerrier, de celui de ces demi-
sauvages, chasseurs ou conquérants. Les sentiments religieux pénètrent et gouvernent plus facilement les âmes des
militaires, que celles des autres classes raisonneuses de la
société ; c'est un fait connu. Les hordes barbares doivent
donc accorder beaucoup de pouvoir à leurs prêtres, parce
qu'ils joignent l'autorité qu'ils tiennent de la constitution,

à la puissance que la superstition leur donne nécessairement chez un pareil peuple ; aussi voit-on, dans toutes les histoires, les plus vaillants héros, couverts de lauriers et de la gloire de leurs exploits, descendre de leur char de triomphe, pour s'humilier aux pieds des autels de leur Dieu ; et se prosterner à genoux, le front contre terre, devant ses ministres, pour solliciter leurs prières, et obtenir la grâce du Tout-Puissant qu'ils adorent.

Ces chasseurs intrépides, cette milice indomptable, cette fière *noblesse* du monde régénéré, sous les descendants de Noé, ne fit point une exception à cette règle générale et fondée sur la nature du cœur humain. Sans hésiter, la noblesse mit le clergé au-dessus de tout, et s'honora de marcher après lui, au second rang de l'État.

Quel spectacle inattendu s'offre à nos regards, un ou deux siècles après le renouvellement du genre humain : le *clergé*, la *noblesse* et le *tiers-état*, ces trois ordres composèrent de droit le corps politique des nations primitives, sous l'autorité légitime d'un patriarche ou d'un *roi !*

Ces trois ordres représentent sur la terre, la *justice* divine, la *force* pour la soutenir, et le *travail* qui alimente le tout. Ils ont continué de servir de bases aux constitutions que les barbares du nord donnèrent aux gouvernements qu'ils établirent sur les débris de l'empire romain. On les retrouvait encore en France avant 1791. Une foule de semi-preuves place l'origine de ces peuples, presque *sauvages*, dans les régions de l'Asie septentrionale, d'où ils descendirent, par échelon, jusqu'aux extrémités de l'Europe, pour y former de nouveaux empires, peu de siècles après l'ère chrétienne. Ces traditions, qu'on ne doit pas dédaigner, nous renvoient sur

II.   4

lé grand plateau de la Tartarie, que, par des rapprochements très-curieux, Bailly conjecture, avec assez de vraisemblance, avoir été le berceau de la première nation qui
ait été civilisée sur la terre.

Dans un État étendu et populeux, cette classification
politique de ses habitants, en plusieurs ordres très-distincts
les uns des autres, peut être contre le *droit naturel* ; mais
elle est la conséquence *naturelle* et rigoureuse du caractère
que le Créateur a bien voulu donner aux hommes, et de la
situation où il les a mis après le déluge, lorsqu'il les obligea
de recommencer à faire de nouveaux gouvernements, et par
suite, de nouveaux empires.

Les relations que ces différents ordres ont eues entre
eux, les degrés d'influence et d'autorité qu'ils prirent, ou
qu'ils obtinrent, chacun dans leur gouvernement respectif,
l'usage ou l'abus qu'ils en ont fait, ont varié et varieront,
selon les apparences, jusqu'à la fin du monde ; mais il est
assez curieux d'avoir trouvé que leur origine est presque
contemporaine de celle du genre humain.

Nous venons de voir que, dès les premiers pas de sa civilisation, la société avait été obligée naturellement de se ré-
partir en plusieurs classes séparées, et qu'elle les chargea,
chacune séparément, d'un service qu'elles devaient rendre à
la masse de l'État. Les trois ordres dont nous avons parlé,
paraissent le partage le plus probable que le gouvernement
primitif ait adopté, un ou deux siècles après le renouvellement du genre humain; mais l'accroissement de la population nécessita la *division du travail*, et une constitution plus
compliquée que celle qui, jusqu'alors, avait suffi pour régir
paternellement la famille de Noé. Ce n'est pas le lieu de

s'en occuper davantage dans cet article, qui est destiné à démontrer son origine, et non pas à développer ses conséquences et les variations infinies qu'elle a éprouvées par la suite. La formation des grands empires nous écarterait aussi de notre sujet. Ils ont été les effets de l'art ; nous devons nous en tenir à considérer ceux de la nature à *demi-sauvage*, et en revenir, le plus tôt possible, aux événements indispensables qui se succédèrent, lorsque le monde était encore dans son enfance.

Le célibat y fut sans doute une tache : la fille de Jephté, se plaignant de mourir avant d'avoir perdu sa virginité, en est une preuve. Dans quelque poste qu'on le plaçât, un citoyen s'y faisait toujours accompagner par sa famille. Les femmes et les enfants de ces premiers militaires s'établirent donc avec eux sur les frontières, et les suivirent souvent dans leurs parties de chasse. Il est immanquable que quelques-unes de ces bandes, emportées par l'ardeur de poursuivre le gibier, ne fissent pas des excursions trop longues, qu'elles ne s'égarassent et ne sussent plus retrouver leur chemin, pour retourner au corps principal de la nation. Parmi elles, il y en eut d'autres qui, se trouvant sur un site qui convenait à leur goût, résolurent d'y rester libres et affranchies du joug de leurs supérieurs. On s'imagine bien aussi que, dans une population qui devint si nombreuse avec le temps, il dut y avoir, par intervalle, des mauvais sujets, des esprits inquiets, des tracasseries de familles, des dissensions audacieuses et déçues, et mille causes pareilles, qui entraînèrent des désertions et des séparations de corps et de biens d'avec le gros de la mère-patrie. Ces émigrations, plus ou moins nombreuses, devinrent, à leur tour, le centre et l'origine de nouvelles peuplades, où de nouvelles nations, qui se disséminèrent sur la surface du globe.

Des circonstances particulières, relatives à l'histoire de chacune d'elles, le caractère des chefs qui les formèrent et qui les gouvernèrent successivement, la nature du climat et du terrain où elles fixèrent leur séjour habituel, le genre de vie qu'elles s'imposèrent, l'esprit et les vues politiques de leurs voisins, leurs succès ou leurs revers dans des guerres étrangères ou intestines; et une infinité d'événements impossibles à détailler, ont produit, dans le cours de plusieurs siècles, une telle diversité de mœurs, de langage et d'habitudes, chez ces différents peuples, qu'elle a effacé les traits de ressemblance et de famille qu'ils avaient entre eux, et les a rendus méconnaissables les uns aux autres, quoiqu'ils fussent tous sortis de la même souche.

Au milieu de cette obscurité profonde, on découvre pourtant, avec surprise, des lueurs, des analogies et des rapprochements dans la formation des mots; le récit des traditions, les divisions du temps, les calculs chronologiques, l'ensemble et les détails des mythologies et des rits religieux; la conservation de quelques usages, plusieurs ressouvenirs de méthodes, de résultats et de pratiques scientifiques; les pronostics de la superstition, les jours et les signes de bon ou de mauvais augure, entre cette multiplicité de nations diverses qui, depuis le déluge, ont figuré sur le globe terrestre. Ces identités, presque décisives, seraient inexplicables, si l'on n'admettait pas qu'il y a eu, dans la plus haute antiquité, une source commune qui a donné naissance à ces différents peuples, dont les connaissances et les préjugés ont de si grands rapports entre eux.

D'après ces faits, confirmés par l'universalité des traditions qui sont parvenues jusqu'à nous, on ne doit pas s'étonner qu'à l'exception d'un petit nombre de grands empires, qu'on trouve formés dès les commencements de l'histoire écrite, le reste de la terre ne fût couvert que par un amas de peuplades éparses et séparées les unes des autres, avec des mœurs et sous des gouvernements à *demi-sauvages*. C'est dans cet état que les Egyptiens ou Phéniciens, *Danaüs*, *Cécrops* et *Cadmus*, rencontrèrent les habitants de la Grèce, à l'époque où ils fondèrent des colonies. Hors le Pérou et le Mexique, la même situation politique existait parmi les nations de l'Amérique et de l'Afrique, et dans presque tous les pays nouveaux, lorsque les Européens les découvrirent, et y pénétrèrent assez pour les connaître.

Ce défaut d'habitants, cette population éparpillée en petits paquets, si l'on permet cette expression, se remarquait du temps de Romulus, dans presque toute l'Europe ; et huit cents ans après, sous *Jules César*, il n'y avait guères, dans cette partie du monde, que la Grèce et l'Italie qui présentassent des corps de nations compactes et civilisées. C'est une forte présomption qui, jointe à beaucoup d'autres, prouve que, depuis la destruction de la race humaine, par le déluge, sa régénération sur la terre date, tout au plus, de cinq à six mille ans avant nous.

Nous n'avons que des notions fort imparfaites sur les colonies fondées par les Egyptiens, les Carthaginois et autres peuples de l'antiquité. On nous dit seulement que leurs chefs Cécrops, Inachus, etc., en fondant des villes et des royaumes en Grèce, y introduisirent les lois, les coutumes et la religion de leur pays originaire. J'ai quelque répugnance à le croire, parce que le langage, la religion, les gouvernements, les mœurs et les usages des Grecs n'offrent presque aucune similitude avec ceux des anciens Egyptiens.

(*Voyez* à la fin de cet article, p. 65, la comparaison du gouvernement des Grecs et de celui des Egyptiens.)

L'histoire moderne est plus satisfaisante à cet égard, et nous voyons, à une époque assez récente, les moyens qui ont réussi en Amérique, pour civiliser les sauvages et les réunir en corps de nation ; ces familles vagabondes ont été soumises sous le gouvernement des *incas* au Pérou, et sous celui des *jésuites* au Paraguay. Ces hommes admirables nous ont appris comment, avec des éléments si bruts, les bons politiques créent de grands empires, et rendent leurs sujets heureux. (Voy. n° 78 et n° 101, dans le premier volume.)

Manco-Capac, et sa femme *Mama Ocello*, se trouvèrent, on ne sait comment, au milieu des *sauvages* qui peuplaient le Pérou. Ils étaient sans doute étrangers et sortaient d'un pays civilisé. Ils profitèrent de la supériorité de leurs connaissances, pour imposer à ces peuples errants, sans domicile, et pour leur persuader qu'ils étaient les enfants du Soleil, descendus sur la terre pour les éclairer et les gouverner. Ils firent bien, et la politique applaudit à cette supercherie.

Ces anciens sauvages du Pérou étaient des êtres nus, sans culture, sans industrie, sans aucune de ces idées morales qui forment les premiers liens de la société. Ce couple, qui venait de se déclarer divin, eut beaucoup de facilités pour apprivoiser, par adresse ou autrement, et rassembler autour de lui un petit troupeau de cinq ou six familles de ces bêtes brutes à figure humaine, et de leur imposer par l'ascendant du caractère et de tous les avantages moraux, scientifiques et religieux qu'il avait sur eux.

Manco apprit aux hommes de sa peuplade à féconder la terre, à semer les grains, à cultiver les plantes utiles, à se loger, à se vêtir, à fabriquer des armes, et à combattre en ordre; pendant ce temps, Ocello, sa femme, instruisait les personnes de son sexe à filer, à tisser la laine et le coton, et les initiait aux pratiques de tous les arts utiles dans un ménage.

Ils n'eurent pas plutôt rassemblé une petite peuplade autour d'eux et sous leurs ordres, qu'ils commencèrent à lui donner une religion et un corps de noblesse, pour mieux consolider le gouvernement du nouvel empire qu'ils venaient de créer, et qu'ils projetaient d'agrandir.

Il fut facile à Manco-Capac de persuader à ces sauvages, voisins de la brute, que le Soleil, son père, l'avait envoyé au milieu d'eux, pour leur apprendre le culte que cet astre voulait qu'on lui rendît. Par cette généalogie, lui et ses successeurs devinrent, de droit, les grands pontifes de la nation; et sous l'Inca régnant, les autres fonctions du sacerdoce furent exclusivement exercées par des personnes de sa famille. Les descendants en ligne masculine de *Lévi* furent aussi les seuls qui eurent la permission d'être les prêtres du culte du vrai Dieu, chez les Juifs. Ce rapprochement est curieux.

Les lois prononcèrent la peine de mort contre l'assassinat, le vol et l'adultère. Cette sévérité ne s'étendit guères à d'autres crimes : ce sont en effet ceux qui occasionnent le plus de désordres dans l'intérieur d'une société.

Elles défendaient la polygamie. L'empereur seul eut la permission d'avoir autant de concubines qu'il lui plaisait, parce que, disait-il, on ne pouvait pas trop multiplier la race des *enfants du Soleil*. Eux et leurs descendants formèrent la *noblesse* du Pérou, qui, comme on le voit, n'était composée que de princes du sang : ce qui coupait court aux fausses généalogies et aux prétentions exagérées et ridicules que, sous le prétexte de leur haute naissance, une infinité d'intrigants ont eu le talent de faire valoir en France, en faveur de leur ambition particulière, et par un désordre général occasionné par la confusion des noms et des états que ces prétentions introduisaient dans toutes les classes de la société.

C'est moins le libertinage que les vues d'une profonde politique, qui engagèrent Manco-Capac à se donner un sérail, et sa femme à le permettre. Ce grand législateur préféra sans doute de féconder lui-même ses propres filles, plutôt que d'introduire des mésalliances dans la famille impériale. Les rois ne sauraient trop s'entourer d'illusions qui les agrandissent aux yeux de leurs sujets, pour établir, dans l'opinion, une distance considérable, qui les sépare de leur peuple ; surtout parmi les sauvages, auxquels il faut nécessairement en imposer par des prestiges.

Donner une grande considération à la famille royale et aux castes qui composent le premier ordre de l'État, c'est, par des sentiments moraux et religieux, introduire, augmenter, entretenir et graver, dès leur enfance, dans la cœur des gens de la plus basse classe, la vénération, le respect et la subordination qu'ils doivent avoir pour les personnes que la naissance ou d'autres préjugés nationaux placent au-dessus d'eux ; c'est unir le devoir avec la loi ; c'est établir la confiance et la stabilité à l'abri de l'arbitraire, dans l'ordre existant ; c'est la plus heureuse idée politique que jamais législateur ait eue.

L'Inca, comme le roi de France, était donc le premier gentilhomme de son royaume. Il est vrai que la religion et la loi accordaient au Péruvien une plus grande latitude dans ses amours. Mais nos princes n'ont jamais eu à se plaindre de la gêne qu'ils ont éprouvée à cet égard. De chaque côté, leurs bâtards étaient également compris de droit dans le nobiliaire de leur pays respectif, avec cette différence que leur établissement et leur existence coûtaient, en Amérique, moins cher que nous ne les avons vu payer en Europe. Le fondateur de cet empire avait bien prévu qu'il était impossible d'empêcher ses successeurs tout-puissants de se permettre de temps en temps quelques infidélités à leurs épouses ; mais en autorisant, en sanctifiant, pour ainsi dire, ces fantaisies, Manco les rendait légitimes aux yeux de la nation, et en sauvait le scandale : c'est beaucoup, quand on l'éloigne de la Cour d'un souverain.

Le choix de ses maîtresses n'était pourtant pas illimité ; il devait les prendre exclusivement dans les vierges consacrées au Soleil, c'est-à-dire qu'elles devaient être de la même condition que sa femme légitime. Cette obligation forçait l'Inca régnant de respecter la foi conjugale qu'une épouse doit à son mari ; elle prévenait les prétentions de ces races intermédiaires entre les patriciens et les plébéiens, qui finissent toujours par mettre le désordre dans un gouvernement monarchique ; elle empêchait qu'une créature de la plus vile extraction ne souillât la couche et la pourpre royale de son souverain.

Le dénombrement des Péruviens était toujours fait. Un *décurion* surveillait les dix familles qui composaient son escouade. Il rendait compte à son capitaine, qui avait cinq de ces *décuries* dans sa compagnie, ou cinquante familles. Celui-ci répondait à un officier supérieur qui en avait cent sous son inspection ; le lieutenant-colonel cinq cents ; enfin le commandant en chef, mille, où l'on s'arrêtait. En commençant par les *décurions*, et remontant de grade en grade jusqu'au *millénaire*, chacun de ces officiers devait rendre compte à son chef immédiat des bonnes et des mauvaises actions des personnes qu'il avait sous sa surveillance ; demander des récompenses et des châtiments pour ceux qui les méritaient ; enfin avertir si l'on manquait de vivres, d'habits et de grains pour l'année. Ces rapports partiaux se réunissaient définitivement chez le *millénaire*, qui correspondait directement avec les ministres de l'Inca.

Les lecteurs qui se sont un peu occupés de l'histoire des mathématiques, me pardonneront, si je leur fais remarquer, en passant, que la coupe de ces espèces de régiments, par dix, cinquante, cent, cinq cents, mille familles, est exactement sur la même échelle que les signes de la numération romaine.

X, L, C, D, M. (1).

---

(1) Voy. l'*Origine des différentes numérations*. Tydologie, t. II, p. 630.

L'amour que les Péruviens avaient pour leur gouvernement monastique et paternel, la puissance et la prospérité
de l'empire, qui n'ont pas cessé de croître, pendant les deux
ou trois siècles qu'il a duré, sont une forte preuve en faveur de la sagesse des institutions et de l'impulsion que
Manco-Capac, son fondateur, lui avait données, en le commençant. Cet État florissant continua, sans interruption,
jusqu'à son douzième Inca; un de ses plus grands empereurs, *Huana-Capac*, couvert de gloire par la conquête
du royaume de Quito, se mit, à l'instar de plusieurs autres
héros, au-dessus des lois qui l'avaient proclamé le souverain de son pays. Il se maria avec la fille du roi qu'il venait
de détrôner; et cette mésalliance, dont il n'y avait pas
encore d'exemple, indigna l'universalité de ses sujets.

De cette union que les lois et les préjugés réprouvaient
également, provint un fils, *Ataliba*, qui, après la mort et en
vertu du testament de son père, prétendit à l'héritage de sa
mère. Cette succession lui fut contestée par son frère aîné
Huascar, qui était d'un autre lit, et dont la naissance n'a-
vait pas de tache. Cette contestation mit les armes aux
mains de ces deux concurrents. Huascar avait pour lui la faveur du peuple, celle des lois, et l'usage immémorial de
l'indivisibilité de l'empire; mais son adversaire, s'étant assuré de meilleures troupes, fut le vainqueur. Il prit et jeta
son frère dans les fers. Ataliba, victorieux, devint le maître
du Pérou. Mais sa souveraineté, nouvellement acquise par
un crime, n'avait pas encore eu le temps d'être cimentée
par l'assentiment général de la nation, et son autorité n'é-
tait pas aussi consolidée que si c'eût été celle d'un Inca
légitime. Les esprits fermentaient, murmuraient; dans ce

pays rempli de montagnes, de défilés et de positions très-fortes. Il craignait que des révoltes successives et multipliées ne finissent par le renverser, ou par diminuer considérablement son territoire, en séparant plusieurs petits États indépendants et hors de sa domination.

Pizarre et sa troupe débarquèrent au Pérou sur ces entrefaites. L'usurpateur et l'Inca légitime recherchèrent également l'amitié et la protection de ces étrangers, qui accueillirent favorablement leur demande, et y firent droit, en exterminant, sans distinction, les deux partis. L'empire du Pérou, détruit à jamais, passa sous la domination espagnole. Il subsisterait peut-être encore, si *Huana-Capac* n'avait pas été un roi novateur.

Les princes ont grand tort de se jouer des lois et des préjugés qui ont fondé les États qu'ils gouvernent. Il est rare qu'eux, ou leurs successeurs, ne s'en ressentent pas.

Telles sont les causes de la grandeur et de la chute de ce gouvernement mémorable, que Manco-Capac, seul avec sa femme, avait créé parmi les sauvages, au milieu des déserts de l'Amérique méridionale. Dans quelle page de leur histoire les philosophes nous montreront-ils un pareil titre, qui mérite également notre reconnaissance et notre admiration? Mais ce à quoi on ne s'attendait pas, c'est d'y voir la constitution du Pérou fondée sur les mêmes principes que celle de l'Angleterre : un roi, une *noblesse héréditaire* et les *communes*, ou le reste des citoyens. J'espère qu'on ne m'en demandera pas davantage.

Nous avons déjà vu que Manco-Capac commença par rassembler autour de lui une douzaine de familles de ces sauvages. Dix hommes, commandés par une habile général, deviennent une armée formidable, s'ils n'ont à combattre que des individus isolés, désarmés et sans aucun principe de tactique ni de discipline militaire. L'Inca entrait hardiment en campagne avec sa petite troupe, faisait quelques prisonniers, les amenait dans son quartier-général, et les répartissait dans les *décuries* déjà formées, et en partie civilisées. On les y traitait avec douceur ; et, à force de bienfaits, on les accoutumait à l'obéissance, au respect et à la vénération de l'Inca, de cet être divin qui était descendu exprès du soleil, pour leur procurer un bien-être dont, jusqu'alors, ils n'avaient eu aucune connaissance.

Les descendants de Manco-Capac suivirent ponctuellement la même politique. Ils se rendaient, tous les ans, sur leurs frontières, avec une armée qui savait au moins obéir, combattre ensemble, se retrancher, et qui avait des armes offensives, meilleures que celles de ces sauvages, et des boucliers et des armes défensives dont leurs ennemis ignoraient l'usage. Ils proposaient à la nation qu'ils voulaient ajouter au nombre de leurs sujets, d'adopter la religion, les lois et les mœurs des Péruviens. Ces invitations étaient ordinairement rejetées. De nouveaux députés, plus pressants, succédaient aux premiers ; on les massacrait quelquefois, et on fondait inopinément sur les soldats de l'Inca. Ses troupes provoquées avaient généralement la supériorité; mais elles s'arrêtaient au moment de la victoire, et traitaient leurs prisonniers avec tant de douceur, qu'ils faisaient aimer, à leurs compagnons, des vainqueurs si humains à leur égard. Il arriva bien rarement qu'une armée péruvienne attaquât la première. Il y a eu plus d'un exemple que l'Inca, après avoir vu ses soldats massacrés, et après avoir éprouvé les perfidies de ces barbares, ne permit pas de recommencer les hostilités.

Les jésuites, qui n'avaient point d'armée, se bornèrent à la persuasion. Ils s'enfoncèrent dans des forêts inconnues, pour y chercher des sauvages, et les déterminer à renoncer à leurs habitudes et à leurs préjugés, pour embrasser une religion à laquelle ces peuples n'entendaient rien, et pour leur faire goûter les douceurs d'une vie sociale qu'ils ne connaissaient pas.

Les Incas avaient encore un avantage sur les jésuites, c'est la nature de leur culte qui parlait aux sens. Il est plus facile de faire adorer, à des sauvages, le Soleil, qui semble lui-même révéler sa dignité aux mortels, que de persuader, à des êtres bruts, nos dogmes et nos mystères. Aussi nos missionnaires eurent-ils la sagesse de civiliser, jusqu'à un certain point, ces sauvages, avant de penser à les convertir. Ils n'essayèrent d'en faire des chrétiens, qu'après en avoir fait des hommes. A peine les eurent-ils assemblés, qu'ils les firent jouir de tous les biens qu'ils leur avaient promis. Ils leur firent embrasser le christianisme, quand, à force de les rendre heureux, ils les eurent rendus dociles.

Les incas et les jésuites avaient également établi un ordre qui prévenait les crimes et infligeait les punitions. Rien n'était si rare, dans ces deux empires, que les délits. Les mœurs y étaient belles et pures. On y parvint, au *Paraguay*, par des moyens encore plus doux qu'au *Pérou*. Les lois avaient été sévères dans cet empire; elles ne le furent pas chez les *Guarinis*. On y craignait peu les châtiments, mais on y craignait beaucoup sa conscience.

A l'exemple des incas, les jésuites avaient établi le gouvernement théocratique, avec un avantage particulier pour la religion catholique, apostolique et romaine, par *la présence réelle dans l'eucharistie*, et la confession. Dans le Paraguay, elle conduisait le coupable aux pieds du magistrat. C'est là que, loin de pallier ses crimes, le repentir les lui faisait aggraver. Au lieu d'éluder sa peine, il venait la demander à genoux. Plus elle était sévère et publique, et plus elle calmait sa conscience. Ainsi les châtiments qui, partout ailleurs, effrayent les coupables, étaient leur plus chère consolation, en étouffant les remords par l'expiation. Les peuples du Paraguay n'avaient pas de lois civiles, parce qu'ils ne connaissaient point les propriétés. Ils n'avaient point de lois criminelles, parce qu'ils s'accusaient et se punissaient volontairement. Toutes leurs lois étaient des préceptes de religion.

Les bases solides et fondamentales du gouvernement des incas, et de celui des jésuites, furent également la *religion*; ils les entretinrent, avec un grand soin, par la pompe et l'appareil imposant du culte public. Les temples du Soleil étaient aussi bien construits, et aussi bien ornés que l'imperfection des arts et des matériaux le permettait. Les Églises sont réellement fort belles. Une musique qui allait au cœur, des cantiques touchants, des peintures qui parlaient aux yeux, tout retenait les *Guarinis* dans ces lieux sacrés, où le plaisir se confondait avec la piété.

On dévastait l'Amérique depuis des siècles, lorsque les jésuites y portèrent cette infatigable persévérance qui les avait si singuliérement fait remarquer depuis leur origine. Ces hommes entreprenants ne pouvaient pas rappeler du

tombeau les trop nombreuses victimes qu'une aveugle fé-
rocité y avait malheureusement plongées ; ils ne pouvaient
pas arracher aux entrailles de la terre les timides indiens que
l'avarice des conquérants y faisait tous les jours descendre. Leur sollicitude se tourna vers les sauvages, que leur
vie errante avait jusqu'alors soustraits à la tyrannie. Le plan
était de les retirer, de les rassembler en corps de nation,
mais loin des lieux habités par les oppresseurs du nouvel
hémisphère américain.

Sans armes, sans soldats, sans argent, sans secours de
leur métropole, ni d'aucune autre nation, les jésuites, ces
soutiens, *ces pères de la foi*, seuls, affrontent la brutalité
des féroces *Guarinis*, leur en imposent, gagnent leur affection, les retirent de leur vie sauvage, les rassemblent autour de leur église, et les établissent en province, sur un
terrain qu'ils venaient conquérir dans des déserts. Ils la
rendent ensuite riche et florissante, en la couvrant d'une
population nombreuse, morale, laborieuse, fidèle et soumise de cœur et d'âme à leurs maîtres, qui, par amour
pour leurs sujets, avaient abandonné toutes les douceurs
de leur patrie, pour les assujettir au joug des bienfaits de
la religion et d'une civilisation sage, honnête et resserrée
dans des bornes raisonnables. A force de martyres, de
privations, de travaux, de fatigues, de persévérance et de
vertus, ces bons missionnaires achevèrent miraculeusement
une entreprise dans laquelle le souverain le plus puissant
aurait échoué. Le succès couronna, au-delà de toute espérance, leurs bonnes œuvres dans le Paraguay. L'Europe en a
été témoin, et ne leur rend pas toute la justice qu'ils méritent.

Cet empire fut élevé à la gloire de la religion et de l'humanité, par des moines, en 1610. Il fut abattu ensuite, en 1768, par les philosophes.

S'avancerait-on trop, en demandant si la destruction du gouvernement monarchique et paternel, établi au Paraguay, par les jésuites, n'aurait pas entraîné après elle, plutôt par sa cause première que par ses conséquences directes, le renversement de la France, de l'Espagne, des républiques de Venise, de Hollande, de Gênes? et peut-être, avec le temps, de tous les États de l'Europe? Qui peut calculer et prédire les effets merveilleux de la régénération des gouvernements que les philosophes jacobins nous préparent de tous côtés?

On ne sera pas surpris de voir, à la fin de cet article, la division en trois ordres très-distincts de citoyens, faire la base du gouvernement du Paraguay, comme de tant d'autres dont nous avons déjà parlé. En effet, le provincial de *Tucuman* représentait le roi ou le vice-roi de cette monarchie; les jésuites, le *corps aristocratique*, intermédiaire entre le prince et les *communes*; et les mêmes communes se composaient des *Guarinis* civilisés.

Si ces divisions de citoyens, en *ordres* très-distincts dans l'État; si ces différences de conditions dans la société, ces inégalités politiques, ces classes privilégiées étaient contre la nature, se retrouveraient-elles, comme la pudeur, à la naissance et dans la force de l'âge de presque tous les gouvernements? (Ecrit le 17 mars 1820.)

COMPARAISON DU GOUVERNEMENT, DES MŒURS ET DES USAGES DES GRECS, ET DE CEUX DES ÉGYPTIENS.

1° *Différence de langage.* Les Français, les Espagnols,

les Anglais, qui ont été s'établir en Asie, en Afrique et en Amérique, ont continué d'y parler le langage de leurs pays. La chose est si naturelle, que, quand même on n'en aurait pas des milliers d'exemples sous les yeux, ce fait n'en serait pas moins démontré. Personne n'a encore prouvé que l'égyptien et le grec fussent la même langue.

2º *Différence dans l'écriture.* Les Egyptiens se servaient de l'écriture hiéroglyphique, et les Grecs de l'écriture alphabétique. On ne voit, dans aucune pièce qui nous soit restée des Grecs, rien de semblable aux symboles, aux attributs qui déterminaient les figures des hiéroglyphes des Egyptiens.

3º *Différence dans le calendrier.* L'année des Egyptiens était solaire, et de 365 jours ; celle des Grecs était lunaire ; elle a beaucoup varié pour le nombre de jours ; ils finirent par en adopter une de 375 jours. (Voyez l'*Histoire de l'Astronomie ancienne,* de Bailly.)

L'année égyptienne commençait au lever héliaque de l'étoile *Syrius* ; celle des Grecs au solstice d'été. Les Egyptiens comptaient par semaine, les Grecs par décade.

4º *Différence dans le caractère national.* Il n'y a qu'à lire ce qui nous reste de l'histoire de l'Egypte et de la Grèce, pour être convaincu que le caractère de ces deux peuples n'a jamais été le même, et que les œuvres, tant politiques que littéraires, qui en sont résultées, ont toujours été d'un genre très-différent.

5º *Différence dans les beaux-arts.* L'architecture, la sculpture des Egyptiens ont un esprit et une manière absolument opposée à celle des Grecs. Dans les nombreux monuments qui nous restent de ces derniers, on n'en voit

aucun de semblables (quant au style et à l'objet) aux obé-
lisques, aux sphinx et aux pyramides.

6° *Différence dans la physionomie.* Les Egyptiens ont les
traits du nègre; et les Grecs nous ont conservé les plus
belles formes européennes qui soient connues.

7° *Différence dans l'habillement et les costumes.* Relativement à ces deux objets, les Egyptiens et les Grecs ne se
ressemblent pas plus que dans leur physionomie.

8° *Différence dans les sciences.* Il paraît que les Egyptiens, même du temps de Moïse, étaient très-instruits en
astronomie, en physique, en histoire naturelle, et dans
l'histoire des antiquités du monde; et que les Grecs, même
du temps d'Aristote et de Platon, ont toujours été d'une
parfaite ignorance sur toutes ces parties.

9° *Différence dans les funérailles.* Les Grecs enterraient
ou brûlaient les corps ; les Egyptiens les embaumaient. Les
premiers détruisaient, les seconds conservaient.

10° *Différence dans la religion.* Quoi qu'on en dise, la
religion des Egyptiens n'était pas la même que celle des
Grecs.

La circoncision était établie en Egypte, et ne l'était point
en Grèce.

Il peut y avoir eu un rapport commun entre *Isis* et
Diane, et l'on peut admettre, si l'on veut, que ces deux
divinités représentaient également *la lune.* Mais l'histoire
d'*Isis*, son genre de culte, etc, n'ont jamais été les mêmes
que ceux relatifs à *Diane*; Isis est mariée, elle a des enfants; Diane est restée vierge; Isis est une bonne ménagère,
Diane est une coureuse, etc., etc.

On ne voit aucun vestige qui nous montre que les Grecs

aient eu des dieux Apis, des dieux chats, des dieux ci-cognes, etc.

11° *Différence dans leur clergé.* L'ordre, la discipline des prêtres égyptiens, tels qu'on nous les dépeint, ne ressemblent point du tout au rang et à la hiérarchie que le clergé avait chez les Grecs.

Les prêtres égyptiens formaient un ordre distinct dans l'État ; ils étaient *un*, comme notre clergé, ou comme nos corps religieux l'étaient en France, avant la révolution ; tandis que, en Grèce, les desservants du sacerdoce étaient séparés, sans liaison ni rapports de subordination entre eux, de temple à temple. Les prêtres d'Apollon, à Argos, ne dépendaient point, ou bien faiblement, de ceux que ce Dieu avait à Délos.

12° *Différence dans la forme du gouvernement.* Il paraît que le gouvernement égyptien était une monarchie tempérée par un mélange de théocratie, qui rendait leur *Pharaon* moins despote de droit. En Grèce, on n'a vu que des monarchies ou des républiques, dans lesquelles le clergé a pu avoir une influence d'opinion, mais jamais une autorité légale, qui le constituât membre du souverain.

En suivant ce parallèle, on trouverait un très-grand nombre de différences majeures entre ces deux peuples. Or, comment s'imaginer qu'en quittant leur pays, sous la conduite de Cécrops, ou de Cadmus, ces Égyptiens abandonnèrent, en même temps, langue, religion, habitudes, mœurs, manières, préjugés, enfin tout ce qui constituait leur existence morale, avant qu'ils se séparassent de leur mère-patrie ?

Comment donc leurs préjugés ont-ils pu adopter si facilement l'idée de la destruction de leur corps, en enterrant ou brûlant leurs morts, eux qui avaient une affection superstitieuse pour l'immortalité en tout genre ?

Si les Grecs ne descendent pas des Egyptiens, d'où sont-ils donc venus ? C'est un problème à résoudre.

L'opinion qui les fait venir des contrées correspondantes aujourd'hui à la Turquie d'Europe, la Pologne et la Hongrie, m'a toujours paru la mieux fondée.

159. Assemblée nationale. Qu'était l'*assemblée nationale* avant 1789 ? Rien (1).

Qu'est devenue l'*assemblée nationale* en 1789 et années suivantes ? *Tout :* Pouvoir législatif, pouvoir exécutif, judiciaire et administratif ; panégyriste du crime, et protectrice effrontée des scélérats ; juge, partie et bourreau des bons citoyens, des honnêtes gens qui répugnèrent à adopter ses principes et à se ranger au nombre de ses complices. Démon destructeur de la France, il se mit au-dessus des lois, des convenances, des leçons de l'histoire, des règles du bon sens, et des préceptes de la politique la plus commune ; que dis-je, il se mit au-dessus de Dieu !

Comment prouver cela ? Par ses œuvres.

Au-dessus de Dieu, en s'arrogeant le droit d'abroger, par ses décrets, les commandements de Dieu, et en enjoignant, sous peine de mort, de les enfreindre ouvertement.

---

(1) Extrait du livre intitulé : *Qu'est-ce que l'Assemblée Nationale ?* Paris, 1791. Grande thèse, soutenue par M. Murat de Montferrand, officier de dragons, en présence de l'auteur anonyme de la brochure intitulée : *Qu'est-ce que le Tiers ?*

L'assemblée nationale a donc placé son autorité au-dessus de celle de Dieu.

La religion universelle, catholique, apostolique et romaine, dans laquelle nous avons eu le bonheur de naître, ne reconnaît qu'un chef visible, le successeur du premier des apôtres, l'unique successeur de J.-C., sur la terre. Révélée par Dieu même, par cette raison seule, cette religion est indépendante de toute autorité civile; elle n'en admet d'autre que celle de l'Église, que ses dogmes enseignent être celle du SAINT-ESPRIT, qui l'inspire et ne l'abandonne jamais. Nul homme, nulle assemblée, même celle d'un concile, n'a le droit d'intervertir cette doctrine, enseignée par notre Dieu : or, le décret sur la constitution civile du clergé, y porte atteinte.

L'assemblée nationale a donc usurpé les droits de J.-C.; elle s'est donc fait son rival, elle s'est donc érigée en Dieu.

« Veillez sur vous et sur le troupeau sur lequel le SAINT-ESPRIT vous a établi évêque, pour gouverner l'Église » de Dieu. (Actes des apôtres, chap. 20, vers. 28.) » Ces mots : *In quo SPIRITUS-SANCTUS posuit episcopos*, déclarent formellement les évêques inamovibles dans leurs siéges, puisqu'ils y ont été placés (*posuit*) par le SAINT-ESPRIT lui-même. C'était indispensable; un évêque est un magistrat, le premier juge de son diocèse. Qu'est-ce qu'un juge qui n'est pas inamovible ? Un bas valet de l'autorité dont il dépend. En traitant les évêques à l'instar des fonctionnaires publics, qu'on place et qu'on renvoie à volonté, comme des laquais, l'assemblée nationale eut l'audace et l'ineptie de vouloir établir la suprématie de ces décisions, sur celles du Saint-Esprit.

A qui appartient de juger de pareilles questions ? Est-ce à un concile, comme le réclament les évêques ? Est-ce à l'assemblée nationale, comme elle le soutient ? Dans l'incertitude, qui mérite le plus de confiance, d'un tribunal reconnu par la constitution même, pour avoir été inspiré par le Saint-Esprit, puisqu'elle a décrété que la religion catholique, apostolique et romaine, était la religion constitutionnelle de l'État ; ou bien d'une assemblée inspirée par je ne sais quel esprit, mais qui, certes, n'était pas l'Esprit Saint ?

Elle somma les ministres de cette religion de s'engager, par serment, à reconnaître et à maintenir cette constitution de la nouvelle religion, qu'elle fondait sur les débris de toutes les vertus, ou, en d'autres termes, à prendre la divinité à témoin que le clergé de France reconnaissait la supériorité des décrets de l'assemblée nationale, sur les volontés de Dieu, proclamées par lui-même.

L'assemblée nationale s'est donc crue *Dieu* et plus que *Dieu !* Elle a donc été *tout*, et plus que *tout*, en matière religieuse. C'est ce qu'il fallait démontrer.

Voyons ce qu'elle a été, en matière civile et politique.

Par l'ancienne constitution du royaume, elle était divisée en quatre branches, dont l'une était réservée au Roi, et les autres appartenaient à chacun des trois ordres du royaume. Aussi chacun d'eux avait-il été convoqué par le monarque, pour concourir, avec lui, à la formation des nouvelles lois, ou à la réforme des anciennes. Mais si le nom d'assemblée nationale était le symbole de l'usurpation, le jour où une partie des représentants se constituent, en adoptant cette dénomination, ils décrètent, en même temps, *qu'à elle* appartient, et qu'il n'appartient qu'à elle d'interpréter et de présenter la volonté générale de la nation ; et comme, par l'article VI de la déclaration des droits de l'homme, il est dit : *Que la loi est l'expression de la volonté générale*, il s'ensuit qu'en se constituant assemblée nationale, elle s'est emparée de la totalité de la puissance législative.

La rigueur de ce décret est telle, que la nation elle-même se trouve privée d'exprimer son vœu, sa volonté, puisque ses représentants s'en arrogent le droit exclusif. Du premier pas, ils se mettent à l'égal, ou même au-dessus de la nation.

Bien mieux; elle a fait, comme légitimes, des actes que la nation ne peut pas même faire légitimement. Tels sont les attentats à la propriété, car la propriété est garantie par le contrat social, où la nation contracte avec chaque individu, contrat de l'exécution duquel elle ne peut donc être juge, puisque elle y est partie. Cependant, quelle multitude de décrets attentatoires à la propriété, n'offre pas le code de l'assemblée nationale ? Tantôt se disant la nation, elle adjuge, à la nation, des biens donnés au clergé, et dont il avait toujours joui; tantôt elle fait cadeau aux propriétaires des dîmes qui ne leur appartenaient pas, car il n'en existe aucun qui n'ait acquis ces fonds depuis son institution; tantôt elle remet aux débiteurs des droits consentis par eux, acquis et vendus dans le commerce; tantôt elle supprime des péages acquis à prix d'argent, ou concédés à titre onéreux; d'autres fois, sans anéantir la propriété, elle l'intervertit, en déclarant rachetables des rentes créées perpétuelles; dans tous ces actes, et une multitude d'autres semblables, elle fait ce que la nation même n'aurait pas le droit de faire ; bien mieux, envoyée par elle pour remplir une mission, et pour un terme limité, elle déclare qu'elle ne peut être enchaînée par la volonté et les ordres de la nation, par les titres de son existence ; d'où je conclus qu'elle est *plus que la nation*, *ou tout au moins la nation*, et, par conséquent, *le pouvoir législatif.*

Elle fixe les devoirs et le traitement du Roi, la longueur de sa chaîne constitutionnelle (1) ; elle établit sa suprématie au-dessus de lui, elle usurpe les fonctions qu'elle lui attribue ; rien ne lui échappe, les détails, même les plus minutieux, du chef du pouvoir militaire, sont de sa compétence. Elle demande grâce pour quelques gardes françaises qui avaient manqué à la subordination ; elle éloigne les troupes rassemblées pour protéger la sûreté dans les marchés ; elle envoie un détachement à Vernon ; elle épanche son affection pour l'armée, dans une lettre circulaire ; elle écrit en particulier au régiment de Royal-Champagne ; elle décrète que le régiment de Guïenne restera à Nîmes, ensuite qu'il en partira ; elle ordonne la punition de trois dragons de Lorraine ; elle flagorne la garnison de Douai, et prie le roi de l'y laisser ; elle réprimande paternellement Royal-Marine ; elle loue au contraire Royal-Roussillon ; elle accorde un congé illimité à deux capitaines, et fait employer M. Chabaud à Nîmes ; elle envoie un régiment à Haguenau ; elle fait rester à Grenoble les chasseurs de Corse, caresse le régiment d'artillerie qui était à Valence, et venait de laisser assassiner son commandant ;

---

(1) Expression de M. Burke, dans la Chambre des Communes.

elle envoie des troupes à Orange ; elle nomme un conseil de guerre à M. de Moreton ; elle descend jusqu'aux plus petits détails de la police militaire ; elle gourmande Royal-Champagne, Poitou, la garnison de Nancy, mais, en revanche, complimente le régiment de Metz ; après quoi elle envoie des commissaires à Hesdin, et demande grâce pour ce même régiment de Poitou révolté, et qui a pillé sa caisse ; elle fait partir de Marseille le régiment de Vexin ; il est vrai que la municipalité avait refusé son départ aux humbles suppliques du ministre de la guerre ; elle connaît de la sédition des équipages de la flotte de Brest ; elle juge la réclamation du régiment de Soissonnais ; elle s'oppose, *en public*, aux moyens de séductions employés vers les Suisses casernés à Courbevoye ; elle crée une Cour martiale, pour juger la demande de quatre officiers de Bretagne, et une autre pour les soldats de Royal-Champagne ; elle se récrie sur la quantité de congés donnés aux soldats, et y entrevoit une manœuvre aristocratique ; elle demande grâce pour le régiment de la reine ; elle en envoie un second à Montauban ; elle ordonne à Lyon de laisser passer un convoi ; elle révoque M. de la Chapelle, officier-général employé à Lyon, mais soupçonné d'aristocratie (1). Elle a pareillement usurpé le pouvoir judiciaire ; elle s'est non-seulement érigée en tribunal supérieur à tous les autres, mais au milieu de ses conquêtes, elle n'a pas même négligé les fonctions de la police ; elle a décerné à volonté des décrets de prise de

(1) Ce recensement des hauts faits de l'assemblée nationale ne s'étend que jusqu'au 1er janvier 1791.

corps, et si elle a usé de son pouvoir, pour faire relâcher quelques personnes, on dirait presque que c'est par jalousie de ce que d'autres allaient sur ses brisées, et qu'elle voulait se réserver, exclusivement à toutes les municipalités, clubs et comités du royaume, le plaisir de donner des lettres de cachet.

Elle ordonne, avec fracas, de faire arrêter, aux deux bouts du monde, l'infortuné M. de Quincey, dont le malheur a été d'être accusé d'un crime assez absurde pour qu'on y ajoutât foi. Delà elle passe à M. Besenval, et ses cheveux blancs ne le garantissent pas de l'outrage de six mois de prison, sur le soupçon d'avoir voulu raser la ville de Paris. Quelquefois elle se borne au rôle de dénonciatrice à son comité des recherches, comme dans l'affaire de M. de la Richardière; ou bien elle lui réserve l'examen des papiers, comme dans l'affaire de M. de Voisin, afin d'en extraire une quintessence de patriotisme, chez les assassins, et de lèse-nation chez les assassinés; elle rend la liberté à M. de Lautrec, cependant elle loue la municipalité vigilante qui l'a fait arrêter; elle ordonne au contraire l'arrestation de l'abbé de Barmond et de ses compagnons, et loue ceux qui les ont arrêtés illégalement; elle fait mettre en prison M. de Mélé, conduire dans une prison d'État M. de Bussy, trois officiers de Royal-Liégeois, MM. Guillain, Teyssonnet, le marquis d'Escars, etc.; sa sollicitude va même jusqu'à décréter que M. Trouard de Riolles, détenu par une lettre de cachet décrétée et sanctionnée, sera transféré dans une autre prison.

Digne émule du despotisme, dans ses plus injustes extravagances, elle se plaît, comme lui, à se composer une

Cour des victimes de ses caprices, et à mander à la barre, ou à sa suite, tantôt provisoirement le maire de Nîmes, ensuite définitivement les catholiques qui avaient usé de la faculté pétitionnelle accordée par ses décrets; tantôt les membres de l'assemblée coloniale de Saint-Domingue, la municipalité de Corbigny, ou les évêques de Bretagne, celui de Strasbourg, le parlement de Bordeaux; et ensuite effrayée de la fermeté des innocents qu'elle a persécutés, elle refuse de les entendre, et n'ose pas même les envisager.

Ses usurpations sur les fonctions de tous les tribunaux civils et militaires, ne sont pas moins frappantes. Jetons un coup d'œil sur l'immense liste de ses décrets. Nous la verrons statuant sur les troubles de Vernon, s'attribuant la connaissance d'une émeute arrivée à Pau, et suspendant la procédure, étouffant celle qu'on avait commencée au sujet des crimes effroyables commis à Montauban et à Toulon; évoquant l'affaire entre MM. Diétrich et Bénard. Elle juge favorablement la réclamation de M. Keating, major du régiment de Walsh, fait nommer un conseil de guerre pour juger celle de M. de Moreton. Elle se fait adresser les procédures contre les auteurs des fausses alarmes, des incendies et des assassinats du Dauphiné et de divers provinces qu'elle finit par assoupir; annule la procédure commencée contre le procureur du Roi de Falaise; dénonce l'évêque de Tréguier au Châtelet; prononce sur la contestation relative aux impôts de Paris; juge le comte d'Albert, anéantit toute procédure et ne trouve aucun coupable, quand un officier général, couvert de lauriers et de blessures, a été précipité au fond d'un cachot, à côté des malfaiteurs, par ses propres soldats. Elle surseoit à la procédure intentée par le grand prévôt de Strasbourg, fait l'office de juré, et déclare qu'il n'y a lieu à inculpation contre une compagnie de gardes nationales de Rouen; prive du droit de citoyen actif les membres de ce parlement; casse le jugement d'une municipalité contre le sieur Cousin de Beauménil, demande à revoir la procédure instruite contre le sieur Brouillet, par le parlement de Toulouse, surseoit à tous jugements prévôtaux contre les *ameuteurs* et les incendiaires; élargit les prisonniers détenus en vertu de ces jugements, fait examiner par son comité des rapports une délibération de la municipalité de Montauban et une autre du parlement de Bordeaux; suspend et évoque la procédure commencée par la municipalité de Schelestadt; condamne le parlement de Bordeaux; s'attribue la connaissance des émeutes de Marseille; annule les arrêts des parlements de Pau et de Toulouse; enfin jusqu'à une contestation sur les étaux des boucheries, tout est de son ressort. Passant ensuite à de plus nobles exploits, elle casse la municipalité de Schelestadt et un jugement qu'elle avait rendu contre trois particuliers; juge provisoirement les catholiques de Nîmes et ordonne ensuite l'information; elle anéantit les procédures commencées contre les incendiaires des barrières et fait relâcher les coupables; elle blâme les volontaires de Saint-Jean d'Angely, condamne la municipalité de Montauban; casse un jugement du bailliage de Villefranche, renvoie au comité des recherches la connaissance d'une insurrection arrivée à Lyon: ordonne de poursuivre un libelliste comme criminel de lèse-nation, et le lendemain anéantit toutes les procédures contre les libellistes. Elle étend sa clémence aux incendiaires de Bretagne et de Provence;

absout M. de Lautrec; juge une contestation survenue
entre le bailliage de Caux et une municipalité; annule un
ancien décret de prise de corps contre l'abbé Raynal, à
la demande d'un prétendu ami de l'ordre; mais en revanche
elle ordonne de poursuivre l'évêque de Toulon, car il faut
que justice soit faite. Elle casse un arrêt en matière civile
du parlement de Rouen; déclare qu'il y a lieu à accusation contre le vicomte de Mirabeau; fait relâcher les sieurs
Pillot et Saillard, ordonne d'informer contre les séditieux
des Tuileries, et le permet contre les brigands d'Angers;
annule trois arrêts du parlement de Paris, ainsi qu'un
autre arrêt de celui de Toulouse; ordonne l'arrestation
de plusieurs de ses membres; destitue les membres de
l'assemblée coloniale de Saint-Marc; enfin, blanchit et
innocente *deux accusés de régicide et décrétés par le Châtelet*,
mais en revanche, elle ordonne d'informer contre le comte
de Cordon, M. Trouard de Riolles, et plusieurs autres
accusés de l'absurde inculpation du crime indéfini de
lèse-nation, contre les dilapidateurs des biens de la
chartreuse de Mont-Dieu, sur les séditions de Soissons,
contre un curé, contre les auteurs des troubles du département de l'Aude, et le chapitre de Cambrai; annule un
arrêt de propre mouvement, au sujet de certaines prében-
des; arbitre un différend entre le municipalité et le club
des jacobins de Dax; accuse M. de Montagu, commandant
pour le Roi à Uzès; anéantit la procédure instruite sur l'ef-
froyable sédition de Nancy, et ordonne d'informer sur les
troubles du Quercy et de Perpignan; en un mot, elle accuse, juge, dénonce, décrète, absout, condamne, etc.
et les attributions arbitraires, et les commissions tant re-

prochées à l'ancien régime, deviennent un moyen constitutionnel entre ses mains. Elle attribue à la sénéchaussée de Marseille, les procédures commencées par le grand prévôt; à quelques bailliages, le droit de juger certaines émeutes; à la municipalité de l'Ile-en-Dordon, le droit d'informer contre certains brigands; en dernier ressort, au bailliage de Bourbon-Lancy, la connaissance de certains excès; à la municipalité de Toulouse, l'information contre celle de Montauban; au présidial d'Angers, la connaissance d'une affaire en dernier ressort; à la municipalité de Toulon, la connaissance d'une émeute contre M. de Castellet; à la sénéchaussée de Marseille, le pouvoir de juger M. d'Ambert; à d'autres juges que ceux de l'Arbrêle, la connaissance des délits qui y avaient été commis; surseoit à toutes les instances et saisies de biens dits nationaux; renvoie aux sénéchaux de Carcassonne, de Marseille et d'Arles, les procédures instruites par le grand prévôt. Elle s'érige en juge des parlements de Rouen et Metz, ensuite se laisse fléchir et leur pardonne; elle règle la police de Paris et crée un tribunal de huit notables; elle accuse le parlement de Rouen, devant le châtelet de Paris; elle ordonne la continuation de la procédure pendante au siége de Viteaux, sur le meurtre de M. de Sainte-Colombe; juge la municipalité et les gardes nationales de Pau; ordonne au roi de faire poursuivre les auteurs des troubles du Forez; renvoie aux juges criminels de Bordeaux, non établis, l'information commencée par le grand prévôt de Tulle, au sujet des troubles du département de la Corrèze; au bailliage de Nancy, la connaissance des troubles de cette ville; au tribunal de Villeneuve-de-Bergues, l'information

contre le camp de Jalès ; au sénéchal de Lyon, la connaissance des troubles de Saint-Etienne ; au châtelet, l'affaire
de Mme de Persan, du comte de Gordon, de M. Trouard
de Riolles. Elle attribue les pouvoirs des commissaires envoyés à Nîmes, aux directoires du département et du district ;
à la municipalité de Strasbourg, le pouvoir de prononcer,
en dernier ressort, sur les troubles de Schelestadt ; au
bailliage de Château-Thierry, la connaissance des émeutes
de Soissons ; à la municipalité de Saint-Omer, le pouvoir
d'informer contre un curé ; à quatre tribunaux, la connaissance des troubles du département de l'Aude ; au tribunal de
Fontenay, les troubles de Niort ; au tribunal de Bordeaux,
la connaissance des troubles de la Corrèze, d'abord attri-
buée à la municipalité ; au tribunal de la Rochelle, celle
du massacre de Saint-Jean-d'Angely ; au tribunal des Dix,
celle de M. Trouard de Riolles ; à celui de Toulouse, la
connaissance des troubles de Pamiers, et celle des troubles
de Montauban, à la municipalité de cette ville.

« Ce n'est pas tout, pour satisfaire son avidité judiciaire,
elle ne dédaigne pas de nommer fréquemment des commissions, moyen odieux de satisfaire ses passions, dont les
tyrans ne se servirent pas sans pudeur ; elle fait mieux : elle
ne rougit pas, dans sa fureur, d'usurper tous les pouvoirs,
de choisir plusieurs fois les commissaires dans son sein.

Elle établit un tribunal provisoire dans chaque district,
pour connaître des impôts ; elle commet le Châtelet, pour
juger, en dernier ressort, les crimes de lèse-nation, et peu
contente de sa docilité (car il n'a fait pendre qu'un innocent), elle révoque la commission qu'elle lui a donnée.
Une autre fois, elle lui attribue, en dernier ressort, la

connaissance d'un libelle, le pouvoir de juger des faus-
saires ; elle commet le maire de Hennebon, pour la convocation de l'assemblée primaire d'Avray. Elle donne aux
chambres des vacations toute la compétence des parlements, et cependant proroge indéfiniment le temps des
vacances ; elle érige son *comité des recherches* en tribunal,
sur le modèle de celui de l'*inquisition* ; lui donne, ou lui
souffre le pouvoir de faire arrêter, à volonté, sans informations, sans procédures, et de faire interroger et détenir secrètement ; elle crée, dans Paris, un tribunal de police
provisoire, composé de huit notables, auxquels elle donne
une compétence, jusqu'à 100 livres d'amende et un mois
de prison ; elle nomme, à volonté, de nouvelles chambres
de vacations, dans les parlements de Rouen et de Metz ;
elle nomme des commissions, pour remplacer les parlements de Rennes et de Dijon ; d'autres à Paris, pour juger
les affaires criminelles ; ensuite dix juges auxquels elle substitue bientôt une nouvelle commission, qu'elle établit à
Orléans, pour juger les crimes de lèse-nation qui n'ont pas
encore été définis ; elle envoie des commissaires à Nîmes,
qu'elle remplace ensuite par le département ; d'autres en
Provence, à Strasbourg, à Aix, à Cahors, à Nancy, à Saint-
Domingue, etc.

Nous voyons donc que l'assemblée nationale dispose arbitrairement de la justice ; elle s'arroge un pouvoir au-dessus
de celui des tribunaux supprimés ; elle dépose, éloigne,
maintient, remplace les magistrats ; elle fixe les compé-
tences, les limite, les étend ; elle annule, casse ou maintient
les jugements ; elle sursoit, commet, attribue, revise ;
elle accuse, traduit, juge au civil, au criminel, en police ; elle

est dénonciatrice, juré, tribunal, haute-cour, commission; préjuge et prononce avant l'information, et rend ainsi des arrêts de propre mouvement; *elle est donc le pouvoir judiciaire.*

Le pouvoir exécutif et les fonctions administratives ne lui échappent pas plus qu'aucune autre. Plusieurs commissaires, envoyés par elle, sont spécialement chargés de celle-ci. Elle prononce sur la contestation émue entre les municipalités de Bar-sur-Aube et de Vassy, sur une demande de celle de Fontainebleau; elle ordonne à M. de Bouillé de prêter son serment; elle organise la milice de Rouen, maintient la composition de celle de Metz, remercie celle de Strasbourg, règle celle d'Amiens; elle improuve la municipalité de Marvejols, gourmande les États du Cambrésis; correspond, par décrets, avec une obscure coterie d'Angleterre; crée un comité à la place de la municipalité de Saint-Quentin. Elle fait rendre, à diverses reprises, des espèces arrêtées dans les diligences, par les sections de la capitale; se prosterne dans une humble adresse aux provinces; fait des reproches paternels au district des Cordeliers; juge l'élection de Chinon et du maire de Strasbourg. Elle donne de douces admonitions aux municipalités du Querci, au sujet de dévastations et incendies qui ont eu lieu dans la province; elle reçoit des députations de Suisses déportés, érigés en représentants helvétiques, et des ligues grises; enfin de tout l'univers, qu'elle remercie de son admiration (1). Il n'est pas de province, de ville, de bour-

(1) Je doute que la sagesse de Salomon lui ait jamais valu autant de compliments, d'adresses et d'éloges que son extravagance en a valu à

gade, où il no se trouve des amis de la constitution, qui lui portent, à l'envi, le tribut de leurs hommages (1). Les habitués du Palais-Royal offrent leur zèle, et les forçats de Toulon leurs bras, au service de la constitution. Tout est accepté ; les dons patriotiques pleuvent de toutes parts ; rien n'est refusé, et, dans le nombre des généreux, on distingue Messieurs les bourreaux (2). Elle arbitre un différend entre la municipalité et la garde nationale de Montauban ; elle interdit aux départements l'élection de nouveaux députés ; félicite la municipalité et les gardes nationales de Bordeaux ; elle donne mille décrets pour autoriser des communes à emprunter, pour improuver de nouvelles organisations de gardes nationales, après avoir décrété que, jusqu'à leur formation, elles resteraient toutes *in statu quo*, pour faire relâcher des grains, ou empêcher d'en fixer le prix. Elle relâche deux galériens fribourgeois, décrète que les amis de la constitution cesseront la démolition de la citadelle de Marseille ; décide à qui appartient la police du spectacle de Brest ; attribue à la municipalité de Paris, les fonctions des directoires de département et de district ;

---

l'assemblée nationale ; et le nom d'Anacharsis Cloots figurera un jour à côté de celui de la reine de Saba, dont les *présents* seront effacés par les dons patriotiques de tant de personnages éminents dans la révolution.

(1) Quelquefois les remerciements sont arrivés avant qu'on eût connaissance du bienfait, comme cela s'est vu, entre autres, dans une adresse de la ville de Dijon, qui arriva le lendemain du décret.

(2) On a remarqué que c'était d'autant plus généreux à eux, que la révolution, en introduisant l'usage de la *lanterne*, et le droit des brigands, les avait privés de presque toutes leurs fonctions, et des émoluments qui y sont attachés.

révoque et distribue à volonté les pensions; dépose, par décret, dans ses archives, un projet de thèse des étudiants d'Angers; remercie, par un décret, une société anglaise qui a bu à sa santé, et par mille autres, une foule de corps administratifs, de gardes nationales, de clubs, de patriotes, de particuliers, d'habitués au Palais-Royal, de prostituées, qui lui envoient ou lui donnent de l'encens. Elle improuve la municipalité de Saint-Aubin, qui avait ouvert les paquets de l'ambassadeur d'Espagne (par excès de patriotisme); elle accorde des canons à la garde nationale de Nîmes, qui les avait pris de force; statue sur l'empreinte des boutons; ordonne le départ d'un vaisseau arrêté par une municipalité, retire la garde nationale de chez Mᵐᵉ de Persan, approuve une saisie faite par celle de Gannat; justifie la municipalité de Bar-le-Duc; loue celle de Rouen; improuve celle de Douai; change le pavillon français; défend à Toulouse et ailleurs des assemblées permises par les droits de l'homme; juge et casse mille fois des élections, etc. etc.

Nous avons vu précédemment qu'elle s'était emparée du militaire. Tout le pouvoir exécutif et les fonctions administratives lui sont dévolues; elle remplace le roi, les ministres, les généraux, les intendants, les départements, les districts, les municipalités; elle est donc *le pouvoir exécutif et administratif.*

Récapitulons : l'assemblée nationale est donc plus que Dieu, ou au moins Dieu, elle est Concile; plus que la nation, ou au moins la nation, elle réunit les pouvoirs législatifs, exécutifs, judiciaires, administratifs, dans toute leur plénitude, et dans leurs moindres détails; elle a donc été *tout.* La France et elle ne s'en sont pas mieux trouvées.

Qui donc composaient l'assemblée nationale ?

Des niais, des *margouillistes* et des factieux, entremêlés de quelques vrais politiques, bons citoyens, en petit nombre et sans influence.

D'où avait-elle reçu cette autorité suprême et si puissante, pour renverser et détruire tout ce qu'elle a pu atteindre ?

En premier lieu, des efforts réunis du ministère, puis de la faiblesse de ces mêmes ministres et des principaux personnages de la Cour; et, à la fin, elle l'acquit par la force invincible de l'impulsion donnée.

Qu'a donc été l'assemblée nationale ?

Elle a été le produit net, le résultat nécessaire des cabinets souverains qui ont successivement gouverné la France, depuis environ 1750.

160. FAISEURS DE CONSTITUTIONS. Puisque tout le monde fait *des constitutions*, pourquoi n'apprendrait-on pas à les faire durables ?

» Un reproche qu'on peut faire à Mounier et à tous nos *faiseurs de nouvelles constitutions*, c'est de n'avoir pas assez réfléchi aux dangers de placer un grand peuple, parvenu à ce degré de civilisation qui exalte tous les esprits, développe toutes les passions, isole tous les intérêts; un peuple corrompu, chez lequel l'excessive inégalité des fortunes fait que le plus grand nombre des citoyens n'a point de patrie et ne saurait en avoir; de placer, dis-je, ce peuple hors de toutes les lois répressives, de le reporter dans l'état de nature et dans l'enfance des sociétés, pour lui donner une constitution étrangère à celle sous laquelle il a vécu pendant quatorze cents ans, sans examiner si ce peuple est susceptible d'une pareille constitution; s'il n'est pas tombé dans cet état de dégénération sociale, où il ne peut comporter qu'un gouvernement juste, modéré, mais ferme, actif, capable de comprimer cette fermentation sourde qui tend à la dissolution de l'ordre social; sans examiner si la constitution que l'on veut donner à ce peuple convient à ses mœurs, à sa situation politique, au milieu d'autres peuples parvenus au même degré de civilisation et de corruption que lui.

» Un reproche que l'on ne peut pas s'empêcher de faire à Mounier et compagnie, c'est de n'avoir point assez réfléchi que le déblaiement total des anciens principes, des anciennes habitudes, des anciens préjugés, allait remettre momentanément dans un désordre de choses, où il n'existerait pas de lois, une multitude d'hommes, vivant d'intrigues, de vices, n'ayant pas la moralité du caractère primitif de l'homme de la nature; d'hommes contenus jusques alors avec peine par une police vigilante. Un législateur devait savoir que le temps nécessaire pour remplacer les anciennes lois, quelque court qu'on le supposât, ouvrirait un vaste champ à toutes les ambitions, un but probable à toutes les spéculations et à toutes les espérances du crime. Il fallait donc, en embrassant la totalité de la constitution de l'empire, en présenter les développements d'une manière successive, en sorte que le peuple vît uniquement des réformes, là où on lui donnait réellement une constitution; qu'en obéissant aux nouvelles lois, il crût être encore régi par les anciennes, car les lois ont besoin d'une longue habitude de respect : semblable à ces familles illustres, leur origine doit se perdre dans la nuit des siècles. Il ne fallait pas annoncer une nouvelle constitution ; il fallait rétablir celle qui existait depuis quatorze cents ans, la dégager avec prudence et sobriété des abus sous lesquels elle était encombrée, la réformer dans les points que la différence des temps et des circonstances exigeait que l'on changeât ; suivre la marche que traçaient les mandats et les désirs de la volonté générale qu'ils exprimaient : la constitution se fût alors établie d'après les bases du comité, elle n'eût rencontré aucun obstacle, et tout fût demeuré dans l'ordre. Mais les philosophes, les intrigants, les ambitieux et les brouillons voulaient une révolution : ils voulaient réaliser, les uns leurs systèmes insensés, les autres les vastes espérances qu'ils avaient conçues (1).

» Mais ils travaillaient pour eux seuls, ces hommes (de la classe de Bailly) qui, ayant jusques alors formé une classe particulière sous le nom de *haute bourgeoisie*, avaient anéanti les ordres qui les primaient, et s'étaient bien promis d'amuser la classe du peuple qui avait fait la révolution dont tous les fruits devaient être pour les Messieurs de cette *haute bourgeoisie*.

» Il n'était ni avocat, ni procureur, ni notaire, ni marchand un peu aisé, qui ne se berçât de l'espoir d'attraper quelques bonnes places ; de dominer enfin, sans l'être par qui que ce soit. Quelques hommes s'élevèrent contre un projet qu'on ne se donnait pas même la peine de déguiser.

---

(1) Mémoires du marquis de Ferrières. Paris, 1821 ; collection Baudouin ; tome III, pag. 86 et 87.

Aussitôt on les traita de factieux qui excitaient le peuple contre les décrets de l'assemblée nationale, (1). »

Ceux qui accusaient ainsi *la haute bourgeoisie* n'avaient-ils pas, comme elle, les mêmes intentions de s'emparer du pouvoir et de toutes les bonnes places ?

> C'étaient des factieux, contre des factieux :
> Le meilleur n'en valait pas mieux.

» Chaque jour amenait une conspiration, parce que chaque jour il fallait un élément à la fureur. Tout devait trembler autour du pouvoir d'alors, parce qu'il tremblait lui-même de se voir repousser par tous les sentiments en guerre avec toutes les volontés. Seul contre tous, il lui fallait, à chaque instant, de nouveaux moyens de résistance, pour ne pas succomber ; de nouveaux agents d'oppression, pour asservir ; à défaut de crimes réels, il lui en fallait de factices. Son glaive se promenait sur les suspects comme sur les coupables, et les conspirations étaient alors plutôt une condition du pouvoir, qu'une nécessité du temps (2).

Quelle multitude d'abîmes sans fond, jusqu'ici (1827), les fauteurs et faiseurs de constitutions n'ont-ils pas creusés sur une grande partie de la terre ?

> *Disturb the peace of all the world*
> *To rule it whent was wildest* (3).

---

(1) Procès criminel contre Jean-Sylvain Bailly, ancien maire de Paris, au sujet de l'affaire du Champ-de-Mars, condamné à mort par le tribunal révolutionnaire, le 20 brumaire an II de la république une et indivisible.

(2) M. de Caumartin, séance de la Chambre des députés, du 23 février 1822.

(3) Shakspeare.

Troublant ainsi la paix de l'univers ,
Pour amener le règne des pervers.

Proverbialement : pour pêcher plus facilement en eau
trouble.

Nous n'en finirions pas, si nous entreprenions de compter
les maux et les désordres que ces faiseurs de constitutions
ont produits dans le monde. Contentons-nous de jeter un
coup d'œil rapide sur les innovations qui nous touchent,
et sur les effets qu'elles ont produits, à dater seulement
de 1771, lorsque le chancelier Maupeou abattit une des
principales colonnes de la France, ses anciens parlements.

Il les remplaça par des nouveaux, de sa façon, qui
n'avaient de commun, avec les premiers, que leur dénomination, la forme et la couleur de leur toge magistrale ;
et par quelques renégats de l'ancienne monarchie qui allait
s'écrouler, et que, par état, ils auraient dû soutenir au
péril de leur vie et de leur fortune.

Dans l'ordre civil, la *justice* est le premier, et peut-être
le seul besoin d'un peuple. Des parlements composés de
magistrats éprouvés et indépendants, ou d'autres remplis
de juges pris à la hâte, vendus au pouvoir et tremblants
devant le brouillon qui les avait élevés à de si hautes fonctions ; ces Cours souveraines, comme on s'en doute, quoique
portant le même nom, ne représentaient pas la même chose.
On peut en dire autant des états-généraux de 1614, et de
ceux que Necker substitua en leur place, en 1789.

C'est à quoi nos faiseurs de constitutions n'ont jamais
pensé ; ils n'ont pas vu que les mêmes états-généraux, et
composés des mêmes personnes, que les trois ordres réunis
ou séparés, votant par tête ou par chambre, que ces divers

modes de s'assembler et de compter les voix, décrétaient et entraînaient autant de constitutions différentes. Il est impossible d'en disconvenir.

La souveraineté sur un peuple, et son pouvoir législatif, se fondent d'après la nature de sa constitution, et le résultat définitif des lois fondamentales qui régissent l'État. Donc une nation change de souverain (1) autant de fois qu'elle change de constitution ; donc, avec les mêmes formes et les mêmes dénominations, une constitution, et par conséquent les droits d'un souverain, varieront, du blanc au noir, selon les principes différents qui dirigent le choix des électeurs et celui des éligibles qui doivent composer les membres d'un des corps politiques, régulateur et conservateur de leur gouvernement. Si, par exemple, le parti de l'opposition, en Angleterre, obtient enfin la réforme parlementaire qu'il demande depuis trente ou quarante ans, le roi, la chambre des pairs et celle des communes représenteront également le souverain de l'empire britannique ; sa constitution, en apparence, sera toujours la même ; mais quelle différence dans le fond et dans ses suites, à cause seulement que la chambre des communes ne serait plus l'apanage exclusif des mêmes classes d'hommes qui la composent aujourd'hui ! Ainsi, sans interprétation forcée, le souverain de la France, en 1815, sous la chambre *introuvable*, fut diamétralement l'opposé de celui qui la gouverna immédiatement après

_____

(1) Voyez la définition du *souverain*, dans le Correspondant royaliste, tome IV, pag. 161.

l'ordonnance du 5 septembre 1816 ; et un pouvoir politique co-souverain, qui, tous les ans, se renouvelle par cinquième, ne peut pas se considérer comme identique avec celui qui se perpétue intégralement pendant sept ans de suite.

Ce n'est donc point par des noms respectables, ni par des arguments spécieux, qu'il faut juger les actes publics, mais par les effets qu'ils ont produits. *Ce sont les faits, ce sont les choses, et non pas les mots, qui déterminent la marche du corps social.* Tout est lié dans le monde moral comme dans le monde physique ; tout est cause ou effet, tout est principe ou conséquence ; et les paroles et les raisonnements sont insuffisants, s'il s'agit de changer les rapports forcés que les choses ont entre elles. Si vous plantez des ronces, vous recueillerez des épines ; et si vous semez des crimes, vous ne récolterez pas des vertus. Les écrivains adroits, les orateurs habiles, au milieu de phrases sonores et de mots bien enchâssés, auront beau vous présenter de mauvaises lois, sous les couleurs les plus séduisantes ; si vous les décrétez, l'éloquence qui les aura fait passer, empêchera-t-elle les résultats pernicieux qui en seront une suite nécessaire et inévitable ? Je le répète : ce sont les faits, ce sont les choses, et non pas les mots, qui déterminent la marche du corps social. Quand vous voudrez apprécier une constitution, un règlement soumis à votre examen, ne vous fiez pas aveuglément aux mots qui composent sa rédaction ; l'art de nos grammairiens législateurs a su couvrir ses définitions d'un vague qui, dénaturant l'acception primitive des mots dont on se sert, permet toujours de les prendre dans un sens ou dans un autre, et de rendre, par-là, le même terme, odieux ou respectable, à la volonté du discoureur.

Les diverses variantes, ajoutées aux définitions de chaque mot que le dictionnaire de l'Académie nous donne, ont mis la plus grande confusion dans notre langue, et de-là dans toutes nos idées. En vain, par exemple, vous lirez dans nos anciens auteurs, que le vol est un crime qui mérite punition ; les nouveaux, au contraire, vous diront, quand ils en profitent, que c'est une action légale d'un patriotisme épuré, qui mérite des récompenses et les honneurs du triomphe.

« Ce qu'on appelle privilége étant un droit consacré par les conventions et les lois, la suppression des priviléges a été une atteinte à l'idée que tous les Français avaient de la *justice*, qui n'est autre chose que le respect dû aux conventions et à l'observance des lois ; cette atteinte, suivie d'un succès complet, a fait germer, dans toutes les têtes, le principe de l'usurpation et *du vol raisonné*. Vingt-cinq millions de Français ont appris que, lorsqu'on pouvait, à l'aide des mots et du raisonnement (sophisme), justifier le vol que l'on faisait de la propriété d'autrui, il n'y avait plus de vol. Cette doctrine, devenue la jurisprudence des tribunaux, et appuyée sur des faits multipliés, a donné une éducation nouvelle à tous les habitants de la France. Dès-lors, les Français, élevés aux écoles du vol, ont mis à découvert des résultats bien opposés à ceux promis par les novateurs qui ont tout bouleversé, pour nous donner de si bonnes et si belles leçons. La suppression des priviléges eut donc, pour développement, celui de faire, des Français, une horde de fripons, autorisés par la constitution, et protégés par la force publique (1). »

C'était donc pour en venir là, qu'on a lancé tant de décrets, barbouillé tant de papier, trituré tant de belles phrases, dépouillé tant d'honnêtes gens, ruiné tant de familles, massacré tant de monde, bouleversé tant d'empires, et qu'enfin on a mis en combustion tous les États de la chrétienté. En vérité, si, à compter de 1789, on en juge par les événements, on trouvera que ces fauteurs et faiseurs de constitutions, tant en théorie qu'en pratique, ont été des hommes bien ignorants, bien irréfléchis, ou bien abominables, dans le cours de leurs travaux.

Il faut pourtant que je me trompe, puisque, au milieu de ce tas immense de décombres et de cadavres qui, à chaque pas, dénoncent les bévues et les horreurs commises par ces légistes révolutionnaires, on trouve, après quarante ans d'expérience, funestes à l'excès, des miriades d'avocats intéressés ou bénévoles, qui défendent et font des éloges outrés et intarissables des auteurs et des doctrines de ces faiseurs de constitutions, fauteurs de tant de crimes. La Cour, la ville, les campagnes et les pays étrangers en sont encore inondés. Grand Dieu ! dans quel siècle vivons-nous ?

L'arrêt que nous venons de prononcer souffre peu d'exceptions ; une seule se présente à ma mémoire, en faveur

---

(1) Sur les causes, la marche et les effets de la révolution française ; par M. Taillandier, président du tribunal civil de Sens. Paris, 1820, pag. 309.

de M. Roussier, qui, dans la séance du 28 août 1789, proposa, à l'assemblée nationale, la constitution la plus raisonnable, et celle qui convenait le mieux à la situation de la France d'alors. Elle est courte, et nous allons la rapporter : « Aucun décret n'aura force de loi, qu'au préalable il n'ait été discuté et sanctionné par les états-généraux ; le roi sera investi de toute l'autorité nécessaire pour les faire exécuter, selon leur forme et teneur. »

Avant de donner une constitution, avant de commencer une maison, on doit examiner, avec soin, la nature des matériaux qu'on pourra employer. Or, je défie l'architecte le plus habile de construire une charpente solide, avec du bois pourri. (Ecrit ce 13 septembre 1827.)

161. ELECTIONS. De toutes les lois fondamentales, la plus importante, la plus décisive, pour un gouvernement représentatif, est, sans contredit, la loi qui règle les *élections* des corps politiques qui se renouvellent selon le mode et dans des intervalles déterminés par la constitution. La vie ou la mort, la prospérité ou la décadence de l'État, tout dépend de cette loi *d'élection* et de la manière dont on l'exécute.

Le gouvernement représentatif a manqué une belle occasion, pour s'établir solidement en France, en 1789 ; il ne s'agissait alors que de mettre en œuvre des constitutions vivantes. Il s'agit aujourd'hui de mettre en œuvre des institutions écrites : alors le *pouvoir électoral* dérivait naturellement de la constitution de l'État ; c'est le *pouvoir électoral* qui prétend aujourd'hui faire la constitution de l'État.

Dans la nouvelle constitution de la France, la société

toule entière n'a plus qu'une existence conditionnelle ; et il suffit d'une certaine combinaison des différentes influences de la propriété et de l'industrie, pour tout perdre ou pour tout conserver. Une mauvaise loi d'élection équivaut, pour la royauté, à un arrêt de déchéance, dont elle doit attendre une partie dans une session, une seconde dans une autre, et la troisième enfin, dans une de ces dernières et fatales sessions, où la haine révolutionnaire sera seule représentée.

Il faut qu'une loi d'élection soit bien difficile à faire, ou que nos législateurs soient bien novices dans leur métier, puisque, depuis 1788 qu'ils s'en occupent, ils ne savent pas encore sur quel principe ils doivent la constituer. (Écrit le 22 avril 1829.)

162. Idéologie. *L'idéologie* s'occupe de l'origine et de la filiation des idées.

Passé le troisième degré, ces généalogies métaphysiques n'ont d'autres preuves à présenter au soutien de leurs prétentions, que des raisonnements abstraits, à perte de vue, dans lesquels le maître et les disciples s'égarent avec une facilité remarquable et vous embrouillent bien vite, quand ils savent ce qu'ils veulent dire. Jugez où l'on en est dans le cas contraire.

« C'est à l'idéologie, à cette ténébreuse métaphysique, qui, en recherchant avec subtilité les causes premières, veut sur ses bases fonder la législation des peuples, au lieu d'approprier les lois à la connaissance du cœur humain et aux leçons de l'histoire, qu'il faut attribuer tous les malheurs qu'a éprouvés notre belle France. Ces idéologues devaient

et ont effectivement amené le régime des hommes de sang.
En effet, qui a proclamé le principe que l'Insurrection
est le plus saint des devoirs ? Qui a adulé le peuple, en lui
attribuant une souveraineté qu'il était incapable d'exercer ?
Qui a détruit la sainteté et le respect des lois, en les faisant
dépendre non des principes sacrés de la justice, de la nature des choses et de la justice civile, mais seulement de
la volonté d'une assemblée composée d'hommes étrangers à
la connaissance des lois civiles, criminelles, administratives,
politiques et militaires ? Lorsqu'on est appelé à régénérer
un État, ce sont des principes constamment opposés à
ceux des idéologistes, qu'il faut suivre. L'histoire peint
le cœur humain ; c'est dans l'histoire qu'il faut chercher les
défauts et les avantages des différentes législations. Voilà
les principes que le Conseil-d'État ne doit jamais perdre
de vue ; il doit y joindre un courage à toute épreuve, et à
l'exemple des présidents *Harlay et Mathieu Molé*, être prêt
à périr en défendant le souverain, le trône et les lois. (1). »

163. MARGOUILLISTES. C'est ainsi que Voltaire appelait
les idéologues politiques de son temps.

Cette branche de la métaphysique abstruse, a toujours
été un peu cultivée. Elle recommença à faire quelque bruit
dans le monde littéraire, plusieurs années avant la révolution. Ce n'est que pendant sa durée que les idéologues ont
commencé à prendre un nom, qui les désigna exclusivement

(1) Bonaparte à son Conseil d'État. (*Voyez* le Moniteur du 21 décembre 1812.)

et à se constituer en secte. Il s'en faut de beaucoup qu'elle ait été sans influence. C'est au milieu des margouillistes que, depuis plus de cinquante ans, se débattent les Gouvernements de l'Europe. Voltaire avait prévu le caractère que prendraient ces nouveaux métaphysiciens politiques, puisque d'avance il les avait appelés Margouillistes.

Si les novateurs, les idéologues, parviennent à séduire les esprits d'une partie de la nation, et à donner, dans l'opinion publique, une certaine consistance à leurs rêveries, le Gouvernement représentatif ne peut plus répondre de rien. Les margouillistes s'emparent de l'autorité, ou au moins ils acquièrent une grande influence. Ils s'en servent pour renverser principes, institutions, habitudes nationales, en un mot, tout ce qui constitue l'existence politique de leurs compatriotes ; dans la ferme conviction que les institutions, les habitudes et les principes qu'ils comptent substituer à la place des anciens, auxquels on était accoutumé de temps immémorial, seront bien plus favorables au bonheur du peuple et à la prospérité future de l'État, qu'ils ont la prétention de régénérer avec une métaphysique bien convaincante pour eux, mais inintelligible pour les autres, et bien plus fâcheuse pour les honnêtes gens et les bons citoyens de tous les pays. Pendant le règne de l'assemblée nationale, dite *constituante*, il ne faut pas croire que la totalité des démocrates renfermés dans son sein, ou répandus avec profusion sur la surface de la France, fussent des factieux ; le plus grand nombre n'étaient que des margouillistes.

Ces margouillistes sont des brouillons qui ne s'entendent pas toujours. Il se forme, parmi eux, autant de sectes dif-

II. 7

férentes, qu'il y a d'idées fausses dans le monde. Chacun de leur groupe a la même prétention et le même entêtement à soutenir la bonté et l'infaillibilité de ses dogmes favoris : c'est leur seul point de ressemblance. *Tout est perdu*, si, dans l'instant, le royaume entier, et ses nombreux habitants, ne se plient point, et ne s'arrangent pas à leur fantaisie. « Soulevez-vous en masse, s'écrient-ils à *ceux qui ont la bonté de les écouter* ; brisez vos autels, secouez vos préjugés, défaites-vous de vos vieilles habitudes, et sachez profiter de la circonstance favorable qui vous donne des génies supérieurs (*comme nous*), pour vous éclairer et vous mettre dans la bonne voie. Point de raisons, point de répliques ; obéissez et soumettez-vous aveuglément aux doctrines que nous vous prêchons ; ou des massacres, des spoliations, des vexations et des abus d'autorité de toute espèce, viendront à notre secours ; afin que, malgré vous, nous puissions vous rendre heureux, et vous dégoûter de cet ancien régime dans lequel vos pères, et vous, aviez croupi jusqu'à présent. »

Chez un peuple habitué, de longue main, à vivre sous le gouvernement d'un cabinet-souverain, sans stabilité dans ses principes de conduite, et livré à la fluctuation de la politique vacillante des idéologues empiriques, il arrive, presque toujours, qu'une de ces sectes s'empare de la clef de ce cabinet, et de l'autorité suprême qui s'y trouve renfermée.

Ces margouillistes en place commencent par déranger ce qui existe, pour avoir le plaisir ensuite de tout arranger à leur nouvelle manière. Ils n'ont pas eu le temps de finir leur ouvrage, qu'un autre parti *d'optimistes régénérateurs* les déplace, détruit ce qu'ils ont fait, et travaille l'administration qui lui est confiée, d'après ses idées et sur des plans diamétralement opposés à ceux que cette secte dominante, ce jour-là, a trouvé en vigueur, au moment que le pouvoir lui a été dévolu. Cette variation de principes qui prennent l'empire, et qu'on essaie, tour à tour, à mettre en pratique, se succédant avec une rapidité effrayante, empêche un Souverain d'asseoir sur des bases solides, les formes de son gouvernement, qui, tantôt haut et tantôt bas, ne ressemble que trop à une pendule sans cesse en oscillation. C'est ainsi que de margouillistes en margouillistes, l'État tombe dans un *margouillis* épouvantable, dont il ne peut se tirer que par une continuation d'événements inattendus, et une suite de miracles opérés en sa faveur, qui lui assurent une stabilité d'une cinquantaine d'années, au moins.

N'en déplaise aux idéologues, la masse de l'espèce humaine n'a jamais pu, et ne pourra jamais être gouvernée par les *Aphorismes* d'une métaphysique abstruse, ou d'une géométrie transcendante. Il n'y a qu'une hiérarchie aristocratique qui puisse servir de base à la constitution d'un peuple, et garantir l'état social d'une dissolution plus ou moins prochaine. Sans ces corps, ces individus à pouvoir intermédiaire, et indépendants en quelque sorte des ministres, ont tombé, sans rémission, dans le *margouillisme*.

Appelez ensuite ces corps, ces individus : *aristocrates*, clergé, parlement, Seigneur, Noble, pair, propriétaire, bourgeois, négociant, maître en jurande..... peu importe. Mais débarrassez-vous des margouillistes *niveleurs*.

Défiez-vous, en politique, de vous livrer avec trop d'a-

7*

bandon aux considérations sentimentales ou métaphysiques, sous peine de voir votre gouvernement se débattre continuellement dans le *margouillis*.

164. ORATEURS. Si vous voulez voir le portrait du parfait *orateur*, lisez les œuvres de Cicéron et de Quintilien. Il ne s'agira, dans cet article, que de ceux chargés d'office par leurs fonctions publiques, de discuter les intérêts de l'État, dans une Chambre législative d'un gouvernement représentatif.

Au milieu de son armée, Alexandre demandait, à chaque événement mémorable qui lui arrivait : *que diront de moi les Athéniens ?* C'est aussi, avant d'ouvrir la bouche, la question que tout orateur doit se faire, en montant à la tribune d'un corps législatif, co-partie du Souverain. Qu'il tremble de manquer à ses devoirs, et d'y paraître un mauvais citoyen ; car la nation entière lira ses discours : *scripta manent*, et ses contemporains et la postérité se préparent à juger sévèrement ses paroles et ses intentions. Ce tribunal inflexible ne prononcera point sur les triomphes, ni les défaites des opinions que cet orateur a défendues, mais sur la nature des principes qu'il a professés, et sur la manière dont il les a soutenus d'office. Qu'il fasse donc ses efforts, qu'il se surveille avec une rigueur extrême, pendant sa vie législative, afin que l'arrêt définitif de cet aréopage éclairé, puisse lui appliquer, en cas de non réussite, ces mots de François Ier : *Vous avez tout perdu, fors l'honneur.*

Depuis l'époque dite de la Restauration, le souverain de la France est censé être composé du Roi et de deux corps législatifs. On a toujours vu, dans ces derniers, une asso-

ciation assez nombreuse de leurs membres respectifs, qui étaient pleins de talents, d'honneur et d'amour de la patrie. Leurs discours, dictés par l'éloquence et rédigés par le patriotisme le plus pur, sont autant de monuments éternels de leur gloire, et de celle du pays qui les a vu naître. L'histoire les fera remarquer comme des phares élevés, à grands frais, aux risques et fortune des bons citoyens, pour sauver la patrie en danger, et mettre à l'abri le vaisseau de l'État, dans un port sûr, contre vents et marées. Mais dès pilotes ignorants et entêtés, ou pis encore, des officiers coupables, craignant que, arrivés à terre, ils ne fussent dénoncés à la justice, ou tout au moins à l'opinion publique, pour la conduite honteuse et criminelle qu'ils avaient eue pendant la traversée, rejetèrent cette lumière salutaire qui fatiguait leur vue, dans l'espérance que dans le fracas du naufrage, on oublierait leurs forfaits antérieurs, et qu'ils trouveraient, dans les débris du navire et de sa cargaison, de quoi réparer leur perte, et même d'augmenter leur fortune. « Qui sait, dirent-ils, si, dans cette catas-
» trophe générale, il ne se présentera pas des circonstances
» heureuses, dont nous profiterons avec habileté, pour nous
» sauver, et engloutir, dans ces mêmes abîmes, ceux qui
» voulaient nous en garantir ; et par ce coup de force, nous
» débarrasser à jamais de ces raisonneurs sempiternels qui
» veulent toujours nous empêcher de mal faire ? »

Quels que soient leurs succès, mille actions de grâces soient rendues aux membres du côté droit de nos corps législatifs, à ces orateurs courageux, éloquents et persévérants, à tous risques, dans leurs bonnes intentions. Le seul reproche qu'ils méritent, est un excès de générosité, qui les a engagés, le premier jour de la campagne, à émousser leurs armes, pour ne pas blesser trop grièvement leurs ennemis. Leurs défaites multipliées, les mettant dans l'impuissance de faire le bien, ils devaient, sans ménagement, démasquer le vice, et afficher, dans tous les carrefours du royaume, le nom et les turpitudes de leurs agents, tant publics que secrets. Mais. . . . . Je laisse au lecteur à remplir cette lacune. Cette tâche est sans fin, si l'on exige une liste complète des coupables; mais en s'attachant aux seuls hommes marquants, on l'exécute avec facilité, pour peu qu'on ait suivi, avec attention, les derniers événements de notre histoire.

Je sais qu'il y a, dans mon pays, des convenances de société, des intérêts de famille, et des motifs de la plus haute importance, que l'opinion reçue permet de ne pas compromettre, quand l'espoir de faire triompher sa cause est entièrement perdu. La vertu est plus inflexible; elle ne reconnaît aucune considération, dès qu'il s'agit de l'observance stricte des devoirs de la place qu'on occupe. Ses prétentions s'agrandissent à mesure que les dangers augmentent. Elle exige alors, de ses partisans, des sacrifices de toute espèce; elle leur donne même le martyre, en plusieurs occasions.

Dans les gouvernements représentatifs, la vertu exige que l'orateur à la tribune d'un des Corps législatifs, fasse connaître à ses commettants, à la généralité de ses compatriotes, à tous présents et futurs, *la vérité et toute la vérité*, avec cette grossière franchise dont Boileau,

Appelle un chat, un chat, et Rolet un fripon.

La clarté du style recommandée à tous les écrivains, est encore plus indispensable dans les discours d'un orateur constitutionnel. Il ne suffit point que leurs phrases soient entendues par leurs auditeurs et le public de la ville où ils se trouvent ; il faut, en outre, que la majorité de leurs compatriotes les entende et en saisisse le véritable sens. On doit donc en proscrire, de droit, ces ironies fines, ces tournures adroites, ces enveloppes mielleuses, qui ne cachent rien à ceux qui connaissent les faits et les personnes auxquelles l'orateur fait allusion ; mais qui sont inintelligibles pour ceux qui les ignorent ; les provinciaux, les étrangers, et les gens qui manquent de cette intelligence nécessaire pour comprendre, à demi-mot, ce qu'ils n'ont jamais su. Ces dernières classes, toujours les plus nombreuses, sont, par conséquent, celles qu'il est le plus important d'éclairer. Le vers de Boileau indique la méthode la plus sûre, pour les instruire avec profit, de ce qu'elles veulent et doivent savoir. Ces expressions détournées, pour dénoncer les coupables, sans les nommer, furent artistement employées par les orateurs du côté droit. Elles manifestaient le talent, et même souvent les bonnes intentions de leurs auteurs. La vertu politique rejette avec mépris ces timides subterfuges. Elle prescrit impérieusement de louer ou de blâmer ouvertement les actes et les hommes traduits devant la juridiction de leur chambre.

L'intention de la charte, en créant les Pairs, et celle des départements, en nommant leurs Députés, n'a sûrement pas été de grossir la liste des professeurs en philosophie et en politique spéculative. Eh ! mon Dieu, il y en avait bien assez à Paris, sans en faire venir d'office de tous les coins du royaume. Ces sciences ont leur mérite , je suis loin d'en blâmer l'étude ; mais elles s'apprennent par l'observation , les lectures et la réflexion, dans le silence du cabinet. Je trouve, au contraire, les connaissances qu'elles donnent, indispensables à chacun des membres d'un corps législatif; et il doit sérieusement s'être occupé de les acquérir, avant d'y prendre séance. Un orateur d'une de ces Chambres s'adresse donc à un auditoire qui est censé les savoir, et il est inutile de lui faire recommencer ses cours de théorie. Il instruirait mieux l'assemblée devant laquelle il parle , et il lui permettrait de prononcer des jugements plus sûrs , en faisant des applications fréquentes des principes connus , aux événements du jour, aux actions et sur les hommes. qui méritent l'attention de ses collègues.

Dans cette diversité d'opinions, que les orateurs soutiennent, bien ou mal, dans leur Chambre respective , le peuple reste indifférent à leurs controverses , parce qu'il ne les entend pas. Il lui est impossible de distinguer les vérités et les erreurs qui sont si entremêlées dans ces savantes dissertations, quand les vrais et les faux principes y sont soutenus avec une égale éloquence ; quand les mots sont nouveaux à son oreille , ou qu'on change leurs acceptions usuelles ; quand les raisonnements profonds et appuyés sur les meilleures autorités sont obscurcis par des sophismes captieux, adroitement enchaînés entre eux; quand enfin les rapports les plus véridiques, les propositions les plus sages sont combattues avec des assertions hasardées et des mensonges grossiers, qu'on a l'art de persuader à la foule , par l'impudence, à toute épreuve avec laquelle on les débite et on les affirme en public. La multitude, en masse, n'a pas le temps, ni les moyens de se former des idées et des opinions justes, à travers les discussions subtiles, contradictoires et embrouillées dont on l'étourdit; elle ne s'élèvera jamais jusques à la hauteur dont ces brillantes théories découlent, si, de conséquences en conséquences, elles ne descendent point à sa portée; c'est-à-dire à des exemples récents, à leur date précise, et aux noms des lieux et des hommes qui s'y rapportent. Mais soit que leur grand génie ait dédaigné ces petites attentions, soit qu'ils aient craint de se compromettre par une véracité et un courage indiscret, nous avons vu, dans les deux chambres, peu d'orateurs remplir cette noble tâche. Leur timidité a rendu leurs discours moins instructifs et moins infructueux à la généralité des citoyens. En se permettant trop de ces réticences prudentes, en évitant avec soin de prononcer des personnalités, ces orateurs manquent à leur devoir et trahissent la confiance publique, qui leur demande plus de zèle, plus de franchise et plus de dévouement, quand il s'agit du bien de l'État.

Ces orateurs n'ont pas été mis au point éminent où on les a placés, uniquement pour y briller, par l'étendue de leurs connaissances, la beauté de leur élocution; exciter l'admiration, et se voir journellement applaudis ou critiqués par un nombre plus ou moins considérable de lecteurs de gazette. Procureurs généraux d'une Chambre législative, ils ne doivent point oublier que les magistrats de ce tribunal suprême, et co-partie du souverain, n'ont été appelés à la Cour où ils siégent, que pour y recueillir, vérifier, éclaircir et juger les *faits* importants qui intéressent la nation. Les projets de loi, les pétitions des particuliers, leurs antécédents et leurs suites, sont aussi une classe de *faits* qui, de droit, entrent dans le ressort de leur juridiction. Puisqu'une des principales obligations d'un Corps législatif est de discuter et de juger les *faits* qui ont été, sont ou seront avantageux ou nuisibles à la société, ses orateurs doivent, avant tout, l'occuper des *faits*, aller au *fait*, et dire à chacun son *fait*.

C'est donc principalement des *faits* qu'il faut entretenir la Chambre, par l'organe de ses orateurs. Des *faits* réels, s'il s'agit de censurer un ministre, une administration ou un individu quelconque : des *faits* probables, quand on discute un projet de loi, quand on développe les avantages et les inconvénients *probables* qui en résulteront, dans les circonstances où l'on se trouve, si l'on adopte, ou si l'on rejette le réglement proposé. Ces *faits*, de quelque manière qu'on les envisage, sont les motifs obligés des discours d'un orateur à la tribune d'un Corps législatif, comme la clarté est la première qualité de son style : si ces compositions s'affranchissent d'une de ces lois, elles perdent, en s'affaiblissant, une partie de leur mérite, et des effets qu'on a droit d'en attendre ; parce qu'elles ne sont alors que des théories ou des sophismes déjà connus, et ressassés dans une infinité d'ouvrages. Avec les nouvelles formes qu'on donne à ces anciennes maximes, la richesse des expressions, dont les revêt la sublimité du langage qui les énonce, enfin, avec ces magnifiques étalages dont on les surcharge, on offusque plutôt les idées du vulgaire, qu'on ne les éclaire. Dans les gouvernements représentatifs, c'est la masse du peuple qu'il faut instruire : or, le peuple, pris en masse, est plus sensible aux *faits* et aux personnalités, qu'aux plus belles harangues du monde. Cette publicité est un avantage inestimable dans cette espèce de gouvernement, le meilleur de tous, quand l'esprit qui domine la généralité des premières classes de la société, est excellent.

Les ressources de l'art oratoire ne sont point prohibées aux tribunes législatives. Là, comme ailleurs, le but de l'orateur est de rendre attentif son auditoire, et d'entraîner après lui la majorité des opinions. Cette assemblée est d'autant plus nombreuse, que le public en fait bientôt partie. Tous ces individus n'ont pas le même caractère d'esprit. Il faudra donc, pour les convaincre et les forcer, pour ainsi dire, d'être de l'avis de celui qui parle, que celui-ci leur présente et leur développe des preuves et des arguments diversement variés. L'orateur, en s'adressant d'abord à la masse, lui rappellera brièvement les maximes connues de législation et de morale qui sont relatives à son sujet ; il passera ensuite aux conséquences dont il compte se servir, pour appuyer et démontrer la justesse de l'opinion qu'il défend. Ce sera le fond principal de son discours.

L'orateur variera ensuite les formes et les accessoires de sa dissertation, de manière à attaquer chaque individu de ces nombreuses assemblées, avec des armes différentes et mieux appropriées au génie de chacun d'eux, qui pénétreront avec plus de facilité dans leur caractère, et les porteront plus sûrement à la conviction. C'est alors qu'il emploiera tour à tour une logique serrée pour les uns et délayée pour les autres ; des raisonnements plus ou moins pressants et péremptoires ; des tableaux riants ou terribles ; les foudres de l'éloquence ou le tendre langage du sentiment ; les allusions flatteuses ou mordantes ; les ironies fines et piquantes ; les douceurs, les éloges, les sarcasmes, les calembourgs et les plaisanteries, qui réveillent l'attention, aiguisent l'imagination, et restent dans la mémoire: enfin, par de savantes combinaisons et d'heureux à-propos, il entremêlera ses discours de phrases fulminantes ou gaies, qui excitent l'admiration, le sourire, ou l'indignation de ceux qui les écoutent. Dans ces cas-là, tout est bon, jusqu'aux grosses bêtises, (1) si l'on espère, comme il arrive souvent, en tirer des effets avantageux pour la cause que l'on soutient. Le grand art de l'orateur est de plaire, d'exciter de l'intérêt et de ramener à son avis, l'opinion d'un plus grand nombre de votants. En politique, le tout est de réussir.

Des censeurs rigides ont exigé qu'un orateur à la tribune d'un Corps législatif, ne s'adressât qu'à la raison de ses collègues, et se défendît d'attaquer et d'émouvoir leurs passions. Ce serait peut-être mieux : mais il faut y renoncer, faute de pouvoir l'obtenir. Un orateur veut faire effet, et gagner la cause qu'il plaide devant son auditoire qui s'endort, si on raisonne toujours sans piquer sa curiosité, sans lui inspirer des craintes ou des espérances qui le réveillent, et le forcent de suivre avec attention, et de prendre intérêt à ce qu'on lui dit.

Dans les gouvernements représentatifs bien constitués, les plus habiles orateurs, défendant les meilleures causes, ont peu d'espoir de gagner beaucoup de voix en faveur de leur opinion, dans la séance où ils parlent. Lord

---

(1) Les bons mots si souvent cités d'Arlequin, prouvent que les *grosses bêtises* ne sont pas toujours insignifiantes.

Minto (1) m'a plusieurs fois assuré qu'il avait souvent entendu de très-beaux discours à la Chambre des Communes, sans s'être jamais aperçu qu'ils eussent produit aucun effet dans la résolution générale, qu'on prenait ce jour-là. Mais que trois, six mois après, à la session suivante, les vérités qu'on avait dédaignées au moment qu'on les prononçait à la tribune, avaient acquis beaucoup d'empire, et qu'elles exerçaient une grande influence sur les esprits. Un orateur, bon citoyen, ne négligera jamais les occasions d'être la cause d'une perfection si prochaine, dans une partie quelconque de son gouvernement. (Écrit le 10 juillet 1816.)

168. IMPROVISATEURS. Je demande pardon aux orateurs d'un Corps législatif, si je leur applique un nom qui, jusqu'à présent, n'a convenu qu'à des saltimbanques italiens, doués d'une incroyable facilité pour composer et déclamer sur le champ de longues tirades, en assez mauvais vers.

On peut *improviser* en prose comme en vers. Ce verbe commence même déjà à devenir usuel, dans les conversations ordinaires.

Les discours doivent-ils être lus, récités de mémoire ou improvisés d'abondance à la tribune d'un Corps législatif? Voilà des questions qui touchent un orateur de près.

Il y a quatre manières de prononcer un discours dans une assemblée.

1° Le lire.

2° L'apprendre par cœur et le réciter ensuite.

---

(1) Il s'appelait sir Gilbert Elliot, avant d'avoir été élevé à la pairie.

3° *Préparer* ses matériaux, se pénétrer de son sujet, des idées qu'il suggère; de leur enchaînement, et puis s'en fier à sa mémoire et à sa présence d'esprit, pour remplir le reste de son discours.

4° *Improviser* sur le champ les idées et les paroles de ce que l'on va dire.

Les orateurs des Corps législatifs en France se servent communément de la première.

L'usage ne permettant point aux prédicateurs français de lire leurs sermons, ils emploient généralement la seconde manière, qui est de les apprendre par cœur.

Le troisième èst favorable aux discours d'apparat; aux orateurs du parti de l'opposition, qui disent ce qu'ils veulent, et quand ils veulent; aux accusateurs publics, aux faiseurs de motion; et même à plusieurs sermonaires qui l'ont employé avec succès.

Quelques esprits paresseux, mais doués d'un talent supérieur dans ce genre, improvisent toujours et n'en parlent pas moins bien. Ces heureuses dispositions sont infiniment utiles pour les répliques, les débats, les controverses animées, et aux ministres d'État, dans un Gouvernement représentatif.

La première manière est longue, fastidieuse, et présente dans l'arène, des mémoires étrangers qui n'avaient pas le droit de s'y montrer. Elle fait plus d'effet dans les gazettes qu'à la tribune. C'est plutôt un avantage qu'un inconvénient; parce que les publicistes d'un corps législatif, *ont plus d'intérêt, à la longue, de gagner ceux qui lisent, que ceux qui écoutent.*

Cette méthode, d'avoir transcrit d'avance sur son cahier,

le discours qu'on prononce, s'oppose en outre aux répliques, aux à-propos; et à ce que les questions agitées se discutent et s'éclaircissent sur tous les points de vue, parce que, de son cabinet, l'écrivain n'a pu prévoir toutes les espèces d'objections qu'on lui ferait : elle est, en un mot, très-déplacée dans une assemblée disputante et délibérante, quand elle se donne en spectacle.

Divers membres de ces chambres en ont, en France, proposé plusieurs fois la suppression, sans examiner au préalable si, dans ce moment, les inconvénients de cette réforme ne surpasseraient pas ses avantages. Les interlocuteurs de ces scènes politiques qui se représentent sur nos théâtres législatifs, n'étant pas encore assez exercés dans ce genre d'escrime, il réduirait peut-être au silence nos meilleurs orateurs; retarderait l'instruction du public, priverait la nation de plusieurs morceaux éloquents, pleins de vérité et de renseignements de la plus haute importance, et qui auraient une grande influence sur l'opinion générale du royaume.

Ce n'est pas au début d'une institution, qu'il faut demander à leurs membres, des talents nouveaux qu'ils n'ont eu ni le temps ni l'occasion d'acquérir. En forçant chaque orateur d'improviser son discours, les Corps législatifs rendraient muets ceux qui n'en ont pas la faculté. En a-t-on fait la revue? et par un examen préliminaire, s'est-on assuré que ces orateurs destitués, seraient les moins éloquents, les moins instruits et les plus mauvais citoyens de l'assemblée?

Un pareil réglement de discipline assimilerait trop souvent le langage de la tribune au bégaiement d'un enfant qui commence à parler; ou, ce qui serait pis, à en être réduit à des improvisateurs à l'italienne : à les voir seuls monter à la tribune, et sur tel sujet qu'on lui propose, composer des discours, les débiter d'une manière agréable, et les remplir avec abondance, d'amplifications, d'apostrophes, d'assertions, de paroles oiseuses, inutiles, et de lieux communs, qu'on écoute pourtant avec un certain plaisir, mais qu'à la lecture on trouve insoutenables, ennuyéux, vides de sens, et sortant toujours de la question qu'il s'agissait d'éclaircir.

Ainsi, laissons les choses comme elles sont. En prenant trop de précautions pour nous garantir des mémoires simplement légitimés par quelque pair, ou par quelque député, nous risquons de renvoyer, de nos Corps législatifs, leurs enfants légitimes, et de nous priver des secours de toutes leurs familles. D'ailleurs, les bâtards ne sont pas toujours sans mérite !

Les réflexions précédentes sont également applicables à la seconde méthode, d'apprendre par cœur le discours qu'on veut débiter en public. Celle-ci a de plus les inconvénients du manque de mémoire, des hésitations, et des interruptions qui en résultent, L'étude, la patience, et les soins de l'orateur, corrigent facilement ces défauts. Il est plus que compensé par les avantages inestimables qu'on trouvera à parler d'abondance, au lieu d'épeler des mots écrits sur un cahier qu'on a devant les yeux. L'obligation d'apprendre par cœur ce que l'on va dire, force nécessairement à des répetitions fréquentes et infiniment profitables à l'auteur, pour perfectionner sa diction, et donner à son style plus de clarté, plus de force et plus d'harmonie.

En repassant plusieurs fois ses discours avant de les prononcer, il y a plus d'occasions d'approfondir son sujet, et
de se familiariser avec toutes ses dépendances. L'orateur
qui a bien pris ses précautions, libre, dégagé de l'entrave
pénible d'avoir sans cesse les regards fixés sur son pupitre,
monte à la tribune avec assurance; il y est maître de lui, de
ses gestes, des inflexions de sa voix, et de tous les accessoires de l'éloquence qui assurent ses succès et entraînent
un auditoire. Cette seconde méthode est donc préférable
à la première, mais elle est aussi plus difficile à mettre en
œuvre.

Le père Larue, dans la préface qu'il a mise à la tête du
recueil de ses Sermons, préconise la troisième méthode.
Il conseille aux prédicateurs de ne point composer leurs
sermons, de ne pas les écrire, ni de les apprendre par
cœur. Il leur recommande seulement de préparer leurs
matériaux, de fixer, de loin en loin, la disposition de
leurs points principaux, et d'enchaîner leurs idées dans
l'ordre le plus convenable; de s'en pénétrer, de s'en nour-
rir, et d'y revenir souvent, soit seul, soit avec leurs amis.
Plein de son sujet et de ses développements essentiels, un
tel orateur monte en chaire, ou à la tribune, s'en fiant sur
lui-même pour improviser les phrases intermédiaires qui
doivent lier agréablement toutes ses pensées, dans une
même série de raisonnements. Il n'est pas rare qu'échauffé
par le feu de son débit, il ne lui survienne des suppléments
de preuves, des exemples, des apostrophes, de ces mouvements oratoires qui étonnent, et font des effets éclatants
et sensibles sur l'âme des spectateurs.

Voici un de ces passages sublimes et prophétiques, que

II.   8

le ciel, en 1786, inspira à M. l'abbé Beauregard, quand il prêchait à Paris, dans l'église de Notre-Dame, d'après les préceptes recommandés par le père Larue.

« Oui, c'est au Roi....., au Roi, à la Religion qu'ils en
» veulent. Les haches et les marteaux sont dans leurs mains ;
» ils n'attendent que le moment favorable pour renverser
» le trône et l'autel. Oui, seigneur, vos temples seront
» dépouillés et détruits, vos fêtes seront abolies, votre
» nom sera blasphémé, votre culte proscrit.......... Mais,
» qu'entends-je? Grand Dieu! que vois-je? aux cantiques
» inspirés qui faisaient résonner les voûtes sacrées en votre
» honneur, succèdent des chants lubriques et profanes; et
» toi, impudique Vénus, tu viens ici prendre la place du
» Dieu vivant, et t'asseoir sur le trône du Saint des
» Saints, et y recevoir l'encens de tes nouveaux adora-
» teurs. » (1)

Ces beaux mouvements oratoires ne sont point l'apanage exclusif de l'improvisateur, mais ils lui viennent plus naturellement qu'à l'écrivain, travaillant à froid dans son cabinet, et que rien ne stimule. L'orateur improvisant s'anime, au contraire, en présence d'un auditoire sur lequel il s'efforce à faire de fortes impressions. Les coups d'œil réitérés qu'il jette, de temps en temps, sur ceux qui l'écoutent, lui font apercevoir le progrès des sensations qu'il

_____

(1) En récompense de son zèle et de sa prévoyance prophétique, ce pauvre abbé fut interdit pendant six semaines de ses fonctions ecclésiastiques; on lui ôta le carême de Versailles, qu'il devait prêcher de-

produit sur leur cœur. Si elles sont favorables à ses désirs, encouragé par cette découverte, il veut les enflammer davantage; et s'échauffant en proportion de la fournaise qui embrase l'assemblée, il en jaillit de ces morceaux d'une éloquence sublime, qui frappent, qui étonnent et qui restent gravés dans la mémoire.

Il est impossible, ou pour mieux dire, il est bien difficile qu'un lecteur, la tête penchée sur son pupitre, ou qu'un prédicateur, toujours occupé de ne point perdre le fil de son discours, ait le temps et les occasions de recevoir, et de transmettre de pareilles inspirations.

Cette troisième manière de débiter un discours en public, est supérieure aux deux autres. C'est d'elle dont il faut attendre les plus heureux effets, quand il s'agira d'attaquer une question, ou de développer un sujet qu'on aura choisi et étudié. Plusieurs prédicateurs, et des membres du parti de l'opposition en Angleterre, ont dû leurs succès, en disposant leurs discours d'après les règles de cette troisième méthode.

Mais, comme les précédentes, elle se refuse aux à-propos, aux répliques, aux controverses dialoguées, à moins qu'en réponse aux objections sur lesquelles il ne s'était point préparé, le porteur de paroles ne devienne improvisateur.

---

vant le Roi; et blâmé publiquement par son archevêque, par les hauts et puissants seigneurs de la Cour et de la ville, ce bon prêtre apprit, à ses dépens et aux nôtres, qu'en France, il y a souvent plus de prudence à laisser assassiner les royalistes en place, qu'à vouloir les en garantir.

Le comble du talent et de l'éloquence d'un orateur, dans un Corps législatif, est d'improviser, sur-le-champ, les idées et les paroles qui pulvérisent les attaques et les raisonnements de ses adversaires; d'en saisir les côtés faibles, d'en faire sentir le ridicule, de profiter avec habileté d'un à-propos que les circonstances font naître, pour terrasser son ennemi, ou faire rire à ses dépens; et de détourner, par ses plaisanteries, les effets de la logique entraînante, ou les sophismes adroitement présentés par son antagoniste. L'homme qui sait manier de telles armes est toujours sûr d'obtenir des succès brillants dans une assemblée. Pitt, Shéridan, M. Canning et beaucoup d'autres en ont offert des exemples multipliés en Angleterre. Mais pourquoi sortir de notre patrie, et de son ancien régime, pour aller chercher ailleurs des modèles de ces beaux mouvements oratoires, qu'une inspiration subite dicte quelquefois à des hommes bien pénétrés de leur sujet. Quelle éloquence, par exemple, quelle profondeur, quelle logique invincible, quels résultats géométriques et quelles prédictions alarmantes, qui par malheur se sont réalisés depuis, ne trouve-t-on pas dans le discours que le conseiller Robert de St.-Vincent improvisa devant sa Majesté, dans cette fameuse séance royale tenue au parlement de Paris, le 24 novembre 1787?

Ce discours improvisé produisit un grand effet sur le Roi et sur les assistants. L'historien ajoute : « J'ai pu en
» rendre, avec fidélité, les expressions, mais il faut l'avoir
» entendu pour se faire une idée de ce que le débit, l'or-
» gane et le geste y ajoutaient de rudesse et d'originalité:
» Pendant tout le temps qu'il dura, le roi resta tourné
» vers l'orateur, les yeux fixés sur lui, l'écoutant avec

» attention et bonté, et lui fit témoigner depuis, que cette
» franchise ne lui avait pas déplu. » (1)

La harangue ou la dissertation politique que Robert de
Saint-Vincent improvisa, dans cette occasion, porte le cachet des chefs-d'œuvre de ce genre : elle est également
applicable dans tous les temps, à tous les gouvernements
qui se voyent dans les mêmes circonstances, où se trouvait
le cabinet de Versailles, en 1787. Un *ultrà*, pair ou député, eût pu la répéter en 1817, devant le corps législatif
auquel il appartenait, avec d'autant plus de raison, qu'elle
l'avait été au parlement de Paris, trente ans auparavant;
et selon les apparences elle aurait eu les mêmes suites.
Si mes compatriotes avaient lu ce discours, et s'étaient pénétrés, comme ils devaient le faire, des grandes vérités
qu'il contenait, ils auraient depuis long-temps lavé le parlement de Paris des reproches trop légèrement répétés et
accueillis, qu'on lui a faits en France, d'avoir demandé la
convocation des États-généraux. Mais il faut en finir.

La première manière de débiter un discours, en public,
est donc la plus commode et la plus à la portée d'un grand
nombre de personnes : c'est par conséquent par elle que
l'on doit débuter, quand on le peut.

La deuxième appréhende les défauts de mémoire. Sans cette
crainte elle serait parfaitement identique avec la première,
tant au fond qu'aux effets, si, l'obligation d'apprendre par
cœur son écrit, ne forçait pas de se familiariser davantage

(1) Annales françaises, depuis 1774 à 1789, par Guy-Marie Sallier,
ancien conseiller au parlement de Paris; 1813; pag. 125.

avec le sujet qu'on y traite; et si un discours ne gagnait pas beaucoup par les gestes et les accessoires de l'éloquence, que l'orateur y ajoute.

La troisième, première école de l'improvisateur, est préférable aux précédentes ; elle est excellente pour les expositions, les développements, et surtout pour les attaques : mais elle est faible pour la défense et pour les débats. Peu de personnes, d'ailleurs, sont en état de la pratiquer avec succès.

Enfin, la quatrième est un don de la nature, que l'art, l'habitude perfectionnent ; mais qu'on n'acquiert pas. La facilité et la présence d'esprit qu'elle exige, n'en sont pas moins indispensables aux orateurs ministériels d'un gouvernement représentatif ; parce qu'ils sont obligés de répondre, sur-le-champ, aux objections importantes que leur fait le parti de l'opposition, qui n'a garde de les leur communiquer d'avance, afin de leur donner le temps et les moyens de mieux préparer leur réplique.

Les orateurs sont, par la force des choses, conduits, avec le temps, à se servir exclusivement des deux dernières méthodes, pour composer et débiter leurs discours dans les assemblées politiques, où les opinions sont discutées contradictoirement, par des partis opposés entre eux. Mais si les institutions nouvelles ne veulent pas, en attendant, rester au dépourvu de bons renseignements, de rapports bien faits, etc., elles doivent tolérer que leurs interlocuteurs se servent de la première méthode, jusqu'à ce que les Chambres soient suffisamment garnies d'improvisateurs assez éloquents, pour engager leurs membres respectifs à laisser tomber en désuétude la permission qu'ils avaient de lire leur opinion dans un cahier.

Cotte manière de parler à la tribune d'un Corps législatif, étant la plus sûre, la plus instructive et la plus facile
à se procurer, dans les commencements d'une institution
naissante, il faut donc qu'elle s'y soumette, et que ses
membres débutent par s'en servir.

166. PERSONNALITÉ. Chaque individu, chaque peuple a
son caractère ; et il y a telle manière de le prendre, pour
captiver son attention. Observez les Français dans leur société privée, vous les y verrez légers, distraits, *jouant aux
propos interrompus*, sans que rien les attache et les fixe
pendant un quart d'heure seulement. On y écoute faiblement les récits des événements d'une importance générale,
qu'on raconte ou qu'on lit dans une gazette. Mais si un
nom connu vient frapper les oreilles de l'assemblée, l'auditoire entier se réveille, un intérêt commun se manifeste,
et chacun veut dire et savoir, *en même temps*, ce qu'est l'individu dont on parle.

A l'arrivée de M. un tel, après les premiers compliments,
on lui demande, selon l'usage : — Quelle nouvelle ? —
Notre armée vient de gagner une bataille ; l'aile gauche a
beaucoup souffert ; cette victoire nous a coûté cher, mais....
— Mme Iris doit être bien inquiète ; son fils est dans un des
régiments qui ont donné. — Était-il le fils ou le cousin du
fermier-général ? — Ni l'un, ni l'autre. Je l'ai beaucoup
connu, nous logions ensemble à Cambray. — Ce n'est pas
celui-là. Le fils de Mme Iris était l'amant de Chloé, que
nous avons vu à Strasbourg. — Et non. — Et si..... Ces
non et ces *si* s'entremêlent dans une suite d'épisodes de la
même nature, mais si variés et si disparates, qu'ils ont,

du premier mot, fait oublier le combat en question et les suites politiques qu'on était en droit d'en préjuger, pour uniquement s'occuper et prendre un vif intérêt aux inquiétudes de Mme Iris, aux amourettes de M. son fils, et à une foule de détails aussi importants. Ces petites anecdotes, ces généalogies savantes qui entretiennent cette conversation, vous transportent vite de Paris à la Chine, et vous procurent une soirée bien remplie et des plus instructives.

Si les conversations françaises n'ont pas changé depuis un mois, voilà leur portrait fidèle. Elles indiquent à l'observateur le caractère de l'homme, et celui de son esprit. Il s'attache volontiers aux *personnalités* (1) : il faut donc lui en donner, si l'on veut réussir auprès de lui. Montesquieu le savait bien : aussi n'a-t-il pas manqué, dans son *Esprit des lois*, d'en appuyer ses raisonnements et d'en éclaircir ses faits : vrais ou faux, ils n'en font pas moins image, et inculquent ses principes dans la mémoire de ses lecteurs.

Cette curiosité n'est pas aussi frivole qu'elle le paraît. Il est assez prudent de vouloir connaître ceux qui nous touchent, dont notre tranquillité et notre bien-être dépendent en quelque sorte. La théorie la plus incontestable et la mieux développée, ne peut pas garantir la suite de ses raisonnements, de présenter quelque chose d'abstrait et de vague, qui laisse toujours des doutes à certains esprits, sur

---

(1) Dans les discussions qui ont eu lieu, en 1821, au sujet du projet de loi concernant les donataires, le discours qui a fait le plus d'effet, est celui de M. Duplessis de Grenedan. Pourquoi ? c'est qu'il était nominatif et plein de *personnalités* intéressantes, qu'on apprenait avec plaisir, et qu'on retenait utilement.

les résultats qu'on en tire, si, de temps en temps, ils ne sont pas confirmés par des faits bien connus. Les discussions de cette politique spéculative, ont une si grande ressemblance avec celle des métaphysiciens, que les bonnes gens s'en méfient. Ils y ont été attrapés tant de fois ; ils ont vu si souvent le pour et le contre, soutenus avec une égale vraisemblance de part et d'autre, que n'ayant pas le temps, ni peut-être la faculté de discuter eux-mêmes la question agitée, ou ne voulant pas s'en donner la peine, ils s'impatientent et supplient, avec instance, qu'on leur cite des exemples, qui appuyent et leur rendent sensible la vérité de ce qu'on leur dit.

Les exemples récents, et d'un intérêt général, sont les meilleurs à citer en pareil cas. Ils excitent la curiosité de ceux qui ne les connaissent pas, et ils captivent leur attention. On prête volontiers l'oreille au récit de faits bien particularisés dans leurs détails, soutenus de documents authentiques, accompagnés du nom des acteurs qui y ont joué un rôle direct ou indirect, et des lieux où ils se sont passés. Puisqu'on les écoute avec complaisance, et qu'il n'est pas rare qu'on les retienne, il faut donc en donner. On reconnaît, à ces caractères, que les *faits* doivent être, de droit, la base fondamentale des discours de l'orateur, ou du mémoire de l'écrivain qui dénonce, devant un Corps législatif, et par conséquent au public, la conduite d'un homme en place, ou un abus quelconque. Les grands principes, leur application, les développements et leurs conséquences, rappelés et placés à propos dans le courant de l'ouvrage, lui serviront de commentaire.

Une rédaction conforme à cette règle, attirera peut-être

des désagréments personnels à son auteur, mais s'il est un bon citoyen, entièrement dévoué à la prospérité de son pays, il n'hésitera pas de soumettre ses écrits aux conditions que nous venons d'énoncer. En les remplissant, il est sûr de plaire, d'attacher une majorité marquante à sa suite; de persuader et d'inculquer la vérité des grands principes théoriques d'un bon Gouvernement, dans un nombre considérable de personnes, dont la plupart, sans secours, n'auraient jamais pu les comprendre. En suivant cette marche, le public vous juge avec plus de connaissance de cause : c'est donc la meilleure, si vous croyez avoir la raison de votre côté. J'ai vu un système, absolument opposé, adopté en France, par les auteurs politiques les plus estimables. Sans penser que les noms affectent plus souvent que les choses, ils s'étendaient avec une complaisance souvent trop prolixe, sur les doctrines abstraites d'une administration, sur des considérations générales, des déductions profondes, et une infinité de pareilles allégations, qui se réduisaient, en dernière analyse, à n'offrir que de très-belles théories de cabinet ; mais les faits récents, qui confirmaient la justesse de leurs démonstrations, ne s'y trouvaient pas, et ils s'étaient fait une loi rigoureuse d'en proscrire les personnalités désagréables aux délinquants. Aussi, qu'en est-il arrivé ? Et combien cette méthode savante et pusillanime n'a-t-elle pas entraîné après elle de divagations, d'incertitudes et de fausses croyances dans les esprits.

Les allusions mordantes, les ironies significatives, les ressouvenirs des épithètes historiques, les anecdotes dénonciatrices, mais anonymes, et même les lettres initiales, toutes ces allégories, si claires aux yeux de certaines so-

ciétés, sont inintelligibles, et par conséquent de nul effet
chez toutes les autres, surtout en province et dans les pays
étrangers. Si les faits que l'on cite sont à la louange de quelqu'un, ces réticences mystérieuses deviennent inutiles.
Aussi, en parcilles occasions, en fait-on peu d'usage. Le
public, non plus, n'est guères avide de les connaître. Il
fixe son attention, de préférence, sur les faits qui s'avoi-
sinent de la critique. Une prudente circonspection commande alors de recourir à ces tropes, à ces figures de
rhétorique, quand on blâme; et à plus forte raison, si l'on
incrimine un homme en place, ou un simple individu. Les
lois, sous peine de châtiment rigoureux, défendent les
personnalités, dans certaines circonstances; dans d'autres,
elles les tolèrent, elles les autorisent, elles en font même
un devoir (1). Dans ces trois derniers cas, le bon citoyen
est inexcusable, s'il n'use pas de son droit.

Les membres des corps politiques co-souverains, dans
un gouvernement représentatif, les procureurs-généraux,
les fonctionnaires publics, et les hommes munis de preuves
juridiques qui confirment ses dénonciations, sont coupables
de *lèse-salut de l'État* et de la prospérité de son pays, si

---

(1) A Rome, la loi décernait des récompenses au citoyen qui avait
accusé un magistrat prévaricateur (*Cosconius in Miltani*, chap. 34.)

L'ordonnance du 22 décembre 1477, et l'article II de l'Assemblée du
mois de novembre 1583, condamnent à mort ceux qui, ayant connaissance d'une conspiration contre l'État, ou contre la personne du Roi,
ne l'ont point révélée.

Par l'article 105 du Code pénal, les non-révélateurs d'un complot
sont condamnés à la peine de la déportation.

l'amour de la tranquillité et la crainte de se compromettre, les empêchent d'instruire nominativement leurs concitoyens, des individus qui font le malheur du peuple, par leurs crimes, leur avidité, l'abus de leur pouvoir, et sont le fléau ou le scandale d'une population entière, en se livrant, sans pudeur, à des excès condamnés par une saine morale et un civisme épuré. Ils sont également criminels, ou, au moins, ils n'évitent qu'à moitié les reproches que leur pusillanimité mérite; si, gardant le silence sur les noms, prénoms, surnoms et demeures des délinquants, ils se contentent de les désigner à un certain nombre d'initiés, et s'ils restent cachés à la majorité du monde, qui a un si grand intérêt à les connaître. « Cette manière vague de » s'exprimer peut bien attirer les applaudissements de celui » qui est dans le secret des choses qu'on veut faire enten- » dre; mais elle ne satisfait jamais une nation qui a le » droit d'exiger qu'on lui signale (et qu'on lui nomme) ses » ennemis (1).

Je n'ignore point que l'opinion professée en France est absolument l'opposée de celle que je viens d'énoncer. Les gens de bon sens, les hommes graves, affirment doctoralement qu'il faut s'abstenir de toutes personnalités; qu'elles sont l'apanage exclusif des libellistes, des écrivains méprisés et méprisables à tous égards. J'ai été bercé, depuis mon enfance, avec des assertions pareilles, qui, sans savoir pourquoi, avaient acquis force de lois dans mon pays. Je me suis amusé, pendant les loisirs de mon émigration,

_____

(1) *Conservateur*, n° 21, p. 377.

à comparer tout ce que j'avais entendu, avec ce que je voyais. Cette occupation n'est pas sans attraits. Elle m'a fait reconnaître la fausseté de la plupart de ces maximes de société, qui passaient pour axiômes incontestables, parce que, sans contradictions, on les répétait sans cesse. J'ai remonté à leur origine, et j'ai suivi leurs conséquences. Cet examen m'a convaincu que si cette circonspection pusillanime n'avait pas été la cause prochaine et prépondérante de la révolution, elle avait au moins beaucoup contribué à laisser corrompre les esprits, en les livrant aux seules leçons des philosophes et des empiriques de grenier ; le refus obstiné d'employer la méthode la plus convenable, pour éclairer les Français, les instruire, leur signaler les hommes et les ouvrages qui, sans relâche, travaillaient à les égarer, a empêché de garantir la société, contre les assertions et les calomnies de ces novateurs sacriléges et anti-monarchiques, et a privé l'opinion générale des vérités avec lesquelles elle avait eu le plus grand besoin de s'identifier. En effet :

Quand Louis XV. supprima les parlements, la Cour des Aides de Paris fit, en 1771, *de très-humbles, très-respectueuses et très-soumises remontrances* à Sa Majesté, sur l'abus du pouvoir qu'elle usurpait, et sur les conséquences fâcheuses qu'il entraînerait après lui. Malesherbes, son premier président, les avait rédigées. Elles étaient profondément pensées, écrites avec force et d'un style revêtu de toutes les convenances dues au trône, et aux magistrats dont il se trouvait l'organe. Les grands principes politiques posés, il les développait et les appliquait, avec une adresse extrême, aux circonstances dont sa Cour se plaignait. Il rendait palpables les inconvénients futurs de cette subversion totale et anti-monarchique, par une suite de sous-entendus très-clairs aux yeux d'un lecteur intelligent et réfléchi, qui comprenait fort bien ce qu'il voulait dire, quoique le mot ou la phrase concluante ne s'y vît jamais énoncé assez crûment, pour qu'on pût l'accuser d'irrévérence envers le prince auquel il s'adressait. Ses conséquences déduites d'une logique pressante, faisaient apercevoir les dangers que courait le trône, en se permettant un abus d'autorité qui le privait de son plus ferme soutien. (1)

Cette pièce officielle et légale fut admirée et l'est encore des vrais publicistes, des littérateurs instruits, et des hommes de goût. C'est un modèle, un chef-d'œuvre en son genre, qui, dans son temps, valut à son auteur, la réputation d'un grand homme d'État, qu'il n'a jamais méritée, mais que les philosophes lui firent accorder, et pour cause. Le seul fruit que les Français en retirèrent, fut d'avoir un beau discours de plus, dans leur langue. La moitié ne le lut point ou ne le comprit pas; d'autres y firent peu d'attention et l'oublièrent presque aussitôt; et les troisièmes se contentèrent de l'étudier dans leur cabinet, comme si c'eût été une oraison de Démosthène, ou de

---

(1) On a dû remarquer que depuis la destruction des parlements, en 1771, le gouvernement, en France, a toujours été dans un état d'oscillation continuelle, sans avoir pu prendre, jusqu'à ce que le bon Dieu en décide autrement, une assiette fixe et stable, pendant seulement une dixaine d'années.

Cicéron. Mais, faute de s'être adressées au vulgaire et de lui avoir appris des personnalités qui eussent fixé son attention, ces remontrances manquèrent absolument le but que tout orateur doit tâcher d'atteindre : celui de faire passer dans l'âme de ses auditeurs, les sentiments qui l'animent; de les émouvoir; de les échauffer, et de porter leurs esprits à l'indignation, quand lui-même est indigné. Malesherbes, dans son écrit, devait le paraître, puisqu'il voyait frapper les remparts du trône, y ouvrir une brèche, où les factieux novateurs monteraient en foule, pour s'emparer du Gouvernement et renverser la monarchie de ses pères et de son Roi.

Les Cours souveraines avaient en France le double caractère de Tribunal et de Tribunat. Elles rendaient la justice, et étaient en même temps la sauve-garde des lois existantes. On ne pouvait légalement en changer aucune, sans le consentement de la Cour chargée de surveiller son exécution. Telle était la constitution de la France, avant la réforme de ses parlements en 1771.

Dans la hiérarchie de considération que l'opinion publique avait réglée en France entre les Cours souveraines, la Cour des aides de Paris suivait immédiatement les parlements. Après leur expulsion, elle devenait de droit le premier tribunal du royaume. Sa sagesse et ses devoirs lui imposaient la stricte obligation de faire des remontrances, et de s'opposer, de la plénitude de son pouvoir, au bouleversement qu'allait produire une innovation aussi subite, que celle de réformer, d'un trait de plume, l'institution la plus auguste, la plus importante et la plus ancienne du royaume; dont l'origine se perdait dans les forêts de la

Germanie, et dans les ténèbres antérieures à celles qui couvrent l'histoire de Pharamond.

Ces corps si éminemment monarchiques et d'une fidélité à toute épreuve, ont pendant 900 ans, et jusque vers la fin du 18e siècle, conservé intact par leur fermeté, l'ordre légitime de la succession au trône dans la maison de Hugues Capet, qui, à plusieurs époques, avait été sur le point d'être renversé par les factieux. Ils ont présenté dans ces circonstances périlleuses, et notamment sous Henri III et Henri IV, des murailles de roc inébranlables, contre lesquelles ont échoué les projets criminels et ultérieurs des chefs de parti, ambitieux de s'emparer de la couronne de France, et de changer la dynastie de nos Rois. Le duc de Guise, *dit le Balafré*, répondit froidement aux Espagnols, ambassadeurs de Philippe II, qui le pressaient, en 1584, de lever l'étendard contre Henri III, et de prendre sa place : « Vous ne savez pas combien les *parlements* sont opi- » niâtres dans leur zèle pour les vieilles lois et la monar- » chie. Je ne braverai pas tant de préjugés et tant de » scrupules. »

Leur destruction fut un coup de massue sur la monarchie et devint une calamité nationale ; un acte tyrannique et subversif qui faisait perdre à la France son tribunat, ses libertés et sa constitution intermédiaire entre le prince et ses sujets, et soutenant les droits de chacun. Ces anciens magistrats, intègres, éprouvés, indépendants, désintéressés, en général riches, et des premières familles de chaque province, furent, tout d'un coup, au détriment de la nation, et de la justice qu'ils rendaient si bien, remplacés par de nouveaux venus, pris au hasard et ramassés comme

l'on put; par des juges inconnus, mercenaires, et qui seraient à coup sûr les bas valets d'une Cour corrompue et déprédatrice. « C'est l'oubli des maximes antiques; c'est
» la confiance accordée aux novateurs; c'est l'égoïsme,
» la perfidie, l'incapacité, l'étourderie des agents du pou-
» voir qui ont précipité les peuples vers leur ruine. Les
» catastrophes des nations dont nous connaissons l'histoire,
» ont toutes été les effets d'une de ces causes, ou de plu-
» sieurs ensemble réunies. (1) » Les sentinelles et surtout les sauvegardes préposées à la conservation de l'empire, ne doivent jamais la perdre de vue, ni se dispenser, sous aucune considération, d'avertir les chefs et le reste de l'armée, des progrès que ces causes destructives font dans le corps de l'État.

D'un gouvernement monarchique, modéré par des contre-poids, la France par la perte de ses parlements, tombait sous le joug despotique des ministres de son prince. Roi légitime par la constitution qui l'avait couronné, il devenait un usurpateur, par cet abus d'autorité; il ne lui restait d'autres soutiens que la force de son armée et les habitudes nationales de ses sujets. Ces appuis étaient précaires. Un ministre de la guerre pouvait gagner, corrompre ses soldats; rendre nulle, ou amortir considérablement leur bonne volonté et les effets de leurs armes. Des discussions historiques et politiques, suite inévitable des questions qui s'éleveraient à ce sujet, débattues et

_____

(1) Le marquis d'Herbouville, dans le *Conservateur*; tome 2, n° 22, pag. 336.

commentées par nombre de personnes instruites et déjà
aigries par ce coup d'État, seraient susceptibles d'introduire
de nouvelles idées dans le gros de la nation pensante, de
modifier et peut-être de changer, du tout au tout, l'esprit
et le mode de ses habitudes, et de détruire entièrement les
prestiges attachés au mot Roi, talisman si puissant et si
vénéré parmi les Français. Dans le cas que ces malheurs
arrivassent sous son règne; qu'un aventurier s'emparât de
son trône; que des novateurs turbulents s'amusassent à en
saper les fondements, *pro facere experimenta in anima
vili*, aux dépens de qui il appartiendrait; à quel tribunal
équitable ce prince pourrait-il en appeler? Sur quelles lois,
sur quels principes, sur quels prétextes plausibles appuye-
rait-il sa défense et réclamerait-il la possession d'une
souveraineté légitime, dont il se verrait privé légitimement,
puisque lui-même avait annulé de fait, le contrat qui la
lui assurait; qu'il avait déchiré ses titres de propriété,
cassé ses Cours de justice, et dispersé les magistrats chargés
de soutenir et de faire valoir ses droits? Ces dangers
étaient imminents, et l'histoire de France, depuis 1771,
prouve qu'ils n'étaient point chimériques.

Si l'on se trouve à la portée d'un individu distrait, allant
manger de l'arsenic pour du sucre, on saute brusquement
sur lui, et on lui arrache, de force, la fatale bouchée qui
aurait terminé ses jours; on perdrait son temps et l'occasion de le sauver, si, avec plus de respect, on en agissait
autrement. Ce n'est point avec le style mielleux de Qui-
nault, ce n'est pas avec le langage des sous-entendus qu'on
éclaire un vieillard entêté et décidé à ne rien entendre, si
la crainte d'un péril personnel et prochain, ne l'engage pas

à revenir sur lui-même, à écouter et peser les raisons qu'on lui donne. Les philippiques de Démosthène, l'éloquence du paysan du Danube (1), deviennent alors les sources où le bon citoyen, plus jaloux du bonheur de sa patrie que de sa réputation littéraire, trouvera des modèles du style qui convient à son sujet. Les remontrances de la Cour des Aides, rédigées d'après les exemples donnés par ces grands orateurs politiques, offraient au moins quelque chance pour arrêter le monarque au bord de l'abime, où il était poussé par des ministres pervers qui, craignant la juste punition de leurs crimes, voulaient, avant tout, en jeter les preuves dans le fleuve d'oubli, au risque de précipiter dans le même gouffre, le Roi, sa famille, ses magistrats fidèles, et la fortune publique.

Les personnalités sont d'une absolue nécessité dans de pareils écrits; elles réveillent le monarque, et frappent le plus grand nombre. Si le maître y reste insensible, ses serviteurs au moins en profitent. Elles les instruisent de la situation de leur pays, des vrais motifs des changements qui s'opèrent sous leurs yeux, et de leurs causes sur lesquelles il est si facile de les égarer, si on leur parle un langage que peu d'entre eux sont dans le cas de comprendre. Ces personnalités auraient servi à former une opinion générale, à l'éclairer, à l'avoir pour soi; à créer en France un Tribunat à la place des Cours de justice qu'on venait de disperser; à se ménager de nouveaux gardiens des droits de la nation; à mettre une fin, ou au pis aller, des rete-

---

(1) Voyez cette fable dans celles de Lafontaine.

nuées plus ou moins fortes à ces subversions totales et redoublées, qui depuis long-temps n'ont pas cessé de la tirailler et de la fatiguer en tous sens; enfin, à empêcher que les ministres ne continuassent à traiter aussi légèrement les institutions, les corps établis, et en plein exercice depuis long-temps, dans le royaume; et si poussant la chose à l'extrême, ce qui ne serait pas arrivé en 1771, ces débats finissaient par une révolution; révolution pour révolution, il faut préférer une révolution qui conserve une constitution en vigueur, que l'on connaît, sous laquelle on a vécu depuis sa naissance, à une autre qui l'a détruite, qu'on a tirée du pays des chimères, pour nous soumettre à un gouvernement de factieux. « Les guerres civiles sans révolution, annoncent la force de la constitution de l'État : les révolutions sans guerres civiles, sont les symptômes de son dépérissement. »

« Dans une monarchie, si la majorité n'attachait pas
» un prix égal à sa royauté héréditaire et aux lois fonda-
» mentales qui assurent ses libertés, cette nation serait
» condamnée à mort (1). »

L'événement l'a bien prouvé en France.

Si une révolution du premier genre, si un soulèvement de tous les esprits pour le maintien des parlements, eût eu lieu en 1771, les honnêtes gens l'auraient faite; et on peut assurer avec confiance qu'elle eût été bientôt finie, au grand avantage de la royauté, de la race royale et de la France.

---

(1) Fiévée, *Conservateur*, tome 2, pag. 482.

Il ne s'agissait point d'élever une guerre civile, ni de fomenter une révolution ; il suffisait alors d'empêcher les graines qu'on en semait, de germer et de produire d'abondantes récoltes de malheurs, de désordres, et d'infractions aux lois, qui en temps et lieu, devaient infester le sol de la France. Le danger était imminent, l'arsenic bien préparé, et le prince allait l'avaler. Il y avait donc urgence de le lui arracher brusquement des mains, et de l'avertir avec franchise et respect, mais sans détours, du sort funeste qui menaçait, lui, sa race, son trône et ses sujets, s'il persistait à continuer le régime mortel qu'on lui avait persuadé de suivre pour son plus grand bien.

Faible et dernier reste, après l'expulsion des parlements, des tribunats reconnus légaux à cette époque, par la monarchie française, la Cour des aides de Paris se voyait dans la pénible mais stricte obligation de consacrer le peu de jours qu'elle avait encore à vivre, à pénétrer, n'importe comment, jusqu'aux marches du trône de son maître, d'y exposer, en sa présence, la vérité nue et dépouillée de ces tissus d'assertions, de sophismes, de calomnies et de faux récits dont les ministres pervers l'avaient surchargée, pour la rendre, sans doute, méconnaissable aux yeux du souverain. Eût-on taxé d'irrévérence leurs procédés ? Ces magistrats fidèles et courageux eussent répondu à leurs critiques : que jusqu'au dernier instant de leur existence politique, ils avaient rempli leur devoir en dignes chevaliers d'un tribunat, sans peur et sans reproche, sans craindre de se compromettre, en se livrant sans réserve aux ressentiments d'un ministère vindicatif et tout-puissant, qu'ils avaient outragé par leur noble et pieuse résistance. Ces remèdes sont violents : mais on est capable de ne pas les essayer, si, par l'efficacité de leurs vertus, ils sont les seuls qui offrent la moindre lueur d'espérance de sauver le malade.

La vraie cause de la suppression des parlements sous Louis XV, de ce fait qui nous occupe, était facile à éclaircir; tout le monde en eût été indigné, si, magistrat dévoué, Malesherbes eût fait connaître l'origine de ces procédés désastreux, et eût rendu publiques les personnalités qui les avaient occasionnés.

Le gouverneur de la Bretagne est accusé par la voix publique, d'avoir manqué à ses devoirs, lors de la descente des Anglais à Saint Cast, en 1757; d'avoir, par de faux avis et de faux rapports, fortement contribué à la sortie et au désastre de la flotte du maréchal de Conflans (1); d'avoir commis des extorsions, des actes arbitraires et attentatoires à la liberté des citoyens, et plusieurs autres abus d'autorité de cette nature. Le parlement de Rennes, chargé de la haute police de cette province, eût manqué criminellement à ses fonctions, si, par pusillanimité ou autrement, il eût rejeté hors de cour, toutes les plaintes qui lui étaient portées à ce sujet. Il ordonna, en conséquence, les informations nécessaires, pour consacrer juridiquement la vérité des imputations alléguées contre cet officier général. Cette procédure faite et parfaite, et close, selon les formes ordinaires, est envoyée pour y faire droit, comme de raison, au parlement de Paris, qui, rassemblé en Cour des pairs,

(1) Voyez les Mémoires du temps, et en particulier ceux de Duclos. Paris, 1792, tome II, pag. 365.

était le seul tribunal où le duc d'Aiguillon fut justiciable
d'après les lois du royaume. Cette Cour, munie de toutes les
pièces officielles du procès, reçoit et ne pouvait pas refuser de recevoir l'accusation, et de procéder à son instruction, d'après les règles et coutumes qui avaient eu lieu
dans les poursuites précédentes contre un duc et pair de
France. L'affaire étant éclaircie, elle eût été ensuite rappor-
tée, débattue, et définitivement jugée par le parlement de
Paris, les pairs majeurs et les chambres assemblées : enfin
par ce premier tribunal de la nation.

Je ne présume rien ; j'expose simplement les faits, et je
demande si le parlement de Rennes, dans cette occasion,
s'est écarté un moment de la mesure, de la sagesse et de
la fermeté indispensable à une Cour souveraine, chargée
d'office, de prendre des informations exactes, nominatives
et détaillées sur des événements passés dans son ressort, et
qu'il était essentiel de connaître et d'approfondir pour le
salut de l'État ? Les magistrats qui le composaient, n'au-
raient-ils pas mérité qu'on les accusât d'avoir été les complices de ce gouverneur, si, en silence, ils lui avaient
laissé trahir impunément les intérêts du Roi, dans une province dont la haute police leur était confiée ? Ces arguments
sont sans réplique, si on les discute sans passion et avec
impartialité. Sauvegarde, dans son ressort, des droits du
souverain, de ceux des citoyens, et de la tranquillité publique, la conduite du parlement fut celle d'un tribunat
religieux, martyr s'il le faut, qui remplit ses devoirs sans
se laisser détourner, par aucune considération personnelle,
de suivre, avec persévérance la ligne de ses obligations
les plus strictes.

Ce n'est point encore ici le lieu de m'étendre davantage sur cette affaire. Ses détails soulèvent l'indignation; et nous en éprouverons long-temps les malheureuses suites. Je ne me hasarderai pas à décider si le duc d'Aiguillon était innocent ou coupable. Il fallait pourtant qu'il y eût beaucoup de louche dans la conduite de ce gouverneur de province, et que dans le nombre des chefs d'accusation, il y en eût quelques-uns d'assez bien prouvés, puisqu'il fit tous ses efforts, et employa tout son crédit pour arrêter le cours de son procès. N'ayant pu, à cet égard, vaincre la résistance des magistrats, il surprit à sa majesté l'ordre d'en faire enlever de force les pièces, qui étaient déposées au greffe du parlement de Paris. Cet acte de violence, contre toutes les lois, commis envers la Justice, en lui arrachant des mains les dépôts placés sous son égide, était à lui seul un attentat des plus énormes, et au-dessus de tous les crimes dont le duc d'Aiguillon pouvait être chargé, dans les procédures qu'on venait de soustraire sans pudeur, dans le *saint des saints* du premier tribunal du royaume. Quel sort futur un prince prépare-t-il à ses sujets, quand il préfère violer ouvertement les premières règles du bon sens et de la politique, et qu'il aime mieux briser les institutions les plus respectables de son gouvernement, plutôt que de ne point satisfaire un favori qui craint de voir dévoiler sa conduite criminelle? Une nation fortement constituée et jalouse de conserver ses véritables intérêts, ne l'eût pas souffert. La *liberté de la presse*, ou si l'on veut, sa licence, eût assurément amorti ce coup d'État, aurait empêché qu'on y revînt trop souvent, et eût probablement garanti la France des excès de ses révolutions subséquentes.

Un incident des plus sales vint sur ces entrefaites augmenter la puissance du duc d'Aiguillon, et son crédit auprès de Louis XV. Ce prince, devenu amoureux de madame Dubarry, abandonna bientôt, selon son usage, les
rênes de son gouvernement à la disposition de cette fille qui,
la veille, raccrochait dans les rues, ou peu s'en faut. Dès
le premier moment de son installation, le duc d'Aiguillon
se déclare le vil courtisan de cette prostituée. Il profite de
l'ascendant qu'elle avait sur l'esprit du roi, pour se faire
nommer en quelque sorte, premier ministre; exiger du
chancelier Maupeou, de casser, d'anéantir les anciens parlements, dont deux avaient eu l'insolence d'instruire un
procès contre lui; et de créer de nouveaux tribunaux à sa
façon, qui ne fussent point si récalcitrants avec les coupables de Cour qui voudraient être ou ne pas être jugés,
selon leur bon plaisir. Par quelle fatalité, les rois de France
sous lesquels j'ai servi, n'ont-ils jamais montré de caractère, que pour soutenir les gens en place qui les trahis-
saient?

La descente des Anglais à Saint Cast, en 1757, est du
nombre de ces événements si minimes, que l'histoire né-
glige bientôt d'en rappeler le souvenir. Mais les circonstances
nous obligent d'y revenir. Elles l'ont rendu une des époques
du 18me siècle, les plus mémorables de nos annales; puisque ses suites ont entraîné avec elle la suppression des anciens parlements et la destruction de la monarchie française. La première de ces catastrophes était déjà arrivée,
lorsqu'au nom de la Cour des aides de Paris, Malesherbes ré-
digeait ses remontrances, et il y présageait la seconde crise.
Il n'ignorait pas non plus la répugnance qu'avait Louis XV

à se porter à cette dernière extrémité, et qu'elle serait vaincue
par Mᵐᵉ Dubarry, d'après les instructions que trois ministres d'État, assemblés en conseil secret, lui avaient données
séance tenante, autour du bain qui lavait ses charmes (1).
C'est un sort attaché à l'histoire de la monarchie française,
de voir presque toujours quelques anecdotes de ruelles,
déterminer ses plus grands événements.

Quel beau sujet! Que de ressources, ces tissus de crapule
et de perversité ne fournissaient-ils pas au bon ci-

---

(1) Louis XV, prince plein de sagacité, répugnait beaucoup à casser
ses parlements, et il en prévoyait les funestes suites. Mais, à cette
époque, ses ministres, qui étaient ou méritaient tous d'être brouillés
avec la justice, résolurent d'avoir recours aux derniers expédients, afin
de se débarrasser, le plutôt possible, des juges dont, quelques jours plus
tard, ils auraient à redouter les arrêts. Fermes dans leur dessein, prémédité depuis long-temps, le duc d'Aiguillon, le chancelier Maupeou,
et l'abbé Terray, furent un jour trouver madame Dubarry, qui était
dans sa baignoire, et après lui avoir bien fait sa leçon, elle alla chez le
Roi, et le détermina à cette démarche tyrannique et inconsidérée.

Madame Dubarry avait marié sa nièce, avec M. de Puymaison, colonel du régiment de Condé-dragon. Elle allait presque tous les étés,
sous le règne de Louis XVI, passer quelques jours avec lui dans sa
garnison. Ses visites étaient égayées par les fêtes et les récits des aventures de la vieille Cour. Celle-ci fut du nombre, comme tant d'autres, et
je la tiens de plusieurs officiers de ce régiment, que j'ai rencontrés dans
le courant de mon émigration.

Cette anecdote a donc tous les caractères de la vérité, quoique incroyable! Car comment imaginer que la compagne de son prince, que la
première dame de sa Cour reçoive trois ministres d'État, quand elle se
baigne; et qu'à eux quatre, ils y décident des affaires les plus importantes du gouvernement? L'objection est forte; pourtant c'était ainsi.

toyen, qui, pénétré de l'amour de son pays, n'aurait pensé qu'au triomphe de sa cause et à sauver sa patrie, en attaquant sans ménagements les ennemis acharnés à sa perte et qui étaient sur le point de réussir? Les choses poussées à l'extrême, ces intrigants n'ayant plus de retraite, en cas de disgrâce, ils étaient obligés, par état, de renverser la constitution du royaume, s'ils voulaient assouvir leur ambition, satisfaire leur vanité, augmenter leur fortune, éviter l'échafaud; et voir les mêmes solliciteurs qui venaient bassement implorer leur protection, les couvrir d'opprobre et d'infamie, si, sans révolution, ces ministres souffraient que le Français conservât l'esprit et la morale qu'il avait, avant que leur exaltation ne les eût créés les dispensateurs suprêmes des grâces du trône. Leur seul refuge était le roi. La France aussi n'avait pas d'autres ressources. Mais Sa Majesté, enveloppée, au milieu de son serail, dans les filets de son enchanteresse, ne voyait, ne pensait, ne vivait et ne régnait que pour elle : cette nymphe, indifférente à ces bouleversements, hors d'état de les juger et d'en prévoir les conséquences, n'était que le joli instrument dont les *amis du prince* se servaient pour fasciner les yeux de leur souverain, et diriger ses volontés à leur profit et à sa honte. Son insouciance, sa faiblesse naturelle aiguillonnée par des alentours qui, nuit et jour, ne le quittaient point, montraient à cette époque, quand il s'agissait des parlements, un caractère de fermeté extraordinaire chez lui. Il s'en fit une affaire personnelle, et il résolut de la terminer promptement au gré de ses ministres. Afin d'en imposer au parti de l'opposition et d'en diminuer le nombre, il crut devoir s'en expliquer au milieu de ses courtisans qui avaient les entrées du cabinet, et d'un ton de maître, il leur signifia qu'il ne *changerait jamais* (1).

Le maître était incorrigible; plus d'espoir de le faire revenir, il l'avait déclaré formellement, et sur ce point on pouvait s'en fier à sa parole. La France perdant ses parlements, se voyait, sans tribunat, à la merci des auteurs, fauteurs et ayantscause d'un libertinage ordurier : gens avides d'or, de pouvoir, d'honneurs et déjà couverts, par leur vie précédente, de l'animadversion et du mépris publics. Ce désordre des plus inquiétants pour l'avenir, rendait indispensable de soumettre, le plus tôt possible, à un contrôle respectable, les caprices et les décisions futures des bureaux ministériels, et de garantir, autant qu'on le pourrait, les libertés françaises, les institutions nationales, la durée de l'empire, et l'intégrité du trône de Saint-Louis.

Cette anxiété dans les esprits, ces craintes savantes et assez motivées d'une dissolution prochaine, la nécessité de se donner, dans l'opinion générale, un second tribunat en remplacement de celui dont illégalement on venait de

---

(1) Le duc de Nivernois se trouvait présent à cette audience. Madame Dubarry le rencontrant, le même jour, dans la galerie de Versailles, l'aborde et lui dit : — Vous l'avez entendu, M. le duc, le roi a déclaré formellement qu'il *ne changerait jamais.* -- Madame, il pensait à vous dans ce moment-là.

Cette défaite est très-jolie; elle fut fort applaudie, mais était-elle à sa place? Cet heureux à-propos, d'un courtisan aimable, est-il une expression permise dans la bouche d'un fils qui voit tuer son père, et dilapider et anéantir les soutiens de sa famille entière. Ventre saint gris! Où en étions-nous ?.... Où nous en sommes.

priver les Français, par un abus d'autorité sans exemple dans leur histoire, présentaient naturellement les motifs obligés, les idées principales des remontrances que Males-herbes devait rédiger au nom de la Cour des aides de Paris. Ces devoirs impérieux et patriotiques permettaient-ils, à ce magistrat, de songer, dans ce moment-là, à sa réputa-tion littéraire, aux convenances de la société, d'ambi-tionner uniquement les applaudissements des gens de goût et de ce qu'on appelait alors la bonne compagnie? Lorsque le feu est à votre maison, ou qu'on se trouve dans un peril extrême, cherche-t-on des tournures convenables et s'amuse-t-on à cadencer artistement ses phrases pour de-mander à demi-mot, et d'un ton respectueux, les secours dont on a un pressant besoin? On crie, on beugle, on hurle, on rassemble et on fait aboyer ses chiens fidèles, on sonne l'alarme dans un langage compris par tout le monde et qui frappe les oreilles les plus grossières; afin d'avertir la multitude, de s'ameuter, de s'intéresser à votre sort et de vous sauver, s'il en est temps, du danger qui menace vos jours, ou une partie de votre existence. Si sous vos yeux, des scélérats volent, assassinent, incendient des récoltes, vous les nommez, vous les signalez, vous les montrez du doigt à la foule accourue de tout côté pour arrêter le désordre et les brigands qui l'occasionnent. La religion, la justice, le public, et vos propres intérêts, vous prescrivent, sous peine de mériter leurs reproches et leurs ressentiments, d'indiquer franchement et sans réserves, devant les tribunaux commis à cet effet, les faits dont vous avez été témoins; les renseignements que vous connaissez sur la vie, les desseins ultérieurs des délinquants, et d'indiquer aux juges les voies péremptoires qui les mèneront sûrement, jusqu'aux dernières ramifications des circonstances et dépendances, des crimes commis ou projetés par ces malfaiteurs, afin que punition exemplaire en soit faite, à la vue et aux applaudissements du peuple. Au lieu d'être défendues, les personnalités sont donc ordonnées en pareil cas. Ce commandement rend Malesherbes inexcusable de les voir épargnées dans ses remontrances; il devait au contraire, en vrai royaliste dévoué, les y prodiguer, pour empêcher son Roi de tomber, et d'écraser la royauté dans sa chute (1).

Point de justice sans instruction préalable :

Point d'instructions convaincantes sans personnalités, au moins pour la foule; et dans les Gouvernements représentatifs, les orateurs bien intentionnés doivent toujours s'adresser au plus grand nombre des bons citoyens.

167. A-PROPOS. *L'à-propos* est un tact donné par la sa-

---

(1) Depuis la liberté de la presse, les papiers publics ont commencé à se conformer un peu aux principes développés dans cet article. S'ils continuent, et que les orateurs des deux Chambres les imitent, les Français gagneront beaucoup, s'ils savent profiter de l'occasion, et perpétuer l'usage de cette franchise, qui place les vrais intérêts de la patrie au-dessus des convenances de la société et des considérations personnelles.

Cet écrit et cette note ont été rédigés long-temps avant le vendredi saint 1820. Aussi cette espérance s'est évanouie avec la liberté de la presse, le jour de la commémoration de la mort de N. S., sacrifié à la rage des pharisiens.

Voyez le mot *Scandale*.

gesse, l'instruction et l'expérience. Il indique, dans toutes les circonstances, ce qu'il y a de mieux à faire, le temps où il faut le faire, et comment on doit le faire.

L'à-propos, selon Mme de Staël, est la nymphe *Égerie* des hommes d'État, des généraux, et de tous ceux qui ont affaire à la mobile nature de l'espèce humaine.

Quelle que soit votre conduite, les plus savantes manœuvres, les intrigues les mieux filées, aucune de vos démarches n'aura de succès, si vous négligez de les faire *à propos*.

« Sans l'*à-propos*, tout se fait gauchement. »

Et rien ne réussit.

168. PÉTITION. Ce mot nouveau dans la langue française, est un synonyme donné par les Anglais, à celui de *Requête* présentée à l'une des deux Chambres législatives, créées par la charte constitutionnelle de Louis XVIII, en 1814.

« Une *pétition* individuelle représente toujours un intérêt, et les pouvoirs de la société ne sont constitués que pour défendre les intérêts des membres de cette société.

» Une corporation se présente comme unité; elle est donc dans le même cas que l'individu qui demande un appui pour ses intérêts.

» Dès qu'il s'agit des intérêts collectifs, il n'appartient qu'au pouvoir constitué pour soutenir l'ensemble de la société, d'examiner si ce qui serait effectivement à l'avantage d'une partie de la société, ne nuirait pas à d'autres qui ont le même droit que les premiers pour être soutenus.

par le gouvernement, sous lequel ils sont tous les deux assujettis.

» Mais une pétition présentée au nom de dix, de vingt mille signataires, ne demande aucune attention en faveur des réclamants, parce qu'il est raisonnable de croire que ceux qui n'ont pas signé la pétition, sont d'un avis opposé, et qu'alors on exposerait la majorité, calme et confiante, à être le jouet de la minorité, turbulente et factieuse.

» Cette conduite prudente est plus rigoureusement demandée, quand il s'agit d'intérêts politiques, dans lequel le peuple ne doit jamais intervenir directement : surtout dans un gouvernement où trois pouvoirs sont constitués pour défendre ses libertés ; et où un de ces pouvoirs reçoit périodiquement, par élection, une mission spéciale et sans réserve. Que seraient les membres de la représentation de tous les intérêts, là où la nation interviendrait elle-même dans les questions politiques, autrement que par la liberté de la presse. (Des milliers de victimes sanglantes sont venues, depuis 1788, à l'appui de cette vérité politique.)

» La première obligation d'une requête, d'une pétition, est d'être respectueuse envers le pouvoir auquel elle s'adresse.

» Si l'on compare ces vérités d'expérience à l'Assemblée constituante, et surtout aux assemblées qui l'ont suivies, on trouvera que leur avilissement est venu particulièrement de pétitions collectives, qui peuvent être insolentes impunément, puisqu'elles sont l'ouvrage d'une cohue, et ne restent sous la responsabilité de personne. Conçoit-on qu'un *pouvoir* reste *pouvoir*, quand on peut le braver, l'humilier, le menacer, sans qu'il ait aucun moyen de venger sa dignité et de soutenir son autorité ?

» Il serait étrange que, dans un Gouvernement représentatif, le prince respectât l'indépendance des Corps législatifs, et que la multitude pût la violer avec des pétitions (1). »

Les signatures apposées au bas des pétitions sont comme les degrés marqués sur la circonférence d'un cercle ; passé 360, ils deviennent zéro. De même, passé un certain nombre de signatures, motivées par l'objet de la pétition, le surplus des noms qu'on y ajoute, détruit de droit la valeur que les premiers lui avaient donnée.

Les pétitions individuelles, présentées aux Chambres, sont d'une nature absolument différente. Elles font partie intégrante de notre constitution, et on les regarde, avec raison, comme un des articles les plus essentiels et les plus importants à conserver. Je conviendrais, avec beaucoup de monde, que, jusques ici, la plupart d'entre elles ont été assez insignifiantes, et que des perturbateurs du repos public s'en sont servis, pour exciter du tapage, tant en dedans qu'en dehors des Chambres. Mais où en serait-on, si l'on se croyait obligé de réformer toutes les bonnes choses dont les révolutionnaires ont abusé ?

Au milieu d'une foule de demandes déplacées et souvent ridicules, les pétitions, réduites à ce qu'elles sont aujourd'hui, mettent aussi quelquefois, au grand jour, des mémoires de législation, remplis de documents précieux et d'idées heureuses d'amélioration, qui instruisent les Pairs, les Députés et le public, auxquels on les présente, et qui les

---

(1) Fiévée ; *Conservateur*, tome II, pag. 485 et 486.

engagent à des combats qui éclairent les ministres, et encore mieux, qui leur en imposent. Elles sont donc une espèce d'initiatives très-importantes à conserver, quand on n'en a pas d'autres.

Au nombre des avantages inestimables que procure cette correspondance entre les Chambres et les simples particuliers, on peut ranger les dénonciations que les bons citoyens, ou les ennemis déclarés des coupables, font au sujet des abus criminels qui se passent dans les bureaux des ministres, ou des principales branches du gouvernement. Il est inutile de rechercher si la plume du pétitionnaire a été dirigée par un excès de zèle, ou par des sentiments de vengeance et de rivalité : mais il est important que les Chambres et le public connaissent, en gros et en détail, les désordres, les escroqueries et les faux exposés que leurs administrateurs se sont permis ou se permettent journellement, dans le courant de leur gestion respective.

Au défaut de la responsabilité illusoire et hérissée de moyens de chicane, à la chambre des pairs, ces espèces de pétitions sont là pour contenir les ministres et leurs agents, dans le cercle de leurs devoirs. Cette arme, offensive et puissante, ayant été sans force jusqu'à présent, il n'est pas étonnant que beaucoup de gens en place se soient moqués des coups qu'elle leur portait. Assurés d'une majorité *pressée d'en finir*, ils savaient d'avance qu'elle s'empresserait de se débarrasser de l'examen fastidieux de ces dénonciations, par un *ordre du jour*, ou par le renvoi à un ministre, ce qui est à peu près la même chose. Mais, sans y penser, ces pétitions accusatrices sont aussi, de droit, renvoyées au *Moniteur* et aux autres papiers publics, où elles restent patentes aux yeux des contemporains et de la postérité. Tout change, en France; la mode sera peut-être un jour d'avoir, dans nos Chambres, des majorités pudibondes, ou des groupes formant une minorité courageuse et désintéressée, qui, vraiment, ne voudrait que le bien de l'État.

Un Pair, un Député, doué de quelques talents de tribune, enflammé de l'amour du bien, et persévérant dans la poursuite des prévarications et des prévaricateurs, suffirait, à lui seul, pour conduire à bonne fin cette glorieuse entreprise, en attaquant, sans aucun égard, les abus trop marquants qui viendraient à sa connaissance. Qu'un d'eux l'essaie, et les matériaux ne lui manqueront pas.

Ayez de la foi, et vous transporterez les montagnes. Plein de confiance dans ce précepte de l'Evangile, le général *Donnadieu*, le 8 janvier 1821, osa, à lui seul, affronter un ministère qui, constamment choisi, depuis la restauration, dans un cercle vicieux, avait, je ne sais par quel enchantement, asservi les Chambres, paralysé les bons citoyens, et protégé, avec assez d'efficacité, les révolutionnaires et les mauvais sujets de leur souverain. On s'en souvient, le fait est récent. Un cri presque universel s'éleva contre cet accusateur public : de toutes parts on lui jeta la pierre; les royalistes et les honnêtes gens, au moins ceux de Paris, furent les plus acharnés à dénigrer l'innovation téméraire de ce héros; qui, après avoir sauvé le Dauphiné, voulait encore délivrer son pays de cette coterie administrative, savante à s'enrichir, et ne connaissant d'autres moyens de conserver son pouvoir, que d'augmenter et d'entretenir, avec soin, sur la surface entière de la France, et peut-être ailleurs, des sources intarissables

10*

d'émeutés et de conspirations continuelles, symptôme effrayant d'une chute prochaine et ignominieuse.

Libérateur de la France; soit à Grenoble, soit à la tribune, il eut la consolation de voir s'affaiblir, par degrés, les ouragans que son patriotisme avait soulevés contre lui. Quatre-vingt-six jours après (1), plusieurs de ses collègues partagèrent publiquement sa témérité, et, avec la plus grande énergie, ils défendirent ses opinions. Dès l'ouverture de la session suivante, ces mêmes ministres, que le général Donnadieu avait été si fort blâmé d'avoir attaqués en face, furent renvoyés et relégués dans la Chambre des Pairs.

Cette victoire de la vertu persécutée sur le vice au faîte du pouvoir, doit encourager les bons citoyens à poursuivre une si noble carrière. Tout n'est pas perdu; il reste encore quelque pudeur dans le sein de nos Chambres. Qu'une main vigoureuse brise les entraves puissantes qui les retiennent dans l'obscurité, et l'on verra une foule de Pairs et de Députés, combattre avec éclat les fauteurs et complices des dépradations publiques, accueillir favorablement les pétitions dénonciatrices, hâter, multiplier les triomphes de la vérité et les vrais principes d'une bonne administration.

Cette heureuse époque ne sera peut-être point tardive si, tel qu'il est, nous conservons notre gouvernement représentatif. Le fonds d'honnêteté, base du caractère général des Français, et les succès de la tentative du général

Donnadieu, sont des garants sûrs de l'arrivée prochaine de notre rédemption, si des causes étrangères ou *inciviques* (1) n'en retardent pas le moment. Il viendra, ce jour de salut, nous en avons l'espérance, et alors on y regardera à deux fois, et on roulera sept fois sa langue dans la bouche, avant de dire : « Il est fâcheux que l'on présente des accu- » sations aussi graves sur des bases aussi légères. La dignité » des Chambres et celle du gouvernement du Roi sont égale- » ment intéressées à éloigner un semblable abus du droit de » pétition (2). »

Ces paroles furent prononcées à la tribune, au sujet de la pétition de M. Laignel, dénonçant des dilapidations faites dans le département de la marine du Hâvre, et de la pro- motion scandaleuse qui, selon lui, en fut la suite. M. de Beauséjour soutint l'accusation, et répondant de la véra- cité des faits qu'il allait alléguer, il lut, à l'appui, le jour- nal historique de cette prévarication, et l'état nominatif des personnes qu'on avait punies et récompensées à l'occa- sion de ce délit. Le rapport qu'on en lit dans le Moniteur, laisse du louche dans un esprit impartial. Mais n'ayant, sur cette affaire, aucune autre connaissance que celle que les papiers publics nous en ont donnée, je ne hasarderais pas de la discuter, encore moins de la juger ; et, en atten- dant un plus ample informé, je m'en tiens au dilemme de

---

(1) Ce mot doit être pris dans l'acception qu'il avait en français, avant 1788.

(1) *Voy.* le Moniteur du 7 juillet 1822. (Chambre des Députés, séance du 6.)

M. *Labbey de Pompières* : « Si les faits dénoncés par
» M. *Laignel* sont vrais, il faut poursuivre les coupables ;
» s'ils sont faux, il faut poursuivre le calomniateur. » A un
pareil argument, qu'y avait-il à répondre ? La clôture.....
L'ordre du jour. *L'ordre du jour* fut adopté.

Si, pendant les cinq ou six ans qu'ils ont été en minorité, les royalistes, moins circonspects, moins garrottés par
les liens d'une politesse criminelle, eussent, au lieu de les
rejeter avec dédain, accueilli et soutenu les pétitions dénonciatrices, présentées par leurs partisans, quelle énorme
quantité de millions d'écus, d'abus d'autorité, de choix
anti-royalistes, d'événements scandaleux, de faits révolutionnaires, de déprédations dans les finances, et de causes d'affaiblissement de l'État, ils eussent épargnées à leurs commettants qui les avaient députés de confiance, pour arranger les affaires de la France, consolider et mettre le bon
ordre dans toutes les branches de son gouvernement monarchique et représentatif. Une minorité royaliste, quelque
minime qu'elle soit, cantonnée, tenant ferme dans les re-
tranchements de ses principes avoués, faisant un feu roulant de pétitions dénonciatrices, et de commentaires qu'elles
entraînent de toute nécessité à la tribune, eût imposé un
saint respect à ses ennemis, et, au lieu d'en être le jouet
et la victime, elle n'eût pas tardé à s'en faire considérer et
à voir ses adversaires rechercher son appui. Les négociations se seraient ouvertes ; on eût parlementé de part et
d'autre, et les ministres, à diverses reprises, eussent fait
des concessions aux amis de leur roi et de leur monarchie.

A chaque avantage emporté en faveur des *ultrà*, leurs
avocats acquéraient un degré de plus de considération et

d'influence. En défendant ses amis, on augmente sa clien-
telle, et par conséquent ses forces ; vos partisans se voyant
soutenus et protégés par leurs chefs, n'en sont que plus
attachés à leurs drapeaux, et ces plénipotentiaires de la
bonne cause, ne parlant jamais pour eux-mêmes, se montrant sans ambition individuelle, et ne demandant aucune
place, en auraient peut-être eu de meilleures, et ils les auraient eues plus honorablement. Il est bien différent d'attraper un ministère, ou toute autre fonction importante,
parce qu'on ne vous croit l'homme nécessaire, que comme
le premier subordonné des intrigants qui vous y placent, et
qui vous y maîtrisent toujours, aux dépens de votre réputation, des intérêts de votre parti, et au grand détriment
de l'État.

Les jacobins se sont conformés à ce plan de conduite,
et, jusqu'à présent, cette faction n'a pas à s'en plaindre.
Puissante, elle écrase ses adversaires ; devient-elle en minorité, on la craint, on la ménage ; et elle obtient plus de
grâces et plus de concessions, tant pour ses principes que
pour ses amis, qu'on ne lui en eût accordé, si ses démarches et ses propos eussent été plus respectueux, et son
attitude moins menaçante. Par quelle insouciance les honnêtes gens voient-ils, tous les jours, sans se corriger, les
réprouvés de la gauche indiquer inutilement aux élus de la
droite, la route directe qu'ils doivent suivre, s'ils veulent,
dans la sincérité de leur cœur, arriver au bien, en arrêtant
les progrès du mal ?

Le droit de pétition est une arme bien forte, quand, en
majorité ou en minorité, un groupe de Pairs ou de Députés
honnêtes, sait et veut s'en servir, en faveur du bien pu-

blic; car les discussions font ressortir la vérité ; et même, en perdant leur cause, ces bons citoyens obligent leurs adversaires à surveiller leur conduite et celle de leur gestion.

Les Chambres ne sanctionnent pas moins de leur autorité, les propositions du ministère ; mais il ne demande que ce qu'il doit vouloir. Qu'un ministre anglais, quelque puissant qu'il soit, propose un *bill*, pour ôter au jury la compétence des délits provenant de la liberté de la presse, ou pour que les *radicaux* indigènes et exotiques, qui ont infesté son pays, troublé la tranquillité publique et essayé de renverser son gouvernement, soient récompensés de préférence et aux dépens des *loyaux Américains* qui, au risque de leur vie et de leur fortune, ont constamment combattu en faveur de leur souverain légitime ; alors vous verrez comment la motion de ce *ministre tout-puissant* sera reçue par le parlement de l'empire Britannique ?

L'amour et les avantages du gouvernement représentatif ne sont pas encore assez enracinés, ni dans nos cœurs, ni dans notre esprit, pour que les Chambres négligent les moyens d'étendre et de consolider leur autorité sur l'opinion générale, par la confiance que leur zèle, leur instruction et leur bonne volonté à faire le bien, inspiraient au public. Les pétitions leur offrent encore une voie de plus, pour surveiller et contenir les ministres et leur entourage.

Parmi les demandes et les plaintes présentées aux commissions des pétitions, il y en a un certain nombre qui ne peuvent être éclaircies et jugées, avec connaissance de cause, que d'après des renseignements extraits des cartons du gouvernement. C'est donc une porte ouverte aux Pairs et aux Députés, pour s'immiscer dans les secrets des différents bureaux de l'administration, et rendre également une justice publique aux bonnes, comme aux mauvaises gestions de leurs directeurs respectifs. Si, depuis seulement la mort du cardinal de Fleury, ou du maréchal de Bellisle, des institutions respectables eussent joui en France d'un privilége pareil, jamais nos annales n'auraient été salies par la révolution dégoûtante que nous avons éprouvée. Ces visites, pour ainsi dire domiciliaires et inquisitoriales dans les bureaux ministériels, suite nécessaire du droit de prononcer sur les pétitions qu'on leur présente, ont été accordées à chacune des deux chambres, par la charte même qui les a créées. Sauront-elles, et voudront-elles en profiter, exclusivement pour le bien et la prospérité de l'État ?

Les pétitions sont donc des pièces précieuses, que les Chambres doivent conserver avec soin, afin d'éclairer leurs membres, de contenir ses ministères, et de nous garantir, autant que possible, de retomber encore une fois sous le joug d'un *cabinet souverain*, qui, si l'on en croit l'histoire de tous les gouvernements, est le plus chanceux. (Ecrit le 1er août 1822.)

169. CONCESSIONS. Abandon en tout ou en partie de terres, droits, prérogatives, priviléges, opinions, principes, extensions ou restrictions d'iceux que le Souverain cède ou accorde, soit à la communauté entière de l'État, soit à des corporations particulières, ou à de simples individus, pour en jouir selon les règles de la législation en vigueur, et d'après les conditions qu'il met à sa *concession*.

Le prince *concède* des terrains appartenant à ses anciens domaines, ou dans les nouvelles colonies qu'il veut établir et peupler. Il abandonne, par cette transaction, la propriété de ce bien-fonds, qui passe dans les mains de celui ou de ceux auxquels il les donne, pour en jouir, selon la forme et teneur de son acte de concession.

Ces concessions territoriales nous occuperont peu dans cet article ; nous nous restreindrons à puiser, dans les meilleures sources, quelques réflexions sur celles qui sont purement politiques et relatives au gouvernement.

« Presque toutes les concessions renfermées par la charte, avaient été faites par Louis XVI ; mais pour ne pas les avoir faites du haut du trône de Louis XIV, et appuyées sur son sceptre, ce père des libertés nouvelles s'est enseveli dans l'abîme, avec ces mêmes libertés (1). »

Louis XVIII, en 1814, fit de grandes concessions à son peuple : mais « si la révolution ne s'humiliait pas devant le roi qui avait donné la Charte, il était évident qu'elle marcherait en avant : parce que les triomphes n'invitent ni à la modération, ni aux remords.

» S'il faut peu de chose, pour satisfaire des sujets fidèles et bons citoyens, il n'en est pas de même des factieux. Chaque concession devient à leur égard l'engagement d'une concession nouvelle, et ils ne cessent d'en demander que quand le prince n'a plus rien à leur accorder.

» Ce moyen est sûr pour reconnaître, sous le masque » dont ils se couvrent, les factieux et les gens dont il faut » se méfier. »

» Les factieux qu'on pardonne, ou auxquels on fait une

_____

(1) Châteaubriant ; *Conservateur*, tome II, pag. 461.

concession, prosternés aux pieds du prince, le remercient sincèrement de la grâce qu'il vient de leur accorder : le lendemain, ils s'en font un droit ; et ils ont raison. Tel a toujours été, et tel sera toujours l'effet des mesures illégales et incomplètes.

» Si le gouvernement, après avoir fait de grandes et d'importantes concessions à un parti, voit ce parti, toujours inquiet, au lieu de se rallier franchement à lui, prendre une attitude hostile, et s'appuyer de ce qu'il a obtenu, pour exiger d'avantage ; que le gouvernement alors s'arrête, et qu'il retire sur-le-champ ce qu'il a accordé. Sa perte serait une suite inévitable d'une condescendance qui attirerait sur lui le mépris de ceux qu'il voudrait s'attacher (1). »

La gauche, plus fine que la droite, et plus attentive que ses adversaires, à prévenir les vœux de ses partisans, a souvent tendu des piéges, et surpris aux bonnes gens du côté opposé, des concessions importantes, dont on ne sentait et dont on ne sent peut-être pas encore ni la valeur, ni les motifs secrets qui avaient suggéré les propositions insidieuses, que leurs antagonistes avaient mises en avant, pour les attraper. Lorsque, dans la première session de 1822, on discuta le code des lois répressives, concernant les délits relatifs à la liberté de la presse, les libéraux insistèrent fortement pour qu'on y insérât un article contre les écrits qui tendraient à inquiéter les possesseurs des biens nationaux. Les infractions à cette défense ayant été transformées en délits par la Charte, par tant de sentences des

(1) *Drapeau blanc*, tome 1er, pag. 355.

tribunaux, et de décrets subséquents, il paraissait inutile d'y revenir. Les rédacteurs de ce projet de loi étant de cet avis, eux et les membres de la commission avaient négligé de rappeler de nouveau cette prohibition. Les jacobins s'empressèrent de les faire apercevoir de cet oubli. La Chambre eut égard à leur remarque; elle l'a reçue par acclamation, et à l'unanimité, on décréta l'insertion de l'article demandé avec tant de chaleur par le parti révolutionnaire. Le côté gauche savait parfaitement que cette clause oiseuse n'ajoutait rien à la sécurité des possesseurs de ces biens, dits *nationaux*, et l'ardeur qu'il mit à la demander, ne fut que pour avertir ses frères et amis, et leur dire : « Quoique nous soyons en petite minorité, ne nous aban- » donnez pas, et nous ne vous abandonnerons point; nous » travaillerons, sans relâche, à soutenir vos intérêts; et en » en attendant de plus grandes, nous ne perdrons aucune oc- » casion, comme vous le voyez, d'obtenir, en votre faveur, » des petites concessions qui vous feront plaisir : » tandis que le parti (1) *contraire* ne cesse de dire le *contraire* à ses partisans les plus dévoués.

Pareille ruse réussit auprès du ministre de la guerre. Les Jacobins lui reprochèrent en pleine tribune, de trop ménager l'Aristocratie, et de n'avoir pas assez d'égards aux titres des vieux soldats, dans ses promotions militaires. Au lieu de

(1) L'auteur suppose que les royalistes avaient formé un *parti* depuis la restauration, ce qui n'était pas prouvé le 1er janvier 1823.
Voyez l'article *parti des Ultrà*, dans l'Art de faire les Lois. Paris, 1820; Lamy, libraire,

rétorquer vigoureusement ces assertions calomnieuses, ce qui était facile, les avocats de ce ministre eurent l'extrême bonté de le justifier et de démontrer la fausseté des reproches qu'on lui faisait, par des faits irrécusables, très-nombreux, la plupart récents, et dont plusieurs s'étaient passés la veille et le lendemain de cette accusation intempestive. C'était-là où les Jacobins l'attendaient : afin que le comité directeur suprême des conspirations, pût instruire les sergents et les caporaux, et leur faire dire, par la bouche de ses agens affidés qu'il entretient dans toute la France : « Nous vous protégeons, nous veillons sur vos intérêts, » nous les avons à cœur; nous venons de les forcer à vous » faire officiers, et sans nous, *on vous eût laissé pourrir dans* » *les bas grades* de votre régiment. » En permettant ainsi qu'une pareille discussion s'élevât dans la Chambre, le ministre de la guerre fut complètement justifié. Mais on conçoit maintenant combien les menées ultérieures des anti - royalistes furent favorisées par cette petite concession.

A la fin de la première session de 1822, la chambre des Pairs ne consentit à sanctionner le décret concernant les délits de la presse, qu'à condition qu'il serait au nom du Roi *constitutionnel*; et pour en finir plutôt, les députés et les ministres s'empressèrent d'adopter cet amendement, et accordèrent, sans difficulté, une concession si importante. Le titre de Roi constitutionnel détruit de droit toutes les prérogatives royales antérieures à la constitution : quant au fait, les événements subséquents en décideront; mais la concession n'en est pas moins faite légalement, avec la sanction des trois pouvoirs constitutifs de notre gouver-

hement représentatif. Cette condescendance était pourtant,
en théorie et en pratique, d'une nature bien plus sérieuse
que les raisonnements, bons ou mauvais, de la *Minerve*
qu'on voulait réprimer, et dont on n'a su se débarrasser;
qu'en engageant la monarchie et la dignité du prince à
faire une concession sacrilège aux principes de la révolution.

Roi constitutionnel! Roi de par la constitution! y pen-
siez-vous? Buonaparte aussi a été nommé par une constitution! quel rapprochement! A quelle concession régicide
les ministres et une majorité royaliste, se sont-ils laissés
entraîner? comment ces amis sincères, ces serviteurs fidèles et dévoués à l'intégrité, et à l'hérédité du trône de
saint Louis, ont-ils pu consentir à une pareille proposition;
à *mettre hors de la loi*, le titre, le principe le plus sacré et le
moins contredit sur lequel reposait, depuis son origine, la
monarchie Française. Ces soutiens, ces défenseurs zélés
des prérogatives royales, étaient alors si effrayés par la
Minerve et ses compagnons, qu'ils en perdirent la tête.

Les pires de toutes les concessions sont celles que l'on
fait au génie du mal. « Il a toujours pour alliés, pour
agents, la généralité de tous les hommes pervers qui craignent et qui haïssent la légitimité des droits, la sûreté des
propriétés, la paix intérieure des familles, et celle de
l'État, parce que l'ordre les inquiète, l'ambition les dé-
vore, les remords vengeurs les déchirent, la justice les
épouvante, et qu'ils ne peuvent espérer l'impunité, et des
récompenses et du pouvoir, qu'avec des égaux, leurs complices, ou sous un maître aussi coupable qu'eux : l'usurpateur qui a trempé sa main dans le sang innocent, ne

demande plus compte du sang qu'on a versé : Prince, sujets, le même baptême les a tous purifiés. »

» Faut-il le dire ! Le génie du mal trouve des auxiliaires dans ceux mêmes qui doivent le plus redouter son triomphe ; *l'imprévoyante sécurité* des bons et des niais n'est-elle pas la chance sur laquelle les méchants comptent le plus ? Pourquoi faut-il que l'événement justifie toujours leur confiance ? (1) »

A la restauration, les jacobins se mirent sous la protection du Roi. Trop satisfaits de n'être pas persécutés, ils n'imploraient que sa miséricorde.

On leur accorda plus qu'ils ne demandaient : on se montra généreux au-delà de ce qu'ils pouvaient espérer.

Ce premier pas fait, ils voulurent davantage ; ils provoquèrent la *fusion des partis*, c'est-à-dire le partage des emplois. Leur vœu fut exaucé.

A peine furent-ils admis au partage, que leur cupidité n'en fut que plus ardente ; ils exigèrent l'exclusion de tous les royalistes qui avaient été placés depuis la restauration

Ce succès ne leur fut pas plus contesté que les autres. Furent-ils satisfaits ? non : c'est la ruine totale, la destruction absolue de leurs adversaires qui peut seule contenter de pareils ennemis. Telle est leur nature et tel est leur caractère.

C'est faute d'avoir connu la nature et le caractère de cette secte de factieux, que la France, depuis six ans (décembre 1819), marche toujours de concessions en

---

(1) Martainville. *Drapeau blanc*, tome I, 2ᵉ livraison ; p. 474.

concessions en faveur des jacobins ; et qu'elle s'est plongée dans cet abîme inextricable de maux présents, encore plus terribles pour l'avenir, et dont elle ne sait plus comment se tirer.

Pourquoi ne pas en revenir à la maxime de M. Burke? Point de concession *de principe*. En admettre un seul de ses ennemis, c'est leur donner gain de cause sur tous les points.

Ayez beaucoup de *condescendance* pour les bons citoyens, et le moins possible pour les méchants.

» Un ministère habile et bien intentionné, fera des concessions, des sacrifices, avant qu'on lui en demande; et il refusera, avec opiniâtreté, ceux qui seront exigés d'autorité. Dans ces occasions délicates, tout est perdu, si l'on fait une seule concession aux révolutionnaires qui la réclament de force, par des menaces ou des voies illégales (1). »

170. Mots odieux. « La fable des harpies qui avait l'exécrable don de souiller tout ce qu'elles touchaient, est devenue, de nos jours, une réalité. La révolution et sa fécondité monstrueuse ont produit des harpies dont le pouvoir mortifère ne se borne pas aux objets matériels........ L'expression même des idées s'altère et se corrompt, en passant par leur bouche ; les mots les plus nobles, qui représentent les pensées les plus généreuses, les plus élevées, les plus dignes de l'homme, dès que les harpies révolution-

_____

(1) Art de faire les Lois, page 52; Paris, 1821. -- Chez Lamy, libraire.

haires s'en sont emparées, pour les placer dans leur affreux vocabulaire, deviennent des signes de désordre, d'ignominie, de destruction et de mort. Elles tuent les morts, pour arriver à tuer les vivants. Ces harpies n'eurent pas plutôt hurlé les noms de *liberté*, de *citoyen*, de *fraternité*, de *gloire*, etc..... ces noms, dont la noble et douce magie avait jusques alors agrandi et consolé le cœur, qu'ils ne signifièrent plus qu'*anarchie*, *désolation*, *bourreau*, *massacre*, *rapine et brigandage* (1). »

Par la même raison, elles ont rendu odieux des mots qui rappellent des choses que plusieurs gouvernements ont employées et emploient encore, telles que, *inquisition*, *question*, *noblesse*, *privilège*, *intolérance*, *contre-révolution*, *inégalité*, *féodalité*, et une infinité d'autres qui sont dans ce cas-là. Le seul son de ces mots odieux attire les anathèmes philosophique contre le coupable qui a osé les prononcer, sans les accompagner d'une épithète bien redondante, pour exprimer l'indignation qu'on leur porte.

Ces mots odieux sont des épouvantails dont les jacobins et les philosophes ont fait un fréquent usage, pour effrayer leur monde, et répondre d'un seul mot aux objections pressantes qu'on pourrait faire contre leurs nouvelles doctrines. A les entendre, ces mots odieux, semblables à celui de *comète*, sont les signes des plus grands fléaux qui aient jamais ravagé la terre. Ils annoncent le retour de ces déluges de tyrannie, de fanatisme, de perversité et d'ignominie, qui ont noyé nos ancêtres dans les flots meurtriers et boule-

(1) *Drapeau blanc*, vendredi 16 juin 1820.

versateurs que l'approche d'un de ces astres malfaisants
avaient soulevés contre le genre humain, il y a six ou sept
mille ans.

> Pareils raisonnements, en vérité, m'assomment.

Ils sont pourtant très-communs, et ne cesseront pas d'être
victorieux chez une nation que Montesquieu, un de ses
compatriotes, dépeint comme étant douée d'un grand besoin de parler, et d'une répugnance extrême pour examiner
et approfondir une question, avant de la décider impérieusement. Il ne faut à ces politiques que de l'esprit tout fait,
des assertions bien tranchantes, et des passe-paroles à la
mode, qu'ils puissent répéter à des auditeurs qui font *chorus*
autour de lui, comme dans la fameuse scène du *Quoiqu'on
die* des Femmes savantes. Mais ce *mot d'ordre* n'est pas immuable, et l'opinion de ces nouveaux publicistes n'aura pas
plus de stabilité que la forme des robes et des chapeaux
des élégantes de Paris. Voilà où nous en sommes dans ce
siècle des lumières, et dans la capitale des sciences et des
arts.

Malgré ces préjugés populaires, les astronomes se sont
enfin décidés à observer les *comètes*, et cette étude a beaucoup augmenté la somme de leur instruction. Les médecins
discutent, avec poids et mesure, les vertus et les vices des
drogues qu'ils emploient; et pourquoi, sans motifs raisonnables, les politiques s'en laisseraient-ils imposer par les
mots odieux, et n'examineraient-ils pas, avec le même
sang-froid, les biens et les maux, les avantages et les inconvénients que les institutions dont nous avons parlé, ont
fait naître, dans les pays et aux époques où elles ont été
en vigueur?

Si un imbécile de provincial, étranger à ce langage de convention, s'avise de lever quelques doutes sur les maléfices attribués aux établissements dont ces mots odieux par eux-mêmes, rappellent l'existence, on lui ferme la bouche, en lui disant : comment peut-on soutenir l'*inquisition*, comment peut-on soutenir la *question*, comment...? Comme on soutient ces remèdes énergiques et efficaces qui, dans plusieurs circonstances, opèrent des cures merveilleuses, et garantissent des contagions qui menacent d'infester et de désorganiser une peuplade entière.

Je suis né, par malheur, dans la classe de ces individus qui sont obligés de combiner leurs idées avant de les émettre. Mon ancien métier de marin m'a en outre aguerri contre les tempêtes, et je ne m'effraie point du bruit. Je puis me tromper; on peut ne pas me lire, ou m'accabler de reproches ; mais il m'est impossible d'écrire contre ma façon de penser, et de taire, de plein gré, une vérité que je crois utile à mes compatriotes. C'est pourquoi j'ai déjà commencé, et je finirai, si Dieu me le permet, de traiter sans horreur, et avec mon impartialité ordinaire, chacun de ces mots odieux, dans des articles séparés de ce *Lexicon politique.*

Les orateurs et les écrivains politiques auront donc tort, s'ils continuent à se laisser pétrifier par ces mots odieux, et s'ils se refusent à discuter froidement les avantages et les inconvénients des institutions que rappellent ces *paroles magiques et anti-philosophiques.*

171. Mots. Les hommes se servent de sons articulés, pour s'entre-communiquer leurs pensées. Les *mots*, dans

11*

leur première et immédiate signification , rendent, chez les bonnes gens , les idées de ceux qui s'en servent , parce que, lorsqu'ils parlent, c'est pour être entendus.

Définir un mot, c'est faire connaître le sens d'un mot , par d'autres mots ; mais la définition proprement dite , exclut tous les mots qui sont synonymes , c'est-à-dire ceux qui signifient la même chose. Par conséquent, la définition d'un mot signifiera différentes idées ; elle ne pourra donc , en aucune manière , représenter une idée qui n'a aucune composition : on ne peut donc pas définir exactement le nom des idées simples.

Les *idées simples* ne nous viennent que par l'expérience ; quand on en a acquis un certain nombre , ainsi que les mots qu'on leur donne , on est en état de définir et d'entendre , à la faveur des définitions , le nom des idées complexes qui sont composées de ces idées simples.

Les noms des idées simples ont , en général , un sens moins douteux et moins incertain que les noms des modes mixtes et des idées composées ; car, comme ils ne signifient qu'une simple perception , les hommes s'accordent facilement et parfaitement sur leur signification. Il n'y a , dans leur acception , ni multiplicité d'idées qu'il faille joindre ensemble , ni essence supposée réelle , mais incertaine , et accompagnée de propriétés qui en dépendent, dont le nombre juste n'est pas moins inconnu. Dans les idées simples , au contraire , la signification du mot est connue tout à la fois , et n'est point composée de parties qui puissent en faire varier l'idée ni la signification.

Le principal but du langage étant de se communiquer les pensées des uns aux autres, l'ambiguïté des mots en sera l'imperfection ; et cette ambiguité consiste dans la différence des idées qu'ils signifient.

Le premier, le principal abus, est de s'en servir sans y attacher une idée claire et distincte.

Le deuxième est l'usage inconstant qu'on en fait.

Le troisième est une obscurité affectée, en donnant à des termes d'usage des significations nouvelles et usitées.

Le quatrième est de les mettre à la place des choses qui ne signifient et ne peuvent signifier rien, en aucune manière.

Qu'on ne prenne pas toute liaison entre deux ou plusieurs idées, pour une liaison naturelle et nécessaire.

Qu'on n'entreprenne pas de définir le nom d'une idée simple, par un autre nom ; à moins que ce ne soit un terme synonyme, plus connu que celui que l'on veut définir.

Qu'on ait grand soin, autant que cela sera possible, d'approprier les mots aux idées que l'usage ordinaire leur donne.

Vrai sens mots. Il n'y a en France de disputes que pour les mots qui ne sont point définis. Il est vrai qu'en attendant les définitions, les États périssent. Mais c'est le triomphe de la perfectibilité, car aussitôt qu'il y a un gouvernement nouveau, les mots sur lesquels on se disputait sous le gouvernement précédent, sont irrévocablement fixés. Par exemple, quand on pouvait assassiner un royaliste, comme royaliste, personne ne contestait cette qualification. Quand on pouvait proscrire et spolier un émigré, on ne faisait aucune difficulté de reconnaître que les propriétaires qui n'avaient pas quitté la France, pouvaient être sur la liste des émigrés. Les faits définissent les mots : quiconque était tué révolutionnairement, était censé royaliste ; quand on était

dépouillé de ses biens, on était réputé émigré. La conviction était si générale à cet égard, que personne ne le contestait. C'est ainsi que la vérité triomphe ! (*Fiévée* ; 18ᵉ livraison du *Conservateur.*)

Abus des Mots. Les mots mal définis ou employés de
dessein prémédité dans un sens contraire à leur vraie acception, ont fait, surtout en politique, un mal incalcu-
lable à la société. Lorsque retiré du monde, et dégagé des
idées ambitieuses qui avaient séduit ma jeunesse, je voulus
étudier de sang-froid, la science des gouvernements, afin
de me rendre compte des maux qui affligeaient ma patrie,
de leurs causes, de leurs conséquences, et des remèdes
qu'on pourrait y apporter, en cas que les circonstances
fussent favorables, je sentis tous les embarras qu'à cet
égard, une nomenclature vicieuse entraînait après elle.
Je fus obligé, pour m'entendre, de faire un petit *vocabulaire des mots* dont l'acception n'était pas rigoureusement
déterminée par l'application qu'en faisaient les divers écrivains, et de traduire ensuite, dans mon nouveau langage,
les différents auteurs dont les ouvrages étaient vraiment
instructifs. Telle est l'origine du *Lexicon politique,* dont cet
article fait partie.

Le nombre de *mots* compris dans ce vocabulaire était
très-peu nombreux, et leur définition si courte, que je
comptais l'insérer comme une note de trois à quatre pages, à
la suite de mon *Mémoire sur les principes qui doivent diriger
la confection des lois.* J'en ai conservé l'original, et je pourrais le montrer aux amateurs qui seraient curieux de vérifier ce fait d'un intérêt si minime.

Le dégoût, la paresse vinrent ensuite s'emparer de moi, et j'abandonnai un ouvrage qui n'avait d'autre but, à mes yeux, que de grossir assez inutilement le volume de mes paperasses. Mais j'avais contracté l'habitude de ne jamais lire un morceau de politique, un discours prononcé dans les chambres, une pièce officielle, que je n'en fisse aussitôt une traduction mentale, d'après le dictionnaire que j'avais placé dans ma tête. C'est ainsi que j'avais réduit dans une ligne, la déclaration de Sa Majesté, du......, et cette ligne a été prophétique. Elle m'a été très-profitable, car sans elle, je serais aujourd'hui (6 mars 1817) dans la misère, triste mendiant, et à la charge de mes parents et de mes amis; et comme dans leur généralité, ils avaient comme moi, suivi la carrière de la fidélité, ils n'en jouissaient pas de plus d'aisance, et mon entretien, quelque petit qu'il fût, eût augmenté le fardeau de leur pénurie.

Nouveaux mots. Quand nous entreprîmes notre révolution qui devait régénérer le genre humain, et en faire une nouvelle et bienheureuse race, sous le gouvernement impeccable et implacable des philosophes, nous étions si peu avancés en politique, qu'elle ne trouva pas dans notre langue, la moitié des mots qui lui étaient indispensables. En effet, *impolitique, influence, motion* et *initiative,* ne se voient point dans la dernière édition du dictionnaire publié par l'Académie Française. *Décréter* était un mot inconnu partout ailleurs qu'au palais; tel que *décréter* de prise de corps, d'assignation. *Confection* ne s'employait qu'en pharmacie; telle qu'une *confection* de jacinthe. Il serait curieux de *confectionner* un nouvel ouvrage, qui nous présenterait le tableau comparatif de l'ancienne et de la nouvelle langue française.

172. CHANGEMENT ET INNOVATION. Il y a, en politique, une grande différence entre une *innovation* et un *changement* : ces deux mots ne sont point synonymes dans le langage de cette science. Une *innovation* est une nouvelle forme, une nouvelle habitude, un nouvel ordre, qu'on introduit brusquement dans un gouvernement ou dans une branche quelconque de son administration.

Un *changement* est une déviation imperceptible au commencement, mais qui, à mesure qu'elle s'écarte de son point de départ, présente des aspects et des résultats bien différents de ceux qu'on était accoutumé de voir, quand on suivait l'ancienne route. C'est donner sur un plan incliné, à un État, une légère impulsion dont le mouvement s'accélère et dont la force s'accroît, en raison qu'elle est plus ou moins favorisée par le caractère de la nation, l'esprit de ceux qui la gouvernent, et les circonstances politiques dans lesquelles elle se trouve; ou bien c'est un germe à peine sensible d'un levain qu'on introduit dans les mœurs et les habitudes d'un peuple. Cet élément de fermentation, auquel d'abord on ne prend pas garde, opère peu à peu, travaille en silence, agrandit sa puissance sans qu'on s'en aperçoive, et finit quelquefois, au grand étonnement de tout le monde, par renverser un gouvernement bien consolidé, par détruire l'ancien caractère de ses sujets, ou le modifier et l'atténuer de telle sorte qu'on ne le reconnaît plus.

L'innovation, semblable à une chute d'eau, peut selon l'habileté de ceux qui la dirigent, devenir un torrent des

tructeur, ou la cause motrice des moulins et d'autres engins
très-utiles à la société. Les changements se comparent à
ces sources minimes, à ces petits ruisseaux, origine ordinaire de ces grandes rivières qui s'accroissent à chaque
pas, et laissent, selon leur pente et les pays qu'elles tra-
versent, des dépôts précieux qui fertilisent les terrains les
plus ingrats, ou les couvrent de gravier et de sable, ou
bien rendent stériles des campagnes fécondes, et réduisent
de riches pâturages à n'être plus que des marais infects et
malsains.

Les innovations et les changements, autres que ceux des
dynasties régnantes, sont très-rares dans les gouvernements
Asiatiques. Ils sont en revanche très-communs dans ceux
de l'Europe.

En faisant la conquête de la Chine, les Tartares occa-
sionnèrent un grand changement, mais ils eurent le bon
sens de n'y introduire que le moins d'innovations possible.
L'assemblée nationale, qui n'était qu'un changement dans
la monarchie française, ne fit au contraire que des innovations destructives. Colbert en engageant Louis XIV à donner
des distinctions marquées au commerce, aux sciences et
aux arts, opéra un grand changement qui entraîna par la
suite, beaucoup d'innovations parmi les Français : nation
jusques alors féodale et guerrière. Les égards du peuple et
de la société, au lieu d'être, comme autrefois, uniquement
réservés aux vertus militaires et aux considérations tradi-
tionnelles des principales familles, se virent contre-ba-
lancés par les richesses et les réputations littéraires ou
d'artistes; des gens de rien devinrent alors quelque chose.
Il y eut une révolution dans les esprits; les habitudes

nationales se ressentirent beaucoup, par la suite, de ce changement (1).

172. Niais-novateurs. Dans toute révolution, il est de fort bons esprits qui ne partageant ni les vues, ni les passions des partis, se laissent néanmoins aller à ce qui apparaît sous des dehors d'utilité et de justice, sans réfléchir à la liaison que certaines théories ont avec des combinaisons perverses et des plans de subversion.

C'est ainsi qu'aux approches de la révolution, beaucoup d'hommes éclairés et bien intentionnés devinrent, sans le savoir, sans le vouloir et à contre-cœur, l'avant-garde des conspirateurs contre notre monarchie et toutes ses institutions. Quoi de plus attrayant que de détruire tous les abus! Quoi de plus juste que d'établir le règne des lois! Quoi de plus doux que de rendre heureux un peuple tout entier! Cette manière de voir n'aurait pas été déraisonnable, s'il eût dépendu d'eux de régler et d'arrêter le mouvement à volonté; mais quand au lieu de donner l'impulsion, on la reçoit, les meilleures intentions ne sont que les instruments

(1) « C'est au temps, dit d'Alembert, de fixer l'objet, la nature et » la limite de cette *révolution*, dont la postérité connaîtra, mieux que » nous, les avantages et les inconvénients. »

Nous sommes cette postérité : c'est donc maintenant à nous à décider les *avantages et les inconvénients* que nous ont procurés les suites de cette *révolution*.

Sully craignait sans doute les effets de ce changement, quand il s'opposait à *l'innovation* de la culture du mûrier en France. Ce ministre aurait-il eu raison, quoique en opposition manifeste avec l'opinion de Henri IV, et celle de tous les auteurs politiques des 16e, 17e, 18e, et 19e siècles ? (Extrait de l'*Art de faire les lois*; Paris; 1820; p. 39.)

des plus mauvaises; et voilà comment les vrais patriotes de 1789, presque tous les plus honnêtes gens du monde, furent forcés de céder la place aux constituants de 1791, repoussés à leur tour par les bandits de 1793. C'est que dès le commencement ceux-ci furent moteurs, tandis que les honnêtes gens de 1789 ne faisaient qu'obéir à une puissance occulte et irrésistible.

Ainsi, dans ces grandes questions présentées et discutées à l'assemblée nationale, on a vu de bons citoyens dévoués à la monarchie, ne pas assez considérer l'influence et les intentions cachées de ceux qui provoquaient ces mesures intempestives, et qui les dirigeaient. Ils devaient voir cependant, que toutes ces usurpations révolutionnaires, de quelque prétexte qu'on les colorât, n'étaient que l'effet d'une impulsion communiquée par un parti hostile à la royauté. Si, au lieu d'isoler l'idée qui les frappait par son utilité sensible, ces *optimistes à courte-vue* l'avaient rattachée à des mesures précédemment prises et à des projets pernicieux conçus pour l'avenir par la faction ennemie, ils auraient reconnu sans peine, dans ces propositions, l'œuvre d'une destruction arrêtée et qui découlait naturellement du système révolutionnaire auquel elle était liée. Le *Niais-Novateur* a fini par s'en apercevoir, mais trop tard, et il n'était plus temps de réparer les maux que son vote et son influence ont pu occasionner. Il s'en est voulu à lui-même, et sa vie a été remplie de honte et de remords.

L'histoire des premières années de notre révolution, de 1788 et 1789, fourmille de *niais-novateurs* et d'*honnêtes criminels* de cette espèce. Peut-être en reste-t-il encore quelques-uns. (Écrit le 10 mai 1829).

174. Oubli. S. M. , par sa royale prérogative, a ordonné à tous ses sujets de se baigner dans le fleuve Lethé, de manière que chacun eût à *oublier* ce qui était le plus fortement attaché à sa mémoire. Le régicide devait oublier son crime, et le déserteur sa perfidie. Le noble devait oublier ses ancêtres, et les députés de 1815, qu'ils avaient appartenu à une chambre introuvable. Les Vendéens et les soldats de l'armée de Condé devaient oublier leurs fatigues et le sang qu'ils avaient répandu pour leur souverain; ou un père mort sur un échafaud, ou un frère tué à Quiberon; qu'ils avaient vieilli dans l'exil, et qu'à leur retour, ils n'avaient trouvé que misère et persécution...... Tel homme devait oublier qu'il avait été autrefois riche et considéré, qu'il avait rendu des services glorieux, et qu'il avait mérité plusieurs récompenses honorables. D'un autre côté, celui qui avait levé l'étendard de la rebellion, devait oublier le pavillon tricolore; et celui qui avait rédigé l'acte additionnel, devait oublier son mépris et sa haine contre la maison de Bourbon. Les éternels fauteurs de trahison devaient oublier de conspirer; les sang-sues des gouvernements successifs devaient oublier de flatter les gens en place et les systèmes en faveur. Tout, tout devait être oublié, le 14 juillet, le 10 août, le 21 janvier, et, au-dessus de tous, le 20 mars. L'oubli de tous les crimes n'est pas humain, et l'oubli de l'expérience est une bêtise. (Écrit le 19 mars 1818.)

Le roi a dit que les gouvernements représentatifs ne comportaient point de parti, que dans une monarchie constitutionnelle, il n'y avait ni ministres responsables, ni opposition légitime; que les républicains de 1793, et les constitutionnels de 1791, les bonapartistes de l'île d'Elbe, et les bourbonistes de Gand, les concordatistes et compagnie, les bonnets carrés et les bonnets rouges, devaient tous être en harmonie, et fraterniser dans une parfaite union.

La politique est appuyée sur l'histoire, et l'histoire est fondée sur des ressouvenirs. L'oubli des choses passées ne peut donc pas être un principe politique, puisqu'il en est une abnégation. Chaque oubli est donc un soutien, une ressource dont se prive le chef d'un gouvernement. Un homme qui n'oublierait jamais rien, qui aurait toujours présent à sa mémoire la filiation des événements, dont les effets l'intéressent, et qui saurait en outre en profiter avec intelligence, aurait sans doute de très-grands avantages sur les autres personnes chargées, comme lui, de régler et de surveiller l'ensemble et les détails des affaires de l'État, ou d'une administration quelconque.

L'oubli des bienfaits qu'on a reçus, est une ingratitude. L'oubli des forfaits que les scélérats ont commis contre l'ordre social, est un crime de la part des magistrats chargés de les réprimer et de les prévenir. On peut les pardonner quelquefois, mais il n'est jamais permis de les oublier.

Si un prince oublie les causes qui ont amené la révolution de France, il devient l'auteur de tous les maux qui affligeront son pays, si, par de pareils moyens, ses sujets éprouvent de pareilles catastrophes.

Si une Cour de justice oublie de séquestrer de la société, un assassin, un perturbateur de l'ordre public, et convaincu devant son tribunal, elle devient complice de tous les crimes que ce scélérat commettra par la suite.

Si un ministre oublie qu'un tel a volé les deniers publics, dans telle occasion, il devient responsable de toutes les dilapidations de cet homme, s'il lui confie le maniement d'une autre caisse du gouvernement.

L'oubli de tous le crimes n'est pas humain ; l'oubli de l'expérience est une bêtise.

Il n'y a que l'oubli de tous ses devoirs qui puisse justifier un homme d'État de recommander à ses subordonnés d'oublier ce qui peut être nuisible ou avantageux au département dans lequel ils sont employés.

175. UNION. Quelle signification ce mot a-t-il en politique ? Entend-on que tous les citoyens soient unis comme des frères ? Mais on remarque toujours quelques *désunions* dans les familles nombreuses.

Plusieurs prétendants à la même place, ont un but commun qui, de force, les désunit. Deux marchands, deux ouvriers dans le même genre, s'ils sont voisins, ne resteront pas long-temps unis, s'ils s'enlèvent mutuellement leurs pratiques.

Ce principe politique, qu'à une certaine époque on a si fort recommandé en France, n'a montré que l'ignorance de ceux qui l'ont proposé, et l'idée mesquine qu'on avait de l'intelligence de ceux à qui on le proposait. Quelle espèce d'union voulait-on établir, entre les Français de ce temps-là ? ce n'était point une union religieuse, puisqu'alors l'exercice de tous les cultes était également admis dans ce royaume ; et que rien ne divise autant les hommes de Cour que les différences de *communions*, et les controverses qu'elles entraînent.

Quelle union y a-t-il à attendre entre les jacobins et les royalistes ? entre les assassins et les assassinés, les spoliateurs et les spoliés ? fera-t-on ressusciter les morts et restituer les voleurs ? Les noms, les rôles des acteurs et les lieux de la scène changeront, mais la désunion restera, puisque les voies et moyens de ces deux classes d'hommes, agiront toujours en sens contraire.

La seule *Union* qui puisse exister entre eux c'est la liaison intime avec laquelle le gendarme attache son prisonnier et le bourreau son patient. Mais ces unions mènent à la destruction ; et finissent par dissoudre entièrement un État, si elles sont trop nombreuses, et trop mal assorties. Ce n'est pas sûrement ces espèces d'unions qu'on voudrait encore voir rétablir en France.

Il n'est pas possible qu'une union générale règne entre les différentes classes politiques des Français, tant qu'il n'y aura pas des points de rendez-vous communs, où ils puissent se réunir. Ils avaient, avant la révolution, *leur religion*, *l'amour de leur Roi*, et la *distinction des rangs*, et les *règles de l'honneur*, telles que leurs préjugés nationaux les avaient prescrites ; c'était entre ces quatre murailles, que tout Français qui s'estimait, se retrouvait toujours, et dont il ne lui était pas permis de s'écarter un peu trop, sous peine d'être rejeté de la société des honnêtes gens, et de devenir un objet de mépris pour ses semblables. Il y avait donc alors quelques points de contact et par conséquent de réunion. Maintenant où sont-ils ? C'est ce qu'on aurait dû apprendre aux Français, avant de leur ordonner une union générale et inconsidérée.

Que ces murailles fussent les vraies barrières qui existassent ou qu'il y en eût d'autres; qu'elles fussent bien ou mal choisies; construites avec de bons ou de mauvais matériaux; enfin qu'elles soient les éloges ou les reproches que puissent mériter ses points de rendez-vous, il en existait; et il en faut nécessairement d'une espèce quelconque, pour que la généralité des citoyens puisse se réunir par quelques sentiments ou principes communs.

176. Union et oubli. *L'oubli* entraîne à l'indifférence; et l'indifférence *désunit.*

Cette sentence n'a donc point de sens en français, à moins qu'on n'ajoute un complément à ces deux substantifs.

Quel sera ce complément?

Union avec les incendiaires; *oubli* d'enlever aux assassins leurs armes meurtrières. Dans ces cas-là, *union, oubli* et *complicité* sont des mots synonymes.

Union avec les honnêtes gens et les bons citoyens; *oubli* de préférer ses intérêts particuliers à ceux de l'État. Mais alors *union, oubli* et *patriotisme* ont le même sens.

Union et oubli, seuls, ne disent rien; avec des compléments, ils expriment tout ce qu'on veut.

177. Passions. Sans ses *passions*, l'homme au-dessous de la brute, appartiendrait au règne végétal; il croîtrait, se reproduirait, sans avoir une idée de lui-même, ni de ce qui l'entoure.

Ce sont ses passions qui forment son caractère et qui déterminent ses volontés. La politique, ou l'art de diriger ces volontés, doit donc faire une étude approfondie de ces passions, non pas dans l'intention de les détruire, ce qui est impossible, mais afin de s'en servir avec avantage, pour assurer l'exécution des projets qu'elle médite.

'Le cœur humain renferme le germe de toutes les passions dont il est susceptible ; mais chacune d'elles n'y a pas la même intensité. Chaque individu a une ou des passions dominantes, qui empêchent que chez lui les autres ne puissent se montrer et se développer au même point. Ces passions dominantes façonnent le caractère de l'homme qu'elles gouvernent ; et puisqu'elles ne sont pas les mêmes chez chaque individu, il s'ensuit que tout le monde n'a pas, et ne peut pas avoir le même caractère.

Il en est de même des nations ; elles ont toutes des passions et des caractères différents. Le Tartare est nomade et belliqueux ; le Chinois, son voisin, est pacifique et commerçant. Ces deux modes d'existence, ces façons de penser et d'agir si opposées, et les habitudes nationales qui en sont les résultats, démontrent qu'un souverain sage et instruit ne donnera pas les mêmes lois, et ne gouvernera pas ces deux peuples de la même manière.

Les gens à passions exaltées font le tourment des personnes qui ont affaire à eux ; ceux, au contraire, dont les passions sont trop faibles, deviennent bientôt, par l'infériorité de leur caractère, le jouet de ceux avec lesquels ils ont à traiter. En politique, comme ailleurs, le bien ne se trouve jamais dans les extrêmes.

Quand les effets d'une *passion* sont avantageux à l'ordre social, on l'appelle *vertu,* et *vice* dans le cas contraire.

178. Vertus et Vices. Les *vertus* et les *vices* sont les fruits de nos passions, de nos habitudes, et très-souvent

II.

des deux. Les passions et les habitudes sont les grands directeurs de la volonté des hommes. L'autorité des habitudes est passive et difficile à surmonter ; celle des passions, plus active et plus énergique, est susceptible de se porter facilement à des excès vers le bien ou vers le mal, suivant l'adresse et les projets des chefs qui savent les contenir ou les exalter à propos chez leurs subordonnés. Ainsi, la crainte, l'avarice, l'ambition, l'amour, la haine, le fanatisme, l'émulation, les passions en un mot, sont les principaux et peut-être les seuls instruments dont la politique puisse tirer le plus grand parti.

Vertu. Synonyme de force, de puissance. *Louis XIV fut sauvé d'une grande maladie, par la* vertu *de l'émétique qu'on lui administra à propos.* Cet homme a *été condamné en* vertu *de tel article de* l'ordonnance.

Vertu des plantes : *la force, la puissance* qu'on peut en retirer, pour produire tel et tels effets.

Ce mot seul, et sans régime, est la *puissance* qu'on exerce sur soi-même, pour remplir rigoureusement les obligations de son état.

L'homme vertueux est celui qui a assez de force, de puissance sur lui-même, pour sacrifier continuellement ses intérêts, ses plaisirs et son repos, à la stricte observation de ses devoirs.

Vice. On se tromperait, si on croyait que la définition de ce mot soit l'opposé direct de celle de la vertu, et que les géomètres aient le droit de l'appeler une *vertu négative* ; il ne signifierait alors qu'*abnégation, nullité de force*. C'est bien un vice dans l'homme en place, mais ce n'est pas la vraie définition de ce mot.

Le vice est une force, une puissance mise en action par une volonté persévérante à malfaire, ou à faire certain mal déterminé, contre l'ordre établi dans la société.

La vertu aime l'ordre ; le vice ne se plaît que dans le trouble et dans le désordre.

Ce mot signifie aussi en politique, un germe, un levain malfaisant qui a long-temps nui à la prospérité publique, et a causé un mal dont on se plaint. Le respect que nos ancêtres eurent pour les morts, fut un vice qui arrêta pendant long-temps les progrès de la médecine, science uniquement fondée sur les connaissances positives de l'anatomie. Le corps de la Médecine s'est toujours ressenti du vice de sa composition primitive.

L'inconséquence étant un de ces ingrédients dont le cœur humain se compose, il n'est pas rare de trouver des individus pleins des vices et des vertus les plus opposées. Le règne de la terreur fourmille d'exemples de scélérats couverts de sang et de crimes, faisant, au péril de leur vie, des actes héroïques de pitié, de bonhomie et de générosité. Quoique l'assassinat, le brigandage, la trahison, le parjure, les dénonciations calomnieuses eussent déterminé les règles de la conduite de ces premiers fauteurs de la révolution, il n'en régnait pas moins, parmi eux, une bonne foi, un dévouement et une fidélité à toute épreuve. C'est ce qu'ils appelaient la *vertu du crime*.

Mais ce qu'il y a de plus extraordinaire, c'est de trouver la vertu, et le vice qui lui est diamétralement opposé, mis en action par le même individu, et dans le même moment.

12*

Dans le fameux massacre du 2 septembre, le vénérable Cazotte, traîné à l'abattoir des Carmes, par les valets du bourreau Robespierre, allait y être égorgé, comme tant d'autres, quand sa fille (depuis Mme de Plas), se précipitant au milieu du carnage, vint réclamer son père à cette bande d'assassins à gage. A sa vue, une pitié protectrice s'empare de ces cannibales, le fer meurtrier tombe de leurs mains ; pleins de politesse et d'attention, ces buveurs de sang prennent le père et la fille sous leur sauvegarde, les escortent et les accompagnent tranquillement chez eux.

179. VERTUS ET VICES POLITIQUES. On ne saurait croire combien la signification de ces deux mots est changée par l'adjectif qui les accompagne.

Il ne faut pas confondre les *vertus* et les *vices politiques*, avec ceux que l'on nomme *sociaux*. Les vues de l'homme d'État s'allient rarement avec cet esprit minutieux du naturaliste qui se traîne péniblement d'individus en individus, afin d'en constater l'existence, et de les décrire jusques dans les plus petits détails. Il les classe ensuite de son mieux dans l'inventaire général des productions de la nature, que les élèves de Linnæus sont obligés de toucher et de refondre continuellement, sans jamais avoir la permission de s'abandonner à eux-mêmes, faute de moyens suffisants pour remonter aux premiers principes générateurs des actions et des réactions qui perpétuent les races, et les maintiennent entre elles, dans un équilibre parfait et constant.

En s'appesantissant avec complaisance sur les petits objets, on oublie trop souvent les hautes considérations qui gouvernent les grands ; on assimile, dis-je, l'esprit minutieux du naturaliste dont nous venons .de parler, avec le génie du Créateur, qui embrasse, d'un coup d'œil, l'ensemble de l'univers et de ses détails, les matériaux qui le composent, les êtres qui le peuplent, les places qui conviennent à .chacun, les sympathies et les guerres qui les animent entre eux; enfin ces multitudes de contrastes et d'intimités qui, sans qu'on s'en aperçoive, concourent également à régir le monde, dans cet ordre invariable dont tous les jours nous sommes les admirateurs.

Pareillement, un législateur ne considère les vertus et les vices, que par leur influence sur les masses d'hommes dont la direction lui est confiée; il renvoie à l'ordre judiciaire, à la police, aux jugements des particuliers, pour décider les éloges, les blâmes et les punitions dues aux auteurs des actes de vertu et de vice qui, s'exerçant dans la vie privée, n'aident et n'entravent, d'aucune manière, la marche de l'État.

Vertus politiques. La vertu politique est la volonté forte et constamment soutenue de remplir, avec une exactitude rigoureuse, les devoirs que la société vous impose dans l'état que vous avez embrassé.

Cette exactitude gêne souvent les chefs et les subalternes qui ont des obligations de service à remplir. Il y a beaucoup de monde qui désirent des places, pour jouir de leurs agréments, sans en avoir les embarras. Avant 1788, les militaires du plus haut grade, et le plus en crédit, sollicitaient vivement d'être gouverneurs de province; mais très-peu voulaient avoir l'embarras d'y séjourner et d'y faire leur résidence ordinaire, à cause de la dépense, de l'étiquette, de l'ennui d'une grande représentation journalière ; et de cette espèce de surveillance fastidieuse et continuelle qu'ils auraient sans cesse été obligés d'avoir sur eux-mêmes, et peut-être de crainte de se dégrader, en montrant trop à découvert leur nullité, aux yeux des provinciaux, qui n'é-taient pas si bêtes, que messieurs les Parisiens de ce temps-là voulaient se le figurer. Aussi ces coteries si vantées à cette époque, cette bonne compagnie de la Cour et de la capitale, en rétrécissant les esprits et en amollissant les carac-tères de ceux qui la fréquentaient habituellement, ont-elles fourni très-peu de gens doués de vertus politiques à toute épreuve. Nous n'annonçons ici ce grand principe politique qu'en théorie, mais l'histoire anecdotique de la France, pendant 1787, 1788 et 1789, le prouvera sans réplique, aux personnes impartiales qui, livre en main, se feront les juges, et non les avocats de ces fonctionnaires publics que les événements d'une révolution naissante ont forcés de se mettre en scène, dans toute la nullité de leur influence et de leur pusillanimité.

La vertu a souvent suppléé avec avantage à la médiocrité des moyens. On se souvient de ce vieux lieutenant du roi (1) qui, sous Louis-XIV, fut entouré et assiégé par les armées combinées de Marlborough et du prince Eugène. Il fit ap-peler les officiers du génie et de l'artillerie de sa garnison, et leur dit : « Je n'entends rien à la défense des places ; » c'est votre métier. Demandez-moi tout ce qui est à ma » disposition, et je vous le ferai fournir sur-le-champ ; mais

---

(1) M. de Calvo, commandant la ville de Maestrick.

» dans quelque état que la ville et ses fortifications soient
» réduites, souvenez-vous que je ne veux pas me rendre, ni
entendre parler de capitulation. » Il ne se rendit pas, et des
circonstances particulières ont obligé l'ennemi de lever
le siége peu de temps après. En effet, la vertu politique d'un
lieutenant du roi consiste à remplir rigoureusement l'obligation qu'il a contractée, en acceptant ce poste, d'empêcher,
autant que possible, que sa place ne soit prise.

M. Bernardi critique (1) le passage de l'Esprit des Lois,
où Montesquieu établit que la vertu est le principe d'un
gouvernement démocratique, et l'honneur, celui d'un gouvernement monarchique ; il ajoute qu'on reste à savoir ce
qu'il avait voulu dire, et que bien des gens croient qu'il ne
saurait y avoir de vertu sans honneur, ni d'honneur sans
vertu. Ces gens sont dans l'erreur.

Plus loin nous considérerons l'*honneur* sous un point de
vue politique (1), et l'on vient de lire ce que nous enten-
dons par vertu politique. Si l'on compare ces deux articles
de notre Lexicon, on se convaincra que ces deux mots ne
sont point synonymes. l'honneur est sous la dépendance
des préjugés reçus ; la vertu est impérieusement soumise à
l'observation stricte de ses devoirs. La vertu est moins in-
dulgente que l'honneur ; celui-ci tolère beaucoup d'écarts
que la première ne pardonne pas. La vertu voit avec indignation un homme séduire une femme mariée ; l'honneur
du corrupteur n'était point, en France, entaché par cette

---

(1) De l'origine et des progrès de la législation française. Paris, 1816,
page 528.

(1) Voyez le mot *honneur*, ci-après.

action criminelle. Le chevalier Bayard, sans peur et sans reproche, fut un homme plein d'honneur et de vertu ; le connétable de Bourbon, contre lequel il combattit, avait autant d'honneur que lui, mais il n'eut pas autant de vertu, puisqu'il se mit à la tête d'une armée étrangère, contre son souverain légitime, et les devoirs stricts d'un connétable et d'un bon citoyen. On peut en dire autant de Coligni, de Turenne, et de beaucoup d'autres que l'histoire, sur le témoignage unanime de leurs contemporains, a toujours regardés comme des hommes d'honneur, mais qui abandonnèrent le chemin de la vertu, quand ils se liguèrent avec des factieux rebelles, et les souverains étrangers qui fomentaient et entretenaient les troubles et le désordre parmi les Français. Caton, avec toute la force de ses vertus politiques, soutint, tant qu'il put, la république romaine ; mais, pour l'avoir détruite, Jules César n'a jamais été considéré comme un être déshonoré par son usurpation.

Au risque d'avancer un paradoxe, je soutiendrais que le cardinal de Retz a été, je ne dis pas un prélat, ni un particulier, mais un des citoyens français les plus vertueux (en politique) de son siècle, puisqu'il préféra de se soumettre à Louis XIV, et au sort malheureux qui l'attendait, plutôt que de se liguer avec les Espagnols et les Anglais, comme il en fut invité par les agents secrets de Cromwel et du général Fuensaldagne.

Les amateurs de la légitimité se ressouviendront, avec plaisir, qu'en se faisant le chef d'un parti rebelle, contre un ministre étranger, et les abus d'autorité de ses avides sous-ordres italiens, le cardinal de Retz respecta toujours le roi et les institutions de son pays. Sa vertu politique, son patriotisme, le firent frémir d'horreur et d'indignation, à la vue des excès qui se commettaient alors en Angleterre; il ne put s'empêcher de le témoigner à Vane, un des amis de Cromwel, et de lui dire qu'il méprisait trop son maître, pour jamais se lier avec lui. Ce fut peut-être par rancune, et pour contrarier en tout son ennemi vaincu, que, peu de temps après, Mazarin se lia avec cet usurpateur, dont le cardinal de Retz avait rejeté l'alliance, et qu'il engagea Louis XIV à porter solennellement le deuil de l'assassin de son frère Charles I, roi d'Angleterre.

L'honneur transige avec les convenances de la société et avec des intérêts de famille de la plus haute importance; il permet qu'on adoucisse, dans l'exécution, les décrets sévères d'une vertu rigide; qu'on ait des ménagements avec les scélérats; qu'on négocie, qu'on vive avec eux, qu'on en reçoive des grâces et des services, et qu'on s'entretienne ensemble dans le ton qu'on appelle de la bonne compagnie. Il pardonne enfin à ses partisans de ne pas le compromettre au dernier point, quand ils ont perdu l'espoir de défendre, avec une apparence de succès, l'édifice qu'ils ont sous leur garde, et que les factieux travaillent à renverser.

La vertu est plus inflexible; elle n'admet aucun ménagement, aucune considération, quand il s'agit de la stricte observation des devoirs de la place qu'elle occupe; elle devient d'autant plus difficile et récalcitrante, quand les dangers augmentent et l'entourent de tous côtés; elle exige alors de ses adorateurs, des sacrifices de toute espèce; elle leur ordonne même le martyre en plusieurs occasions.

Dans un gouvernement représentatif, la vertu politique

des membres qui composent les chambres de sa législation, est de faire connaître à leurs commettants et à la généralité de leurs compatriotes, la vérité, toute la vérité, et de la proclamer à la tribune, sans être retenu par aucun ménagement quelconque. Les vertus politiques ordonnent à ces magistrats législateurs d'être sans pitié et sans politesse à cet égard.

Les membres des chambres législatives sont des plénipotentiaires rassemblés en congrès, pour régler les différentes branches du gouvernement. Officiers publics, ils doivent à leurs commettants et à leurs compatriotes, un compte public de leur gestion ; c'est à eux à les juger, à apprécier leur conduite et les motifs de leurs discours. Ces magistrats législateurs sont donc dans l'obligation rigoureuse de présenter au tribunal dont ils ressortissent, la somme des renseignements nécessaires pour éclairer la majorité des citoyens; pour les mettre à portée de connaître la situation réelle de leur nation, de ne mettre aucune entrave, et de faciliter, au contraire, soit par la liberté de la presse soit autrement, tous les moyens possibles d'instruire à fond le public, sur le caractère et la conduite de ses gens d'affaires, et sur ce qui concerne ses plus grands intérêts.

Vice politique. Cette expression, en français, s'applique plus souvent aux choses qu'aux hommes.

Un vice politique est une fausse maxime, une infirmité habituelle, une cause motrice de mauvais raisonnements politiques, qui, chez une nation, corrompt, pendant des périodes d'assez longue durée, l'esprit de son gouvernement, au point de le faire dévier, à chaque instant, de la bonne route qu'il devrait suivre.

Les Français, pendant les cinquante dernières années du dix-huitième siècle, toujours effrayés des abus de la féodalité des dixième et onzième siècles, du fanatisme du quinzième, de l'inquisition établie en Espagne et en Portugal, ne s'inquiétaient pas du tout des vices politiques, des temps et des lieux plus rapprochés d'eux, qui, minant peu à peu les bases de leurs anciennes institutions, les ont plongés dans cet abîme de maux dont ils sont actuellement les malheureux martyrs.

Le grand vice politique d'un législateur est de s'occuper continuellement des *pailles* qui obscurcissaient les yeux de ses ancêtres, sans s'embarrasser d'extirper les *poutres* qui vicient la vue de ses contemporains.

Avant le cardinal de Richelieu, l'influence trop indépendante que la noblesse avait en France, était un vice politique.

Après le règne de Louis XIV, la nullité politique de ces mêmes gentilshommes, l'éloignement des seigneurs d'avec leurs vassaux, la distinction ridicule et choquante de la noblesse de Cour et de celle de province, devinrent à leur tour des vices politiques, qui n'ont pas été infructueux pour les progrès de la révolution.

L'esprit d'un peuple varie comme sa langue, d'époque en époque. Un vice politique qui lui a été funeste dans un siècle, devient, au contraire, par les changements survenus dans ses habitudes nationales, un moyen salutaire auquel un bon gouvernement doit revenir, et qu'il doit protéger, jusqu'au point qu'une politique sage lui prescrit de ne pas laisser dépasser. L'histoire est bien la meilleure école d'un ministre d'État ; mais il faut la savoir lire avec discernement, afin de distinguer à propos les mœurs des temps dont on parle, d'avec ceux régnant à l'époque où l'on veut agir et commander.

180. VERTUS ET VICES ROYAUX. Les mêmes qualités sont tour à tour *vertus royales* ou *vices royaux*, suivant les circonstances et le mode dans lesquels le prince en fait usage.

Vertus royales. Les vertus royales sont celles qui forcent le prince à bien gouverner ses États. Les principales sont au nombre de trois :

1° L'amour de l'ordre et de son pays ;

2° Un esprit juste et laborieux ;

3° Un caractère ferme et persévérant dans la conduite de ses affaires.

Avec ces qualités, qu'un roi soit d'ailleurs faux comme Louis XI, avare comme Louis XII, ambitieux comme Charles-Quint, étourdi comme François Ier, libertin comme Henri IV, vain comme Louis XIV, barbare comme Pierre-le-Grand, impie comme Frédéric II, roi de Prusse, galant comme Catherine ; quels que soient les vices particuliers de ce souverain, l'histoire ne le placera pas moins au rang des grands princes, si, dans le cours de son règne, les circonstances lui ont permis de développer, à propos, les trois vertus royales dont nous venons de parler.

Vices royaux. Les vices royaux d'un prince sont ordinairement le malheur de son peuple et l'affaiblissement de son empire.

Rien n'est si commun que de voir des vertus sociales devenir des vices royaux. La bonté, la clémence, la bravoure, la générosité, la dévotion, une infinité de vertus très-recommandables en elles-mêmes, par un exercice irréfléchi et une application imprudente de leurs préceptes, sont devenues, en mainte occasion, des vices royaux pires que l'orgueil, l'avarice, la luxure, l'ambition, l'ivrognerie et le défaut de courage du prince.

L'insouciance pour sa réputation de roi, celle sur le sort de ses sujets, et son entêtement à se servir de son autorité, pour détériorer les ressorts de son gouvernement, et pour porter le trouble dans ses États, voilà les plus grands vices royaux que je connaisse.

181. FAUTE. C'est une action, une démarche, une gaucherie contre la règle de conduite qu'on devait suivre.

Les fautes les plus légères ont souvent entravé ou arrêté tout à coup la suite des projets de plusieurs ambitieux.

En morale, les fautes sont plus pardonnables que les crimes. La politique n'est pas toujours de cet avis.

On dit que Jules César et Auguste parvinrent à l'usurpation de la souveraineté de leur pays, en commettant beaucoup de crimes et jamais de fautes.

Fouché voulant aggraver les torts de Buonaparte, disait que l'assassinat du duc d'Enghien était plus qu'un crime, que c'était une faute.

L'amour-propre de cet empereur fut si sensible à ce reproche de son ancien ministre, qu'il s'en justifia dans son manuscrit venu de Sainte-Hélène, où il s'efforça de prouver que ce meurtre fut un crime, et non pas une faute.

On doit avoir le plus profond mépris pour ces politiques dont l'habileté consiste à se montrer supérieurs à la vertu; qu'ils se montrent une fois supérieurs à l'égoïsme, cela sera plus rare, plus digne d'éloge et même plus habile.

On voit dans l'histoire une foule de vices politiques atroces, procurer des avantages considérables à ceux qui les avaient commis; elle rappelle, en même temps, les occasions, les batailles, les ambitieux, les États et les souverains qui se sont perdus par une faute impardonnable.

182. INCONSÉQUENCE. Ingrédient banal mêlé en plus ou moins grande dose, dans la composition du caractère de chaque homme en particulier. Il n'est donc point étonnant que, en masse, leur législation et leurs gouvernements s'en ressentent.

N'est-ce pas une inconséquence palpable, par exemple, que d'obliger les juges d'avoir moins d'égards dans leurs décisions aux preuves écrites, qu'aux dépositions testimoniales faites sur la religion du serment, chez un peuple sans religion, ou d'une indifférence extrême pour les diverses religions qu'on professe chez lui? C'est pourtant une maxime générale, *point de religion*, *point de confiance au serment*.

Le serment n'est, dans ce cas-là, qu'une formalité, un acte public et authentique exigé par la loi, pour constater et convertir en délit les mensonges d'un faux témoin; mais alors ce n'est plus un serment, et si l'on veut être conséquent, il faut changer le fond, la forme et la dénomination de cette formalité de justice.

Je me bornerais à ce seul exemple, parce que je doute qu'il y ait assez de papier dans le monde, pour y inscrire la liste complète des inconséquences humaines des temps passés et présents.

Il ne faut point s'en effrayer : les inconséquences n'empêchent point un gouvernement d'aller, et même souvent d'aller très-bien. Il faut seulement prendre garde que ces inconséquences ne soient pas trop fortes, trop fréquentes, et que dans le nombre il n'y en ait pas qui soient des fautes impardonnables.

183. SAGESSE. En politique, la *sagesse* consiste moins à faire briller un empire, qu'à consolider les bases de son gouvernement.

Un gouvernement vraiment *sage* se fortifie contre les guerres et les embûches des étrangers ; il maintient la paix chez lui ; il y forme un excellent esprit national; il corrobore, il exalte l'amour de la patrie, dans le peuple confié à ses soins et à sa surveillance ; il entretient et fortifie les principes de cette moralité populaire qui soutient les États, rend les citoyens orgueilleux d'être de leur pays, leur inspire un fanatisme sans borne, et les décide, sans hésiter, à sacrifier leur vie, leur fortune, leur famille, pour la conservation de leurs mœurs, de leurs usages, de leur manière d'exister, en un mot, du mode de la souveraineté à laquelle, depuis leur naissance, ils sont attachés par les prestiges irrésistibles d'un amour, sans retenue, qui absorbe les facultés de leur âme, et domine, chez eux, tous les autres

sentiments ; enfin, un gouvernement vraiment *sage* conso-
lide la durée de son empire, en cimentant si bien les différentes parties de son administration, que, en cas de conquête, le vainqueur se croie obligé, en *bon politique*, de
respecter les lois, les institutions et les mœurs nationales
de ses nouveaux sujets.

Les Chinois, par des révolutions successives, ont changé
vingt-deux fois de dynasties impériales, mais pas une seule
fois de forme de gouvernement, depuis Yao, son fondateur, qui commença à régner l'an 2357, avant notre ère.
C'est le cachet de la *sagesse* de leurs premiers législateurs,
et des usurpateurs qui, en différentes occasions, se sont
emparés du trône du prince légitime de cette monarchie,
devenue la plus ancienne du monde, par la force seule de
sa législation et de sa constance à ne point s'en écarter.

Une nation n'est donc point *sage*, quand elle abandonne
l'autorité routinière de ses premières institutions, pour se
livrer, sans réserve, à la discrétion d'un prince *novateur*,
fût-il doué des plus brillantes qualités? Ses *innovations*, les
plus séduisantes et les mieux motivées, opèrent immanquablement une révolution dans les mœurs, un changement
dans les habitudes, et une inquiétude dans les esprits, dont
on ne peut pas prévoir les suites, sous les règnes des souverains moins habiles, qui lui succéderont.

Un empire est bien près de sa perte, quand le secret de
sa puissance et de sa prospérité est renfermé dans les seules
mains d'un grand homme. De toute nécessité ses États
dépériront et périront dans les siècles suivants. Pour vous
en convaincre, relisez l'histoire des successeurs d'Auguste,
de Charlemagne, de Louis XIV, roi de France, de Fré-

déric II, roi de Prusse, de Charles-Emmanuel, roi de Sardaigne, et même celle des enfants de Salomon, de ce doyen des princes fameux par leur haute sagesse et l'éclat de leur règne brillant.

Les Israélites formés et réunis en société politique, par une constitution théocratique, devinrent tout à coup un peuple commerçant sous leur roi Salomon; c'était dénaturer leur gouvernement et par conséquent l'affaiblir. La haute sagesse de ce prince lui permit, pendant un long règne, de conserver la paix avec ses voisins, d'expédier de nombreuses flottes marchandes, d'enrichir son pays, d'y introduire les beaux-arts, d'élever des monuments mémorables, d'entretenir la magnificence de son culte, le luxe de sa Cour, de mériter enfin l'admiration de ses contemporains et les éloges de l'histoire.

Ces brillants résultats démontrent par le fait, l'habileté du despote, mais ils ne prouvent rien en faveur de la sagesse du prince législateur. Ce n'est ordinairement que quand le monarque n'est plus, qu'elle se manifeste irrévocablement, par la durée et la consolidation de l'empire qu'il a laissé à ses successeurs. Salomon mit si peu de stabilité dans le sien, qu'immédiatement après sa mort, le royaume d'Israël fut désuni par le schisme, et partagé en deux souverainetés bien distinctes, toujours rivales, et souvent en guerres civiles.

Une société politique ne s'écarte jamais impunément des principes fondamentaux qui l'ont formée, et sur lesquels, pendant des siècles, a été, pour ainsi dire, monté le caractère général de ses citoyens.

Ce jugement sévère sur Salomon est confirmé par les

faits rapportés dans son histoire et celle de ses successeurs ; mais il n'est pas en opposition avec le vrai texte de la Bible, qui nous a transmis les annales du règne de ce prince et de ceux qui l'ont suivi. Je me hâte de le prouver, parce qu'en bon chrétien et en bon politique, nous devons, animé d'un scrupule religieux, respecter les saintes écritures, croire sans discussion, et nous soumettre avec une foi implicite à tout ce qu'elles nous disent. A Dieu ne plaise que je donne ici l'exemple du contraire ! Je me laisserais plutôt couper le poignet, que de me permettre la moindre controverse sur aucun de ces livres sacrés, premiers fondéments de notre religion. Le refus de reconnaître la sagesse du règne de Salomon n'est qu'une contradiction apparente ; elle provient uniquement de la différence entre mon opinion, et celle du vulgaire égaré par des traducteurs qui lui ont toujours présenté Salomon comme ayant été le plus sage des Rois. Le lecteur va en juger.

Lorsque l'histoire écrit en français, le mot *sage* a deux acceptions bien différentes, suivant les temps dont elle parle.

La première, en usage aujourd'hui, entend par sage, un homme vertueux, prévoyant, modéré dans ses désirs, maître de ses passions et inaccessible à leurs écarts.

L'épithète de sage, dans l'histoire ancienne, s'applique presque toujours à un docteur par excellence, remarquable par son instruction, par sa conduite imposante, la grandeur de ses idées, l'utilité de ses entreprises, l'achèvement de se projets, l'éclat et la perfection étonnante de leurs résultats.

Cette seconde qualification est donc le vrai sens de l'honorable surnom de sage, que l'auteur du Livre des Rois, qui date de loin, a donné à Salomon; à ce Louis XIV du royaume d'Israël; à ce souverain des douze tribus, dont le prince français suivit l'exemple, et qui rivalisa avec lui par la magnificence de sa Cour, la beauté de ses établissements, la création de sa marine et l'étendue qu'il donna au commerce de ses sujets.

Ainsi les réflexions que nous avons faites sur Salomon, ne contredisent point les qualités brillantes que les saintes écritures lui accordent, quand elles nous le représentent, dans leur ancien langage, comme le plus sage des princes.

J'invoquerais encore à l'appui de mon opinion, l'autorité d'un orateur sacré dont la foi, l'éloquence et les vertus ecclésiastiques ont toujours été en grande vénération dans l'Église gallicane, de l'abbé *de Beauvais*, depuis évêque de Senez. Prêchant son fameux carême devant Louis XV, en 1773, fulminant contre la vie scandaleuse de Salomon, il ne craignit pas de s'exprimer en ces termes : « enfin ce monarque rassasié de voluptés, las d'avoir épuisé, pour réveiller ses sens flétris, tous les genres de plaisirs qui entourent le trône, finit par en chercher d'une espèce nouvelle, dans les vils restes de la licence publique. »

Les historiens modernes, à l'imitation les uns des autres, ont tous ajouté et ajoutent encore l'honorable épithète de sage au nom de Frédéric, électeur de Saxe. De ce prince qui le premier donna asile et protection à *Luther*, et à ses nouvelles doctrines. Quels fruits retira-t-il de sa *haute sagesse?* Se voir prisonnier, jugé, condamné, par un conseil de guerre, pour avoir donné, contre lui, un prétexte spécieux à Maurice de Saxe, son parent, qui le chassa et le dépouilla de ses États. Cet usurpateur n'a pas mérité le surnom de sage,

13*

comme son cousin; mais en revanche il fut plus habile qu
lui, dans l'art de s'emparer des électorats, et d'en conserver la souveraineté.

Ce Frédéric, ce prince si vanté pour sa haute sagesse,
comme le protecteur entêté des renégats en pleine révolte,
passa dans les fers le reste de sa vie languissante. Une rési-
gnation stoïque et vraiment édifiante, le soutint dans cet
état d'humiliation. Moins sage, le désespoir et la rancune
eussent aggravé ses malheurs; mais aussi il est probable qu'il
eût régné plus long-temps et plus glorieusement; et ses sujets,
restant tranquilles et heureux, dans le sein de la religion
de leurs pères, n'eussent pas vu leur territoire ravagé et
ensanglanté par les guerres civiles et l'usurpation, qui
furent les suites cruelles et inévitables de *l'apostasie* de
leur prince.

Quel service a-t-il donc rendu à l'Europe et à l'humanité
entière, pour que la postérité continuât à donner à ce Jean
Frédéric dit le sage, un titre d'une si haute recommanda-
tion? Il a été le père nourricier, le chef de famille de toutes
les révolutions qui, depuis lui, se sont manifestées dans les
quatre parties du monde chrétien; il a appelé et reçu chez
lui, Luther, ce nouveau-né de la discorde; il a veillé sur
son enfance, protégé ses premiers pas, et a soutenu avec
des soins paternels la personne, les disciples, les doctrines
et les actes de rébellion de son prédicant chéri, de ce perturbateur des consciences et du repos public; il lui a permis
d'acquérir, sous sa tutelle souveraine, des forces suffisantes, pour mettre l'Allemagne en feu, les esprits en désordre, les peuples en révolte et les États en guerre civile.
Enfin conserver et cultiver avec une vive sollicitude, les

germes de l'hérésie naissante, propager sans mesure ses semences de dissensions, furent pendant son règne, l'objet constant de ce Jean Frédéric, dont la haute sagesse établit et consolida les fondements de ce système impie et révolutionnaire, de cette cause de tant de ravages qui ne finiront peut-être qu'avec l'extinction totale des races humaines civilisées.

Si ce sont là des fruits de la haute sagesse, autant vaut-il s'en passer.

Les nomenclateurs politiques de notre temps, ont classé les hommes d'État à la Frédéric dit le sage, dans le genre des *impartiaux*, *des modérés*, *des circonspects* etc, êtres hypocrites et pusillanimes dont l'existence et la funeste influence se reconnaissent sur presque tous les monuments historiques de la révolution.

Si malgré ces faits authentiques, on s'obstine à considérer Jean-Frédéric, comme un prince sage par excellence, cet exemple engagera toutes les nations clairvoyantes sur leurs vrais intérêts, à solliciter instamment le ciel de les laisser gouverner par des *fous* : la France pourtant s'en est mal trouvée.

Louis XIV eut un règne brillant et, à quelques écarts près, sans conséquences mortelles; il fut sage dans sa partie législative. Le gouvernement de la France se trouva si bien consolidé au décès de ce prince, qu'il a fallu une volonté soutenue, pendant plus de 70 ans, de la part des ministres despotes et tracassiers de Louis XV et de Louis XVI, pour le renverser; encore a-t-on été obligé, dans le cours de ces deux règnes, de l'affaiblir pièce à pièce et d'en détruire tous les morceaux les uns après les autres, tant ils étaient bons et bien adaptés au génie et aux habitudes nationales des français.

184. MORALE. C'est le code qui chez une nation constitue ce qui est *vertu* et ce qui est *vice*. On nomme ainsi un ensemble de règles convenues qui méritent l'estime générale chez une nation quelconque.

Chaque nation, ayant adopté un code différent de *morale*, il s'ensuit que les vertus et les vices n'ont pas été et ne sont pas généralement les mêmes, dans tous les temps et chez tous les peuples.

» Si la *morale* était une science exacte comme la géométrie, elle serait une, et la même chez tous les peuples. L'histoire nous apprend pourtant le contraire ; la morale d'un militaire n'est pas la même que celle d'un ecclésiastique ; tuer son semblable de propos délibéré, est contre la morale chrétienne ; et d'après leur *morale*, les grecs et les romains ont comblé d'éloges, les assassins des hommes qui avaient pris trop de pouvoir chez eux. Le pardon des injures est ordonné par la *morale* de l'Évangile, et se venger par la mort de son ennemi est une morale recommandée en Corse. Le parricide est en horreur en Europe ; en Amérique la *morale* des Esquimaux, leur fait la triste obligation d'abréger les jours de leurs pères, quand ils sont trop vieux pour pourvoir eux-mêmes à leurs besoins, et goûter les jouissances de la vie. L'infanticide d'un nouveau-né, est un crime chez nous ; et chez les Chinois on n'y fait point d'attention. On nous enseigne qu'une femme grosse est un être de respect, et qui exige de grands égards ; et dans l'île Formose, la grande prêtresse foule, sans pitié, le ventre de celles qui enfantent avant l'âge de trente ans. Presque tous les codes ont infligé des punitions infamantes, contre l'adultère ; la *morale* des Babyloniens, en avait fait un exercice de piété. Le suicide est défendu par la morale chrétienne ; celle des romains, non-seulement le tolérait, mais il y avait des circonstances où ils le plaçaient au rang des vertus héroïques. Le voleur, méprisé et puni à Athènes, était si honoré à Lacédémone, que l'apprentissage de cet art, faisait partie de l'éducation des jeunes spartiates. Le métier de bourreau est infâme dans une partie de l'europe, et dans l'autre, son titulaire y jouit de la même considération qu'un artisan. En Turquie, en Perse, et dans presque tous les États despotiques, le prince quelquefois a coupé des têtes, et leurs grands officiers se vantent de l'habileté qu'ils ont acquise dans cet art. »

Si ma plume ne rejetait pas les images obscènes, quel contraste ne montrerait-elle pas entre la *morale* des grecs et des romains, et celle par exemple des anglais, sur le vice de ces hommes qu'on appelle en anglais *the monsters ?*

» Ces rapprochements que l'on peut étendre autant qu'on voudra, rendront toujours la *morale* une science systématique. On ne peut en faire une science exacte et obligatoire qu'en la restreignant à un seul peuple, et en ne la considérant encore, que dans l'intervalle de deux époques données. »

» Où trouver deux nations, ou deux compatriotes de différentes conditions, qui attachent les mêmes idées aux mots : justice, libéralité, honneur, grandeur d'âme, quoique tous se servent également des mêmes noms ? Cela ne peut venir que de ce qu'ils n'ont pas tous la même morale, de ce qu'ils ne s'accordent point sur la définition de ces noms, et de ce qu'ils n'y attachent pas les mêmes idées. »

Les gouvernements ne peuvent point établir une *morale* parmi leurs sujets : mais ils ont beaucoup de moyens d'influence pour la détériorer ou la perfectionner. Ils doivent profiter de cet avantage, pour diriger la *morale* publique en leur faveur, et en faveur des principes qui soutiennent leur autorité. Cela aurait dû être ; cela aurait sûrement été, sous le règne du bon sens, dans un siècle d'ignorance. Mais les progrès des lumières ont si bien éclairé les esprits dans le nôtre, que nous avons vu une grande partie des cabinets de l'europe devenir les écoliers soumis de leurs philosophes, se liguer avec les destructeurs de leur religion et de leur empire, pour combattre et poursuivre à outrance les conservateurs de l'autel, du trône et de la *morale* de leurs pères, de celle enfin dans laquelle ils avaient été élevés. (1)

185. CONSCIENCE. Mot divin pour les uns et commode pour les autres. Il se prête à tout, et sert d'excuse banale à tous ceux qui n'en ont pas d'autres à faire valoir.

Dans une question importante, un membre d'un des corps législatifs est-il gagné par les ministres, il prétend qu'il a opiné selon sa *conscience* : c'est-à-dire, selon la conscience qu'il avait que sa condescendance lui vaudrait telle ou telle faveur.

---

(1) Voyez *Tydologie*, tome II, chap. IV, note E, page 604.

Laubardemont, sous le cardinal de Richelieu; de notre temps, Robespierre, Couthon, Carnot, St.-Just, les membres des tribunaux révolutionnaires, ont dit de même.

Les régicides, pour leur justification, ont allégué une raison semblable, à laquelle il n'y a rien à répondre : car comment prouver à quelqu'un que sa conscience ne lui a pas inspiré l'action, le discours ou le vote qu'on lui reproche?

Depuis la restauration, c'est surtout dans le parti des honnêtes gens dits royalistes, que ces consciences timorées ont fait le plus de mal. Leurs antagonistes sans conscience, ont été plus conséquents, ont mieux servi leur cause; et aussi plus de succès ont couronné leurs œuvres.

Abandonnons la conscience aux tribunaux de la pénitence, et en bons politiques, ne jugeons les gens que sur leur conduite connue.

» La conscience, selon Buonaparte, n'était que le nom poétique de la duperie (1) des uns, et de la fourberie des autres. »

» Dans un gouvernement représentatif, dit M. de Vaublanc, tout homme qui cache son sentiment sur l'ensemble des affaires, est ou un ennemi ou un ami douteux. S'il cache un ennemi de la chose publique, il peut vouloir tromper; s'il trompe, il est perfide. Plus on réfléchira sur la nature d'une assemblée délibérante, plus on se convaincra qu'il n'y a point de milieu entre la franchise et la perfidie.

---

(1) Considérations sur la révolution de France, par madame de Staël. Paris, 1808, tome II, page 226.

— Ce ne sont point les hommes qui manquent aujourd'hui à la France, c'est une conscience publique : c'est une société qui sache l'honorer, qui ne la qualifie pas de folle, et qui ne lui préfère point un assemblage dégoûtant de consciences vacillantes et perfides : puisque, selon M. de Vaublanc, il ne peut pas y avoir, dans ces cas-là, d'intermédiaires entre la franchise et la perfidie. (écrit le 31 décembre 1822.)

186. Roués et Merveilleuses. Du tronc de la philosophie des Voltaire, des d'Alembert, des Helvétius, des Condorcet, et consorts, il en sortit une secte nouvelle, dont les membres se vantaient avec orgueil, de porter le même nom que les assassins condamnés par la justice à monter sur un échafaud, pour y être rompus et *roués* par la main du bourreau.

Les *roués* étaient des espèces de philosophes qui avaient entrepris de détruire les préjugés, les superstitions de l'amour, de l'amitié, de la bonne foi et des plus nobles sentiments, comme d'autres philosophes avaient pris à tâche d'écraser la religion, que dans leur argot ils appelaient l'infâme, et d'anéantir des superstitions d'un genre plus grave et bien plus essentiel à conserver.

Leurs mœurs conformes à leur profession de foi publique, auraient dû les rendre aussi méprisables, que la classe des malheureux dont ils tiraient leur dénomination ; mais la fatuité et la suffisance de ces freluquets, leur acquirent, au contraire, une haute importance dans le monde. La bonne compagnie les fêtait, ils en faisaient les beaux jours, ou plutôt les belles soirées ; enfin ils jouirent de beaucoup de considération et même d'une influence trop marquée, soit à la Cour, soit à la ville, sous l'ancien régime.

Aux approches de la révolution, ils se disséminèrent dans les différentes factions révolutionnaires ou demi-révolutionnaires de l'époque;

Pourtant avec Louis, on en vit quelques-uns,

constamment fidèles à leur souverain légitime, et qui n'abandonnèrent jamais les princes français, dans le cours de leur pénible émigration.

Les personnes des deux sexes étaient également admises sous la bannière de ces roués. Mais les femmes dignes par leur conduite de marcher sous de pareilles enseignes, s'appelaient des *merveilleuses*.

187. CLÉMENCE. La *clémence* est une vertu dans un prince qui pardonne, aux individus dont il a à se plaindre, les torts personnels qu'ils ont eus envers lui. Elle devient vice au contraire, quand le monarque, par faiblesse ou mille autres considérations pareilles, laisse impunis des factieux qui ont compromis la tranquillité de l'État.

Louis XII fit un acte de *clémence* quand il dit » qu'un Roi de France ne devait pas punir les injures qu'on lui avait faites, lorsqu'il n'était que simple duc d'Orléans. »

Louis XVI fut plus coupable, quand par égard pour le prince de Conti, il ne fit pas poursuivre rigoureusement par le parlement, les auteurs et fauteurs de la rébellion de 1775, connue sous le nom de la *guerre des farines*.

La *clémence* d'un prince est une vertu, quand elle se ré-

duit à lui faire pardonner les injures et les outrages personnels qu'il a reçus d'un particulier ou d'un Corps. Le
Roi de France n'est pas fait pour venger les injures du Duc
d'Orléans. Ces mots de Louis XII, sont la meilleure définition qu'on puisse donner de la clémence.

Quand les coupables ont commis des délits d'État, dont on
a, non pas apaisé, mais détruit complétement les auteurs,
les fauteurs, et les coteries d'où ces troubles provenaient,
et quand on s'est assuré que ces mêmes factieux ne pourraient plus se réunir pour commettre des désordres semblables à ceux dont on venait d'arrêter le cours, dans
leurs sources primitives; alors, mais seulement alors, on
doit pardonner à cette multitude d'agents et de complices
subalternes, qui par leurs actes, eussent mérité les mêmes
châtiments, mais qui ne doivent leur salut qu'à leur petit
nombre et à leur peu d'importance dans le monde. La *clémence* envers cette foule de coupables, devient un acte politique auquel on fait très-bien de donner le nom et les couleurs d'une vertu.

Henri IV pardonna une fois au maréchal de Byron, mais
à sa seconde conspiration, il le laissa décapiter. (Voyez au
mot *impunité*, ci-après, les fâcheuses conséquences d'une
clémence déplacée.)

Il serait du devoir d'un prince, que sa clémence et sa sévérité ne fussent jamais que le résultat d'un calcul bien
entendu. On serait pourtant trop difficile si on lui refusait
la faculté d'être quelquefois bonhomme; mais il est inexcusable d'être toujours niais, il doit craindre qu'on attribue
sa douceur continuelle et presque banale, à la faiblesse de
son caractère royal. Ce sera bien pis, si le public s'imagine

quo c'est par défaut de courage : parce que alors, sa clémence serait taxée de lâcheté. Les lettres de grâce, les sursis de procédures commencées, ou les ordres secrets de ne pas poursuivre tel ou tel délit, qu'un prince accorde à tort et à travers aux grands coupables, à leurs complices et aux fauteurs des désordres qui ont troublé et qui troubleront encore par la suite, ses sujets et son gouvernement, sont autant d'infractions à ses devoirs, et d'injustices commises envers la société. Il subira alors le blâme de l'histoire, et celui des honnêtes gens. Quelquefois, les événements l'en punissent davantage, et s'il s'en plaint, c'est sans raison, puisque c'est lui-même qui s'est attiré le châtiment qu'il éprouve à son grand déplaisir.

Zoroastre, depuis long-temps, a établi comme principes religieux, pour les gens en place, que les grâces et les libéralités ne doivent être accordées qu'aux plus dignes. Ce qui est confié aux indignes est toujours perdu, s'ils ne le tournent pas contre vous.

Les princes n'ont jamais pensé qu'en accordant la grâce à un criminel, ils devenaient les auteurs de tous les délits que cet homme commettrait par la suite.

L'homme peut être clément; le prince doit être juste.

188. FIDÉLITÉ. Autrefois la *fidélité* était placée au rang des vertus politiques; maintenant on la regarde comme une sottise; ainsi va le monde!

On voit en Europe, des Cabinets considérer les *fidèles* serviteurs, comme de mauvais sujets auxquels il ne faut rien confier, et qu'on doit poursuivre en toute occasion; d'autres cabinets plus doux, se contentent de les traiter avec un tel dédain que depuis long-temps cela aurait dû dégoûter du métier ; on en trouve pourtant encore ! mais,.... la fidélité rend si bête !

189. Dévouement. Le *dévouement* est la vertu politique la plus précieuse qu'un Souverain puisse désirer voir parmi ses sujets. Elle est quelquefois indiscrète et importune, mais malgré ses petits écarts, les gouvernements habiles la protègent, la propagent et tâchent de la porter jusqu'au fanatisme, s'ils le peuvent.

190. Zèle. Le *zèle* est une suite nécessaire du dévouement. C'est à proprement parler le dévouement mis en action. Il est, comme lui, placé au rang des vertus politiques ; il rend les mêmes services, et il est sujet aux mêmes inconvénients.

191. Honneur. Vatel, fameux maître d'hôtel du grand Condé, par un point d'*honneur*, sans doute exagéré, se poignarda, parce que la marée avait manqué à la vingt-sixième table, dans une fête que ce prince donna à Louis XIV. On admire ces suicides, et on n'analyse pas les motifs qui les ont déterminés.

L'*honneur* est une passion qui a ses excès comme les autres, et ses démarches ne sont pas toujours dirigées par les raisonnements d'une froide métaphysique ; mais ses effets généreux sont si sublimes, qu'un bon citoyen respecte ses écarts, et qu'il ne se permet jamais de les tourner en ridicule. Heureux et trop heureux les princes dont les sujets, dans quelque état qu'ils soient, sont si jaloux de conserver une réputation intacte, qu'ils craignent, plus que la mort, le doute de pouvoir être soupçonnés de n'avoir pas satisfait à la plénitude de leurs devoirs.

O Richard, ô mon roi ! que ne connaissais-tu ton peuple et les nobles ressorts qui devaient le gouverner ?

192. Désintéressement. Le *désintéressement* est une conséquence naturelle du zèle et du dévouement ; c'est de tous les trésors le plus riche qu'un bon gouvernement ait à sa disposition, quand il fait généralement partie du caractère de ses subordonnés. Alors il donne à ce gouvernement, la facilité d'employer, dans beaucoup de places, des personnes du plus grand mérite, qui le servent presque pour rien et quelquefois à leurs dépens. Autrefois en France cette vertu distinguait particulièrement la haute magistrature et les officiers de l'armée ; elle était assez commune, dans ce royaume, avant sa révolution, et elle fut une des principales causes de sa gloire et de sa prospérité, pendant quatorze siècles.

Le désintéressement s'était un peu affaibli dans le XVIIIᵉ siècle, par les vices d'une administration ignorante et inconsidérée, et par l'esprit du commerce qui avait beaucoup gagné. Mais son absence ne formait encore que des exceptions aux anciennes règles du caractère français.

On en a vu des exemples sans réplique, au commencement des troubles sanguinaires qui ont dévasté la France. Les coryphées de ces monstres carnassiers et spoliateurs, les Robespierre, les St.-Just, les Carnot, les Danton, les Jourdan, les Carrier ; ces monstres altérés de la soif du carnage et de l'amour du pouvoir, ne songeaient point à amasser des richesses : ils ont vécu ou ils sont morts sans fortune. La femme de ce Lebon qui joua un si grand rôle d'assassin dans le temps de la terreur, était réduite en 1816, à tenir un petit cabaret à St.-Paul, petite ville près d'Arras, où elle vendait de l'eau-de-vie et des liqueurs, aux paysans, et aux ouvriers qui passaient devant sa boutique.

Si l'on en croit les biographies du temps, *Barrère*, le fameux Barrère, avait douze mille francs de rente, quand il fut nommé aux États-généraux. Il est sorti pauvre à la fin de la convention, et s'étant retiré en 1823 près de Bruxelles, à peine y jouissait-il de six à sept mille livres de rente, quoiqu'il lui eût été plus facile qu'à tout autre de se créer une immense fortune, pendant les treize mois de sa toute-puissance.

Mais chez le peuple, tout a bien changé depuis ce temps-là ! Les préjugés aristocratiques se supportaient dans l'ancien régime; aujourd'hui les gouvernements ne sont pas si indulgents; ils exigent qu'on proscrive les préceptes ruineux de leurs pères. La sollicitude inquisitoriale des bureaux et des amateurs égoïstes d'une fortune personnelle, n'a pu jusqu'à ce jour, extirper entièrement cet abus; de légers vestiges s'en découvrent encore de loin en loin, mais en vain. Des ministres honnêtes, entichés de leurs vieux systèmes, sont incapables de remplir des places, où leurs collègues s'enrichissent. L'on renvoie sans pitié, les fonctionnaires publics, assez dépourvus de sens commun, pour vouloir être sous le régime actuel, des administrateurs probes et désintéressés.

Maintenant, que les officiers et les magistrats sont payés au poids de l'or, ont-ils un meilleur esprit que lorsque avant la révolution, ils servaient gratis ou presque gratis?

193. Confiance. Sans confiance, il n'y a ni zèle ni dévouement ni désintéressement. La *confiance* est le résultat de la foi que l'on a dans la parole, les moyens et les intentions d'un gouvernement ou de ses chefs. La *confiance* des sujets envers leur prince et les principaux fonctionnaires publics de l'État, diminue considérablement les embarras inévitables de son administration, et favorise, dans la même proportion, le succès de ses opérations. La confiance est donc une vertu politique, que les souverains doivent ménager avec le plus de soin. Ce n'est pas avec de belles phrases, mais par de bonnes œuvres, qu'on parvient à l'inspirer.

» Un empire ne subsiste que par la confiance, et nous ne prenons pas seulement ici cette confiance en bonne part, car on peut prendre confiance dans la force d'un gouvernement dur, comme on la prend par inclination, dans une autorité douce. Il y a confiance au mal comme au bien, et toute la différence entre la confiance du bien et celle du mal, c'est d'espérer la durée de l'une, et de ne pas espérer la fin de l'autre. »

» Dans ces deux cas, la confiance en elle-même est un bien absolu. »

» On s'arrange toujours sur ce qui est définitif. Un prisonnier se case dans sa prison, et s'y fait un bien-être, s'il est sûr d'y rester. Le peuple s'arrange de même dans la sienne; il souffre des murs qui l'environnent, mais s'ils sont solides, il s'y meuble; il souffre des fardeaux qu'on lui impose, mais s'ils sont durables, il s'y plie et se les ajuste. »

» Ainsi, le mal de la tyrannie s'amoindrit par sa durée. Tout ce qui dure s'améliore; les gouvernements constants rendent les peuples constants, et la vie se perfectionne, comme le travail, par l'uniformité. »

» La *confiance* des peuples se fonde sur une seule chose, sur la force, prise dans son sens absolu; nous ne disons pas sur la violence qui n'est que la faiblesse irritée; mais sur la force proprement dite, sur la forc qui fait que les choses sont constantes, égales et coordonnées. »

» Ainsi, dire que la confiance se fonde sur la force, c'est dire qu'elle se fonde sur la durée, l'ordre et l'uniformité; partout où ces choses existent en bien et en mal, la confiance existe aussi, et on en recueille les fruits. »

» On peut aller jusqu'à induire de ceci, qu'une tyrannie stable et régulière, qui commande la confiance, peut rendre les peuples plus heureux qu'une autorité faible qui la décourage. Car dans le premier cas, la solidité fait naître et prospérer tous les biens particuliers que le mal public peut admettre; et dans le second, l'inconstance détruit tous les jours le bien présent, par la crainte du mal à venir. (Par A. Frenilly, conservateur, tome VI, page 530.)

194. CONFIANCE ET CRÉDIT. Ces deux mots se prennent assez souvent dans la même acception; cependant, dès leur origine, une différence assez marquée les séparait. Le premier, dérivé du mot foi (*fides*), chose sainte et inviolable, a toujours impliqué plus de solidité que le second. Celui-ci n'était qu'un sentiment: *credere*. L'autre fut un acte, *confidere*, et *croire* fut un degré pour arriver à se *confier*.

L'usage est resté conforme à l'étymologie. La confiance dans le sens que nous y attachons, se donne à des choses acquises, passées, certaines; elle repose sur des preuves.

Le crédit s'accorde à des choses douteuses, futures, quelquefois fictives; il se fonde sur des présomptions.

De la confiance a été donnée au gouvernement, à la propriété, aux institutions, aux principes; le crédit a été donné au commerce, aux banques, à la faveur et aux promesses.

» Ce dernier, étant chose légère, a besoin que l'autre lui serve de base. Le crédit de la banque naît de la confiance dans le gouvernement: le crédit du commerce naît de la confiance dans la propriété; le crédit des promesses naît de la confiance dans les principes. »

» Comme la modification des mots suit et indique celle des mœurs, ce serait un peuple déchu, que celui où le mot *crédit* serait devenu synonyme de confiance; tandis que le peuple où le commerce occuperait le premier rangs dans l'État, atteindrait cette synonymie. » (Par M. A. de Frenilly, conserv. tome VI, page 529.

195. CHARITÉ. Les théologiens en distinguent deux espèces.

1° La *charité* envers Dieu;

2° — Envers le prochain.

La politique ne doit s'occuper que de cette dernière.

196. PHILANTHROPIE. Depuis que les philosophes modernes se sont si impitoyablement acharnés contre la religion et ses ministres, ils ont tâché de substituer la *philanthropie* à la charité, l'amour de la totalité du genre humain à celui de son prochain; et ils ont réussi au delà de leurs espérances à confirmer la justesse de ce proverbe : *Qui aime tout le monde, n'aime personne.*

14*

Voilà les bienfaits de la philanthropie. Ils nous rendent indécis si nous devons la placer au rang des vertus ou des vices politiques du siècle.

Voyez le mot *humanité*, ci-devant, tome 1, n° 90, page 166.

197. Médisance. Contre l'autorité de tous les casuistes et de tous les dictionnaires, je mettrai la *médisance* au nombre des vertus politiques.

En vous racontant les histoires scandaleuses de son prochain, le médisant vous apprend à le connaître et à vous méfier des sots, des fripons, des intrigants, et des hypocrites avec lesquels vous voudriez ou vous pourriez avoir affaire.

L'amour de la patrie l'irrite, quand il voit son pays mal gouverné, et les sottises des gens en place qui l'entraînent vers sa décadence, à pas redoublés : tout bon citoyen devient alors un médisant. Cette vertu politique ne provient pas toujours d'une source aussi pure. Elle est plus rarement le fruit d'un civisme courroucé que de la jalousie, d'une méchanceté naturelle, de l'envie de nuire, ou simplement de la fatuité de briller dans une société, qui, en se déchaînant contre la médisance, la provoque et l'écoute souvent volontiers : quelle que soit son origine, ses effets n'en sont pas moins favorables au public. Un fermier refusera-t-il de fertiliser sa terre et d'en obtenir des récoltes excellentes, parce qu'elles seraient nécessairement les résultats de la combinaison d'une eau limpide, et **du fumier** le plus dégoûtant ?

Le discrédit dans lequel la médisance publique était

tombée en France, a été une des principales causes de la révolution et des maux qui ont affligé ce malheureux royaume depuis la mort de Louis XIV. Quelle mine inépuisable à exploiter, si par des exemples modernes, on voulait confirmer ce qu'on vient d'avancer. Contentons-nous d'en avertir nos contemporains et la postérité, afin qu'ils ne les oublient pas, dans les développements qu'ils feront de notre histoire.

198. CALOMNIE. Il y a autant de différences entre la *médisance* et la *calomnie*, qu'il y en a entre la vérité et le mensonge. Ainsi la médisance est une vertu politique, et la calomnie un vice anti-social qui inspire un mépris public, et qui mérite la répression des lois, s'il y a possibilité. La médisance au contraire démasque et dénonce publiquement, toutes les fois qu'elle en trouve l'occasion.

Malgré ce contraste frappant, les casuistes et les gens du monde ne les en plaçaient pas moins au même rang, dans la liste des péchés. En les associant ainsi, ils avilissaient la médisance, sans honorer la *calomnie*. Par cette politique sage et prudente, ils émoussaient les coups que la médisance leur portait, et dont ils ne pouvaient se défendre, dans l'opinion des bons citoyens et des gens en place bien intentionnés. Mais ils en affaiblissaient considérablement la force, en les confondant avec les rapports de la *calomnie*, dont ils pouvaient se justifier facilement; et les méfaits tant réels qu'imaginaires qu'on leur imputait faussement ou non, ne faisant ainsi qu'une masse, les méchants se procuraient par cette tactique, les moyens de calomnier à leur tour les médisants qui parlaient mal d'eux, en ne disant que la vérité. Cette politique maniée avec adresse et soutenue avec persévérance, par ces bandes de gens véreux, si communs dans les grandes villes des pays civilisés et commerçants, finit, presque toujours, par entraîner dans son parti, la cohue des personnes vertueuses. Elles deviennent de bonne foi, les panégyristes des coupables et leurs plus ardents défenseurs, au grand avantage des intrigants et de l'injustice, au détriment de l'opinion publique et du choix des principaux fonctionnaires de l'État.

Ce sont les *calomnies* des philosophes publicistes qui ont perdu la France, et c'est au défaut de la médisance publique qu'il faut attribuer la prolongation de ses malheurs.

« De tous les vices, le plus ignoble dans son principe, et le plus désastreux dans ses conséquences, c'est la *calomnie.*

» La *calomnie* trouve des passions sans frein, pour l'exciter, des libelles sans fin pour la défendre, des gens sans nombre pour l'écouter, et trop souvent des gens de bien pour y croire et la légitimer; et si la physique a trouvé des antidotes contre le poison, la morale n'en a pas encore trouvés contre la *calomnie.*

» Elle part des gens les plus corrompus, parce qu'ils ont plus de haine à exercer, de remords à ronger et d'envies à satisfaire; et si parmi eux, il se trouve des hommes dont les noms pourraient en paralyser l'effet, ils la neutralisent chez l'étranger, d'où elle revient en France exploiter les gens de bien à leur profit. Le secours de l'anonyme leur est offert, afin de prouver, qu'en rougissant de leur nom, ils rougissent au moins de quelque chose.

» C'est surtout dans les temps malheureux que la calomnie rompt tous les liens, disons toutes les unions, et empoisonne toutes les existences. Elle s'attache aux talents et aux vertus : ne pouvant pas vaincre les gens de bien, les méchants les calomnient, et s'imaginent les ravaler à eux, s'ils les accusent seulement de les imiter. » (Article de M. *de Madrolle*, Drap. blanc, 24ᵉ livraison, tome II, page 505.)

199. CAQUET. Les *caquets*, chez le peuple, ne sont qu'un besoin de se mêler des affaires d'autrui, pour s'occuper dans le désœuvrement. Ils ont la même origine dans les rangs élevés; mais les progrès des lumières en ont formé un art perfide d'assassiner ceux mêmes que l'on caresse. Des *caquets* des grands sont des coups de poignard. Preparer et assaisonner la calomnie, couvrir ses rivaux de ridicule, et de préjugés défavorables contre eux, c'est la science de la Cour, c'est le chef-d'œuvre de la politique. Les *caquets* des petites gens n'annoncent que l'envie de parler; ceux des gens comme il faut sont inspirés par l'envie de nuire et d'écarter leurs concurrents. On a vu le temps où les *caquets* des hommes d'État étaient des délations et des arrêts de mort : on était égorgé par compère et par commère. (1) »

C'est le sort de ceux qui vivent sous une anarchie, dans le moment où un parti victorieux veut assurer son autorité

(1) Voy. Geoffroy, feuilleton, art. les *Caquets*, comélie de Ricoboni.

et complaire à ses partisans; ou bien sous un gouvernement despotique où tout dépend de la volonté du prince. Quelque bien intentionné qu'on le suppose, il est homme, et les *caquets* adroitement répandus autour de lui, peuvent, dans une infinité d'occasions, beaucoup nuire à ses affaires et à celles des honnêtes gens qui sont à son service.

Des tribunats publics et bien composés sont le remède connu le plus efficace contre l'influence pestiférée des caquets.

Pendant une quinzaine d'années avant sa révolution, la France a été gouvernée, en grande partie, par les *caquets* de ce qu'on appelait alors la *bonne compagnie* de Paris.

200. LA BONNE COMPAGNIE. Avant la révolution, *la bonne compagnie* de Paris faisait un parti puissant en France. Voici comme M. le comte de *Bezenval* nous dépeint son caractère, (dans ses *Mémoires*, tome premier, page 134.)

» La dépravation des mœurs était si grande dans ce temps-là, que dans la bonne compagnie, les femmes dont les maris se souciaient le moins, n'étaient plus les leurs. Il était du bel air de ne point vivre avec elles, et c'eût été se couvrir du plus grand ridicule que d'en être jaloux, à plus forte raison de faire un éclat. »

» La licence de la régence avait fait dégénérer la galanterie de la Cour de Louis XIV, en libertinage effréné. Sous les règnes de Louis XV et de Louis XVI, les hommes de la bonne compagnie ne furent occupés qu'à augmenter authentiquement les listes de leurs maîtresses, et les femmes à s'enlever leurs amants avec publicité; et sur ces objets le mensonge suppléait souvent à la réalité; c'était reçu. »

» Les maris réduits à souffrir ce qu'ils n'auraient pas pu empêcher sans se couvrir du plus grand des ridicules, avaient pris le sage parti de ne point vivre avec leurs femmes. Logeant ensemble, jamais ils ne se voyaient : jamais on ne les rencontrait dans la même voiture; jamais on ne les trouvait dans la même maison, à plus forte raison réunis dans un lieu public. Le mariage en un mot était devenu un acte utile à la fortune, mais un inconvénient dont on ne pouvait se garantir qu'en en retranchant tous les devoirs. Si les mœurs y perdaient, la société y gagnait infiniment. Débarrassée de la gêne et du froid qu'y jette toujours la présence des maris, la liberté y était extrême; la coquetterie mutuelle des hommes et des femmes en soutenait la vivacité et fournissait journellement des aventures piquantes. L'attrait du plaisir, qui en faisait la base, en bannissait toute espèce de langueur, et l'exemple habituel des plus grands déréglements autorisait à braver les principes et la retenue. »

» D'après ce tableau, on croira facilement que ce n'étaient point les passions, encore moins l'estime, qui faisaient les inclinations; *avoir* pour les hommes, *enlever* pour les femmes, étaient les vrais motifs qui faisaient attaquer et se rendre, aussi on se quittait avec autant de facilité qu'on s'était pris. Souvent, il n'était question que d'une passade d'un ou de plusieurs jours, sans que des deux côtés on abandonnât ce qu'on avait en titre, et sans autre point de vue que de se vanter pour les hommes, et de se livrer au plaisir, à la gaîté, à l'occasion pour les femmes. »

Quelquefois, mais la chose était rare, le goût succédait à la jouissance, et l'on continuait à vivre ensemble, avec des

ménagements mutuels. On qualifiait alors une telle inclination du titre de respectable, et l'on était craint dans la société,
par la contrainte et l'ennui que ne pouvaient manquer d'y
causer deux personnes qui n'y étaient plus occupées que
des sentiments réciproques qu'elles soupiraient. La retenue
qu'il fallait observer avec eux était gênante. » (1)

Le baron de Bezenval était un des hommes les plus répandus dans la bonne compagnie. Bon observateur, il la
connaissait bien. A ce tableau en prose que nous lui devons, nous en ajouterons un autre en vers, que l'on attribue au marquis d'Adhémar, qui a été Ambassadeur en Angleterre, un des bons amis de Cour du baron de Bezenval.
Ces deux célèbres courtisans fréquentaient habituellement
les grandes sociétés de la Cour et de la capitale; ils y étaient
recherchés et reçus avec distinction. Des portraits faits d'a-
près nature, par ces peintres habiles, inspirent trop de confiance, pour qu'on puisse douter de leur parfaite ressemblance avec le modèle qu'ils avaient sans cesse sous les yeux.

AIR : *Le bonheur de Pierrot est dans sa Colombine.*
Du Tableau parlant, opéra de Gretri.

La plus C..in pour moi sera la plus jolie ;   (*Bis.*)
    Je vivrai sous ses lois
    Pendant un mois.
    La *bonne compagnie*
    N'est rien qu'hypocrisie.
    Ma foi, vive le vin,
      Et la C..in.

(1) Mémoires de *Bezenval*, édition des Baudouins, tom. I, p 128,
130.

Dans un monde trompeur, j'eus de la bonhomie :
    Je parlais de l'*honneur*,
    J'offris mon cœur.
    La *bonne compagnie*
    Persifla ma folie.
    Ma foi, vive le vin,
       Et la C..in.

D'une prude à grands frais je me fis une amie,
    Même encor je l'aurais
    Sans son laquais.
    La *bonne compagnie*
    Par fois se mésallie.
    Ma foi, vive le vin,
       Et la C..in.

Cette bonne compagnie avait une grande opinion d'elle-même. Tout ce qui ne portait pas son cachet était par elle rejeté avec dédain, comme une œuvre de province, qui méritait à peine un regard, Un homme, un ton, un roman, une chanson, une plaisanterie, ces objets, très-différents entre eux, recevaient de ce Tribunal, l'éloge le plus complet, lorsqu'il prononçait qu'ils étaient de bonne compagnie. Elle se trouvait quelquefois, par des circonstances particulières, obligée de recevoir ou de souffrir les autres dans sa société, mais elle les marquait bien vite du sceau de sa réprobation, par des épithètes de dérision. Le maréchal de Vaux s'y appelait le caporal; et le bailli de .Suffren, après sa brillante campagne de l'Inde, l'un de nos plus habiles et de nos plus braves marins (qu'on me pardonne cette citation grossière), ayant eu la sottise d'être un courtisan assidu, ne fut bientôt désigné, parmi ses nouveaux confrères adoptifs, que sous le nom du *gros bailli.*

Sous le règne de Louis XVI, la bonne compagnie eut sans exagération une grande influence sur les affaires et les démarches du gouvernement. Les Ministres la craignaient; elle en a fait placer quelques-uns et déplacer beaucoup d'autres. Elle s'était pour ainsi dire emparée de droit de la nomination des grandes ambassades, des gouvernements de province et de tous les postes brillants et lucratifs de l'État. Elle n'avait pas non plus négligé de disposer en partie des pensions sur la cassette, et des diverses caisses royales, prodigues de leur argent, lorsqu'il s'agissait de payer les dettes et de pourvoir aux besoins un peu dispendieux de ces êtres privilégiés dans la bonne compagnie. Un d'eux, sous M. de Calonne, emprunta 1,200,000 francs au trésor royal; il s'en excusait en émigration, en disant : « Il est tout simple qu'un roi prête de l'argent à son ami. » Voilà l'inconvénient de ne pas savoir, avant de les employer, définir avec précision les mots techniques de la politique. Faute de cette précaution indispensable, on risque, tous les jours, de confondre le Pape avec l'Eglise, le chef d'une Cour de justice avec le Tribunal qu'il préside (1). Dans la juste acception des mots, les Rois ne reconnaissent aucun ami particulier; ils n'ont que des sujets.

Une sensibilité factice régnait alors sur les hautes et moyennes coteries de la France. Au dire d'Arnaud Baculard, un *embonpoint de sentiment* (2) dont les apparences trompeuses ont attrapé beaucoup de nigauds; cette graisse sentimentale, à la Baculard, alimentait les cœurs secs et

---

(1) Voy. l'article *Roi*, Corresp. royaliste; n° IV, pag. 217.
(2) Lettre III de la Correspondance littéraire de *Laharpe*.

les esprits vides de la bonne compagnie, et fournissait d'ample pâture aux conversations de ses salons et de ses soupers. On s'y repaissait, avec délice, de ces lieux communs si souvent répétés, sur la pitié, la commisération, l'injustice des juges, la cruauté des lois, l'insuffisance des preuves, et sur le bonheur ineffable de sauver la vie à un homme, eût-il commis les plus grands crimes. Les procédures criminelles soumises à sa révision, entraînaient avec elles de longues discussions bien pathétiques, pour prouver que les patients, qui périssaient sur l'échafaud, n'avaient jamais eu tort, mais plutôt les Juges qui les avaient condamnés; et au sujet d'un supplicié fameux, on a vu ces aréopages si pitoyables, s'attendrir sur ce traître, épouser sa cause avec chaleur, se déchaîner sans mesure contre le parlement, qualifier d'assassinat l'arrêt de mort prononcé contre ce malheureux, et dire publiquement et de bonne foi : « Oui c'est un scélérat, un monstre que tout le monde avait le droit de tuer, excepté le bourreau. » Mais, dans cette hypothèse, n'était-il pas heureux que le bourreau s'en chargeât, et qu'il en purgeât la société une fois pour toutes?

Les recherches, la profondeur, la patience de rassembler les matériaux, de prendre les informations nécessaires, de les comparer et de les combiner ensemble, n'étaient point des qualités requises dans la bonne compagnie, pour décider impérieusement sur une question quelconque. Elle les discutait et les jugeait toujours d'après ses premières impressions et les propos mis en vogue chez le beau monde de Paris, par le *comité directeur des nouvelles*, car il y en avait un, et les philosophes s'en étaient emparés.

Ces sociétés n'étaient point des cohues, peu s'en fallait; mais sans se tromper beaucoup, on aurait pu les prendre pour des groupes d'écoliers qui répètent leurs leçons, sans savoir ce qu'ils disent. Les contemporains de ces temps-là se ressouviennent sans doute de la facilité avec laquelle se répandaient et s'accréditaient, chez les gens du bon ton, ces rumeurs scandaleuses qui font l'aliment de la conversation et la pâture de la malignité. Ces cœurs sensibles, à la mode du jour, s'intéressaient et plaidaient vivement en faveur de tout mauvais sujet qui se plaignait d'avoir été opprimé par un homme puissant, ou par une Cour de justice. Chacun croyait être un héros de l'humanité, en prenant le parti des prévenus; et il semblait que leur cause fût toujours celle de l'innocence accablée. La pitié est peut-être le ressort le plus puissant des affections populaires; et ces conversations de salon méritèrent souvent cette épithète.

Les philosophes cultivèrent avec soin ces heureuses dispositions irréfléchies, afin de se ménager parmi les personnes les plus considérées en France, des appuis et des protecteurs exaltés et bavards en faveur des *repris de justice*, dont ils espéraient un jour faire des révolutionnaires. Nous en avons déjà cité un exemple un peu plus haut.

Qui n'a pas partagé avant la révolution, les sentiments d'indignation et d'horreur que Voltaire et compagnie ont voulu nous inspirer contre les parlements, juges de *Calas,* du chevalier *de la Barre* (1) et de tant d'autres fanatiques

_____

(1) Pour *Calas*, voy. *l'Art de faire des lois*, note de la pag. 48. Paris, 1820. -- Pour le Chevalier de *Labarre*, voy. la *Tydologie*,

enragés contre la religion dominante en France? Le temps nous a pourtant appris qu'ils avaient mérité leur supplice. A-t-on jamais vu à Paris, rien de plus scandaleux que les honneurs du triomphe qu'on décerna au baron *de Trenck*, retenu en prison à cause de ses infamies, sous le règne de Frédéric II, roi de Prusse? Enfin, entraîné par les caquets de la bonne compagnie, le public n'approuvait que l'impunité; on ne s'engouait que pour les criminels; on était enchanté d'en garnir la société aux dépens de l'échafaud. Eh bien! on a eu des scélérats, plus peut-être qu'on n'en voulait : mais à qui la faute? N'a-t-on pas applaudi à la grâce accordée à la fille *Salmon*, empoisonneuse à Caen; aux trois assassins sauvés de la roue par le président *Dupâty*, et à une infinité de coupables, échappés de la potence, qui, sans compter le marquis de *Mirabeau*, ont ensuite joué des rôles plus ou moins éclatants dans nos troubles politiques.

Outre l'acquisition de ces nombreuses recrues, les précurseurs de l'anarchie et de la corruption générale, attachaient à cette philanthropie du moment, un prix bien plus avantageux pour leurs coupables desseins. Ils travaillaient à dégrader les tribunaux et à dégoûter les juges de faire leur devoir. Ces fausses maximes infestèrent bientôt nos jeunes magistrats; ils étaient fiers et professaient hautement leurs serments de tolérance et de philanthropie : et

---

chap. IV, tom. II, note T, pag. 615. Londres 1813, et à Paris chez Lamy, libraire, Barrois et Guillaume.

toutes les fois qu'ils le pouvaient, ils le mettaient en œuvre. Le président de St-Fargeau fut un des coryphées de cette secte, qui se distingua le plus par son zèle à sauver tous les scélérats amenés devant son tribunal. Il se vantait, avec une satisfaction remarquable, de n'avoir jamais condamné personne à mort. Ce maniaque pour la première fois, lors du procès du vertueux Louis XVI, renonça à son système favori, et à sa clémence banale. Il vota pour l'assassinat juridique de son malheureux roi. Ces symptômes qui se sont succédés coup sur coup pendant une vingtaine d'années avant la révolution, étaient marquants; ce qui nous a perdu, c'est de les avoir dédaignés.

Il y a eu un temps où il semblait qu'il n'y avait qu'une voix dans ce qu'on entendait, ni qu'un esprit dans ce qu'on lisait. Cette unanimité exclusive, en faveur d'une opinion à la mode, est encore assez en usage. Ce n'est pas d'aujourd'hui qu'on a accusé les Français d'être le plus souvent des échos, que des originaux dans leurs livres, dans leurs conversations, et même dans leurs jugements. Les sociétés qui permettent des controverses raisonnables sur quelques points de leur doctrine favorite, sont très-rares; dans l'intimité d'un tête-à-tête, on ne l'essaye pas toujours impunément avec un vieux ami. Le gouvernement représentatif nous accoutumera peu à peu à souffrir la contradiction. Nous n'y sommes pas parvenus, il s'en faut : nous y viendrons peut-être, mais nous en étions bien loin, sous l'empire absolu de la bonne compagnie.

Lorsque l'autorité de ce tribunal suprême et inconséquent à l'excès fut généralement reconnue, tout le monde voulut en faire partie. On se vit obligé d'en prendre le ton et les allures, sous peine d'être relégué, turlupiné et traité comme un vieux radoteur de province. Au milieu de tant de singes, on s'attendait d'avance à trouver beaucoup de caricatures; on s'en moquait, mais en même temps on leur savait gré de leur soumission et de leur bonne volonté.

Le tort le plus inexcusable que la France reprochera toujours à cette bonne compagnie, c'est d'avoir inoculé avec une persévérance et un succès remarquables, son virus de frivolité impérieuse dans tous les états; chacun devint honteux d'être ce qu'il était. Cette manie à la mode avait placé en général beaucoup de gens d'esprit, et peu de gens d'affaires. Ministres ou chefs d'une partie quelconque de l'administration, on mettait une grande importance à passer pour un des aimables de ces brillantes sociétés. La réputation de pédant vous plaçait de droit dans ses derniers rangs; mais en revanche, celle de roué vous y donnait de la considération, élevait votre mérite à ses yeux, et augmentait l'empressement qu'on avait de vous y recevoir.

Si vous joignez à ces traits malheureusement trop ressemblants, la démangeaison qu'on avait alors de débiter des phrases, et de prononcer doctoralement des lieux communs en guise de d'apophtégmes irrécusables, vous ne serez point étonné d'apprendre que dans ce temps-là, un ecclésiastique ambitieux d'attraper des bénéfices et de jouer un petit rôle dans le monde, rougissait presque de s'avouer chrétien. On regardait la soutane, ce grand uniforme du sacerdoce, comme un habit indécent, proscrit à la Cour et à la ville, et dans les assemblées au-dessus de celles de la plus mince bourgeoisie. Un abbé de la bonne compagnie n'aurait pas osé s'en affubler. Ce vêtement honorable l'en eût exclu, et on l'eût traité à l'instar de ces petits prêtres de paroisses, qu'on reçoit le matin sans conséquence; mais le pire de tout fut de voir cette infection gagner les cours judiciaires, et la pépinière de nos administrateurs. Les maîtres des requêtes étaient des petits-maîtres, la plupart légers et assez ignorants. Il s'en fallait de beaucoup que notre magistrature eût le même caractère et méritât la même considération, après le coup d'autorité qui l'accabla en 1771, que celle dont elle avait joui avant cette funeste catastrophe. Les parlements furent bien réintégrés dans leurs fonctions en 1775, mais on ne songea pas à leur rendre le bon esprit et la considération politique qu'ils avaient avant leur disgrâce. Une partie de leurs anciens membres n'alla presque plus au palais; une jeunesse irréfléchie les remplaça et finit par obtenir une grande prépondérance dans leurs corps respectifs. Ses prédécesseurs, jansénistes, pédants, vivaient entre eux, fréquentaient peu les grandes sociétés, et restaient renfermés volontiers dans le cercle de leurs études et de leurs devoirs. Mais on ne s'y reconnaissait plus aux approches de 1787, 1788, et même avant, jusqu'en 1771, époque de leur première suppression. Ces nouveaux conseillers, et surtout leurs meneurs, dédaignaient avec affectation, les travaux obscurs de leur métier. Ils ne faisaient cas que de la partie brillante qui les rendit célèbres par des coups d'éclat qui pouvaient faire beaucoup de bruit dans la bonne compagnie. Ils y étaient très-répandus, et elle les soutenait et les encourageait de toute sa force, par ses déraisonnements et par ses clameurs, professant hautement leurs maximes philosophiques. Pleins de suffisance et de fatuité, on voyait ces docteurs en droit, tirés à quatre épingles, plus jaloux d'être pris pour d'aimables roués, que pour de graves magistrats.

La suppression des parlements en 1771 fut une époque honorable à la bonne compagnie. L'élévation de Mme du Barry, au préjudice d'une des merveilleuses de ces cercles brillants, et le renvoi du Duc de Choiseul, protecteur et protégé de leurs coteries, contribuèrent peut-être autant que le patriotisme éclairé de ces Dames, à les animer contre le renversement de la première et de la plus utile des institutions de la monarchie française. Elles défendirent, envers et contre tous, ces magistrats, ces dignes soutiens de la royauté légitime, et s'allièrent de cœur et d'âme avec Beaumarchais, qui accablait, sous le poids des plus mordants ridicules, ces tripots judiciaires du chancelier Maupeou, et dévoilait avec justice la turpitude de la conduite qu'ils avaient tenue dans son affaire contre le conseiller Goësman, son rapporteur dans un procès précédent.

La force de la vérité, l'histoire de chacun de ces nouveaux aréopagites *à la chancelière*, celle de plusieurs distractions malheureuses de leur part, la mésavanture de ces Cours à la Maupeou, ces différentes anecdotes propagées par les mille et une bouches de ces femmes à la mode que les mœurs du temps rendaient invulnérables contre les coups des autorités existantes alors, entraînèrent l'esprit public de Paris et des provinces, et déterminèrent peut-être M. de Maurepas, autre femmelette, à rétablir en 1775, l'ordre judiciaire en France, tel qu'il était avant 1771. Il ne suffit pas de faire un enfant; il faut ensuite surveiller son éducation; c'est ce que M. de Maurepas et ses successeurs oublièrent entièrement.

Fronder les choses et les actes du gouvernement, n'est pas chose rare en France; c'est une production territoriale impossible à extirper, sans y laisser des racines; et en conscience, je ne crois pas que la nation gagnât beaucoup à rendre ses citoyens plus discrets à cet égard. Cette intempérance de la langue a fait du bien; elle a fait du mal; il en est ainsi de tout. Les chansons, les quolibets, ont été pendant long-temps, chez nous, les armes favorites de l'opposition. Elles suffisent, si les fonctionnaires publics respectent leur réputation. Mais elles s'émoussent, et c'est en vain qu'on essaie de s'en servir, lorsque la pudeur s'est enfuie du ministère. Les gens en place ne l'avaient pas encore bannie de chez eux en 1771 et quelques annés après; aussi cet esprit de dénigrement et de critique, prit un essor impétueux, au moment du renvoi du Duc de Choiseul, et de la dissolution des parlements. La bonne compagnie, armée de couplets, de sarcasmes et de récriminations, attaqua de front le Duc d'Aiguillon et sa séquelle désorganisatrice.

La Cour faiblit contre cet ennemi acharné; elle n'imposait plus, ni par un maintien qui lui donnât de la considération, ni par le bon ordre qui retient tout le monde à sa place, ni enfin par cette sagesse qui gouverne passablement les différentes branches de l'administration. (1)

Le beau sexe animait cette armée parlante et intrigante; il fallait être femme pour obtenir la confiance et les grâces des Ministres de Louis XV et de Louis XVI. Leur

(1) Voy. Mémoires du baron de *Bezenval*, tom. II, pag. 115.

influence quelquefois abusive a continué sans interruption jusqu'au règne des factieux. Elles les ont même un peu aidés sans le vouloir, ni sans le savoir.

Les Montbarey, les Breteuil, les Ségur et tant d'autres ne suivaient que trop la tactique du Maréchal de Castries, qui, selon le Baron de Bezenval, » avait vis-à-vis des femmes autant de facilité qu'il se montrait rébarbatif avec les hommes, en quoi il ressemblait parfaitement au Duc de Choiseul. Je ne sais si ce calcul est bon, mais il faut convenir que le Duc de Choiseul ne s'en est pas toujours bien trouvé. » (2)

L'opinion publique alors imposait beaucoup au gouvernement. La bonne compagnie ne la déterminait point; elle lui était presque toujours soufflée par quelque parti d'intrigants, mais elle la soutenait, la propageait, la faisait valoir, et décidait souvent ses succès. Le sexe féminin jouait le plus grand rôle dans ces bandes de frondeurs enrégimentés; les Dames en faisaient l'ornement et la force. Le feu roulant de leur jabotage inextinguible, a dans plusieurs circonstances occasionné beaucoup de maux, et quelquefois un peu de bien. Pour cette fois, par exemple, en commandant à M. de Maurepas de rétablir les parlements sur leur ancien pied, ces oies du frère Philippe sauvèrent le Capitole.

La place reprise, il fallait la conserver, renforcer ses fortifications, ne pas dégoûter ses gardiens, par mille tracasseries humiliantes, et surtout ne pas se remettre dans les

---

(1) Voy. les mêmes mémoires, tome II, pag. 122.

mêmes embarras, dont on ne s'était tiré si heureusement que par l'appui d'un corps aussi versatile dans ses volontés et dans ses alliances, que la bonne compagnie.

Ces tripots politiques, législatifs, administratifs et tranchants, entremêlés de masculins et de féminins, remplissaient alors, de leur plein droit et de leur propre autorité, les fonctions des vrais États-Généraux du royaume; et c'était aux déesses, trompettes du parti, qu'il fallait s'adresser, si l'on voulait réussir en France. Mais on ne travaillait pas avec elles aussi facilement qu'on pourrait le croire. Il est presque impossible de suivre une affaire sérieuse avec ces femmes de haut parage; des à-propos disparates sur des riens, des petites commissions, des valets qui entrent et sortent sans cesse, et cette éternelle toilette dont les apprêts ne finissent jamais, vous obligent, à chaque instant, d'interrompre les conversations les plus importantes. En nousdéveloppant l'histoire des intrigues qui placèrent le Maréchal de Ségur, au ministère de la guerre, le Baron de Bezenval se plaint avec humeur de la multitude des inconvénients de cette espèce, qu'il rencontra perpétuellement dans le cours de ses négociations. Au reste dans ses réminiscences particulières, chacun en trouvera des preuves encore plus convaincantes pour lui.

Ce fameux courtisan confirme encore dans ses Mémoires une grande vérité historique. C'est qu'avant la révolution, la Cour ne croyait pas qu'il y eût en France d'autre société qui méritât de la considération et des grâces, sinon les courtisans et les gens qu'on appelait alors la haute et bonne compagnie de Paris.

Le Baron de Bezenval fort répandu à la Cour, passait

sa vie dans la société intime du Roi, de la Reine et de la favorite. Il les amusait par des contes, des facéties, des chansons, et autres gentillesses qu'il avait l'art de faire valoir, bien au delà de leur mérite; et en bon suisse des mieux dégourdis, il remplissait parfaitement son rôle de Loustic, dans ces nobles assemblées ;

Et tu lui dois, ô nation Française,

le rappel de la charmante romance historique de *Malboroug s'en va-t-en guerre*, qui eut tant de vogue de son temps. Après avoir rendu un tel service, on sent combien il dut être en faveur, et au fait des moteurs secrets du gouvernement; il mérite donc une confiance implicite, lorsqu'il nous disait en 1790 ou 1791 : « depuis quelques années, et c'est le cri public, les intrigues ont gouverné la France : la position où elle se trouve, en est le digne fruit; (1) »

Tout cela finira, quand

Au lieu de tripoter on voudra gouverner.

Les Français sont singes et placent toute leur vanité à se modeler autant qu'ils le peuvent, sur leurs grands seigneurs; tant pis pour les mœurs et l'esprit national, si ces dictateurs des belles manières, mettent à la mode le vice, la frivolité, la suffisance et le goût des innovations. Aussitôt la haute bourgeoisie, et de proche en proche tout le monde jusqu'à la populace, deviennent vicieux, étourdis, imper-

---

(1) Mémoires de *Bezenval*, Paris 1821, tome II, pag. 385.

tinents, et ne respirent qu'après des nouveautés. Au temps de la terreur et du directoire, sous le règne de ces bourreaux, alors nos gouvernants, on a vu, les aristocrates, les honnêtes gens de toutes les classes dont on avait spolié et massacré les parents, en un mot, les personnages de cette bonne compagnie si vantée autrefois et aujourd'hui, aller au bal avec leurs femmes et leurs filles, coiffées *à la victime.* On en riait !!!.

> La bonne compagnie
> N'est qu'hypocrisie.

En effet tout s'y trouvait factice, et il n'y avait rien de naturel. Un jargon de convention, des étiquettes puériles sur la manière de se mettre à table, de placer sa serviette, de rompre son pain, et mille misères de cette espèce, formaient un code hérissé de détails rigoureusement exigés par la bonne compagnie. Non rien n'était naturel : la loi défendait aux époux de s'appeler autrement que *Monsieur* et *Madame* en société. Les grosses embrassades de nourrices, ces tendres épanchements que les pères et mères se plaisent tant de répandre sur les joues de leurs enfants, sont relégués de droit en province ou dans les plus basses classes du peuple, où l'on ne sait pas vivre. Un baiser bien froid et bien respectueux, appliqué sur le front, suffisait et contentait alors l'amour paternel et maternel.

La franche gaîté, les éclats de rire, ne s'y souffraient point; un sourire bien pincé, malin ou approbatif, était le seul signe d'hilarité qu'on y tolérât.

Il n'était pas permis, passé vingt ans, aux femmes et aux demoiselles de danser, ni de partager les plaisirs que les dames, leurs maris, et leurs filles d'un certain âge, honoraient de leur présence sans pouvoir y participer. Ces fêtes, ces mascarades, ces usages populaires, dont nos aïeux, gens grossiers, ignares et non lettrés, dans les usages du monde, attendaient le retour avec impatience; où ils folâtraient et comméraient avec tant d'abandon et de cordialité, étant devenus l'objet du dédain de la bonne compagnie, le furent aussi, bientôt après, de celui de la bourgeoisie, depuis ses plus hautes classes jusqu'à ses derniers degrés. Les blanchisseuses tant soit peu hupées de Paris, croiraient se dégrader, si elles se mêlaient, aujourd'hui, aux jeux de leurs compagnes moins fortunées, à la mi-carême, le jour de sainte-Gertrude, leur patronne: alors plus de bonhomie, partant plus de joie, partant plus d'intimité.

Le luxe commença à décomposer ces réunions, qui faisaient les délices de nos ancêtres: la révolution acheva le reste. Tout le monde étant égaux, tout le monde eut les mêmes prétentions, et voulut prendre les airs de la bonne compagnie. Ces plaisirs si bruyants, si joyeux et renouvelés des beaux siècles de Rhée tombèrent graduellement en désuétude; à peine en découvre-t-on quelques vestiges dans les petits villages bien pauvres et dans les derniers rangs de la société.

Il faut voir les hommes sur un grand théâtre, pour connaître de quoi ils sont capables. Dans la bonne compagnie ils sont trop confondus: d'ailleurs elle se borne à des détails communs, à des situations connues où la conduite est dictée; ce n'est que lorsqu'on discute des sujets d'un intérêt majeur, et non à bâtons rompus, que les idées s'élèvent dans un individu capable d'en avoir, et que l'occasion de se développer se présente.

On ne saura jamais en France, quelque bien qu'il puisse en résulter, se donner le temps d'attendre les événements. La légèreté, l'impatience de la nation, ne connaissent de résolutions que celles du moment. D'ailleurs la gloire ou l'intérêt particulier de quelques ministres, ou de quelques personnages en crédit, l'emporteront toujours sur le bien public.

— Les Français, avec un génie vif et pénétrant, saisissent toute impression avec avidité, mais dépourvus de réflexion ils n'ont aucune tenue, parce qu'ils manquent de principes. Toujours entraînés par la première apparence, ils changent de façon de penser comme de situation. Présomptueux du plus petit succès, ils sont abattus au moindre revers. Ils rappellent tout à fait les Athéniens, que le reste de la Grèce appelait des *enfants*, quoiqu'ils aient su être de grands hommes dans certaines occasions. Ce ne sont point les livres de J.J. Rousseau, de Voltaire, d'Helvétius, de l'abbé Raynal et de tant d'autres frondeurs de la religion et du gouvernement, qui ont fait le mal dont on se plaint aujourd'hui : mais la considération immense et irréfléchie que la bonne compagnie accorda aux auteurs de ces écrits philosophiques, à qui nous devons attribuer les désordres où leurs ouvrages nous ont entraînés.

D'où vient que les *émigrés* ont été si mal soutenus, qu'aucune association *royaliste* n'a jamais prospéré? C'est que leurs chefs, leurs principaux personnages, sortirent tous de la bonne compagnie, et conservèrent l'habitude d'être avides et dédaigneux. (1)

---

(1) Voy. l'article *Usage du monde*, dans les préceptes politiques.

201. Philynte. La médisance et la calomnie attaquent
indifféremment les gens honnêtes et ceux qui ne le sont
pas. Mais un *Philynte* est un homme qui, sans aucune distinction, dit du bien de tout le monde. Cette classe est
fort aimée et fort prônée dans toutes les coteries, parce
que personne ne la craint, et que chacun espère en tirer un
parti favorable pour ses intérêts particuliers. C'est pourtant
le caractère le plus dangereux pour la société, car si celui
qui le possède, n'y jouit pas de la considération d'un homme
sans conséquence, d'un homme sur la parole duquel on ne
doit jamais compter, il devient le complice bénévole de
tous les charlatans et de tous les mauvais sujets qui ne vivent que de tromperies.

202. Saint Jean a bouche d'or. Les Français du temps
de Louis XIV, étaient animés d'un excellent esprit dont il restait encore des traces dans chaque troupe, quand je suis entré
au service en 1768. On y remarquait un certain nombre
de personnes d'une conduite irréprochable, et d'une exactitude exemplaire à remplir leur service. Beaucoup d'entre
eux avaient de l'esprit et des talents distingués, mais poussés par l'amour excessif du bien et de l'honneur de leur
corps, ils étaient d'une sincérité brutale qu'aucune considération personnelle ne pouvait arrêter. On les appelait des
Saint Jean à bouche d'or, et ils composaient ce qu'on nommait une *brigade brutale,* qui jouissait d'une grande considération dans les corps, qui imposait aux chefs, et les retenait souvent dans la ligne de l'honnêteté et de leurs devoirs.

On nous représente Louis XIV et ses ministres comme

des despotes. Mais au moins ils l'étaient en grand, et savaient leur métier. Ils s'étaient aperçus que les Français, cette nation *nerveuse*, comme Bonaparte les a définis, n'agissaient que par les sentiments et les préjugés qui les dominaient. Ils les étudièrent et approfondirent la nature et les principes de ces moteurs si puissants sur le caractère du peuple qu'ils avaient à gouverner; et ils virent avec plaisir qu'ils étaient tous en faveur de la religion, de la royauté, de l'ordre établi, et de la délicatesse la plus sévère. Dès-lors ces administrateurs célèbres ne songèrent plus à rendre les Français philosophes, ni à les dégager de leurs préjugés nationaux; ils travaillèrent au contraire à les soutenir, et à les fortifier dans leur croyance, malgré quelques petits écarts scandaleux. Ces écarts qui avaient lieu de temps en temps, et que les petits esprits de nos jours auraient jugés effrayants pour la discipline, aux yeux de ces hommes d'État qui en connaissaient la source, étaient au contraire un heureux symptôme qui leur assurait que l'esprit français conservait sa pureté, et qu'il acquérait une nouvelle vigueur. Louis XIV, étant à dîner au camp de Courtray, entendit battre la retraite; étonné qu'une batterie de cette espèce se fît à une heure pareille sans sa participation, il s'informa avec humeur quelle en était la cause; on lui dit : c'est le régiment de Champagne. — Il répondit en souriant : celui-là se moque de l'ordre. — Mais sire, on ne devrait pas le souffrir. — Il sert bien, et il se bat encore mieux.

Sans doute qu'en y introduisant une discipline plus exacte, on eût pu avoir un régiment aussi brave, mais depuis long-temps ce régiment s'était mis sur ce pied-là, et son esprit était bon. En voulant le perfectionner, Louis XIV craignit de le détraquer et il ne voulut pas en courir les risques. En politique, c'est une grande faute d'abandonner un bien existant pour un mieux probable.

De la manière dont on nous dépeint le marquis de Louvois, ministre de la guerre sous Louis XIV, il a dû souvent avoir à lutter contre l'esprit frondeur et d'indépendance qui régnait parmi les officiers de son temps.

203. CHASTETÉ. Cette vertu si recommandable dans une femme particulière, ne l'est pas autant chez une souveraine. Il faut sans doute qu'une femme se fasse respecter, et une impudique ne peut pas l'être. Mais assise sur un trône, le sexe s'oublie, et si, dans son règne, elle se montre un grand homme, ses qualités royales effacent si complétement les petits torts de la femme, qu'il est presque ridicule à l'histoire et aux politiques de s'en occuper.

Mais si elle ne joue pas un grand rôle, si elle n'exerce point d'autorité importante dans l'État, si elle se trouve réduite à remplir ses devoirs de femme, en un mot si une fois elle s'écarte des règles que la pudeur et les bienséances exigent impérieusement des personnes de son sexe, elle n'a plus aucun moyen de se rétablir dans l'estime de ses concitoyens.

D'ailleurs, il n'est pas rare que ces *Honesta* couronnées ou non, aient une vertu d'une âcreté si insupportable qu'elles feraient ordinairement le tourment de leur famille et de leurs sujets, quand elles en ont. L'histoire et la fable s'accordent sur ce point.

La *chaste Marie* fut moins aimée des Anglais, et n'eut pas un si beau règne que sa sœur Élisabeth qui lui succéda, et qui passe pour avoir été plus humaine ; et si nous en croyons la mythologie, la *chaste Diane* ne se plaisait que dans les meurtres, et sa camarade, l'aimable et facile Vénus, reine du monde, ne s'occupa qu'à faire des heureux, et n'en fut que plus aimée.

204. PUDEUR. Cet ornement, plein d'attraits chez une femme, est aussi une des qualités essentielles d'un bon gouvernement. Des ministres travaillent à sa ruine quand leur manque de *pudeur* va au point de conférer des dignités, et de nommer à des places honorables, des gens couverts d'ignominie, et dont la réputation est perdue à juste titre, dans l'opinion publique.

Que ne puis-je citer les infractions multipliées à cette maxime politique, dont la plupart des cabinets de l'Europe se sont rendus coupables, sous nos yeux. Les royalistes ne le permettent point encore ; ils ont conservé l'habitude de traiter en cynisme révoltant ces élans patriotiques qui

> Nommant un chat un chat, et Rolet un fripon,

blessent cette politesse réciproque, qu'on est convenu d'avoir même avec les méchants.

» Un des traits qui caractérise le plus le parti des aristocrates, est leur horreur pour la connaissance des faits, et pour ceux qui les leur apprennent. » (Réflexion de Madame de Staël.)

Combien de fois ne me suis-je pas aperçu de la vérité de ce reproche, dans le cours de mon émigration !

Malgré la corruption du XVIIIe siècle, les ministres, les gens en place, leurs subalternes et jusqu'à leurs derniers commis, étaient jaloux de leur réputation, et avaient assez de *pudeur* pour éviter avec soin, que leur faiblesse et leurs dépravations ne vinssent à la connaissance du public, avec des détails et des pièces au soutien qui constatassent, d'une manière presque juridique, des traits irrévocables de leur déréglement. La liberté de la presse les eût beaucoup retenus, si elle eût existé de leur temps : surtout si des auteurs respectables par leur naissance, leur rang, leur considération personnelle, en avaient profité dès son origine pour dénoncer publiquement les abus ministériels qui tendaient à détériorer la délicatesse, parmi les pincipaux employés dans les différentes branches de l'administration générale. Les bons citoyens, partageant cette tâche avec les mauvais, et avec les auteurs de grenier, eussent peut-être, à eux seuls, empêché cette terrible révolution, dont les antécédents et les conséquents, seront à jamais mémorables dans l'histoire du monde civilisé. Le règne des sans-culottes, suite immédiate de cette première catastrophe, détruisit de fond en comble dans les deux sexes, celui de la pudeur, et relégua cette vertu au rang des sottises de l'ancien régime. Depuis cet heureux perfectionnement, l'homme en place ne rougit plus de ses turpitudes ; il ne craint plus qu'elles soient dévoilées au grand jour; au contraire, on rit et on se vante avec complaisance de ces tours de passe-passe de trahison, de fausseté et d'escroquerie que les Lisettes et les Frontins les plus dévergondés refuseraient de représenter sur le théâtre. Car plus les spectateurs sont dépravés, plus ils exigent qu'on épure les mœurs et le langage des pièces dramatiques qu'on leur donne.

L'absence de la *pudeur* dans les autorités constituées est le symptôme le plus sûr de la dédadence du gouvernement qui l'autorise. (Écrit le 2 février 1817.)

205. GALANTERIE. Par sa véritable acception, ce mot serait mieux placé dans le dictionnaire de la civilité puérile, que dans un *Lexicon politique*.

J'ignore ce qu'était la *galanterie* autrefois, mais dans ces derniers temps, c'était l'art de sacrifier avec grâce, son temps, sa bourse, son esprit et ses devoirs à l'ambition de mériter le suffrage des dames et des personnes qui ne vivent et ne pensent qu'avec elles.

Les femmes aiment à *dominer*, et pour leur plaire, il faut se laisser dominer par leurs goûts et leurs fantaisies du moment, s'ils sont légers et futiles, *légèreté*, *futilité* et *galanterie*, seront trois mots synonymes qu'il faudra ajouter de plus au dictionnaire de l'abbé Girard.

Mais la légèreté et la futilité sont évidemment des vices politiques et dangereux chez un homme en place : donc la galanterie...... Le reste est facile à conclure.

Louis XIV ordonna à sa Cour de venir le rejoindre dans son camp ; la tendre la Vallière, sa maîtresse chérie, fut la première à se trouver au rendez-vous, où elle devait voir son bien-aimé.

Le prince s'éloigna à sa vue, en lui disant ces simples paroles : *Quoi ! Madame, avant la reine.*

Ce propos n'est pas galant, mais il est d'un roi qui savait son métier.

En faisant dire à Orosmane :

> Je vais donner une heure aux soins de mon empire,
> Et le reste du jour sera tout à Zaïre.

Voltaire a confondu la fade galanterie d'un damoiseau, avec l'amour franc et légitime d'un Sultan qui sait et veut régner avec gloire.

Il me semble que Voltaire eût mieux peint le caractère qu'il voulait donner à Orosmane, en lui faisant dire :

> Je vais passer une heure auprès de ma Zaïre,
> Et le reste du jour aux soins de mon empire.

Une demoiselle s'aperçoit dans un bal qu'un prince éprouve un grand plaisir à danser avec elle ; fière de sa découverte, elle hasarde à la fin d'une contre-danse de demander à son cavalier royal, une décoration et une compagnie pour son frère. — *Vous êtes trop jolie pour être refusée.* Et courrier par courrier, ce galant protecteur obtient et reçoit les deux brevets ; il les enferme dans une boîte d'or richement ornée, et il va lui-même en faire un hommage aux pieds de sa souveraine. C'est la quintessence de la galanterie française.

Aux doux accents de cette galanterie, la grandeur s'abaisse, les états se confondent, la démocratie s'avance, les ordres de chevalerie deviennent des récompenses de ruelles ; et les bons officiers dont les sœurs étaient laides ou qui n'en avaient point dans ce bal-là, ont vu, avec chagrin, leur avancement retardé par la galanterie de leur prince.

On raconte que M. de Calonne, ministre des finances, répondit à une dame d'une très-haute importance, qui lui demandait une grâce : « Madame, si c'est possible, la chose est faite; si elle est impossible, nous tâcherons encore de la faire. » Cette réponse, d'une galanterie parfaite, fut applaudie par acclamations dans tous les cercles du royaume.

Un peuple moins galant, mais plus politique et surveillant mieux ses intérêts, n'eût pas été si indulgent. Car son devoir obligeait ce ministre de répliquer : « Madame, si la chose est juste, et si elle s'accorde avec le bien du service, elle est faite, sinon, non. »

Si ce style grossier, qui jamais n'aurait été employé qu'à propos, eût été le ton général du ministère, que de solliciteuses, rendues à leurs ménages, fussent devenues honnêtes femmes ! Que de portes n'eût-on pas fermées aux abus, aux injustices, aux folles dépenses, et à mille autres causes d'affaiblissement de l'État, que la France a dus à la *galanterie* de ses fonctionnaires publics.

Une nation se perd, si elle applaudit, quand la galanterie s'échappe de son cercle tracé par les compliments ordinaires et les petits services qu'on se rend en société privée, pour s'immiscer dans la distribution des grâces, et dans la décision des affaires de son gouvernement.

206. Incontinence. Dans une monarchie presque absolue, l'*Incontinence* des reines est plus scandaleuse, et celle des rois a plus d'inconvénients.

Une souveraine a les moyens de contenter ses amants, avec des titres, des honneurs et des places dont les appointements rentrent dans les dépenses ordinaires de l'État. Mais une maîtresse, il faut la payer avec des fonds extraordinaires, qu'on escroque au trésor public; et l'on sait que le luxe d'une femme est vingt fois plus dispendieux que celui d'un homme. Heureux encore les peuples, quand les favorites de leurs princes ne leur coûtent que de l'argent !

Dans les pays à demi civilisés, on trouve des femmes fortes, qui renonçant à leur chasteté, portent leur caractère sur le trône où l'amour les soutient; elles y inspirent quelquefois de nobles sentiments à leurs amants couronnés. Ces heureuses alliances, quoique illégales, sont citées avec honneur, et subjuguent l'estime du public et de la postérité. Agnès Sorel et Catherine, ces deux concubines, l'une de Charles VII, et l'autre de Pierre-le-Grand, ont plus de renommée dans l'histoire, que les vertueuses épouses de ces deux princes.

Mais quand la civilisation a acquis le *maximum* de sa perfectibilité, les mœurs se corrompent, le libertinage succède à l'amour, les aimables de la société font les réputations et décident les avancements, le luxe s'associe anx arts. Ils ajoutent ensemble des charmes inexprimables aux jouissances ordinaires de la vie, qui insensiblement invitent aux plaisirs, et rendent les devoirs ennuyeux à remplir; enfin dans ce tourbillon de mollesse et de frivolité, les maîtresses efféminent plutôt l'âme de leurs amants qu'elles ne les élèvent.

La volupté est douce pour les princes et pour les princesses qui préfèrent leurs plaisirs à leurs devoirs; mais les suites en deviennent funestes à la réputation, aux sujets et aux successeurs de ces Sardanapales voluptueux.

Autour de moi, j'ai vu cent rois vaincus par elle.

16*

Pour flatter ces princes libertins et encourager leurs prodigalités scandaleuses , les courtisans ne manquent point de citer l'exemple de plusieurs grands rois , qui ont follement comblé de dignités et de richesses, la personne , les parents et les protégés de ces femmes , objets de leur amour ou de leur fantaisie. C'est une tache dans l'histoire de ces souverains , qu'un règne glorieux empêche d'apercevoir ; mais tous n'ont pas de pareilles excuses à faire valoir. D'ailleurs,

Quand sur une personne on prétend se régler,
C'est par les beaux endroits qu'il faut lui ressembler.

207. CRAPULE. Dans une grande ville corrompue , la *crapule* y est nécessaire pour amortir les feux d'une jeunesse bouillante, et l'empêcher de s'y porter à des excès criminels, contre les mœurs et les bienséances publiques. Elle épouvante les femmes honnêtes , mais elle n'y est pas si effrayante pour les hommes estimables qui ne s'y livrent qu'en passant. Il est seulement dangereux d'en contracter les habitudes. Si la brutalité les y attire, le dégoût les en chasse presque aussitôt. Leur caractère n'a pas le temps de s'altérer, ni de s'énerver dans les intervalles de leurs sales et courtes visites. Ces débauches d'une minute n'affaiblissent point leur âme, et ne leur font point perdre des moments précieux dont ils doivent profiter pour suivre leurs affaires, pour s'instruire dans leur métier, ou pour s'occuper de leurs grandes pensées, s'ils sont susceptibles d'en avoir. Mais un Sigisbée attaché au char d'une Célimène, n'a pas une heure dans la journée où il se voie débarrassé

de ces tas de clinquants, de légèreté, de propos interrompus, et de ces devoirs actifs, multipliés et puérils, qui étouffent, absorbent, et détériorent à la longue les facultés physiques et morales de l'homme à bonne fortune. Le corps s'effémine, l'esprit s'énerve, le cerveau se vide donc bien plus chez un chevalier à la mode que chez un libertin éphémère. Il y a par conséquent plus de chance à trouver des personnes capables de remplir des places importantes, parmi les crapuleux à boutade passagère, que dans le nombre de ces petits-maîtres fringants, aimables et recherchés par la bonne compagnie de la Cour et de la ville.

Si la *crapule* à boutade ne nuit pas aux vertus politiques d'un homme, la *crapule* habituelle en est le tombeau ; elle frappe le corps, elle abrutit l'esprit, avilit l'âme et éteint, jusques dans leurs germes, les sentiments honnêtes dont elle était susceptible. Cette règle générale atteint également les princes régnants et les particuliers obscurs. Les exemples ne me manqueraient point, si le respect ne me retenait. Ils font encore la honte et quelquefois le désespoir des nations qui se sont vues sous le sceptre d'une *crapule* couronnée.

L'étiquette qui se fourre partout chez les souverains, force d'abord les courtisans de rougir des amours ordurières de leurs princes. Ils répugnent de fléchir le genou devant une maîtresse ignoble, et de lui rendre les hommages accoutumés, que pourtant, en pareilles occasions, on prodigue à la place, beaucoup plus qu'aux vertus de la favorite. Dans ce cas-ci, c'est le contraire : le caractère de sa *crapule* antérieure prévaut sur toute autre considération. Le ton de mépris avec lequel les courtisans en parlent, se répète bien vite dans les cercles de la capitale, et de là se répandant dans les provinces, forme enfin une tache qui, décolorant un souverain, le rend abject et presque hideux aux yeux de ses sujets soulevés en masse contre son goût *crapuleux*. Il m'a toujours paru étrange (ce péché et ses suites étant à peu-près les mêmes) qu'on mît tant d'importance à ce qu'un roi honorât de sa couche une femme de qualité, plutôt qu'une fille des rues. L'étiquette le veut ainsi.

Cette étiquette n'est pourtant pas sans motifs raisonnables. On accorde dans tous les pays une considération personnelle aux femmes d'un certain rang et à leurs alentours. Les habitudes nationales, chez un peuple bien et dûment civilisé, pardonnent aisément les faiblesses du beau sexe. Elles y sont si communes, qu'à peine en jase-t-on. Le public est censé ignorer ces petites fredaines amoureuses, et il est forcé, par l'usage, de traiter avec les mêmes égards, sans distinction des coupables et des innocentes, les Dames de la société, comme si leur réputation avait toujours été sans tache. Leurs parents, et tous ceux qu'elles reçoivent plus fréquemment, dans leurs salons, tenant comme elles, à peu près le même rang dans le monde, on n'est point scandalisé de les voir élevés à des places et à des grades auxquels ils avaient droit de prétendre par leur naissance ou par d'autres préjugés nationaux. Ainsi prostituée pour prostituée, une maîtresse tirée de la bonne compagnie pour être placée sur un trône, y conserve au moins un certain *décorum* qui maintient de la stabilité dans les habitudes, et dans la hiérarchie de la société.

Si cette nouvelle souveraine sort de la *crapule*, les nouveaux alentours qu'elle attire près du trône, tirés des plus

basses classe, y arrivent accompagnés de leurs sales répu -
tations et de leurs inclinations abjectes. La Cour dont elle
fait les honneurs par les droits de sa charge, change de
forme ; les mœurs et les bienséances y sont également ou-
tragées. Une fille qui passe immédiatement des mains du
public, dans les bras de son Roi, ne se défait pas sitôt du
ton, des manières, des goûts et des habitudes de son premier métier. Les gentillesses grivoises amusent et intéressent
un vieux monarque libertin. Il savoure avec délices ces
fruits qui jusques alors lui étaient inconnus. Le jus empoi-
sonné de ces pommes fatales ne tarde point à l'enivrer, et
à affecter malignement les organes de son corps et de son
esprit, s'il se livre avec trop de facilité, au doux plaisir de
les cueillir sur l'arbre qui les porte, et de s'en repaître,
nuit et jour, sans prévoyance et sans retenue.

Mais cette gaîté et ce langage polisson, sévèrement pros-
crits de la bonne compagnie, sont à plus forte raison, déplacés à la Cour, quelque corrompue qu'elle soit. La présence de cette fille, ses conversations, ses plaisanteries,
ses équivoques et ses gestes plus que libres, révoltent les
courtisans les plus aguerris par le contraste choquant
qu'offrent les usages et les propos du jour, avec ceux de
la veille, que depuis longues années ils étaient accoutumés
à voir et à entendre dans les appartements de leur Roi.
Ces inconvenances multipliées, favorisant les rivalités, ani-
mant les tracasseries, introduisant l'aigreur, et fomentant
la malignité de tout le monde, obligent enfin le prince
d'appeler à son secours, en dépit de la décence et de l'étiquette, une colonie de gens qui n'auraient jamais été admis dans sa société privée, si la *crapule* ne les y avait pas

poussés. Cette innovation nécessaire, en entraîne plusieurs autres aussi scandaleuses, et plus nuisibles à l'État.

La fondatrice de cette colonie, cette favorite fraîchement décrassée, a des parents, d'anciennes connaissances, des amis de confiance, que la dignité royale ne permet point de laisser dans l'état où elle les trouve. Ces laquais, colporteurs et balayeurs de rues, pourvoyeurs d'intrigues, société intime de cette belle avant son élévation, vont être anoblis, enrichis, décorés, masqués en grands seigneurs, et afin qu'on ne se moque pas trop ouvertement de ces nouvelles caricatures, il faut leur donner un air d'importance qui impose au vulgaire et commande en même temps le respect et les hommages des courtisans et des solliciteurs. Ces transformations subites de l'abjection la plus sale au faîte de la grandeur, désenchantent les peuples, et frappent mortellement la stabilité des habitudes et des préjugés nationaux. La considération du prince, le prestige de la royauté, la confiance dans le gouvernement, diminuent à proportion que les places honorables se prodiguent, et que le trésor s'épuise en faveur de cette canaille de parvenus.

Ce qu'on apprend le mieux dans les conditions serviles, c'est de connaître le caractère et les faiblesses des personnes dont on dépend, de s'y soumettre avec bassesse, et d'en tirer du profit. Sortie des fanges de la ville, comme Vénus de l'écume des eaux, cette nymphe richement décrotée par la Couronne, plane du haut de son élévation, sur le reste des anciens courtisans qui sont prosternés à ses pieds. D'un tact sûr, elle devine leurs arrière-pensées; elle ne se dissimule point leur mépris secret; et l'envie qu'ils ont de se défaire de cette intruse, et les dangers qu'elle court de perdre

sa place, si elle n'accorde quelque confiance à la sincérité
de leurs protestations réitérées d'une amitié et d'un zèle sans
bornes pour ses intérêts; ses conseils l'affermissent dans
cette idée. La politique lui défend donc de s'isoler de cette
clientelle-canaille, qui, dans toutes les vicissitudes de sa vie,
ne l'a jamais quittée, et dont les besoins journaliers lui sont
devenus absolument nécessaires pour conserver le poste éminent que ses liaisons lui ont procuré. Elle s'entoure donc des
seules personnes sur lesquelles elle puisse reposer sa confiance avec sûreté. Un sort et des intérêts communs les
lient ensemble, et les forcent de se soutenir mutuellement
contre les embûches et les ruses de Cour, qui ne manqueront pas de se multiplier sous ses pas, pour la harceler et
la faire tomber dans un piége où elle perdrait le cœur et
l'empire de son amant. Les attaques seront vives, savantes
et infatigables. Sa chute est donc certaine, si sa défense
n'est pas confiée à des mains fidèles, aussi habiles, aussi
actives et aussi persévérantes que celles de ses ennemis.
L'amour de son roi peut être une fantaisie passagère, et la
faiblesse constante de ce prince l'avertit qu'il ne faut pas
trop s'y fier. On lui persuade facilement cette vérité incontestable, que si, dans son triomphe, *elle abandonne ses
anciens amis*, elle sera bien plus vite abandonnée par ses
nouveaux adorateurs, dans les embarras précurseurs de sa
disgrâce. Il faut donc qu'elle s'en garantisse, autant que
possible, par des remèdes efficaces, par un régime suivi
et ordonné par la prudence et selon les règles de l'art.

L'ambition et la vanité, blessées de se voir en même
temps si haut et si bas, au milieu de tous les Grands du
royaume, suggèrent machinalement à cette bande d'asso-

ciés le régime que *leur général* doit suivre, et les remèdes préservatifs les plus efficaces qui lui conviennent dans la situation où elle se trouve. Ils se réduisent en dernière analyse, à profiter de son crédit, pour multiplier à la Cour le nombre de ses gens, pour les revêtir de sa livrée et pour les y voir en même temps couverts de boue et de grâces ; pour influencer impérieusement le cabinet de son prince, pour nommer elle-même les ministres de l'État, pour leur enjoindre, comme première condition, d'avoir les plus grands égards aux demandes des créatures qu'elle leur recommandera, et pour se conformer, en tout et pour tout, aux ordres et aux fantaisies que son caprice leur ordonnera d'exécuter sous son bon plaisir.

Rien ne dérange tant toutes les combinaisons politiques, que les changements de gouvernement qui donnent de nouvelles espérances et font naître de nouvelles prétentions. Cela arrive surtout quand le sort de l'État dépend presque entièrement du caractère de son prince. Si ce caractère est faible, si la *crapule* le domine, si les *crapuleux* mènent le char de son gouvernement, s'ils ne le renversent point, Dieu sait dans quel famier ils l'embourberont !

Résumons : la *crapule* infeste les hommes et les États dont elle s'empare. L'homme d'État n'y prend pas garde, si elle n'agit que par boutade. Ses suites funestes sont incalculables, quand elle se fixe près d'un trône, et qu'elle en dirige les volontés ; il vaut même alors cent fois mieux que la concubine du prince soit d'une maison illustre, d'un nom qui la place de droit au rang des *convives. du roi*, et qu'avant son élévation, elle ait fait ses preuves,

comme on en faisait autrefois, pour monter dans les ca-
rosses de la Cour.

208. Mignons. Quoique du même sexe, les *mignons*
peuvent ne pas être ce qu'en terme de Cour on appelle un
favori. Ils sont pires aux yeux de la décence ; mais à ceux
de la politique, ils paraissent moins dangereux. Les mignons scandalisent les peuples ; les favoris les ruinent, corrompent leur gouvernement, quelquefois le renversent et
le mettent à deux doigts de sa perte. Les favoris ne règnent
que sous des princes faibles et têtus. Des papes, des rois
d'un grand mérite ont eu des mignons. Claude fut l'esclave
de ses favoris ; Adrien n'abandonna pas les rênes de son empire, malgré l'amour constant et désordonné qui l'attacha
à son mignon. Cet empereur libéral, laborieux, civil, exact,
en maintenant l'ordre et la discipline, en soulageant ses
peuples, en rendant la justice avec impartialité et une application particulière, en punissant rigoureusement ceux
qui ne remplissaient pas leurs charges, dur à lui-même,
voyageant à pied et toujours tête nue, ne se retira à Ti-
bur, où il s'adonna à la cruauté et à la mollesse, qu'après
la mort d'Antinoüs, son mignon.

Les princes, les peuples ont eu, en général, plus à se
plaindre des favoris que des mignons. Les fonctions de
ceux-ci s'exerçant plus souvent dans un boudoir que dans
les cabinets ministériels, ils ont eu moins d'influence dans
les gouvernements. On les voit figurer avec splendeur
dans les Cours anciennes et modernes. Les Sultans et leurs
premiers officiers les conservent encore ; mais depuis un ou
deux siècles, par les progrès de la civilisation, les princes

chrétiens s'étaient peu à peu débarrassés des mignons, et les femmes les avaient remplacés sur ces trônes voluptueux. C'était plus galant, moins scandaleux, mais ces États n'en ont pas été mieux gouvernés pour cela.

Il est fâcheux que la pudeur du siècle empêche de continuer cet article qui pourrait être intéressant à traiter sous un point de vue politique. Montesquieu a été plus hardi et lui a consacré un chapitre (1).

209. Amour. L'*amour* de Dieu, l'*amour* de ses devoirs sont autant de vertus indispensables à un prince qui se respecte.

L'amour des femmes est plus défendu que recommandé par la politique ; il captive les grandes âmes, il asservit les petites, et il n'est pas permis à tous les rois d'être amoureux impunément.

Hercule ne risquait rien à filer près d'Omphale ; mais Pâris risqua et perdit tout, en devenant amoureux de la belle Hélène.

Un bon politique profite de l'amour des autres ; mais il se garde bien de se laisser prendre dans ses piéges.

Buffon prétend qu'en amour il n'y a que le physique de passable. La politique et l'histoire naturelle sont d'accord sur ce point.

> L'amour est un enfant,
> Fier et doux par caprice,
> Ce qu'il donne, à l'instant,
> Il le reprend.

Ce portrait, fait d'après nature, a toujours été trouvé

---

(1) Esprit des Lois, liv. XII, chap. VI.

d'une ressemblance parfaite par la fable et par l'histoire. Il ne faut donc point s'étonner que les États où il a pris de l'empire aient été, en général, si mal gouvernés.

Cet enfant s'adresse directement au cœur, à l'esprit et aux sens de ceux qu'il veut captiver ; c'est un Protée qui prend toutes sortes de masques pour subjuguer un prince régnant, et se conserver sur le trône dont il s'est emparé. Il en a peut-être relevé quelques-uns : ces cas sont rares ; mais très-souvent les États les plus fortement constitués ont été ruinés, quelquefois affaiblis, et totalement perdus par ses enfantillages.

Nous allons, en politique, examiner les différentes formes sous lesquelles l'amour, ou ses enseignes, se rencontrent dans la Cour des Rois.

210. Amour conjugal. L'*amour conjugal* est sans contredit le premier et le plus honnête des amours. Mais cette union sainte, cette chaîne édifiante, placée sur le trône, a-t-elle toujours été sans inconvénient ? Deux grandes âmes, unies par l'amour et par l'hyménée, se portent naturellement aux actions glorieuses et enfantent des prodiges. L'intention des fondateurs de la Chevalerie était sans doute d'augmenter le nombre de ces alliances héroïques. L'amour épuré qu'ils professaient, embrasant de ses plus nobles flammes les maîtresses de ces preux paladins, avait fait de ces femmes incorruptibles un assemblage parfait des vertus et des agréments de leur sexe ; mais où en trouver de pareilles dans ce siècle-ci ? La race des *Orianes* (1) s'est éteinte

---

(1) La dame des pensées d'Amadis de Gaules, le chevalier par excellence de son temps.

avec celle des *Amadis*; et depuis long-temps les perfections de Miss Byron (1) ennuient en grande partie ceux qui en lisent l'histoire.

Mais suivant le caractère du prince régnant et celui de son auguste compagne, une reine fidèle à son époux, n'en a pas moins fait, autant et quelquefois plus qu'une souveraine dévergondée, le malheur des peuples et la honte du trône qu'elle partageait avec son mari.

L'amour conjugal, la fidélité des époux, le respect des cavaliers envers leurs dames, ces qualités très-recommandables par elles-mêmes, étaient sans doute très-communes dans l'âge d'or. Elles reparurent revêtues des plus riches ornements, dans les beaux siècles de la Chevalerie, sous la sauve-garde de ces ardents protecteurs de l'innocence; de ces fiers champions de l'honneur des dames qu'ils adoraient, à l'instar de la divinité, dont ils ne parlaient et ne s'approchaient qu'avec un saint respect. Cette morale avait alors subjugué tous les esprits, et c'est d'après ces maximes que la reine Berthe fonda la jurisprudence de sa *Cour d'amour*. La politique d'aujourd'hui suit d'autres lois; elle rejette loin de la Cour des princes régnants cette galanterie pure, sentimentale et quintessenciée de nos vieux Céladons. Il lui faut sur le trône des *vertus royales* qui, assez souvent, sont l'opposé des *vertus privées* d'un ménage accompli et des plus édifiants. Elle s'intéresse et se plaît bien plus à l'union de Ferdinand et Isabelle, qu'à celle de Philémon et Baucis dont elle ne s'occupe guère. Ce n'est

---

(1) Héroïne du chevalier Grandisson, roman estimé de Richarson.

pas le tout d'aimer sa femme, ses enfants, ses proches et ses alentours; un prince, avec la même constance, doit aussi aimer ses devoirs, ses sujets et sa gloire; et ces deux espèces d'amours ne sont pas toujours d'accord entre elles.

Dans les liaisons intimes qui unissent deux époux, deux frères, deux amis, et même deux amants, on en remarque toujours un passionné de bonne foi, tandisque l'autre se laisse aimer avec complaisance. Celui-ci, philosophe indépendant, prend de toute nécessité un ascendant despotique sur le premier, uniquement occupé de deviner et de satisfaire le moindre désir de la personne qui absorbe ses pensées. C'est un trait caractéristique qu'on retrouve dans la presque totalité des couples d'hommes, de femmes, ou d'homme et femme, qu'on voit attachés l'un à l'autre par les sentiments d'une amitié réciproque, et également partagée, selon les apparences.

Des époux vraiment et également amoureux l'un de l'autre, au point de n'avoir jamais qu'une même volonté, en supposant qu'il en existe, sont une exception si petite à cette règle générale, qu'on peut se dispenser d'y avoir égard.

Une confiance réciproque, des enfants et des intérêts communs, une amitié de convenance et d'habitude, se rencontrent plus souvent dans les ménages qui ne sont point désunis, et dont nous ne parlerons pas. Mais si les circonstances vous permettent d'en étudier quelques-uns à fond, vous y verrez indubitablement le mari ou la femme, enfin un des deux, avoir une prépondérance marquée, commander dans la maison, ou faisant vouloir à l'autre ce qu'il veut lui-même que l'on fasse. Ce n'est pas toujours sans contradiction , mais dans les discussions vives et trop souvent renouvelées, que ces disputes maritales entraînent avec elles. On nous dit doctoralement *que le plus sage doit céder* : c'est avancer en d'autres termes que, de droit, le commandement est dévolu au plus fou et au plus entêté. Sont-ce là les qualités qui inspirent le plus de confiance dans le chef d'une administration quelconque ?

Ces réflexions puisées dans le cœur humain, base fondamentale de la politique, ne sont point étrangères aux ménages de Cour. Les princes et les princesses ne composent pas une classe privilégiée, exempte des faiblesses du cœur et du caractère personnel d'un des deux époux. Si le Roi et la Reine ont chacun l'esprit d'un Grand Homme et la même façon de penser, ils s'entendront, et leur amour conjugal sera alors renforcé par cette conformité de conception, de moyens et de but où ils veulent atteindre. Ils présenteront l'image d'un souverain parfait, et heureux le peuple qui le possèdera !

Il arrive ordinairement qu'il n'y a que le mari ou la femme qui soit doué de qualités vraiment royales. Dans cette situation d'esprit, l'amour conjugal a de grands avantages ; il rend docile le *moins roi* des deux époux. Le plus habile s'empare de l'autorité : il n'y a qu'un monarque, n'importe son sexe ; tout est dans l'ordre, et *tout va bien*.

Mais on voit plus souvent le souverain et la souveraine participer à cette médiocrité qui domine, en général, l'espèce humaine. Dans ces sortes d'union, la faiblesse est journellement aux prises avec la faiblesse ; les bonnes qualités de l'un sont modifiées, affaiblies et détériorées par les défauts de l'autre ; personne ne domine ; les ordres sont vacillants; les choix, les distributions des grâces n'ont point de règles fixes; les ministres ne savent à qui s'adresser, et le gouvernement *va tout de travers.*

L'amour conjugal devient alors un vrai fléau, parce qu'il entretient cette confusion de pouvoirs qui est inévitable dans une Cour pareille. Entre ces deux amoureux, celui qui, de droit, a l'autorité, contrarie difficilement les volontés et les caprices de son bien-aimé, de crainte de le fâcher par des refus; et il recherche les occasions de lui plaire, par des sacrifices réitérés de ses devoirs, de ses ministres et de ses opinions particulières. Dans ces conflits d'attribution, les reines y gagnent plus que les monarques; les hommes prennent l'empire, ou bien ils cèdent. Les femmes ne cèdent pas; si l'autorité appartient de droit à leurs maris, elles veulent au moins en disposer à leur gré. La nature les a douées d'une ténacité persévérante qui ne se rebute point aisément. Des refus sans nombre ne les découragent point; ils irritent au contraire l'envie qu'elles ont de réussir, parce que la victoire intéresse leur vanité. Elles ne s'ennuient pas de revenir à la charge, de demander et de redemander toujours la même chose, avec les mêmes raisons, et de la même manière; mais elles accompagnent leurs sollicitations de tant de souplesse, de douceurs, de larmes, de caresses, de menaces et d'obstination; elles sont si habiles à profiter des moments où elles trouvent leurs maris de bonne humeur, et avec des dispositions favorables, qu'il est rare qu'elles ne finissent pas par vaincre, à force d'obsessions, les premières résistances qu'on avait opposées à la satisfaction de leurs désirs. Ce principe politique, puisé dans le cœur humain, est confirmé par l'histoire. On y voit plus de rois captivés par leurs femmes, que de reines par droit de naissance, menées par leurs maris. L'empereur François eut moins de crédit à la Cour de Marie-Thérèse, sa femme, que sa fille Marie-Antoinette n'en obtint à celle de Louis XVI. Ces exemples sont assez fréquents dans les annales du monde.

Les reines les plus fidèles, les plus amoureuses de leurs maris, ces rivales de feu *Artémise*, ne sont pas les dernières à vouloir démontrer l'ascendant qu'elles ont pris sur leurs époux, à s'immiscer dans le choix des ministres, et à décider les affaires du gouvernement. Leur chasteté, leur tendresse légitime, ces qualités vraiment estimables, ne les empêchent point d'être jalouses, avares, ambitieuses, tracassières et exigeantes au dernier point. Ces dragons de vertu, ces héroïnes de l'amour conjugal, ont souvent, dans un État, occasionné plus de malheurs, que des princesses moins attachées à leurs maris et à leurs devoirs *conjugaux*.

Nos réflexions ont été fondées, jusqu'à présent, sur la supposition assez gratuite que les deux époux étaient également amoureux l'un de l'autre. Il y en a eu, mais les exemples ne sont pas nombreux, surtout dans l'histoire des maisons régnantes : le contraire s'y retrouve avec abondance. Le caractère de l'espèce humaine, et des sentiments d'amitié dont elle est susceptible, s'opposent à ce que ces unions si intimes, ces êtres qui sont un en deux personnes, soient si communs. Si le Roi, comme nous l'avons déjà dit, est amoureux de sa femme, la reine s'en laissera aimer avec complaisance ; et dans l'observation de ses devoirs royaux, cet époux dévoué sera, en mainte occasion, la dupe de l'at-

lâchement qui le lie avec force à une personne qui ne le
chérit pas au même degré. Tel est, en général, le sort
des intimités de Cour : les plus serviables sont ordinairement ceux qui, à leur tour, sont les plus mal servis.

Un être de sang-froid a de grands avantages sur les personnes passionnées. Le sang-froid rend le coup d'œil juste;
l'amour le rend aveugle. Qu'il soit légitime ou non, sa
cécité est la même. Nous voilà rentrés sous le joug d'un
enfant qui n'agit que par caprice, avec un bandeau sur les
yeux. Ainsi, dans un État despotique ou monarchique, on
doit généralement désirer que le prince ne soit amoureux
ni de sa femme, ni de celle d'un autre.

Outre la décence et l'exemple des bonnes mœurs, il y a
un avantage réel à voir l'amour conjugal régner à la Cour.
Si le Roi est amoureux de sa femme, il s'en contente ;
tandis que, s'il est épris de celle d'un autre, il faut que le
trésor royal, et par conséquent le peuple subvienne à l'entretien très-dispendieux de la maison de la reine et de celle
de la favorite ; et que plus ou moins, les ministres soient
obligés de déférer en même temps aux caprices de chacune
de ces deux rivales.

241. AMOUR DU BIEN PUBLIC. Ce n'est point par inad-
vertance, ni à cause de sa vieillesse, que j'ai omis cette
espèce d'*amour* que, par toutes sortes de moyens, les
princes devraient tâcher d'inspirer à leurs sujets. Hélas !
pour la plupart, ils ont travaillé en sens contraire.

L'amour *du bien public* est au moins de mon âge; et, en
France, dans ce XIXe siècle, passé 70 ans, les passions
sont bien amorties, surtout celles qui tiennent à l'amour.

242. Lâcheté. La *lâcheté* est un sentiment qui, excité par la crainte de périr ou d'éprouver des désagréments majeurs, vous porte à manquer, sans pudeur et sans pitié, à vos premiers devoirs.

Cette faiblesse déshonore un militaire, mais elle est un crime de haute trahison dans l'homme en placé, qui préfère sa sûreté personnelle à celle de l'Etat, ou au maintien du bon ordre dans la branche du gouvernement confiée à sa surveillance.

Les solliciteurs savent très-bien qu'on n'obtient des grâces qu'en flattant les autorités constituées et leurs ayants-cause, ou qu'en s'en faisant craindre. Le premier moyen est plus poli, mais le second est plus efficace dans mainte occasion. Aussi les intrigants ne manquent pas de l'essayer, toutes les fois qu'ils croient pouvoir s'en servir avec succès. La crainte est plus facile que l'amitié, parce qu'il n'y a pas, dans le cœur humain, de sentiment plus généreux et plus conciliant que la peur. Le lâche ne sait pas résister aux menaces qui le font trembler.

Un prince qui cède à la peur, s'engage bientôt à caresser, à récompenser, à combler de grâces, ceux qu'il n'ose pas faire punir. Le public ne tarde pas à s'apercevoir de la cause de leur nouvelle faveur. Les scélérats, les factieux, profitent de cette découverte, pour commettre impunément leurs crimes, ou tramer leurs complots dans la ferme persuasion que la *lâcheté* du pouvoir exécutif, effrayée par leurs menaces, les soutiendra de sa souveraine puissance, dans les cas où les autorités subalternes essaieraient de sévir contre eux. Ils ne s'arrêteront point en si beau chemin : à chaque nouveau forfait, ils demanderont et obtiendront de nouvelles grâces, et de nouvelles garanties qui leur assureront l'impunité, en faveur des opérations criminelles qu'ils comptent entreprendre par la suite. Il est impossible d'évaluer la somme des calamités qu'éprouvera une société politique, par les conséquences funestes et immanquables de cette *poltronnerie* que par courtoisie on nomme quelquefois bonté ou clémence.

Instruits par ces leçons journalières, les intrigants, les ambitieux s'arrangent en conséquence. Ils grossissent les bataillons des ennemis de ce lâche, qu'ils auraient volontiers servi de cœur et d'âme, s'ils n'avaient pas eu peur de l'être. Il diminue ainsi ses soutiens, et augmente à ses dépens le nombre de ses adversaires. Semblable à ce bœuf qui, pour éviter les petites piqûres de ses conducteurs, s'élance de bonne volonté, dans une *égorgerie* ce prince, pour se soustraire à quelques dangers du moment et souvent illusoires, se précipite de lui-même dans les bras des factieux, et se met à leur merci. Si les suites de cette démarche pusillanime et inconsidérée ne sont pas mortelles, elles sont au moins bien longues et bien difficiles à guérir. (Écrit à Londres, en novembre 1819).

213. PARJURE. Dans tous les temps et dans tous les lieux, le *parjure* a passé pour une action infâme.

Mais les écoles de politique moderne ont prouvé que le parjure est parfois un titre d'honneur qui fait donner le pas, et des préférences marquées sur les honnêtes gens qui ont toujours été fidèles à leurs serments.

Le parjure qui était autrefois un titre d'exclusion de toutes sociétés honnêtes, est donc devenu, dans de certains gouvernements, un titre, *sine quâ non*, on n'est plus admissible à aucune place de l'État. Je n'en citerai qu'un exemple, par discrétion. Les officiers de la marine royale qui n'avaient pas voulu prêter le serment civique exigé par les factieux de 1790, et qui s'opiniâtrèrent, par la suite à ne point faire de serment contre leur devoir, furent privés du droit de rentrer dans leur ancien corps, par l'ordonnance du 25 mai 1814, et depuis par celle du 25 octobre 1817.

Quels cris n'aurait point excités en France le renouvellement d'une loi que le simple bon sens a dictée à tous les peuples de la terre, et qui aurait défendu à tous parjures d'être pairs, députés, magistrats, et d'avoir aucune place de confiance dans l'État? C'était, dit-on, impossible au moment de la restauration; la difficulté était réelle, mais elle prouvait une gangrène dangereuse qu'il fallait tâcher de tempérer, d'arrêter et de détruire peu à peu, au lieu de la favoriser, et d'étendre, d'assurer et de consolider ses empiétements successifs.

Un gouvernement dont la plus grande partie des fonctionnaires publics sont, ou ont été des parjures, devient, si ces hommes en place n'ont pas donné des preuves publiques et convaincantes de leur contrition parfaite, l'objet d'un mépris général qui annonce sa décadence et sa chute prochaine.

» Si nous observons les hommes qu'on a taxés avec raison
» de violer leur foi et leur serment, nous trouverons qu'ils
» ne se sont jamais arrêtés à leurs premiers parjures. Ils se
» sont acheminés peu à peu à se faire un usage de la trahison.
» Ils ont réduit le crime en art et en science, et ont cou-
» vert du nom de politique leur mauvaise foi, funeste aveu-

» glement qui, sous le voile d'une précaution affectée, » cache la fourbe, le parjure et la dissimulation. » (*Lettres juives*, tom. III, lettre LXXIII, pag. 103.)

214. GIROUETTE. Ce terme de marine (1), ou de la maison rustique, est entré dernièrement dans le *Dictionnaire de la Politique*, et pour cause.

Cet instrument grossier et matériel est devenu, par le progrès des lumières, si fin et si spirituel, que la plupart des philosophes du siècle et de nos grands hommes du jour lui doivent leur gloire et leur fortune.

Les chevaliers de la *girouette* suivent avec persévérance cette maxime proverbiale des matelots, *selon le vent la voile*. Ils naviguent tranquillement sur le vaisseau de l'État, sans s'embarrasser où il va et où l'on veut le mener, encore moins de son sort futur, ni de celui de son équipage ; ils ne songent uniquement, dans leur traversée, qu'à pêcher des écus, des titres, des places et des honneurs, enfin toutes les bonnes choses qu'ils peuvent attraper dans leurs filets.

Il y a dans ce métier, comme dans tous les autres, de bons et de mauvais ouvriers. Les pêcheurs adroits jouissent, sans honneur, d'une existence très-honorable. Les maladroits sont de fait et de droit traités comme le rebut de toutes les sociétés, sans en excepter les plus criminelles.

Par ce que nous venons de dire, on voit que l'observa-

---

(1) Considérée comme un instrument de physique ; voyez l'article *Girouette*, Tydologie, chap. 1, pag. 76.

tion intéressée de la girouette, et l'attention continue d'en suivre les mouvements sont, dans une monarchie en désordre, un des moyens de parvenir les plus marquants par les succès assez nombreux dont nous l'avons vu couronnée mainte et mainte fois. C'est aux écoles de la marine que les amateurs des bons emplois honorifiques et lucratifs apprendront le mieux l'art d'orienter leur voilure, selon le vent qui souffle; de faire route, en habiles manœuvriers, au milieu des écueils qu'ils rencontreront en chemin, et de réussir malgré les tempêtes, les changements de temps, les accidents sans nombre de la guerre et de la navigation qu'ils sont dans le cas d'éprouver pendant leur traversée; de prendre les bons ports (*les grâces*) qu'ils désirent attraper, ou de rester fermes dans les mouillages (*les places*) qui leur conviennent, et dans lesquels ils se trouvent bien.

Zaïre, ambitieuse de s'élever en grade dans le sérail d'Orosmane, avait donc ses raisons pour répondre à son père qui lui reprochait d'avoir changé de religion :

> J'eusse été près du Gange, esclave des faux dieux,
> Chrétienne dans Paris, Musulmane en ces lieux.

C'est la profession de foi d'une vraie girouette, qui veut faire fortune (1) aux dépens de son âme; il y en a beaucoup dans ce siècle-ci.

Si j'avais mieux su profiter dans les cours des sciences nautiques que, par état, j'ai été obligé de suivre jusqu'à l'époque de la révolution,

---

(1) Voyez le mot *Concordat* de 1817, dans ce Lexicon politique, tome 2, n° 155, page 14.

J'aurais fait mon chemin', j'aurais un bon emploi.

comme tant d'autres dont les noms sont, à chaque page, immortalisés dans les Dictionnaires des Girouettes qui ont été imprimés et réimprimés à Paris, depuis 1814 (1).

Mais toute ma vie j'ai été un nigaud. En janvier 1791, je publiais une lettre que j'écrivis à M. de Fleurieu, ministre de la marine, pour lui prouver que ni lui, ni moi ne pouvions prêter le serment civique décrété le 22 décembre 1790, par les factieux, qui dès-lors travaillaient au renversement de la monarchie française, et au supplice qu'ils comptaient faire subir à leur Roi légitime. Qu'y ai-je gagné? A me voir, dans le procès-verbal de l'assemblée nationale du 16 mars 1791, honorablement rayé du corps des officiers de la marine de S. M.; à n'être point compris au nombre des capitaines de vaisseau, dans la promotion de 1792, et encore moins dans celle de 1793, que firent les ministres de Robespierre et consorts; et, quand on réorganisa le corps de la marine, le 1er janvier 1816, à me trouver, en conséquence, placé dans les derniers rangs d'une liste où, par mon ancienneté, j'aurais dû être un des premiers.

A cette bêtise impardonnable, j'ai joint le tort irrémissible d'être resté fidèle jusqu'à présent à la profession de foi, tant religieuse que politique, que j'avais publiée en 1791. Voilà la cause de mes disgrâces. Je ne suis pas le seul qui, pour la même cause, ait éprouvé un pareil sort; mais

(1) Les circonstances exigeraient qu'on en publiât une nouvelle édition, revue, corrigée et considérablement augmentée.

le malheur des autres est une faible consolation, au moins pour moi. Quoi qu'il en soit, que ceux qui me suivent ne me ressemblent pas, s'ils sont ambitieux de parvenir. Ce refus opiniâtre d'échanger leur religion et leurs sentiments royalistes contre un nouveau culte et de nouveaux principes, les assimilerait trop au genre des immobiles, ou à ces écorces de citron qu'on dédaigne, après en avoir extrait le jus qu'elles renfermaient, ou de ces blocs rocailleux qui ne sont bons à rien qu'à gêner à l'endroit où ils se trouvent ; et il est à craindre, d'après cette classification, qu'on ne les traite comme on nous a traités. S'ils veulent en croire mon expérience et s'en fier à mes conseils, ils crieront, avec la foule des affamés :

Vivent les *girouettes* et tout ce qui s'ensuit.

Ecrit le 3 mai 1818.

215. IMPUDENCE. L'*impudence* excite quelquefois le dévouement, le zèle, le désintéressement et la confiance, mais ce n'est jamais pour long-temps ; et quand elle les perd, c'est pour toujours.

D'après les préjugés dont j'avais été imbu au collége, je croyais que l'impudence était un vice insoutenable dans la société. Mais l'histoire des avant coureurs de la révolution et celle de ses suites, m'ont bien dessillé les yeux. Elles prouvent que depuis plus de vingt ans, avant cette catastrophe, l'impudence doit être comprise dans le catalogue des qualités politiques et indispensables à tout homme qui veut, en France, et peut-être ailleurs, marquer dans le monde, faire fortune, avoir de l'influence dans le gouvernement, et en imposer aux ministres régnants.

Pour vous en convaincre, faites vous instruire des dits et faits de Voltaire, de J.-J. Rousseau, de Linguet, de Beaumarchais, du marquis de Mirabeau, de Barrère, du cardinal Maury, et de tant d'autres impudents morts, ou jouant encore leur rôle avec un grand avantage.

La révolution française n'a été qu'une suite de victoires que l'impudence a remportées sur la faiblesse.

Des orateurs, des écrivains impudents la soutiennent encore : Dieu sait qui nous en délivrera !

216. INDIFFÉRENCE. Un homme semblable au héros de la comédie de la *Famille Glinet*, indifférent à sa religion, au sort de sa patrie, aux maux de ses alentours, en un mot, pour qui tout est égal, devient, par sa nullité et son indifférence, un mauvais citoyen, qu'une société réprouve et marque du sceau de l'ignominie.

Comment un indifférent au bonheur ou au malheur de son pays eût-il été regardé par les Spartiates et les Romains, quand ces fiers républicains étaient dans la force de leur patriotisme ?

217. EGOÏSME. C'est un sentiment exclusif de la préférence qu'on s'accorde à soi-même. Il empêche qu'on ne prenne aucune peine, et qu'on ne fasse aucun sacrifice pour un autre. Mais l'*égoïste* n'est point indifférent à son salut, à la gloire, aux richesses, aux dignités, aux honneurs, ni à toutes les vanités de ce monde. La politique a donc prise sur lui, et, s'il en vaut la peine, elle peut en tirer un parti avantageux.

L'anéantissement d'une nation est arrivé, lorsque chacun de ses individus ne voit plus que soi, ne se meut plus que pour soi, ne sacrifie plus que pour soi.

Aux yeux d'un bon gouvernement, l'égoïsme est donc un vice politique, moins coupable que l'indifférence.

218. INGRATITUDE. Selon l'expression de Foucher, l'*ingratitude* est plus qu'un crime; c'est une *faute* du souverain qui en fait le premier principe de son gouvernement.

219. ATTENTAT. On appelle ainsi l'acte commis ou commencé, pour parvenir à l'exécution d'un crime, quoique le crime n'ait pas été consommé.

220. COMPLOT. C'est une résolution d'agir, arrêtée et concertée entre deux ou un plus grand nombre de conspirateurs, quoiqu'il n'y ait pas eu d'attentat, c'est-à-dire, quoiqu'il n'y ait eu aucun acte criminel de commencé.

221. SUBORDINATION. Il est impossible d'organiser une masse nombreuse d'hommes, et de la faire agir de concert, si une subordination ne lie pas, les unes aux autres, les différentes divisions partielles de ce grand ensemble.

La crainte et la considération des chefs sont les seuls instruments capables d'établir et d'entretenir la subordination entre les subalternes et les commandants. Dans les États solidement constitués, ces deux moyens sont ordinairement réunis.

On a toujours parlé de liberté et jamais de subordination;

pourtant l'une est aussi nécessaire que l'autre, pour le maintien d'un bon gouvernement.

222. AMBITION. C'est un désir immodéré d'attraper les premières places, dans la carrière que l'on parcourt.

Cette passion travaille également les Grands et les Petits, les âmes fortes et les esprits faibles. Necker, commis à 1,200 fr., chez le banquier Thélusson, était aussi ambitieux que Jules-César le fut quand il commença sa carrière révolutionnaire, dans les tripots de Catilina.

L'ambition de tout homme de bien, dans quelque situation qu'il se trouve, est de se distinguer par son savoir, son zèle et son exactitude à remplir dignement ses devoirs. Un prince qui n'est point ambitieux de voir ses États bien gouvernés, est donc un corps sans âme, un prête-nom de la royauté, plutôt qu'un roi.

En chassant l'apathie du trône, cette passion n'est pas toujours mue par des motifs aussi purs et aussi religieux que ceux que nous venons d'énoncer : elle a ses écarts comme les autres, et les suites funestes de l'ambition sont aussi multipliées dans l'histoire des empires, que dans celle des simples particuliers.

Quoique l'ambition soit plus ou moins nécessaire au chef de l'État, le but qu'elle se propose d'atteindre, diffère selon le caractère du Prince, la nature du gouvernement ou les circonstances où il se trouve.

L'ambition de Lycurgue fut de métamorphoser, tout d'un coup, des hommes efféminés et relâchés dans leurs mœurs, en soldats durs, féroces, n'estimant que les vertus et les occupations du guerrier, dédaignant les conquêtes, foulant aux pieds les connaissances humaines, et se mettant au-dessus des douleurs corporelles, des richesses, des jouissances et des vanités de ce monde, et n'ayant d'autre désir que de mériter l'estime et la considération de leurs concitoyens. (1).

Numa et Saint-Louis, ces grands Rois de peuples barbares, mirent leur ambition à consolider leur pouvoir par la religion, la justice et des établissements utiles, durables et si bien conçus, qu'à la longue, leurs heureux effets sont devenus une des causes principales de la prospérité de leur empire respectif, dont ils avaient été, pour ainsi dire, les premiers législateurs.

---

(1) L'ambition de Lycurgue fut criminelle ; il n'est jamais permis de renverser la Constitution d'un pays, pour la rétablir sur un nouveau plan, fût-il le meilleur possible.

Où en serait-on, si les novateurs optimistes obtenaient ce privilége en fait de gouvernement ? Aussi la politique et l'histoire n'ont absous Lycurgue qu'après les sept cents ans de succès qu'a eu son entreprise.

Plusieurs siècles suffisent, et au-delà, pour établir la prescription, réhabiliter la mémoire d'un coupable, et le retirer du cours de la justice ordinaire. Lycurgue n'avait en sa faveur que ce seul moyen de défense ; mais il ne pouvait pas le donner à ses contemporains : aussi ils l'eussent lapidé, s'il ne se fût pas réfugié dans le temple d'Apollon ; et si, par accommodement, il n'avait pas eu l'adresse, avant de partir, de faire jurer aux Lacédémoniens de ne rien changer, jusqu'à son retour, à la nouvelle Constitution qu'il venait de leur donner; et il ne revint plus.

Que fussent devenus ses institutions, la république des Spartiates, et Lycurgue lui-même, si en vrai philosophe, il eût commencé ses opérations législatives par rendre ridicules l'asile des temples, les dieux de son pays et la religion du serment ?

Cette ambition sage et glorieuse dans un prince, n'a pas été autant prisée par les historiens qu'elle méritait de l'être; mais ils la prôneront, quand les vrais principes de la politique seront mieux connus, et plus usuels chez les personnes qui s'occupent de la science du gouvernement.

Sésostris et Charles XII, despotes de gouvernemens mûs par une impulsion militaire, eurent l'ambition de sortir de leurs pays pour dicter des lois aux autres, et illustrer leurs noms par le succès de leurs armes. Ils réussirent en partie; mais après eux, quel fut le sort de leurs États respectifs? Ils finirent par rentrer dans leurs limites primitives, quelquefois avec perte de terrain, et toujours affaiblis par les suites des exploits mémorables de ces princes immortels.

En faisant la conquête de la Perse, Alexandre perdit à jamais la Macédoine par son ambition et ses conquêtes.

Les princes ne sont pas toujours les maîtres de consulter leurs goûts, pour se livrer à un genre d'ambition de leur choix; ils sont souvent forcés, par les circonstances, d'en suivre qui conviennent moins à leurs caractères, qu'à la position où ils se trouvent. Louis XVI a été perdu, faute de se soumettre à cette maxime impérieuse. Il se fût sûrement sauvé, lui et son royaume, si, en 1788, il eût mis son camée en campagne, et eût adopté, contre son gré, l'ambition d'agrandir ses États (1), aux dépens de ses voisins.

_____

(1) Les troubles, à cette époque, qui s'étaient élevés en Hollande et dans le Brabant, donnaient un prétexte bien plausible pour commencer une nouvelle guerre.

Peu importent après, les succès ou les revers de ses géné
raux : la guerre et la banqueroute qui en étaient la suite,
cassaient la trame des factieux, affermissaient le Roi sur
son trône, remettaient les Français dans leur assiette ordinaire, rendaient la santé à leur gouvernement, et ajoutaient, pour ce royaume, quelques siècles de plus à sa force
et à son existence. D'un autre côté, il est très-douteux que
Bonaparte se fût soutenu deux ou trois ans, s'il n'avait pas
eu l'ambition d'un conquérant, et s'il eût préféré de jouer
dans l'histoire le rôle d'Auguste plutôt que celui d'Attila.

Les médecins s'accordent à nous représenter les indi-
gestions de pain comme les plus dangereuses. Les meilleures
choses deviennent les plus nuisibles, quand on exagère leur
proportion, ou qu'on les prodigue à trop forte dose. L'ambition rentre dans cette règle générale, qui est sans exception. Les noms les plus illustres lui doivent leur éclat ; et,
sans l'ambition, il n'y aurait peut-être jamais eu de grands
hommes dans le monde.

Puisque cette passion agit si puissamment sur le cœur
des hommes, un législateur sage ne songera pas à l'exclure
de son administration ; car la vraie sagesse consiste à n'entreprendre que ce qu'on peut réaliser. Il négociera donc
avec elle ; il posera des digues, des préjugés capables de
contenir dans certaines bornes les ambitieux de son empire,
et il sera attentif, en même temps, à laisser assez de latitude à leur énergie, pour, dans l'occasion, en tirer des services essentiels.

Les distinctions héréditaires, les charges vénales, l'ordre
du tableau, jusqu'à une certaine élévation dans quelques
corps nombreux ; des conditions d'âge, de naissance, d'état

de personnes et de leurs parents ; une hiérarchie et des
formes d'avancement suivies à la rigueur, sans bénéfice de
dispense et autres infractions à la loi ; l'obligation stricte
de passer un temps déterminé dans un noviciat nommé à
cet effet, avant de pouvoir occuper telle ou telle place,
sont autant de gradins qui obligent les ambitieux de s'é-
lever à pas comptés, et de s'arrêter, quand ils arrivent à
un certain terme, sans songer qu'il leur soit possible d'aller
plus loin.

Depuis l'abjuration de Henri IV, l'ambitieux le plus effréné
a-t-il jamais pensé, avant 1791, à monter sur le trône de
France? Le cardinal de Richelieu, si puissant sous Louis XIII,
eut l'ambition de s'emparer de l'autorité de son maître,
mais non pas de sa place, et jamais il n'imagina de se
faire déclarer Roi de France.

La force des préjugés reçus chez un peuple, devient aussi
une grande entrave aux projets des ambitieux, et retient
les écarts de leurs prétentions. Sylla, Cromwel n'osèrent
point se montrer revêtus de la pourpre royale, à cause de
la haine que leurs concitoyens portaient alors à ce titre.
Cette discrétion ne les rendit ni meilleurs, ni despotes moins
puissants. Mais la force des préjugés les retint aux pieds du
trône, quand ils n'avaient plus qu'un pas à faire pour s'y
asseoir.

L'appétit vient en mangeant. Cette expression proverbiale
s'applique parfaitement aux ambitieux. La prudence exige
donc qu'on se précautionne d'avance contre les suites funestes
de leur gloutonnerie. Ces sortes de caractères ne sont jamais
satisfaits. Quand ils sont parvenus au delà de leurs premières
espérances, l'envie de s'élever davantage ne les en tourmente

pas moins ; et aucune accumulation de pouvoirs, d'honneurs et de richesses, n'est capable de les rassasier. Les Empereurs romains, maîtres suprêmes du monde connu de leur temps, se persuadèrent qu'ils étaient dans un étage trop bas, en n'occupant que la première place, dans l'ordre de la hiérarchie humaine : ils eurent l'ambition d'être Dieux, d'avoir des autels et un culte qui leur fût consacré.

La voracité de ces insatiables s'augmente considérablement par les succès de quelques-uns d'entre eux. Un Roi renversé de son piédestal donne à tous les aventuriers l'ambition d'y monter à sa place, et de renverser autant de trônes qu'ils pourront, afin d'avoir plus de chances d'attraper un royaume, dans le partage de leur butin. On voit, dans tous les États déréglés, de ces fluctuations journalières porter aux premiers rangs, des personnes qui, la veille, se seraient crues fort heureuses d'occuper une des avant-dernières places de la société. Ces promotions si rapides et inattendues, se font toujours au détriment de la stabilité et de la prospérité de l'État. Les révolutions les opèrent, et en même temps elles favorisent beaucoup le retour des révolutions nouvelles.

Si nous suivons avec attention les antécédents de ces grandes catastrophes intérieures qui ont abîmé les empires, nous les verrons presque toujours précédées par de petites révolutions réitérées, que les ministres, les inspecteurs, les chefs de corps, enfin les distributeurs de grâces, se sont permis de faire contre les règles reçues en faveur des particuliers en crédit, qu'ils avançaient, sans raison, de préférence à ceux qui y étaient nommés pour ainsi dire de droit, par les usages et les traditions des corps dont ces protégés dépendaient.

Ces substitutions du caprice aux règles établies dans les habitudes des différentes corporations, sont autant de petites révolutions qui, si l'on n'y prend garde, et si, sans égard, on les multiplie légèrement et avec trop de profusion, en amènent de plus grandes par la suite. Elles apprennent qu'une bonne conduite, l'estime d'un corps, des services soutenus, ne sont rien en comparaison du crédit ; que le crédit est tout, et qu'il ne faut avoir que du crédit pour obtenir les places les plus importantes de l'État; qu'au sortir du collége, le fils d'un grand seigneur ou d'un petit commis de bureau a, dans quelque corps que ce soit, des droits d'avancement au-dessus de ses camarades qui ont blanchi, avec distinction, dans le métier qu'il va exercer pour la première fois. Heureux ! quand, pour la forme, on lui prescrit un noviciat très-court, et dans lequel il est censé acquérir les connaissances nécessaires pour remplir passablement l'emploi qu'on lui confie. Arrivé de bonne heure au faîte de l'état où on l'a placé, ce jeune ambitieux ne soupire, pour en profiter, qu'à voir des événements et des chances favorables qui lui donnent l'espérance de monter encore plus haut.

Par sa nature, l'ambition tend continuellement à s'élever ; elle ne s'arrête jamais de son consentement et de bon gré. Il faut que l'âge, les infirmités, des disgrâces complètes, ou des obstacles invincibles, obligent les hommes qu'elle possède, de rester en repos ; sans cela, ils s'agitent et se tourmentent sans cesse, pour faire toujours quelques pas en avant. Le mouvement, les tracas, des adversaires à déjouer, des ennemis à combattre, des prétentions à faire valoir, des désirs effrénés à réaliser, sont des éléments indispensables à l'existence d'un ambitieux ; et le martyre le plus insupportable à ses yeux, serait de mener la vie tranquille d'un sage, satisfait de ce qu'il a.

On aurait cru, par exemple, Buonaparte, lieutenant d'artillerie, au comble de ses vœux, quand il se vit au faîte des honneurs, à la tête d'une armée victorieuse. Craint et recherché par les souverains de l'Europe, il résolut d'étendre sa gloire et son autorité sur ceux de l'Asie et de l'Afrique. Commandant trente ou quarante mille hommes, il descend et s'annonce chez les Orientaux, comme un successeur de Mahomet, envoyé de Dieu pour rétablir sur sa tête le règne des Califes, dans sa première splendeur, et faire rentrer sous leur domination des peuples qui, depuis des siècles, en avaient été soustraits par les Turcs, les Persans et divers Princes de la terre. Maître de l'Egypte, dans un clin d'œil, les limites de ce royaume si célèbre, lui parurent trop étroites. Il traverse les déserts, et somme l'Asie de se soumettre à ses ordres ; mais les difficultés qu'il rencontra sur sa route, le dégoûtèrent bientôt de jouer le rôle de prophète conquérant ; il abandonna sans façon ses compagnons d'armes, et revint en France, où l'on pensa satisfaire son ambition, au delà même de ses espérances, en faisant, tout exprès pour lui une nouvelle Constitution, qui le proclamait despote suprême de cette république, une et indivisible, au nom de laquelle il avait agi jusqu'alors, et dont le territoire s'était beaucoup agrandi depuis la révolution. Assis sur le trône de nos Rois, il dédaigna ce titre, comme trop mesquin et peu convenable au rang où il s'était

élevé ; et, du haut de sa grandeur, il exigea qu'on lui donnât celui d'*Empereur des Français.*

Son imagination ne tarda pas à vouloir davantage. Buonaparte se trouva trop gêné dans un espace de je ne sais
combien de millions de lieues carrées. Il lui fallait toute
l'Europe pour y être à son aise ; encore, dans le doute
qu'elle ne lui suffit pas, il prenait ses précautions, afin
qu'en cas de besoin, il pût s'emparer du monde entier, et
compter la totalité du genre humain au nombre de ses sujets. Si le succès eût toujours répondu à ses désirs, son âme
ambitieuse n'en eût pas moins été tourmentée et contrariée,
quand il aurait éprouvé les contrariétés de la force d'at-
traction qui, par des liens invincibles, le retenait sur la
terre, et l'empêchait de joindre le soleil, la lune, les pla-
nètes et toutes les étoiles à son empire, et de régir despotiquement l'univers, avec ses décrets et ses boutades. Cette
soif inextinguible d'honneurs et d'autorité est le caractère
distinctif de l'ambition.

Les prétentions des ambitieux augmentent à mesure qu'ils
acquièrent davantage ; plus on leur accorde, plus ils exigent ; et ils ne cessent d'être indiscrets que quand on n'a
plus rien à leur céder. Il est par conséquent dangereux d'assouvir trop tôt l'ambition d'un jeune homme. Les petits
esprits y prennent une habitude de fatuité et de suffisance
insupportable dans la société, qui leur nuit beaucoup, ainsi
qu'aux affaires dont ils sont chargés. Les autres, nés avec
plus de génie, et forcés, pour ainsi dire, d'avoir de l'ambition par les emplois importants dont on les a accablés de
bon neheure, se croient des êtres surnaturels, trop resserrés
dans la sphère où ils se trouvent ; dans leur humeur cha-

grine, ils tourmentent leurs subalternes, tracassent leur administration, et à la moindre lueur d'espérance, ils renversent tout, ne respectent rien, si, d'après leur calcul, ils imaginent que de ce bouleversement universel, il sortira des escaliers qui leur permettront de s'élever davantage, et d'agrandir le rayon du cercle de leur importance politique.

« Il est donc bon d'escarper les degrés de l'ambition, » pour ralentir sa course, et mettre la carrière sociale en » harmonie avec la vie humaine ; sans cela, l'une étant » complète, lorsque l'autre n'est qu'entamée, il reste à » l'homme, du champ à désirer quand il ne lui reste plus » de buts légaux à atteindre (1). »

223. AMBITION SUBALTERNE. « L'ambition du crédit, de » l'opulence et des vains honneurs, voilà bien plus que le » désir de la renommée, ce qui fait rechercher les grandes » places avec tant d'ardeur dans une Cour futile et corrom- » pue ; voilà ce qui, tant de fois, la peuple d'hommes mé- » diocres qui, chargés des destins et de la gloire de l'État, » ne s'occupent que de l'agrandissement de leurs maisons, » de l'augmentation de leur fortune, et bravent, en accu- » mulant sur eux les dignités, le cri public qui les con- » damne (2).

» Les ministres (3) n'y meurent pas comme autrefois » d'une ambition rentrée ; cette maladie a beaucoup perdu » de son intensité, depuis que ces grands fonctionnaires ne

---

(1) *Conservateur*, troisième volume, vingt-septième livraison, p. 37.

(2) Esprit militaire. Paris 1785, page 303.

(3) Bibliothèque royaliste, tome 2, page 12.

» considèrent et ne placent qu'en seconde ligne l'honneur,
» dans l'exercice de leurs fonctions ; on n'y intrigue
» que pour avoir de l'argent et de vains titres : les vrais
» ambitieux y sont rares. On recherche des places, où l'on
» ne se flatte pas de se maintenir ; mais l'opulence qu'elles
» auront procurée, consolera de la disgrâce. Nos aïeux as-
» piraient à la gloire toute nue : ce n'était pas, si l'on veut,
» le siècle des lumières, mais c'était celui de l'honneur. »

Quel oubli de soi-même, que de vouloir à toute force
montrer au public sa nullité ou sa turpitude, pour de l'argent ! Pourquoi avons-nous vu et voyons-nous encore tant
d'hommes en place, qui n'ont jamais eu d'autre ambition ?

224. DISTRIBUTION DES GRACES. Les *grâces* sont des faveurs ou des récompenses mises à la disposition du Prince,
comme chef de l'État.

La répartition de ces grâces est motivée sur les services
de celui à qui on les accorde, ou sur le bon plaisir du
prince qui les donne.

Une monarchie bien réglée se fonde sur un pacte tacite,
par lequel les sujets se soumettent à recevoir, comme une
faveur particulière, toutes les espèces de grâces que le
monarque daignera leur accorder, en récompense des services qu'ils auront rendus ; le prince mentalement s'engage
à son tour à ne point les prodiguer au delà des besoins de
l'État, et à moins considérer, dans leur distribution, les
courtisans assidus, que les hommes connus pour les avoir
méritées.

Les articles de ce traité sont de rigueur : en les obser-
vant de part et d'autre, avec une exactitude raisonnable,

le gouvernement se corrobore, et gagne beaucoup dans la confiance publique. Il s'affaiblit, du moment qu'il est permis à une des deux parties de les enfreindre impunément, à des reprises trop réitérées et trop marquantes.

Si, au lieu de demander respectueusement les grâces qu'on croit avoir méritées, les solliciteurs les exigent avec hauteur, comme un droit qui leur appartient, qu'on ne peut pas leur refuser, et qu'ils parviennent ainsi à les arracher de force, au secrétaire d'État qui en a la répartition, le contrat est sapé par ses fondements : l'équilibre une fois rompu, comment répondre du reste? Ces incartades scandaleuses n'arrivent pas tout d'un coup ; elles ont nécessairement été précédées par des injustices et des brusqueries déplacées des bureaux, et par des jactances nuancées des plaignants, qu'on n'a pas su réprimer à propos, et qui n'ont fait que croître et embellir, par les étourderies, les partialités outrées des ministres, et par l'impunité des gens qui s'oubliaient devant eux. Le prince qui laisse ainsi dégrader sa dignité et celle de ses principaux commettants, dévoile sa faiblesse ou sa nullité. Les insolents deviennent plus audacieux, et ils en imposent tellement que toutes les branches du gouvernement se trouvent obstruées, à chaque instant, par des hommes et des prétentions qu'on n'ose pas rejeter (1). Les factieux ne sont pas les derniers à s'apercevoir et à profiter de cet esprit de pusillanimité.

---

(1) Depuis 1763, à peu près, l'histoire de France confirme, presque à chaque page, la vérité de cette assertion.

Voyez la note de la page 495, du tome II, chapitre IV de la *Tydologie*.

D'un autre côté, on tombe dans une erreur grossière, si, en interprétant à la lettre les expressions humbles, soumises et respectueuses de ses sujets, le Prince s'imagine que les grâces remises à sa disposition doivent être distribuées à sa fantaisie, aux personnes qu'il affectionne, plutôt qu'à ceux qui servent ou ont bien servi l'État. Si une pareille prétention ne se borne point à figurer dans le style de la chancellerie des bureaux; si les ministres en prennent acte, et se persuadent, qu'en conscience, ils n'ont besoin que de l'autorisation du Prince pour accorder des grâces à qui leur plaît, on enfreint le contrat, sans le consentement et contre l'intérêt d'une des parties. C'est donc un abus de confiance et une injustice manifeste. Les premiers éconduits se tairont, peut-être par respect et dans la crainte de ne pas être écoutés favorablement de leurs compatriotes. Mais les récidives accumulées multiplieront le nombre des plaignants, et finiront par mécontenter tout le monde, avilir les grâces du Roi, épuiser les caisses publiques, exciter enfin une indignation générale contre le gouvernement et ses favoris.

Afficher officiellement et tenir parole que, sans règle et sans responsabilité, on exploitera dorénavant le monopole des grâces du gouvernement, c'est, auprès d'un monarque, la fanfaronnade d'une autorité enfantine; c'est une faiblesse impardonnable de la part du ministre qui s'en vante. *Elevez les âmes et n'humiliez pas les amours-propres.* Les anciens officiers, les vieux administrateurs, les hommes connus par des services marquants et honorables, se trouvent et sont ravalés devant la multitude, quand on dédaigne de reconnaître leurs titres aux récompenses de l'État, et qu'on

les oblige de se croire très-heureux d'être traités à l'instar des domestiques, qui sont admis à recourir à la
bienveillance charitable de leurs maîtres.

Que dirait-on d'un chef qui dépenserait follement en
fantaisies personnelles les fonds qu'on lui aurait remis pour
récompenser ses subalternes et pourvoir à leurs besoins?
Ces conditions auxquelles est soumis tout dépositaire de
confiance, ne sont pas moins imprescriptibles aux yeux
d'un prince qui se respecte. Un Roi, comme un bon père,
pénétré de ses devoirs, n'oubliera pas que les grâces, les
moyens de récompense, les sommes d'argent qu'on abandonne à sa discrétion, doivent être employés au plus grand
avantage de ses sujets, et que ce n'a pas été simplement
pour ses menus plaisirs qu'on lui a fait une concession
aussi importante.

En publiant avec emphase, qu'ils regardent comme non
admissibles ces petites légitimités que les lois, les usages
et le bon sens autorisent de citer en faveur des grâces qu'on
sollicite, ces grands personnages ne prévoient point qu'ils sa-
pent, par leurs fondements, les bases qui soutiennent leur
rang et leur existence. Car, si l'on parvient à convaincre une
société politique, qu'il n'y a chez elle de titres légaux pour
réclamer des grâces, que ceux qui sont favorisés par les affections ou les caprices de la Cour, de conséquence en conséquence, les logiciens de cette école pourront, en remontant,
agiter la question, si l'hérédité du trône et la conservation
du gouvernement établi, ont des droits plus imprescriptibles
que les autres petites légitimités qu'on s'est efforcé, avec
tant de soin, d'annuler jusque dans leur ressouvenir; et si,
pour l'adoption d'un prince régnant, il ne serait pas plus

avantageux d'avoir égard au mérite de l'individu qu'à sa naissance. Lorsqu'on touche à des préjugés fortement incrustés dans l'esprit d'un peuple, on ne sait pas où s'arrêteront les commentateurs des nouveaux principes qu'on substitue à leur place.

Les rois devraient se ressouvenir que le Cardinal Mazarin s'était aperçu qu'à chaque grâce qu'il accordait, il faisait un ingrat et dix mécontents. Sous un gouvernement faible qui touche à son déclin, la rancune de ces derniers entraîne souvent des suites fâcheuses qu'on voit rarement prévenues et arrêtées par la reconnaissance des favorisés.

Les parents du prince, les alentours du trône, lorsqu'ils sont sages et prévoyants, se méfient, avec raison, des conseils que des courtisans avides leur donnent de prendre du crédit à la Cour, et d'avoir la volonté de nommer à toutes les places dont les ministres disposent; parce qu'en cas de réussite, ils *décuplent* leurs ennemis, en proportion du nombre des personnes qu'ils ont obligées.

Les femmes surtout tombent facilement dans ce piége séducteur. Elles sentent vivement; mais, en général, elles réfléchissent peu. Plus sédentaires, et moins distraites, elles ne voient que le mendiant qu'on leur recommande, sans penser à comparer ses titres, pour mériter une récompense, avec ceux des concurrents qui sollicitent la même grâce que lui. La vanité naturelle à leur sexe les engage aussi, sans qu'elles s'en aperçoivent, à montrer l'influence qu'elles ont prise sur les dispensateurs des bienfaits de la Cour, sur ces hommes que leurs places ont créés les arbitres du sort de leurs concitoyens.

Cette princesse si bonne, si affable, si occupée à rendre

service, si obligeante, croit se faire aimer de tous ceux qui l'entourent, en travaillant sans relâche au bonheur de ceux qui l'approchent. Elle augmente, au contraire, sans s'en douter, le nombre de ses ennemis qui sont irrités contre elle, parce que, par son influence, ils n'ont pas eu la place qu'on a accordée à un de ses protégés. C'est ainsi qu'on amoncelle contre soi, une multitude de rancunes et de plaignants vindicatifs, qui sont tous portés à propager les bruits et les tracasseries qui vous sont défavorables.

Ces grandes dames ignorent les usages des Corps et la nature des services des solliciteurs. Leurs choix souvent ridicules et par fois scandaleux, leur sont dictés par les habitués de leurs salons, par les domestiques qui les servent; et trente ans de bons et loyaux services s'éclipsent devant le protégé d'un valet ou d'une femme de chambre.

Différentes parties du service vont mal à cause de ces malheureuses préférences. La princesse n'en est point responsable; c'est l'affaire des ministres chargés de l'administration suprême. Mais ces branches du gouvernement sont de toute nécessité, dirigées par des hommes; et le ministère ne peut pas répondre de ces hommes, ni de leur gestion, si, ne les ayant pas trouvés en place, il ne les a pas choisis et nommés lui-même.

La discipline, l'instruction et le bon esprit des corps, n'en souffrent pas moins. Quelle subordination un lieutenant-colonel sans crédit, peut-il exiger d'un jeune sous-lieutenant qui, le lendemain, sera son colonel? Si, dans l'intervalle où il jouit de la supériorité de son grade, le commandant veut sévir contre les manques de service, les étourderies ou les jactances déplacées de ce subalterne appartenant à une de ces coteries en faveur, qui le soutiendra ?. Au premier cri d'alarme du prévenu, des troupes de parents et de protecteurs de toute espèce, se mettent aussitôt aux trousses de ce chef, le poursuivent à leur tour, le tournent en ridicule, modifient, suspendent et arrêtent l'effet de ses punitions, lui procurent des mortifications multipliées, qu'on a vues quelquefois aller jusqu'à la destitution, parce qu'on s'était bêtement imaginé qu'un freluquet, sorti de la Cour, ou des bureaux ministériels, était, comme ses camarades, soumis à se conformer aux dispositifs des ordonnances militaires.

Les officiers sans crédit personnel tâchent, pour avancer de s'en faire auprès des gens qui en ont ou qui pourront en avoir. Les flatteurs, les complaisants, les courtisans, en tout genre, enfin cette séquelle d'intrigants toujours occupés de complaire à leurs chefs, et de profiter de leur faiblesse, dominent dans les Corps, en obtiennent les meilleures notes et les meilleures places. Ces Messieurs réunis sont des corporations drôlement meublées de camarades plus occupés à se nuire qu'à se soutenir les uns les autres. Le mode de moralité auquel ils doivent leurs succès, et qui leur en promet davantage les met au-dessus de ces petites délicatesses gothiques de bienséance et de fidélité qui, du temps de leurs pères, avaient tant d'empire sur un homme d'honneur. Les moyens de s'élever de plus haut en plus haut, occupent uniquement leurs pensées; et, par suite de leur calcul, ils s'attachent à leurs devoirs et à leurs patrons, et s'en détachent sans pudeur et avec la même aisance, selon les conseils de leur ambition, et le parti avantageux qu'ils comptent en tirer pour leurs intérêts du moment. Au lieu d'en rougir, ils se vantent au contraire qu'on leur trouve une ressemblance parfaite avec les partisans de Concini, « qui n'étaient pas honteux d'avancer de tout leur pouvoir la grandeur du tyran, afin d'avoir ses bonnes grâces, et cependant laissaient languir l'amour et la fidélité que Dieu veut qu'on porte à son Roi et à sa patrie; et l'ancienne générosité bannie des cœurs français, était toute portée à la faveur de l'usurpateur du pouvoir, et du distributeur des grâces (1). »

Cette manière de disposer des grâces de l'État, a de graves défauts. Elle décompose un gouvernement, sans y penser; et rappelle la Cour fameuse du roi Pétau, où tout allait si mal, parce que tout le monde s'en mêlait : elle excite en même temps l'humeur et la critique des bons citoyens, et de ceux qui sont naturellement portés au bien. Sous un Sultan nul, dans un État presque despotique, les Visirs, les demi-Visirs, leurs parents, amis, commensaux, parasites, secrétaires, commis, ouvriers, valets de chambre, et valets des valets; ces bandes d'intrigants en gros ou en détail, intéressés aux sottises du gouvernement qui font gémir le peuple, s'irritent jusqu'à la rage, contre les satires journalières qui, avec toute la force que la vérité et la malice du public leur donnent, attaquent nominativement ces accapareurs insatiables des grâces et des revenus de l'empire. Des ministres légers ou pervers, quelquefois tous les deux plastronnés de l'autorité du prince, s'arment alors des lois

(1) Décade de Louis XIII, par Legrain, page 385.

rigoureuses qu'on fabrique exprès pour déclarer criminel de haute trahison au premier chef, quiconque ne voudra pas voir le bien dans le mal; et qui s'entêtera à croire et à dire ce qui se passe au vu et au su de tout le monde.

Une loi des Empereurs romains poursuivait comme sacrilèges, ceux qui mettaient en question les jugements du Prince, et doutaient du mérite de ceux qu'il avait choisis pour quelque emploi (1).

Une autre déclarait que ceux qui attentent contre les ministres et les officiers du Prince, sont criminels de *lèse-majesté*, comme s'ils attentaient contre le prince lui-même (2).

On voit jusqu'où va l'audace d'un favori qui s'est emparé d'un prince nul et despote, dont les volontés législatives ne sont soumises à la révision d'aucun tribunal respectable, avant d'être promulguées et mises en pratique.

Nous devons cette dernière loi au règne d'*Arcadius* et d'*Honorius*, dont la faiblesse est célèbre dans l'histoire. Deux princes qui furent menés par leurs ministres, comme les troupeaux par leurs pâtres; deux princes esclaves dans leurs palais, enfants dans leurs conseils, étrangers aux armées, et qui ne conservèrent l'empire que parce qu'ils le donnaient tous les jours. *Ruffin*, un de leurs ministres, s'empara de la toute-puissance de leur cabinet, et conspira contre son Empereur. Il fit plus, il conspira contre l'em-

---

(2) Troisième loi du code *De crim. sacril.*
(1) Six cent quinzième loi du code *ad. leg. jul. mag.*

pire; il y appela les barbares; et quand on voulut arrêter le cours de ses complots, l'État était si faible que le Prince, ne pouvant pas le mettre en jugement, fut obligé de le faire assassiner pour se sauver lui et son empire.

On a donc vu des ministres tramer contre leur maître, accuser, et punir ses plus fidèles serviteurs, et pousser l'audace jusqu'à appeler des étrangers pour le détrôner. Ces faits arrivent trop fréquemment. lorsque la justice, l'ancienneté et les usages reçus ont perdu leurs droits, et qu'il n'y a plus ni règle, ni mesure dans la distribution des grâces de l'État, et que la faveur, l'intrigue et la corruption en disposent à leur fantaisie ou selon leur besoin.

Les princes assez aveugles et indolents pour s'abandonner sans réserve aux conseils d'un favori, sont sujets à le voir succomber à la tentation de vouloir régner à leur place, ou tout au moins de conserver, malgré leur volonté, l'exercice de son autorité usurpée dans toute sa plénitude. Les destitutions arbitraires de tous les employés, et leur remplacement à fantaisie, leur fournit des moyens de réussir, d'autant plus faciles, qu'il choisit ses nouveaux promus, parmi des gens tarés dans l'opinion publique, n'ayant d'autre existence dans le monde, que celle que leur donne le ministre qui les nomme, qui les soutient, et dont ils dépendent à discrétion. Toutes les branches du gouvernement sont bientôt dirigées exclusivement par le pouvoir illimité de ses créatures. Sûr de ses complices, ce traître maîtrise à la fois les tribunaux et tous les fonctionnaires publics du royaume. Tenant ainsi tous les fils de l'administration dans ses mains, et placé par les précautions qu'il a prises, au-dessus des lois de tous les magistrats de son pays, cet ingrat conspirateur n'a plus qu'un pas à faire pour se voir revêtir de la pourpre royale, si son prince légitime ne sort pas à temps de sa léthargie.

Le moment de son réveil est terrible ; ce souverain circonvenu et garrotté de toute part, se trouve au bord d'un abîme, sans savoir à qui s'adresser pour sortir de la position pénible où l'a mis sa trop grande confiance. La force des circonstances l'oblige alors, sous peine de mort ou de destitution, d'avoir recours au crime ; c'est la seule ressource qui lui reste, pour se débarrasser des armes empoisonnées que la perfidie et l'ingratitude ont tournées contre lui.

C'est toujours une extrémité cruelle pour un prince que d'en venir au meurtre. Mais *nécessité n'a pas de loi.* N'est-ce pas à son corps défendant qu'Honorius fit assassiner Ruffin ; et Henri III, le duc de Guise ; et Louis XIII, le maréchal d'Ancre.... ?

Je m'arrête à celui-ci, parce que, d'après les Mémoires du temps, son cadavre fut déterré par le peuple, et pendu par les pieds, à l'une des potences qu'on avait fait dresser pour ceux qui parleraient mal de lui.

Ce sang était-il donc si pur ? Quoi qu'il en soit, il n'eût pas été versé aussi scandaleusement, chez un peuple, où une routine respectée depuis long-temps aurait imprimé une espèce d'inamovibilité de fait, qu'on ne pouvait enfreindre, que dans les cas assez rares, prévus par les usages établis, sans exciter une surprise et un soulèvement presque général dans les esprits ; et si la naissance, l'ancienneté, l'achat d'une charge vénale, un apprentissage d'une certaine durée dans un noviciat déterminé par la loi, ou d'autres conditions à peu près semblables, eussent circonscrit des groupes séparés, dans lesquels on eût été obligé de choisir exclusivement les individus destinés à succéder aux emplois vacants qui appartenaient à chacune de leurs classes ; c'est-à-dire, dans un cercle de candidats déjà connus et éprouvés. Avec de pareilles entraves, ces traîtres, dont nous venons de parler, ces ministres *étrangers* (1), victimes du *crime*, parce qu'ils avaient voulu régner par le crime, se seraient vus forcés de vivre et de gouverner avec les hommes qu'ils auraient trouvés en place, et de nommer un à un, aux emplois, à mesure qu'ils vaquaient, des personnes dont les sentiments et l'état antérieur ne différaient guères de ceux qu'ils remplaçaient. Cette contrainte déjoue un favori, un ministre factieux ; en restreignant la latitude de ses choix et des grâces dont il dispose, on diminue en proportion ses moyens d'entretenir et de recruter des complices ; on retarde considérablement la marche de ses complots ; on lui ôte même l'idée d'y penser, et la possibilité de substituer subitement à des fonctionnaires publics et respectables, des gens de sac et de corde, des parvenus entièrement dévoués à sa cause et à sa personne. Son ambition eût été retenue par l'ordre de succession qui régnait partout. Ces masses passives fortement constituées, arrê-

___

(1) *Ruffin* était un gascon, étranger aux Grecs de Constantinople.

Le duc de *Guise*, ministre de François II, premier auteur de la Ligue, était Lorrain, d'une province qui n'était pas Française sous le règne de Henri III.

Concini, maréchal d'Ancre, était un Italien de la plus basse extraction.

tent, du premier abord, les écarts de son imagination insatiable de pouvoir. Ce ministre se fût contenté de suivre les pas et le régime de ses prédécesseurs; sa place restait encore assez belle; il eût été jaloux de la conserver, et peut-être d'y acquérir la réputation d'un homme d'Etat, distingué dans l'histoire par sa sagesse et son honnêteté; mais une ambition qui se satisfait trop aisément ne s'arrête pas de même.

La distribution des grâces, la nomination aux emplois sont des devoirs à remplir, et soumis par conséquent à des obligations strictes. Si on les considère autrement, comme des témoignages d'affection, de simples bagues au doigt, qu'on puisse sans égard donner à l'homme qui nous plaît, plutôt qu'à celui qui les mérite, la monarchie décline avec d'autant plus de rapidité que l'esprit de son gouvernement penche davantage vers un *despotisme ministériel*.

225. ACTIONS D'ÉCLAT. Les géologues s'occupent bien plus du granit, du spath calcaire, qui figurent en grande masse sur la surface du globe terrestre, que des diamants, des rubis et autres pierres précieuses, rares, disséminées en petites parcelles, et qui, malgré leur éclat, ne jouent presque aucun rôle dans la nature. De même la politique s'attache sérieusement à l'étude de ces grandes masses qui agissent, et organisent toutes les parties de son gouvernement; et elle n'accorde qu'une attention passagère aux actions brillantes, dont la récompense est réservée à l'histoire, et dans la célébrité qu'elle donne à celui qui en est le héros.

J'ai trop vécu dans le service en France, pour n'avoir

pas eu plusieurs fois l'occasion d'apprécier la valeur de ces *actions d'éclat*, et des juges qui les couronnaient. Méritent-elles d'être récompensées? Attendez, pour le savoir, le rapport que vous en fera un tribunal connu d'avance et composé de magistrats sévères, difficiles, impartiaux et éclairés par des oppositions contradictoires aux prétentions du demandeur; qu'à l'instar des procédures en Canonisation, on crée un *Avocat du diable*, chargé d'office de s'assurer de la vérité des faits, des circonstances et dépendances, exposés devant sa Cour : afin, s'il y a lieu, de pouvoir rejeter avec une désapprobation prononcée les faux récits d'un *vantard* et de ses protecteurs bénévoles.

Les récompenses dont on couronne une action d'éclat sont les grâces qu'il faudrait accorder avec le plus de lenteur : ce sont au contraire celles qu'on éparpille avec le plus de précipitation; aussi, comme les charlatans ont beau jeu sous un pareil régime ! Croira-t-on que j'ai vu un officier de la marine, commandant une frégate, avancé, décoré, comblé de grâces, et avoir une grande réputation, partout ailleurs que dans son corps, pour avoir soutenu glorieusement un combat..... qui n'avait jamais été livré?

Des traits d'intrépidité de sang - froid dans les dangers les plus imminents, de désintéressement remarquable, et de mille autres qualités brillantes, ne sont pas des preuves certaines d'un mérite intrinsèque. Le grenadier le plus audacieux ne fait pas toujours un bon sergent. *Tout ce qui brille n'est pas or* : c'est ici le cas de le dire : si le bien et le mal qui ont été les suites d'une action d'éclat, se mettaient chacun à part dans les bassins d'une balance, il est douteux

que l'on puisse prévoir de quel côté elle pencherait. Très-peu
de ces coups brillants ont décidé le succès d'une campagne
ou d'une bataille, et quelques-uns les ont fait manquer. La
manie portée jusqu'à l'extravagance d'éblouir par une action d'éclat et de se faire une grande réputation dans moins
d'un quart-d'heure, a égaré plusieurs têtes, fait périr des
millions d'hommes, et occasionné maintes fois des désordres irréparables.

Les affaires de l'Assiète en Piémont, ou du fort Saint-
Albans, qu'on voulut et qu'on ne put pas prendre par un
assaut brusqué; ces actions d'éclat, follement entreprises
dans la guerre de 1740, ont coûté bien cher à la France,
et ne lui ont rendu en revanche que de la honte et des cadavres de milliers de soldats tués très-inutilement. On sait
quelles combinaisons savantes, quels heureux préparatifs
allaient, en 1743, mettre entre les mains du maréchal de
Noailles, le roi d'Angleterre, le duc de Cumberland, son
fils, et toute leur armée, qu'il avait renfermée et cernée
de toutes parts, dans les défilés d'*Ettinghen*. Ce grand général vit ses mesures rompues et ses projets déconcertés
dans un instant, par l'imprudente impétuosité du duc de
Grammont, son gendre et colonel des gardes françaises.
Cet officier voulant s'illustrer par un coup brillant, sort,
en dépit des ordres positifs qu'il avait reçus, du poste où
on l'avait placé, et attaqué seul, à la tête de son régiment,
l'ennemi aux abois, et qui allait se rendre. Cette jactance
audacieuse lui fit masquer le jeu des batteries françaises.
Georges II se voyant à l'abri de leurs coups, par ce corps
qui venait de s'interposer entre leur feu et lui, et n'ayant
plus qu'un régiment à combattre, le défit aisément, passa

par la trouée que les gardes françaises laissaient derrière eux, et remporta une victoire complète sur une armée qui, sans doute, aurait pris la sienne, sans ce malheureux élan d'un brave colonel qui se trouvait ambitieux d'obtenir le bâton de maréchal de France par une action d'éclat.

Les Romains, dans les premiers temps de leur république, nous montrent le dictateur Manlius, condamnant à mort ses propres enfants, pour avoir vaincu dans un combat engagé contre ses ordres. Une bonne discipline militaire a toujours redouté ces bravades d'une fougue irréfléchie. L'ivresse, l'étourderie, et d'autres semblables petits défauts sont souvent les premiers moteurs de ces actions brillantes qui éblouissent la multitude. La sagesse a une marche plus sûre, et ses utiles résultats sont plus solides. Le public et le gouvernement dévoilent leur incapacité, quand ils attachent moins de prix à l'or pur qu'au clinquant.

Dans les corps où, par un usage généralement suivi, les avancements se font par ancienneté, quand on élève à un grade supérieur un officier pour une action d'éclat, on punit tous ceux qui sont avant lui. Cette récompense tombât-elle sur un bon sujet, pourquoi sévir sur un corps nombreux d'officiers, parce qu'un de leurs camarades s'est distingué dans telle occasion ? *Pour exciter l'émulation des autres ?* Un chartreux reclus dans sa cellule pourra vous croire : mais l'expérience prouve, au contraire, que ces écarts de l'art d'accorder les grâces, introduisent des dégoûts, des animosités, des noirceurs et de mauvais procédés de toute espèce, qui affaiblissent plutôt qu'ils n'améliorent le bon esprit des corps. D'ailleurs, l'histoire n'apprend-elle pas que des honnours extraordinaires accordés à quelques grands hommes n'ont que trop souvent servi de précédents à l'intrigue et à la cabale, pour procurer ensuite les mêmes distinctions à quelques-uns de leurs protégés doués d'un mérite plus ou moins reconnu?

En récompense de sa brillante campagne dans l'Inde, la Cour de France obtint de celle de Malte des dispenses au bailli *de Suffren*, pour être reçu chevalier des ordres du Roi; le bailli ***, demanda et obtint bientôt après la même décoration et les mêmes dispenses; pour quel service?.... Je n'en sais rien.

Il ne faut pas trop accoutumer les hommes à voir évaluer leurs belles et bonnes actions, en livres, sous et deniers. C'est avilir leur prix que de les tarifer; substituer des vues pécuniaires aux sentiments nobles, au dévouement patriotique qui en fait la valeur, c'est en revenir au calcul des officiers Hessois qui nous demandaient : « Pourquoi » nous avions émigré? *Est-ce qu'on ne payait plus vos gages?* »

Outre les sommes qu'il en coûte, on risque les fausses appréciations, les méprises de jugement, le mécontentement de ceux qu'on dédaigne, et la rancune de ces héros factices toujours prêts à se vanter, et à acquérir une grande réputation à bon marché. Les plaintes continuelles de ces bavards, ne sont pas celles qui produisent le moins d'effet dans un gouvernement faible, corrompu et irréfléchi. Les spéculateurs s'en mêlent, il se forme des compagnies d'accapareurs de ces élans d'humanité, de désintéressement, d'intrépidité, de ces grands sentiments dont le récit en impose au public; mais qui bien calculés devaient leur rendre

telle somme, qu'ils partageraient entre eux (1). Les flatteurs ne laisseront pas échapper cette occasion : pour s'attirer les bonnes grâces d'un homme en place, ils débiteront
les anecdotes les plus honorables en sa faveur. Ce protecteur enchanté finira par le croire, et se persuader, à son
grand étonnement, qu'il a été un être si recommandable,
sans s'en douter. Un gazetier, un prôneur bénévole mettra
les cent bouches de la Renommée en campagne pour publier les hauts-faits de la vertu de ses servantes, afin de
leur procurer quelques gratifications, et faire, en même
temps, admirer ses belles phrases. Si l'on s'en fiait aux
chroniques de ces pays, dont les histoires journalières sont
remplies de ces traits si consolants pour un honnête homme,
on se croirait transporté dans l'âge d'or, dans une terre de
promission où chacun s'oubliant lui-même, n'est occupé qu'à
soulager les autres, et dont les habitants, au risque de leur vie
et de leur fortune, sont toujours prêts à affronter les plus
grands dangers, toutes les fois qu'il s'agit de venir au secours d'un de leurs compatriotes en péril; mais vivez et
voyagez chez ce peuple, et cette illusion enchanteresse
s'évanouira bientôt.

Que le Français curieux de se rendre compte de la chaîne

---

(1) La police de Paris accordait une prime à tous ceux qui appor-
taient un noyé presque mort, à un hospice qu'elle avait établi près de
la rivière. L'appât du gain engageait les bateliers à visiter les filets de
Saint-Cloud, et à être aux aguets des accidents de ce genre qui pouvaient arriver; mais ils n'avaient garde de les prévenir et de retirer de
l'eau le malheureux, aussitôt qu'il y tombait. Ils lui donnaient le temps
de perdre connaissance et souvent la vie, avant de lui apporter du se-

des événements qui se sont passés sous ses yeux, se rappelle que ces déluges d'actes de vertus, d'héroïsme, de désintéressement, d'humanité et de mille autres qualités brillantes, n'ont commencé d'inonder le territoire de son pays, qu'aux approches de la révolution. C'est l'époque où ces débordements sont devenus si à la mode, qu'ils durent encore, sans nous rendre meilleurs.

Récompenser avec des grâces et des avancements extraordinaires des actions d'éclat, qui n'ont souvent d'autre valeur que celle que l'intrigue et la cabale leur donnent, c'est, au détriment des droits et des usages établis, détruire la stabilité dans la hiérarchie des corps; et quand la stabilité s'en va, le gouvernement ne tarde pas à la suivre.

226. CONSIDÉRATION PUBLIQUE. C'est un sentiment irrésistible de vénération, d'estime, de respect qu'un corps ou qu'un individu acquiert dans le monde par sa conduite, ses talents, ses vertus, ou par un certain jeu de charlatanisme qui éblouit et intéresse le public en sa faveur.

---

cours; et par cette précaution intéressée de leur part, ils en ont peut être laissé périr autant qu'ils en ont sauvé.

L'avidité rend aussi industrieux que l'amour. Ces bateliers s'avisèrent bientôt de former entre eux une compagnie, dont les membres étaient tour à tour obligés de se noyer, au point que l'un d'eux transporté à l'hospice, ses camarades pussent toucher la gratification promise, et qu'ils la partageaient avec lui quand il était revenu de son engourdissement. C'était une rente de vingt à trente francs par jour, qu'ils s'étaient créée sur le grand livre des accidents. L'affaire eût été meilleure si, par surcroit de précaution, ils avaient intéressé le chirurgien du dépôt dans leur spéculation.

Un peuple qui connaît et surveille ses véritables intérêts, n'accorde la *considération publique* qu'aux personnes qui ont rempli honorablement les fonctions de l'état qu'elles avaient embrassées.

La *considération publique* est la récompense la plus juste, la plus naturelle et la plus honorable qu'on puisse offrir aux *actions d'éclat*. Elle a donc une valeur bien précieuse à conserver dans sa pureté, puisque seule elle paie dignement les actes utiles ou brillants qui honorent un individu. Cette monnaie est d'autant plus convenable, qu'elle coûte moins, flatte davantage celui qui la reçoit, et qu'elle se subdivise. Les auteurs des actions d'éclat sont sûrs d'être couronnés selon leur mérite par la considération publique et universelle de la nation et de la postérité, ou par celle de leur corps, de leur province, de leur ville, de leurs voisins ou de leurs simples connaissances, suivant le degré des périls et des difficultés qu'ils ont osé affronter, ou d'après l'étendue des heureux résultats dont ils ont été la cause.

Les hautes classes de la société, ce qu'on appelait en France la bonne compagnie, décidaient assez souverainement de la considération que chacun devait avoir. L'opinion des corps eût prononcé avec plus de connaissance sur le sujet et ses actions, qu'on vantait ou qu'on décriait avec tant d'emphase. Mais on ne les écoutait pas; les bureaux de distribution et les tarifs des prix de ces différentes considérations furent presque exclusivement livrés aux commérages des coteries : tribunaux ignorants, à principes mobiles comme une girouette, et corruptibles par les dignités, la fortune, le crédit, les affections particulières, et par tous les liens qui réunissent des hommes légers ou peu dé-

licats dans le prononcé de leurs jugements. En passant par
de telles mains, la considération publique perdit beaucoup
de sa valeur; elle devint du plus bas aloi; il fut de bon ton
de s'en moquer, et à peine avait-elle encore quelque cours,
dans les dernières classes du peuple, quand la révolution
commença.

Il ne faut point s'étonner si le public accorda hautement
son approbation à Beaumarchais, quand il fit dire à son
Figaro que l'*honneur sans argent est une folie.* Une opinion
encouragée par les mœurs du temps et accréditée par la
conduite et la façon de penser des *roués,* classe nombreuse,
composée en grande partie d'individus marquants à la Cour
et dans la capitale, et qui n'eurent que trop d'influence sur
l'esprit de la nation, fut parfaitement exprimée par ce prince,
qui, trouvant l'hypocrisie trop au-dessous de son rang, dé-
clara, dans la sincérité de son cœur, *qu'il ne donnerait pas
un écu de la considération publique.* Il avait raison; elle
ne le valait pas, quand il parlait de la sorte. Paris! Paris!
que les salons de ta bonne Compagnie ont fait de mal à la
France!

Quoique insolentes, les assertions semblables à celles que
nous venons de citer, n'étaient pas absolument dénuées de
fondement. Nos pères ne les eussent pas soufertes. De leur
temps, la considération publique eût brutalement chassé
de son sein de pareils propos, ceux qui les tenaient, et à
plus forte raison, ceux qui, ouvertement, en faisaient leur
règle de conduite. Mais nos aïeux, gens grossiers, hommes
à préjugés, sont des modèles que leurs enfants rougiraient
de suivre, dans un siècle où le perfectionnement de la civilisation est porté à son comble.

Aux premiers signes de l'avilissement dans lequel la considération publique tombe dans ses États, un souverain s'arrête : et, toutes affaires cessantes, il s'occupe sans relâche de remonter à la cause du mal, de connaître les progrès qu'il a faits, les moyens les plus prompts d'y remédier, d'empêcher la contagion de devenir une épidémie générale, et la gangrène d'attaquer et de pourrir les cœurs de tous ses sujets. Ces connaissances acquises, son exemple personnel, son autorité, son influence, sont les moyens qui sont à sa disposition, et dans le besoin il en crée de nouveaux, pour extirper la force de ce virus pestilentiel, rehausser les actions de la considération publique, et lui donner cette valeur fictive et puissante qui la place au-dessus de celle de l'or, de l'argent et de toutes les monnaies du monde. En France, c'était encore facile en 1788 : il ne fallait que le *savoir* et le *vouloir*.

Il n'y a point de censure, de *conservateur*, en un mot de *tribunal* plus puissant que la considération publique bien répartie : cette vérité n'est pas nouvelle. Les novateurs, les ministres pervers, ceux qui comptent plus sur leur mérite que sur les usages reçus, ou ceux qui préfèrent leur intérêt privé du moment, au soutien du gouvernement établi, le savent bien. Ils ne manquent jamais, avant de rien commencer, d'infirmer et d'affaiblir, dans l'esprit du public, la considération de certains corps, qu'ils prévoient pouvoir gêner le cours de leurs opérations illicites, par leur fermeté, leur sagesse, leur prépondérance dans l'État, et l'incorruptibilité reconnue des membres qui le composent.

Sous les règnes de Louis XV et de Louis XVI, les factieux, les philosophes, soutenus et encouragés par une

Cour légère, puissante et inconsidérée, suivaient habilement la marche que nous venons de décrire ; ils s'appli-
quèrent sans relâche à diminuer la considération publique
des parlements, en calomniant leurs arrêts, et en dégoûtant les premières familles du royaume d'entrer dans la
magistrature, afin qu'étant ainsi dégradés petit à petit aux
yeux du peuple, il prît moins d'intérêt à leur existence, et
qu'il fût plus facile de se débarrasser de ces censeurs importuns, trop impartiaux et trop indépendants pour des
courtisans qui voulaient abuser de tout.

L'archevêque de Toulouse, depuis cardinal de Loménie,
chef de la commission chargée de la surveillance des Ordres
religieux en France, suivit le même système politique pour
détruire et spolier les corps et les établissements qu'on
avait confiés à ses soins et placés sous sa sauve - garde. Il
commença par jeter des couleurs diffamatoires sur les
moines, et par affaiblir leur considération chez le peuple, en
entravant leur noviciat, relâchant leur discipline intérieure,
fomentant des divisions intestines dans les monastères, soutenant les prétentions des mauvais sujets contre leurs supérieurs, protégeant les détracteurs de ces corps respectables, tous ces écrivains gagés ou bénévoles qui, selon la
mode du temps, se plaisaient à couvrir de ridicule les institutions monastiques (1), pour acquérir les bonnes grâces
de Monseigneur, la réputation d'hommes d'esprit et de
philosophes à grandes vues. C'est ainsi que son Éminence

_____

(1) Voyez l'apologie des ordres monastiques. Tydo'ogie, tome II,
chap. IV, page 568 et suivantes.

travailla avec succès, pendant plus de trente ans, à dépeupler les couvents et à dégrader la considération publique du clergé régulier, afin d'amener la tourbe à mépriser les religieux, à ne pas s'apercevoir des vides immenses que leur extinction laisserait sur le territoire français, et à ne prendre aucun intérêt à leur sort. Il ne réusssit que trop dans ses coupables desseins. Il faut le dire dans l'amertume de son cœur, il ne fut que trop aidé par ses confrères, par ce qu'on appelait alors le *haut clergé*. Pauvres politiques ! ils ne prévoyaient pas qu'en s'emparant des biens de toutes les abbayes, dont ils convoitaient la possession totale, ils resteraient seuls, et n'en seraient que plus enviés et plus faciles à renverser par leur isolement.

Le système de remplacer des hommes estimables par de mauvais sujets, afin d'enlever la considération publique aux corps constitutionnels qui en jouissent avec raison, est une tactique connue et employée par tous les novateurs qui ont préparé des révolutions dans leur pays. Les peuples se lassent vite de respecter des prêtres, des magistrats, des administrateurs *déconsidérés* par leur inconduite. Les esprits irréfléchis s'en prennent aux institutions et non aux caractères des hommes dont on les a composées. Du mépris général qui les enveloppe, il sort une opinion universelle qui demande la destruction de ces corps, et réclame avec force qu'on en mette d'autres à leur place. *Le triomphe des novateurs est alors complet.*

Un souverain sage et prévoyant ne se décide pas si vite. Il ne lui suffit pas qu'un corps soit devenu méprisable pour l'annuler. Il examine auparavant le parti qu'on pourrait en tirer dans le cas qu'on parvînt à le rendre meilleur. Il s'instruit, il s'occupe avec persévérance des remèdes et du régime qui assureront le succès de sa cure, en extirpant les parties gangrenées, vivifiant celles qui sont encore susceptibles de l'être, fortifiant les principes conservateurs d'un bon esprit, rendant sains et bien portants les membres qu'il n'a trouvés qu'à demi pourris. Cette conduite déconcerte les novateurs, et alors le gouvernement triomphe.

Necker ne dut sa puissance ministérielle qu'à la force de la considération publique qu'il avait su accaparer. Il les perdit toutes les deux, en s'associant avec des projets et des hommes déconsidérés par la masse instruite et bien pensante de la nation.

227. FAVEUR D'HÉRITAGE. Que les membres d'une famille s'unissent, se soutiennent, se protègent, pour se procurer mutuellement des places, des honneurs, de la considération dans l'État, rien de plus simple, de plus juste et de mieux calculé de leur part. La politique applaudit à leur accord. Les concurrents qui sollicitent les mêmes grâces qu'eux, ont seuls le droit de se plaindre des avantages que cette association donne à leurs rivaux.

Si, dans leur ensemble, chacun d'eux se comporte honorablement dans les fonctions qui lui sont confiées, une bonne monarchie, au lieu de s'en offusquer, penchera en leur faveur. Les titres d'un père, d'un oncle, d'un parent de même nom, auront un grand prix à ses yeux, quand il s'agira de placer un rejeton de leur famille. Ce sont autant de petits *groupes aristocratiques* qui se forment dans la nation, et qui soutiennent et corroborent l'esprit de son gouvernement.

C'était surtout dans les États comme la France, l'Espagne la Russie, et autres à peu près semblables, où il était si nécessaire de donner une grande considération à la noblesse, que cette espèce d'hérédité était nécessaire. L'éclat glorieux, les illustrations que quelques-uns de leurs membres avaient obtenues, rejaillissaient sur sa famille, donnaient de la considération au gentilhomme le plus obscur qui portait le même nom, et celle de son ordre en général s'étendait et se consolidait en proportion.

Mais tout a ses limites. Ces préférences ne sont convenables que dans les corps où il y a une hiérarchie établie; où le fils du premier chef est obligé, comme un autre, de commencer par les bas grades, et de parvenir à son tour. il est ridicule qu'une intendance, que la direction d'un observatoire, qu'une chaire de botanique, se transmettent, par exemple, en survivance de pères aux enfants. Ces places exigent un degré d'expérience, de considération personnelle, de talents et d'instruction qui ne se lèguent point par héritage (1).

On doit aussi redouter que ces faveurs de famille ne passent par certaines bornes, qu'elles ne permettent point à quelques-unes d'entre elles de prendre, comme les Guise sous les Valois, un accroissement de force qui en impose à

---

(1) On me fit entrer à 12 ans, dit Lauzun, dans le régiment des gardes françaises, dont le Roi (Louis XV) me promit la *survivance*; et je sus qu'à cet âge j'étais destiné à une fortune immense, *et à la plus belle place du royaume*, sans être obligé de me donner la peine d'être un bon sujet.

Mémoires du duc de Lauzun; Paris, 1811, page 5.

leur Souverain et à ses Cours de justice. Un bon gouvernement ne souffre pas qu'il se forme dans son sein de ces maisons fières de leur puissance, qui, au lieu de demander humblement une grâce, l'exigent avec hauteur, et menacent en cas qu'on la leur refuse. Ces inconvénients ne se font point sentir, quand ces ligues de familles sont nombreuses et réparties en petits groupes sur la surface d'un vaste territoire.

Les fonctionnaires respectables, avons-nous dit, devraient avoir des préférences dans leurs corps respectifs, pour y placer leurs parents et leurs alliés, mais seulement pour les y faire entrer. Une fois admis, il faut s'en remettre au mérite intrinsèque de ces adolescents imberbes, à leur instruction et à leur bonne conduite future, pour leur avancement ultérieur. C'est une faute que de donner à ces *enfants du corps* des prérogatives qui les mettent au-dessus de leurs camarades. On entrait dans la marine par promotions nombreuses, et le sort décidait du rang respectif d'ancienneté qu'auraient entre eux, jusqu'à la sortie du corps, les jeunes gens reçus le même jour, au sortir du collège. Mais de droit, *les enfants du corps* avaient les premières places. Il y avait eu plus de sagesse dans la législation du génie militaire. Les rangs des nouveaux venus n'étaient définitivement fixés qu'après un noviciat de deux ans. On avait présumé que, dans cet intervalle, on aurait plus de moyens d'examiner et de connaître le mérite de chacun.

Par la partialité déplacée et admise dans la marine, le fils d'un matelot ou d'un charpentier parvenu, avait de droit le pas sur le fils d'un chancelier, ou d'un maréchal de France, et l'officier le plus distingué pouvait être commandé et arrêté, pendant toute sa carrière militaire, par l'homme le plus incapable. Un vice en entraîne un autre, et, en vertu de cette ordonnance, la Cour et les derniers commis de ses bureaux s'arrogèrent bientôt le droit de régler les degrés de parenté, à leur fantaisie, et de faire *enfants du corps* ceux qui leur plaisaient.

Ces *faveurs d'héritage* s'étendaient bien plus loin en France : il suffisait que quelqu'un eût laissé une mémoire chère dans un cercle de la Cour, pour en jouir. Qu'elle fût bien ou mal fondée, on ne s'en croyait pas moins obligé de ne rien refuser à son nom, à ses enfants, à ses alliés, à ses collatéraux, et même à ses anciens serviteurs. C'était pourtant bien assez que ces heureux personnages eussent, pendant leur vie, été accablés des grâces du Roi, sans encore embarrasser l'État du soin de récompenser magnifiquement toute leur postérité.

On ne se donnait pas la peine d'examiner si, dans le nombre, il n'y avait pas de leurs camarades qui valussent mieux qu'eux, et si ces héritiers du crédit de leurs pères méritaient ou ne méritaient pas les grâces qu'ils sollicitaient. Si un même nom patronymique eût été, en France, aussi multiplié qu'il l'est en Écosse, en Portugal et en Italie, les *Gordon*, les *Souza* et les *Grimaldi* auraient absorbé la plus grande partie des places du royaume, et ils en eussent, de fait, exclu toutes les autres familles.

Outre ces hommes dont la mémoire était si puissante qu'un ministre n'osait rien refuser à leurs noms, à leurs parents ou aux amis qu'ils avaient laissés, il se formait journellement de nouvelles coteries, usurpatrices passagères de la faveur, et qui se supplantaient mutuellement ; mais pendant la durée du pouvoir qu'elles exerçaient sur le choix et les décisions du distributeur des grâces, elles et leurs affiliés n'en jouissaient pas moins, *sans discrétion*, de toutes les prérogatives de famille dont nous venons de parler. Une novice, sans voix au chapitre de la coterie régnante, devenait tout d'un coup maîtresse et directrice d'une autre qui s'élevait la semaine d'ensuite. Le crédit changeait de main : du *Marais* il passait au *faubourg Saint-Germain*, et peu de jours après, on le voyait siéger à la *Chaussée d'Antin*. Ces nouveaux ministres et leurs conciliabules avaient d'autres affections et d'autres ressouvenirs, que leurs prédécesseurs, pour les récompenser avec les grâces du roi. Des noms de *parvenus*, qu'on connaissait ou qu'on ne connaissait pas, sortaient de l'obscurité, paraissaient pour la première fois sur la scène du monde et y jouaient un rôle brillant, jusqu'à ce qu'un changement de décoration forçât le directeur du théâtre et sa troupe à se retirer et à faire place à d'autres comédiens. Mais les fils, petits-fils, arrière-petits-fils ou filles de ces principaux acteurs tragiques ou comiques restaient, avec un nom et des titres, souvent sans valeur, et auxquels pourtant on croyait devoir accorder des préférences marquées et hors de toutes contestations.

La liste de ces êtres privilégiés envers lesquels l'État se croyait si redevable, parce qu'un de leurs pères avait été comblé d'honneurs et de richesses par le gouvernement, s'allongeait tous les jours, et ne diminuait presque jamais. Ces races par excellence, tant anciennes que modernes, avaient trouvé le moyen de se rendre immortelles sur le sol de la France ; et si par hasard une de ces familles venait à s'éteindre, elle renaissait bientôt de ses cendres, comme le *phénix*, et présentait aux yeux du public ébahi une foule de rejetons, qu'on ne pouvait se dispenser d'avancer et d'enrichir, à cause d'un nom qui, jadis, avait fait quelque bruit dans le monde, ou obtenu quelque succès dans certaines sociétés.

Ce crédit obligé a eu une telle force, de mon temps, qu'en plusieurs occasions j'ai vu abandonner à des *êtres de cette espèce* la partie la plus essentielle de la prérogative royale : celle de nommer à des places importantes par les fonctions qu'elles ont à remplir, et d'annoncer publiquement et presque dans les *Petites-Affiches*, qu'il y avait une *pairie*, un *régiment*, une *intendance* ou autre emploi à donner à quiconque épouserait *la fille d'un tel*, sans s'embarrasser aucunement si le caractère et les qualités de ce gendre à l'aventure, conviendraient à la gestion et au commandement qu'on s'engageait d'avance à confier à cet homme, sans le connaître et quel qu'il fût. C'est ainsi que les hautes places s'encombraient de freluquets à grandes prétentions, et que le dégoût s'emparait des gens de mérite qui diminuaient par les mêmes raisons.

Ces précieux personnages si *chers* à l'État, et auxquels il prodiguait ses grâces et ses trésors, ne formaient point entre eux de *sociétés politiques*. Les hommes et les femmes de ces sortes d'associations, extraits de la bonne compagnie, étaient, en général, trop fats, trop égoïstes et trop légers pour concevoir une idée aussi juste, et qui eût été si avantageuse à leurs intérêts. Les individus frivoles par essence et par habitude, qui les composaient, réunis par des liaisons tantôt décentes et tantôt scandaleuses, ne songeaient qu'à éblouir la multitude par l'éclat de leur crédit, de leurs places et des colifichets de Cour dont ils étaient couverts; qu'à soutirer des caisses publiques les sommes nécessaires pour payer leurs dettes, subvenir à leur luxe, à leur fantaisie et à un état de dépenses toujours croissantes; et ils ne laissaient échapper aucune occasion de faire sentir leur supériorité, par leur impertinence et leur dédain affecté pour les lois, les règles et les usages reçus dans les corps qu'ils commandaient. *Je ne connais d'ordonnances que celles que j'ai faites,* a été, dans ce temps-là, une sentence bien souvent prononcée par plusieurs colonels et officiers-généraux de l'armée française; et, selon les apparences, par beaucoup d'autres chefs de différentes parties administratives de ce vaste royaume. Au lieu de profiter d'une position si avantageuse pour acquérir une bonne réputation et l'estime générale, la plupart de ces gens à grand crédit, par le hasard de quelques *antécédents* heureux, bien et dûment favorisés au-delà de leur mérite, n'employaient, au contraire, leurs moyens et leur autorité qu'à humilier, à vexer leurs subalternes, et à se faire moquer d'eux par tous ceux qui ne l'étaient pas.

Il est fâcheux que ces sortes d'intrigants et d'intrigantes, que les caractères et les mœurs du temps ne permettaient pas d'éviter, ne formassent pas de petits pelotons, jaloux de conserver intacte la suprématie plus ou moins grande qu'ils avaient acquise dans le monde, et l'honneur de leur corps respectif, par une attention soutenue à mériter l'estime et la reconnaissance d'un public éclairé, qui n'aurait pu les refuser à la bonté de leur conduite et des gestions dont ils étaient chargés.

Si, au lieu de ces essaims d'incapables, pleins de suffisance et de nullité, on eût répandu dans les différents corps et les diverses provinces de la France, des noyaux plus ou moins nombreux de *gentilshommes*, de *bons bourgeois*, d'*honnêtes gens* de tous les États, dont les membres se fussent honorés, avec raison, d'avoir toujours, comme leurs parents, par une succession presque héréditaire, servi dans le même régiment, dans la même cour de justice ou dans la même corporation de fonctionnaires publics dont un gouvernement ne peut pas se passer, et qu'il lui est si essentiel de bien composer alors, toutes ces petites réunions eussent *gravité* vers un centre unique, sur lequel elles eussent sans cesse réglé leur mouvement et leurs prétentions.

Avec l'esprit de famille identifié avec l'esprit de corps, une façon de penser universellement avouée eût régné chez le plus grand nombre des employés de l'État. Ces doubles liens du sang et de confraternité empêchaient ces individus de devenir égoïstes, ou de l'être avec trop d'impudence. La gloire et les intérêts de l'ensemble, de leur patrimoine commun, auraient eu un grand empire sur eux et auraient prévalu sur les avantages particuliers que les intrigants de leur bande pouvaient espérer, en protégeant l'entrée à des innovations défavorables à la routine de leur corps et au bien du service en général. Il y aurait donc eu plus de stabilité, plus d'accord et plus d'unité de principes dans les différentes branches du gouvernement. Ce système de nomination aux premiers grades tant civils que militaires, adopté et suivi par un ministère, sans exiger pourtant une ponctualité bien rigoureuse de sa part, relevait cette *considération de confrérie* que *Necker* a traitée avec tant de dédain. Elle n'en est pas moins si précieuse, qu'un État ne marche qu'à pas chancelants, si la plus grande partie des chefs et des subalternes de ses administrations ne sont pas jaloux de l'acquérir et de la mériter; c'est elle qui, par la force des choses, forme naturellement des pelotons de bons citoyens et de bons camarades, animés de la noble ambition de soutenir l'honneur de leurs corps respectifs et ces institutions dans leur pays, qui, par une longue habitude, consolident le trône dont ils tiennent leurs places, et leur donnent l'assurance presque positive d'en procurer d'équivalentes à leurs enfants, s'ils se comportent bien.

Ce régime paternel, ce cercle assez peu nombreux d'officiers de tous grades répartis dans chaque service; ces petits groupes de parents et d'amis, qui, pour ainsi dire, se connaissaient, s'aimaient, s'estimaient et travaillaient de concert depuis plusieurs générations, et d'une manière approuvée du public, dans une des branches de l'administration de l'État, présenteraient, disséminés sur tous les points d'un royaume, des parcelles d'une *aristocratie héréditaire*, sans laquelle la stabilité d'un gouvernement monarchique ne peut pas subsister.

Mais les gouvernants de mon pays n'étaient pas faciles à satisfaire; ils prétendaient avoir des membres épars, sans corps qui les réunît. On voulait des nobles, mais point de noblesse. A mesure qu'on diminuait, qu'on appauvrissait la considération politique du second ordre de l'État, on enrichissait son nobiliaire des grandes familles qu'on croyait éteintes depuis long-temps. On les faisait ressusciter de leurs cendres, ou de quelque écume voisine. C'était égal; une lacune de deux ou trois générations dans les preuves, ne faisait rien à l'affaire. Elle se remplissait aisément des noms à peu près semblables à ceux dont on avait besoin, et qu'on trouvait figurer dans les Mémoires des temps antérieurs. Il ne fallait pas risquer, pour de pareilles vétilles, de perdre des races si recommandables. Il y avait à cet égard un zèle et une activité inconcevables dans les sociétés françaises : c'était à qui déterrerait un de ces lambeaux de notre ancienne chevalerie.

Dieu bénit des efforts si patriotiques; et dans les vingt ans qui précédèrent la révolution, on eut le bonheur de retrouver trois princes du sang français (1) et je ne sais combien d'illustres rejetons des maisons impériales de Constantinople, de Trébizonde et d'autres lieux. Des prétentions plus modestes se contentèrent de descendre directement des ducs de Normandie, des ducs de Bretagne, des comtes de Flandre, d'Armagnac, de Ponthieu, de Provence, etc.; des rois ou des familles régnantes, je ne sais quand, en Irlande, en Allemagne, en Italie, partout où il y en avait eu; on fut même en chercher jusqu'aux terres Australes (2).

---

(1) La branche des *Saint-Remy de Valois*, dont est issue madame *De La Motte*, et celle des *Bourbon Saint-Angel*, dont M. *d'Oppède* déterra les deux derniers rejetons dans une faïencerie de Provence. Ces deux frères, princes du sang, furent faits officiers de la marine, avec mille écus de pension à chacun. Tous les deux eurent la discrétion de se faire tuer dans la guerre d'Amérique.

(2) Binot Paulmier aborda le premier aux terres australes, en 1503; il amena avec lui *Essomérick*, fils d'*Astroca*, roi du pays d'où il revenait. Des circonstances particulières l'ayant empêché d'y faire un second voyage, il fit baptiser ce Prince, et lui légua tout son bien par testament. Essomérick mourut en 1583, en laissant postérité. La famille d'*As-*

Quant aux marquis, aux comtes, aux barons dont les ancêtres avaient été titrés par Pharamond, Clovis, Charlemagne, Hugues-Capet ou Saint-Louis, la foule en était innombrable : il en tombait comme grêle.

En Turquie, en Angleterre (1), en Amérique, chez les peuples qui ne reconnaissent pas la noblesse, corps politique et constituant dans l'État, les fraudes de ce genre qu'on se permet pour persuader qu'on descend d'une maison illustre, sont regardées comme des enfantillages de la vanité humaine. Il en était autrement en France. La noblesse formait à elle seule une partie du souverain aux états-généraux, et dans les états particuliers de quelques provinces. On devenait un *usurpateur* d'une portion du pouvoir législatif et de l'administration, en s'introduisant dans ce corps, sans titres légaux et avec des pièces controuvées par un faussaire. Ces coupables méritaient donc la peine de mort, à laquelle les Athéniens avaient condamné les étrangers qui se mêlaient furtivement dans les assemblées du peuple (2).

D'ailleurs, par un accord tacite, mais général, toutes les classes de la société étaient convenues, en France, de

---

troca s'est ensuite éteinte dans la personne d'une fille unique qui épousa Jacques de Forbin, seigneur de la Barben, en..... (Voyez l'*Histoire des voyages aux terres australes*, par le président Desbrosses, Paris 1756, tome Ier, livre II. - *Voyages* de Carcal, Paris 1722, pag. 390.)

(1) Les Anglais ont un *patriciat héréditaire*; mais ils ne reconnaissent point de noblesse comme corps politique de l'État.

(2) Les faux électeurs ne seraient-ils pas dans le même cas, dans un gouvernement représentatif?

témoigner des sentiments de respect, de vénération et de préférence marquée pour un gentilhomme dont la conduite était intacte. La noblesse jouissait en outre de prééminence, de privilége et des prérogatives qu'on avait furieusement éludés et affaiblis, mais que les habitudes nationales reconnaissaient encore. Ces distinctions, la considération qu'elles entraînaient avec elles, le droit d'être admis copartageant dans les propriétés des ordres, des chapitres, des fondations, où il fallait faire des preuves avant d'être admis et associé à des bénéfices, et mille autres petits avantages, exigeaient des règles, des registres authentiques, pour constater l'état de chacun d'eux, et pour que la noblesse ne fût pas la proie du premier venu qui se déclarait gentilhomme par la grâce de son impudence et d'un généalogiste gagé. Ce vide dans la législation d'une monarchie constituée comme se trouvait la France, est un désordre : et de *désordre en désordre*, si un gouvernement n'y prend garde, il survient un *désordre général* qui le bouleverse et qui l'emporte.

Ces inconvénients étaient majeurs ; mais furent-ils rachetés par la somme de ces effets précieux retirés de l'obscurité, où, depuis des siècles, ils restaient enfouis ? Je ne connais point l'histoire de chacun d'eux; et, de 1768 à 1788, je ne vois parmi ces déterrés que *madame La Motte*, née *Valois*, qui se soit distinguée par quelque acte mémorable.

Mais je me souviens très-bien qu'il fallut, à cette époque, surcharger le trésor royal d'une pension alimentaire pour chaque prince du sang retrouvé, et que leurs prétentions aux avancements égalaient la beauté de leurs nouveaux titres.

Le timonier *Valois*, frère de *madame Lamothe*, fut fait enseigne de vaisseau, au préjudice du plus ancien garde de
la marine, à qui cette place revenait de droit; et on a vu,
peut-être sans surprise, à cause des mœurs du temps, une
grosse généalogie très-savante, bien et dûment imprimée,
vérifiée par qui de droit, et enregistrée à la Chambre des
comptes de Paris, qui finissait par ces paroles remarquables : *Comment le descendant direct de tant d'empereurs
n'est-il qu'un simple capitaine de cavalerie (1)?*

Cette jactance d'un *ex-greffier d'Ajaccio* fait rire, quand
elle est sans conséquence; mais elle fait frémir le bon citoyen prévoyant, s'il s'aperçoit qu'on y a eu égard, et que
les ministres sont honteux de laisser croupir, dans les bas
grades, un être si intéressant par son illustre origine. Quel
bon pays pour les charlatans ! quelles protections, quelle
heureuse facilité n'y trouvaient-ils pas, ces *faux Démétrius*
de tous les pays, qui étaient assez généreux pour abandonner au prince régnant leurs prétentions au trône, et pour
se contenter modestement de pensions, de décorations et
d'avancements qui les mettaient de pair avec les premières

---

(1) M. d'Adhémar reconnut facilement que le moyen le plus sûr et le
plus prompt d'entrer dans le chemin de la fortune, était, en France,
d'*avoir un beau nom*. Il était si persuadé d'avance du pouvoir d'une résolution bien prise, que, n'étant encore que comte de *Montfalcon* et
petit major de la citadelle de Nîmes, il dit un jour à un des grands
vicaires de l'évêque d'Angoulême : « Je me ferai reconnaître *Adhémar*,
j'aurai un régiment, un grand crédit, une grande fortune, etc.; et tout
cela est arrivé comme il l'avait dit.

Mémoires de Besenval, tome II, Paris, an XIII, pag. 337.

familles du royaume; mais encore bien au-dessous des honneurs dus à leur haute naissance, vraie ou supposée!

On avait en France des idées si vagues et si confuses en politique, que le public approuvait plutôt qu'il ne blâmait ces grâces accordées inconsidérément à l'hérédité du nom. Parce que le *P. Massillon* avait très-bien prêché sous Louis XIV, on trouva tout simple, sous Louis XVI, qu'un des arrière-petits-neveux de cet oratorien fût mis au-dessus des lois, et qu'on lui donnât des dispenses pour exercer en même temps, à Hière en Provence, un office de notaire et de procureur, contre les réglements du royaume qui le défendaient expressément. Quel vacarme de sollicitations n'y a-t-il pas eu pour mademoiselle Corneille? Ses protecteurs et ses avocats ne persuadèrent-ils pas à la multitude, que l'honneur et les destinées de la France dépendaient du sort qu'on ferait à cette petite-fille d'un poëte tragique? M. d'Armenonville, intendant de Soissons, en 1722, n'a-t-il pas été comblé d'éloges par ses contemporains et la postérité, pour avoir écrit à son subdélégué de Château-Thierry, qu'il ordonnait que dorénavant la famille de *Jean La Fontaine* fût exempte de toutes taxes et de toutes impositions dans sa généralité (1)? Les auteurs qui rapportent ce fait, ajoutent que les successeurs de cet intendant se sont honorés de suivre un si noble exemple.

Mais lui et ses successeurs en avaient-ils le droit? Un administrateur, de son autorité privée, peut-il soulager une

---

(1) Voyez la *Vie de La Fontaine*, placée à toutes les éditions de ses Fables et de ses œuvres en général.

famille aux dépens des autres contribuables qui sont sous sa dépendance ? Car, aucun document ne nous instruit que le rôle général des impositions levées dans l'arrondissement de Château-Thierry ait été dégrévé du montant des taxes qu'auraient dû payer les héritiers de *La Fontaine.* Si, au lieu d'un, ce canton favorisé de la nature, eût donné naissance à dix, vingt ou trente écrivains aussi justement célèbres que ce grand fabuliste, les propriétaires de cette partie de la généralité de Soissons, dont la généalogie n'eût point présenté de poëtes ou d'auteurs du goût de M. l'Intendant, eussent donc été écrasés par le surcroît des redevances publiques que leur aurait procuré la gloire d'avoir produit d'aussi illustres compatriotes. Une école de littérature eût été un vrai fléau dans le pays : les habitants auraient tremblé à la vue des progrès que les élèves y auraient faits, et un comité de contribution militaire ne les eût pas autant alarmés. On ne peut pas, en conscience, traiter sérieusement une pareille question, parce que les raisonnements qu'elle entraînerait ne justifieraient pas ces administrateurs; ils obligeraient, au contraire, de les poursuivre pour concussion et pour abus d'autorité.

Cette conclusion serait juste, si l'on n'avait pas égard aux mœurs et à l'esprit du temps, tous les deux très-portés à applaudir aux *Faveurs d'héritage.*

Les philosophes avaient imaginé ce dernier système d'illustration héréditaire, et ils en étaient les protecteurs zélés : ils avaient, à l'instar des têtes couronnées, commencé à distinguer par des nombres ordinaux, les savants *de même nom,* et recommandables parmi les gens instruits. *Jussieu* Ier fut le fameux *Bernard Jussieu,* si connu dans l'histoire

de la botanique, et je crois que *Cassini* IV régnait à l'Observatoire royal de Paris, à l'époque de la révolution. C'est
avec de semblables essais qu'on laissait toujours réussir,
que nos écrivains tâchaient de lever une nouvelle *aristocratie* littéraire et académique qui affaiblit l'ancienne, en attendant qu'elle pût écraser son aînée. Celle-ci se prêta, de
la meilleure grâce du monde, à favoriser de tout son pouvoir, l'exécution du projet qu'on avait de l'anéantir. C'est
une justice qu'on ne peut pas lui refuser, mais dont pourtant on ne lui a pas tenu compte, au grand jour de sa destruction.

228. FAVEUR DE HASARD. Dans un gouvernement en désordre, tout, pour ainsi dire, va au *hasard;* et dans le
nombre, il s'en trouve quelquefois d'heureux pour la justice et une bonne administration.

La Harpe raconte (1) que « *Blondin*, coureur de *monseigneur le Comte d'Artois*, voyait dans son auberge de
Versailles, où il vivait à table d'hôte, un officier de la marine, décoré de la croix de Saint-Louis, qui mangeait une
chétive portion, sur une table à part. Il demanda à l'aubergiste pourquoi cet homme ne mangeait pas avec les autres;
on lui répondit que cet officier n'avait pas de quoi payer
davantage. *Blondin*, touché de voir un militaire de ce rang
ne pouvoir pas dîner aussi bien qu'un domestique, dit à
l'aubergiste d'augmenter la portion de cet homme, sans
lui en rien dire, et qu'il paierait le surplus. L'officier s'en

_____

(1) *Correspondance littéraire*, lettre CC.

aperçut bientôt, et voulut savoir la vérité. L'aubergiste la lui dit, en le priant de ne pas le brouiller avec *Blondin*, dont il voulait conserver la pratique. L'officier va trouver ce *coureur*, le remercie de sa libéralité; mais ne trouvant pas qu'il pût convenablement être obligé par son inférieur, il le force d'accepter une tabatière de quelque prix, comme un gage de sa reconnaissance. *Blondin* le presse modestement de s'expliquer ouvertement sur les affaires qui le retiennent à Versailles, lui offre de lui faire présenter ses placets par *monseigneur le Comte d'Artois*, et le détermine enfin à lui en remettre un. Il court aussitôt chez le ministre de la marine, se fait annoncer de la part du prince; introduit sur-le-champ, à la faveur de ce nom, il conte tout ce qui lui est arrivé, et ajoute, en donnant le placet : Monseigneur, *je n'ai pas voulu le remettre au prince, mon maître, qui sûrement vous l'aurait recommandé; j'ai cru faire mieux de vous laisser tout le mérite d'une bonne action.* Cette tournure, plus ingénieuse et plus délicate qu'on ne l'attendait d'un domestique, était faite pour réussir. Le ministre accorda une pension de 800 fr. qui fut payée sur-le-champ. »

Ce fut, sans contredit, à une *faveur de hasard* que cet officier de la marine dut sa pension de 800 francs.

Ces bonnes fortunes dues au *hasard* sont assez communes dans l'histoire; mais leur nombre est toujours en raison inverse de la bonté du système suivi par le gouvernement. Des anecdotes semblables, quant au fond et à la moralité qu'on peut en tirer, nous dépeignent le *Hasard* comme une divinité qui, en mainte occasion, a joui dans les Cours d'un crédit marquant : frère de la fortune, ses faveurs ne sont point à dédaigner, et beaucoup de gens en ont profité. Quoiqu'un caprice sans mesure semble présider aux choix de ses protégés, par une heureuse *faveur du hasard*, ils ne sont souvent pas, autant qu'on le croirait, plus injustes, ni plus ridicules que les choix de ces personnages prépondérants qui ont ordinairement une si grande influence sur la nomination des grâces et des emplois d'un gouvernement.

Le trait que nous avons rapporté *honore Blondin*, en même temps qu'il *déshonore* le ministère sous lequel il se passait. Dans des bureaux bien réglés, la demande de cet officier aurait été inscrite, avec les titres qui la justifiaient, dans le chapitre où étaient renfermées toutes celles qui étaient appuyées sur les mêmes droits que la sienne. Le tableau général en eût été présenté en temps et lieu à Sa Majesté, qui eût ordonné ensuite ce que de raison, sans qu'il fût nécessaire de l'intervention d'un *laquais* pour engager un ministre à rendre la justice qui était due à un officier qui méritait ou ne méritait pas la grâce qu'il sollicitait; car *Blondin* n'en savait rien; il n'avait point examiné les titres de son protégé, et il n'était pas en état d'en apprécier la valeur.

Ces informations préliminaires sur le caractère de l'homme et de ses services étaient pourtant indispensables pour que le ministre pût, avec connaissance de cause, faire droit à la demande de *Blondin*; l'expérience nous avertissant tous les jours qu'il n'est pas rare de rencontrer des gens sans mérite, des solliciteurs impudents, de mauvais sujets avoir plus de talent que les autres pour intéresser en leur faveur.

229. Citoyens équivoques. *Les citoyens équivoques di-*sent qu'ils aiment leur patrie, et qu'ils sont jaloux de sa gloire. Au coin de leur feu, ils raisonnent à merveille; ils voient ses maux, découvrent les abus, les déplorent, indiquent les remèdes; mais, en même temps, ils ont peur de se compromettre : ils regardent si on les écoute, ils craignent qu'on ne répète leurs paroles, qu'elles ne leur soient funestes en les signalant aux vengeances..... Prend-on une résolution généreuse? ils tremblent sur ses suites. N'aggravons pas les malheurs de notre situation par une opposition, disent-ils, qui augmenterait le nombre de nos ennemis seuls. Quel bien pourrions-nous produire? et l'on peut nous faire beaucoup de mal.

» La plupart des États ont été perdus par ces *citoyens équivoques* qui veulent s'accommoder au temps; qui, dans les affaires publiques, au lieu de considérer ce que le devoir exige d'eux, cherchent à tirer momentanément, des plus fâcheuses circonstances, le meilleur parti, ou du moins à éviter le plus de mal possible, en n'opposant aux événements que les ressources de l'esprit et de la sagacité humaine, et non l'inflexible roideur de la vertu, et la fermeté inébranlable du devoir. *Tant les règles éternelles de la vertu sont au-dessus des plus sublimes efforts du génie et des talents* (1) ! »

Ce n'est donc pas sans raison que *Solon* statua la peine de mort contre les *citoyens équivoques* qui resteraient neutres au milieu des factions qui agiteraient la république.

---

(1) Le *Drapeau blanc*, vol. 2, livraison 19, pages 97 et suivantes.

Peu de *citoyens équivoques* ont joué un rôle brillant dans l'histoire, par l'étendue de leurs conceptions, la force de leur caractère, la hardiesse de leurs projets et de leurs moyens d'exécution. Les bons citoyens n'ont point de confiance en eux, le public leur refuse son estime, et la justice n'accorde aucune récompense aux bonnes intentions qu'ils ont soigneusement conservées *in petto*, dans tous les temps de crise. On les regarde comme des gens à courte vue, ou comme des âmes insensibles, incapables d'éprouver le moindre sentiment d'indignation contre les auteurs et les fauteurs des maux qui accablent leur pays; mais dans le nombre, il y en a d'honnêtes, d'habiles, d'instruits, et très-propres à bien servir, en subalternes, sous l'autorité d'un caractère plus prononcé que le leur. Leur esprit conciliant qui ne les a jamais compromis; leur complaisance à chanter sur tous les tons, à se prêter à tous les partis; leur habitude à toujours flatter les vues de l'homme en place et de remplir leurs fonctions contre leur conscience s'il le faut, mais au goût de l'opinion régnante, seront cause qu'en général on verra, dans un État, la plus grande partie de ses grâces et de ses emplois dans les mains des *citoyens équivoques*. (Voy. *Girouette*, ci-devant n° 214, tome II.)

230. Importuns. L'*art d'importuner*, de fatiguer, d'excéder, par sa présence et ses demandes continuelles, les gens en place, est un moyen d'avancer et d'obtenir des grâces, et qu'un grand nombre d'intrigants ont employé avec succès dans beaucoup de pays mal réglés.

Les États gouvernés par des hommes sans principes fixes dans leur conduite, sont sujets à voir leurs ministres et leurs bureaux, finir par satisfaire les *importuns*, afin de s'en débarrasser plus vite ; et alors les grâces du Prince, dévolues de droit à ses bons serviteurs, deviennent la proie des *ennuyeux*.

Un être fastidieux, inutile et désœuvré qui perd à valeter dans les antichambres un temps qu'il devrait employer à s'instruire et à bien remplir les devoirs de son métier, mérite-t-il donc d'être récompensé aux dépens des autres, plus discrets et plus attachés à leurs devoirs que ces solliciteurs *importuns* ?

291. Intrigue. C'est un instrument des plus usuels, dans les manéges de la grande et de la petite ambition.

L'intrigue est l'art qu'emploie un individu pour quêter, rallier, réunir, amener et faire concourir les *bonnes volontés* des uns et des autres, en faveur de son avancement ou de la réussite de ses projets ultérieurs.

Les *intrigues* naquirent avec les premières sociétés. Dès ce temps-là, les amants *intriguaient* pour voir et entretenir leurs maîtresses ; on *s'intriguait* auprès des parents de la fille qu'on désirait épouser, afin qu'ils se prêtassent de *bonne volonté*, et employassent leurs bons offices pour réussir plus sûrement à obtenir l'alliance qu'on voulait faire avec leur famille ; on *intriguait* pour qu'un ou plusieurs individus eussent *la bonne volonté* de vous servir, soit dans vos amours, soit dans vos affaires, ou dans chacune de vos fantaisies ou de vos prétentions.

Beaucoup de gens confondent l'*intrigue* avec la *politique* ; en effet, ce sont deux compagnes qui marchent souvent ensemble; mais il s'en faut beaucoup qu'elles ne fassent qu'une seule et même personne.

La *politique* est une science : *l'intrigue* n'est qu'un *métier*, ou tout au plus un *art* dans certaines occasions.

Le *politique* s'empare de la volonté d'un certain nombre d'individus; il les réunit en corps, les organise, et les force d'agir d'après ses intentions : *l'intrigant* se contente d'accaparer la *bonne volonté* d'une ou de plusieurs personnes, et de les déterminer à le servir selon ses désirs.

La *politique*, avec le regard de l'aigle, considère l'ensemble du terrain sur lequel elle veut fonder son empire. Elle reconnaît le fort et le faible de chacun des points qu'elle aura à parcourir, ainsi que les talents et le caractère des ouvriers qu'elle sera forcée d'employer dans les situations différentes où ses entreprises pourront la conduire; elle combine ses ressources avec les obstacles qu'elle aura à surmonter; trace d'avance la forme et l'emplacement des ouvrages qu'elle compte construire, et détermine la nature des usines et des établissements les mieux assortis, afin de les corroborer les uns par les autres, d'en faire un ensemble dont toutes les parties s'aident et se défendent mutuellement; et par la supériorité de son génie et de sa prévoyance, elle parvient enfin à se ménager des forces, tant actives que passives, qui puissent maintenir l'ordre dans son gouvernement, assurer et accélérer la réussite de ses projets, augmenter et consolider, de jour en jour, son autorité et son influence.

L'*intrigue* a la vue plus raccourcie, ses regards ne s'étendent pas si loin; elle rampe plus souvent qu'elle ne s'élève. S'agitant sans cesse, louvoyant dans tous les sens et fuyant les routes fréquentées, *l'intrigant* cherche de côté et d'autre des voies détournées qui puissent le conduire à ses fins. Soit habitude ou faute de moyens, il préfère les menées sourdes et ténébreuses de la taupe, à la marche audacieuse de l'aigle qui aperçoit, embrasse, domine et retient dans la crainte de sa toute-puissance, les êtres qui se trouvent dans la sphère de son activité.

La conception de la *politique* est plus forte et ses prétentions plus étendues. Elle *se place au centre d'un vaste ensemble; elle y ramène les fils de toutes les intrigues* éparses qui flottent dans le vague de la société qu'elle projette d'assujettir. Quoique les leviers qui dirigent ces différentes cabales ne soient pas de la même nature, qu'ils agissent diversement entre eux, et souvent en sens contraire les uns des autres, elle n'en détermine pas moins leurs mouvements et fait concourir leurs efforts communs vers le but que son ambition lui prescrit d'atteindre.

L'intrigue est plus circonspecte; ses démarches sont plus mesurées, ses pensées plus rétrécies, et ses prétentions plus bornées. Elle ne songe point à *se placer dans le centre de ce vaste ensemble, ni d'être la directrice suprême de tous les fils qui y aboutissent.* Il lui suffit de s'accrocher ou de se traîner, pas à pas, le long de quelques-uns de ces cordons, afin d'augmenter son aisance et sa petite considération, en s'approchant autant qu'elle peut, de ce *point dominant*, dont la possession comble les vœux de la *politique.*

Le grand *politique* prime et domine les *intrigues*; et le plus fameux *intrigant* s'honore de servir le grand *politique.*

La *politique* crée les choses et les hommes dont elle a besoin : l'*intrigue* ne crée rien, mais elle tâche de profiter

adroitement des choses et des hommes qui peuvent la servir. L'une a des vues plus fortes, plus profondes, plus étendues, plus téméraires et plus sujettes à égarer. Celle de
l'autre sont plus courtes, plus attentives, plus sûres et
moins sujettes à lui faire illusion; la première exige que
tout plie devant elle, qu'on se soumette à ses volontés,
qu'on adopte ses systèmes, et qu'on la serve dans l'exécution de ses projets; la seconde, plus souple, plie devant
tout le monde, subordonne sans difficulté ses volontés à
celles de ses *patrons*, adopte leurs systèmes et s'empresse
de les servir, ou plutôt de leur persuader qu'elle leur est
nécessaire pour assurer le succès de leurs entreprises : en
un mot, tout lui est égal, pourvu qu'elle y trouve son intérêt, ou qu'elle aperçoive quelques espérances de gain à
la suite de ses menées.

Le *politique* est un maître impérieux, l'*intrigant* n'est
qu'un bas valet; *l'homme d'État*, plus hardi et plus grossier,
se sert quelquefois avec succès d'une langue particulière et
se permet des manières contraires aux usages reçus; l'*intrigant* plus *Philinte*, plus poli, plus soigné dans ses propos et dans ses démarches, est plus réservé et se conforme
avec des soins plus étudiés au langage et aux manières de
ceux dont il a besoin.

Julie de Brunswick-Wolfembuttel, femme de *Frédéric V,*
mère de *Christiern VII,* et reine douairière de *Danemarck,*
parla le langage d'une *politique* profonde, quand elle dit au
comte de *Rantzau : Struensée ne sait prendre que des demi-
mesures; il est inévitablement perdu : il devait m'ordonner
de rester à* Frédérisborg, *et reléguer Votre Excellence dans
ses terres.* C'est dans cette conférence que la perte de

Struensée et de *Brandt,* son ami intime, fut résolue, et pêu de temps après réalisée.

Le prince royal *Frédéric*, petit-fils de la reine *Julie*, était présent à cette conversation. Le comte de *Rantzau* avait toujours été l'ami intime du roi, et en opposition ou verte avec la reine sa mère. Aussitôt que ce seigneur fut parti, le petit prince qui avait gardé le silence pendant cet entretien, demanda à sa grand'mère comment elle avait pu témoigner tant d'amitié à un homme pour lequel son cœur éprouvait une haine si invétérée; *C'est que je médite sa perte,* répondit-elle. Ce propos est la répartie sincère d'une *intrigante* perfide.

L'hypocrisie et la duplicité sont des qualités essentielles et indispensables à l'*intrigant* : le grand *politique* peut s'en passer. Un habile *intrigant* ne se présente jamais que masqué sous un *domino,* dont la forme et les couleurs soient agréables aux personnes dont il veut capter les suffrages, afin qu'elles se prêtent avec zèle et de *bonne volonté* à le favoriser dans l'exécution de ses desseins.

L'*intrigue* se plaît dans les *imbroglios* : elle forme des brigues; elle les recrute, les agite et les entretient dans une activité continuelle. Le génie de la politique les voit dans leur ensemble; il approfondit la nature et le caractère de chacune d'elles, et il calcule le parti qu'il peut en tirer. Il étudie les points de contact et de divergence de celles qui l'intéressent; il prend les rênes de leur gouvernement et les conduit sans qu'elles s'en aperçoivent; il dirige leur marche; il profite de leurs menées; il déjoue leurs finesses, et les enlace dans les filets qu'elles ont tissus elles-mêmes, avec beaucoup de soins et de dépenses; il les y empêtre, et fait tourner à son avantage les cabales qu'elles avaient formées contre lui.

Dans l'exemple que nous venons de citer, le comte *de Rantzau* ne fut qu'un *intrigant* assez habile pour tramer une brigue et travailler les troupes. Il dut ses succès, en grande partie, à la réputation de son courage et de sa générosité, à la splendeur de son nom, à son influence sur le militaire, qui déterminèrent les officiers subalternes et les soldats à prêter leur secours à une entreprise qu'ils croyaient être dans les intérêts de leur roi captif. Mais *Julie* développa le caractère d'un grand *politique*, en se liant avec ses ennemis, en feignant d'entrer dans leurs vues et de les mettre dans sa confidence intime, en favorisant, excitant la *conspiration* qu'ils projetaient, et après leur triomphe, en écrasant les *conspirateurs*, pour rester seule; et elle profita ainsi de leur crime et du fruit de leurs *intrigues*.

Elle eut une petite distraction avec son petit-fils, en lui confiant indiscrètement ses projets sur le sort futur qu'elle préparait au comte *de Rantzau*; mais par bonheur pour elle, *cette intempérance de langue* ne lui porta aucun coup.

L'*intrigue* conduit quelquefois à de grandes places, des hommes médiocres, mais elle ne leur apprend pas à s'y soutenir. *Julie*, parvenue au pouvoir suprême par la réclusion de la reine *Mathilde*, sa rivale, et par le supplice des anciens favoris du roi son fils, ne sut pas se maintenir dans ce poste élevé. Elle en fut chassée par le *prince royal*, son petit-fils, qui depuis n'a plus cessé de régner et sous le nom de *prince régent*, et après, sous celui de roi légitime, à la mort de Christiern VII son père. Cette reine douairière se montra, dans cette occasion, plus *politique* que le comte *de*

Rantzau ; mais elle ne le fut pas assez pour conserver le trône dont elle s'était emparée , et qu'elle gouverna souverainement pendant une douzaine d'années (1). Car c'est toujours par sa faute, qu'un prince régnant se laisse détrôner autrement que par des puissances étrangères.

Dominé par son imagination, et trop confiant dans la force de ses moyens, le grand *politique* devient souvent l'esclave de son ambition et la dupe des projets qu'il entreprend. L'*intrigue* est ordinairement plus exempte d'écarts; elle prend mieux ses précautions, ses prétentions sont plus circonscrites; et ses démarches plus terre-à-terre, ne sortent guère des bornes des routes vulgaires et rétrécies qu'elle s'est tracées. Il est rare qu'elle ne se restreigne pas à parcourir les détours et à fureter tous les coins d'un petit labyrinthe, sans se permettre d'heureuses excursions, et sans s'enrichir hors de la sphère dans laquelle elle a l'habitude de se renfermer.

Le grand *politique* reste dans l'obscurité , ou il parvient aux premiers rangs , si, chemin faisant, quelque catastrophe ne l'écrase pas. L'*intrigant* se contente des places intermédiaires ; il y monte à la sourdine, et à force de ramper et de se fatiguer, il obtient assez souvent la possession de la sommité d'un ou d'un plus grand nombre de ces tertres qui augmentent l'aisance et la considération de son propriétaire. Il va quelquefois plus haut, et on le voit resplendissant, au faîte de la grandeur et du pouvoir.

Dans cette position, le grand *politique* se trouve à sa

---

(1) Depuis le 10 août 1772, jusqu'au 14 avril 1784.

place ; il n'aspirait à y monter que pour y développer son génie et y faire de grandes choses ; *l'intrigant* a les nerfs trop faibles pour soutenir une pareille élévation. A cette hauteur, *la tête lui tourne* ; il succomberait sous le poids de ses réflexions, s'il était capable d'en faire sur l'ensemble des devoirs et des fonctions importantes qu'il a à remplir. S'il désire acquérir des titres et du pouvoir, c'est pour satisfaire sa vanité, se gonfler des hommages qu'on lui rend, et étaler sa fatuité avec insolence. Sous son règne, les affaires majeures de son département se décident sur les plus minces considérations. Sa faiblesse, son ignorance, son impéritie, mises au grand jour, percent de toutes parts ; et ses soins, ses menées, ses sollicitudes et l'occupation de sa vie entière ne l'ont conduit qu'à convaincre le public et la postérité que cet *intrigant,* qui avait obtenu quelque réputation pour des talents présumés, que cet ambitieux assez adroit pour faire croire, pendant longues années, qu'il était un grand homme d'État, n'avait jamais été qu'un *sot* en *politique* et dans l'art de gouverner un royaume. Tel a été le sort du *cardinal de Loménie* (1). Ce prix est-il donc si flatteur et mérite-t-il qu'on recherche avec tant d'empres-

---

(1) M. de Calonne eut pour successeur l'archevêque de Sens, depuis *cardinal de Loménie.* Ce choix fut applaudi ; on lui connaissait l'habitude de l'administration dans une grande province, des talents secondaires qui pouvaient annoncer les premiers, la soif de toutes les affaires et de toutes les places qui pouvait en faire espérer le génie.

Cahier du hameau de *Madon*, par M. de Themine, évêque de Blois, page 3.

sement d'être nommé à ces places importantes qui mettent, et pour toujours, en évidence votre turpitude et votre capacité?

Quoique la *politique* et *l'intrigue* soient choses très-différentes, elles n'en sont pas moins liées, sur une infinité de points, par des rapports multipliés et intimes. Fondées toutes les deux sur la même base (*le cœur humain*), se servant des mêmes instruments (*la volonté des autres*), pour atteindre le même but (*l'art d'en profiter et d'en tirer parti*), il est impossible que la *politique* et *l'intrigue* ne soient pas souvent en contact, et qu'elles puissent toujours marcher à l'écart l'une de l'autre : mais elles se désunissent bientôt, si on les considère sous le point de vue des motifs qui les animent et des objets qu'elles convoitent. La *politique* est l'art de maîtriser les hommes en masse; et *l'intrigue* est celui de se servir avec dextérité de la *bonne volonté* de chaque individu en particulier. En général, la *politique* agrandit les idées, et *l'intrigue* les rétrécit.

Un architecte, animé de la noble ambition d'acquérir une gloire immortelle en élevant des édifices solides, d'un bel effet et bien ordonnés dans toutes leurs parties, relativement à l'objet auquel on les destine, est l'image d'un vrai *politique*. *L'intrigant* est le commis, le dessinateur, le maçon, ou le simple manœuvre qui, pour tâcher de s'avancer dans l'atelier et de se rendre intéressant auprès du maître et de ses sous-employés, les flatte et leur persuade qu'il peut leur être très-utile, et enfin les sert, plus ou moins bien, selon son habileté et son mérite particulier.

Si cet être que le génie de l'architecture tourmente, n'est

pas un homme puissamment riche, il est obligé d'avoir recours à *l'intrigue* afin d'intéresser les gens en place, en faveur de son plan, et pour qu'ils en ordonnent l'exécution; c'est la seule manière qu'il ait de faire connaître les grandes idées qu'il a conçues, et qui, sans ce secours, resteraient éternellement ensevelies dans ses portefeuilles, faute de moyens pour les réaliser et les mettre en évidence aux yeux du public et de la postérité. Il en est de même du *politique*. S'il n'est pas né souverain, il lui faut de *l'intrigue* pour s'élever au pouvoir suprême de sa nation, ou d'une branche quelconque de son gouvernement. Ce ne fut point sans *intrigues* que le cardinal de Richelieu parvint à être *premier ministre* en France, et à se donner, par là, les occasions fréquentes de déployer les puissants moyens de sa profonde *politique*.

Les Princes légitimes les plus despotes, mais les plus habiles, ont, dans plusieurs circonstances, préféré d'employer *l'intrigue* à la force. Lorsque Louis XIV voulut se défaire de Fouquet, il aima mieux employer *l'intrigue* pour l'engager à se démettre de sa charge inamovible de procureur général au parlement de Paris, que de la lui ôter de sa pleine autorité. Il était sans doute assez puissant, et il n'avait pas besoin de ce subterfuge; mais il n'eût réussi qu'en occasionnant un scandale public, en violant lui-même une des lois fondamentales de ses propres États. Il voulut l'éviter, et, en *politique* prévoyant, ce Prince saisit cet exemple pour prouver qu'il exigeait qu'on portât le plus grand respect aux priviléges des Corps et aux institutions de son royaume en général, en augmentant la considéra-

tion de ses parlements et de ses Cours judiciaires en particulier (1).

Le *politique* et l'architecte ont donc besoin de l'*intrigue*
pour se faire connaître et être employés. L'*intrigant*, les
maçons ou les commis sous la direction de cet architecte,
sont obligés, avant tout, de se créer une *politique* qui leur
apprenne à dresser des batteries, à se former un plan de
conduite, d'après le caractère des personnes sous lesquelles
ils travaillent, et dont leur avancement dépend. C'est dans
ce sens que Figaro a dit avec raison que la *politique* et
l'*intrigue* sont des cousines germaines inséparables. Mais
arrivées à leur but, on les distingue bien vite, et on les
voit dans l'histoire figurer à une distance très-éloignée
l'une de l'autre,

Necker se crut un profond *politique*, mais il ne fut qu'un
visionnaire et un très-habile *intrigant*. On n'est point pein-
tre parce qu'on barbouille de mauvais croquis de son imagination ou de celle des autres.

Le cardinal de Richelieu, *politique* supérieur, entreprit
et exécuta de grandes choses sous son règne. L'histoire de
son successeur, le cardinal Mazarin, ne le représente que
sous les traits d'un *intrigant* de la première classe. Que
peut-on citer en sa faveur qui puisse lui mériter un autre
titre? Il captiva la reine régente, femme assez faible
pour être dominée, et assez ferme pour persister malgré la

---

(1) *Fouquet* vendit sa charge *douze cent mille francs*, qui revenaient
vers 1760, à plus de *deux millions*. Le prix des charges du parlement,
si diminué depuis, prouve la considération que les Magistrats et les
Cours de justice avaient sous Louis XIV.

raison et ses plus chers intérêts, dans les résolutions que
ses favoris lui avaient suggérées. Ce premier ministre, cet
étranger, fort de l'empire qu'il avait pris sur sa souveraine,
fit naître une guerre civile, mit le désordre dans l'État et
la confusion dans les finances. En un mot, il a volé, brouillé,
démoralisé et trompé tout le monde, au grand préjudice
du Royaume qu'il a gouverné souverainement; et s'il a
montré quelque supériorité dans le département des affaires
étrangères, c'est que la plupart des négociations diplomatiques ne sont que des *intrigues* de commérage, dans lesquelles ce prélat italien excellait.

Auguste eut besoin de déployer les ressources des *intrigues* les plus savantes, avant que de monter sur le trône de
l'empire romain; mais une fois qu'il y fut assis, il y régna
tranquillement pendant toute sa vie, et il y développa le
génie d'une *politique* par excellence, en devinant et créant
les vrais principes d'un gouvernement monarchique, en les
entant sur les souches de la *souveraineté du peuple*, et en les
faisant prospérer sur un sol républicain; en apaisant les
partis, contenant les factieux et les hordes de barbares qui
inquiétaient les frontières de ses nouveaux États; en établissant l'ordre et la paix dans son pays, et parmi ses compatriotes devenus ses sujets, au point que, malgré ses crimes antérieurs à son usurpation, son nom est devenu un
titre honorable, une épithète flatteuse qui rappelle la mémoire d'un monarque parfait.

Malgré les alliances intimes, nombreuses, et qui se renouvellent tous les jours entre la *politique* et l'*intrigue*,
elles n'en forment pas moins deux familles distinctes,
n'ayant ni le même nom ni les mêmes armes : on les ren-

contre souvent unies, marchant ensemble et concourant au même but. Mais il n'est pas rare aussi de les trouver dans l'histoire, aux prises l'une contre l'autre et se nuisant mutuellement. Combien la *politique* du cardinal de Richelieu n'a-t-elle pas déjoué de manœuvres ourdies par les plus habiles *intrigants* de son siècle ?

Les novateurs en chef ont été et sont tous, sans exception, des *intrigants* ; quelques-uns grands *politiques*, et d'autres des brouillons. C'est un plaisir que de les voir mutuellement se supplanter, et s'empresser, quand ils sont en place, à renverser l'ouvrage de leurs prédécesseurs; mais toujours aux dépens de la société chez laquelle ils travaillent. Le duc de Choiseul, qui fit renvoyer les jésuites par les parlements, fut supplanté par le duc d'Aiguillon qui, en représailles, fit détruire les parlements; le tout aux dépens de la France, qui perdit deux Corps puissants, qui, à eux seuls, étaient capables de prévenir la révolution et ses horreurs. Je n'ai jamais connu *Zoroastre*, mais je parie qu'il a été un *intrigant* du premier ordre.

L'*intrigue* est aujourd'hui une des branches les plus cultivées de l'industrie humaine. Son histoire ressemble à celle des autres arts qui se sont perfectionnés et agrandis dans leurs sphères, à mesure que les raffinements de la civilisation ont fait plus de progrès. Ses fils, au commencement, étaient faibles, ses trames lâches, ses tissus mal ourdis et sans force, ses outils grossiers, et à peine pouvait-elle disposer d'un petit nombre d'ouvriers brutaux, maladroits et ignorants. Tout était mesquin chez elle, ses moyens, ses entreprises et ses résultats; mais le nombre de ses artisans s'accroît à vue d'œil dans les siècles de lumières, et leur main-d'œuvre s'améliore. Les instruments de l'*intrigue* sont devenus plus ingénieux, ses ressources se sont multipliées, et les secrets du métier, plus généralement répandus, ont permis à des spéculateurs en tout genre, d'élever des manufactures d'*intrigaillerie* et de travailler en grand et en petit à des ouvrages de ce genre, parfaitement conçus et exécutés, et d'en tenir des magasins bien assortis, à l'usage des amateurs de tous les goûts. Il n'est donc pas étonnant que chez un peuple parvenu au faîte de la civilisation, on voie à la Cour, à la ville, au village et au sein de toutes les sociétés, des *intrigants* se mêler dans chacune des affaires qu'on y traite. Les mœurs et la bonne foi y ont beaucoup perdu, mais la politesse et les *usages du monde* y ont gagné considérablement.

Les *intrigues de ruelles* dominent de plus en plus, à mesure que les tribunats s'affaiblissent, et que l'autorité suprême s'approche davantage du despotisme d'un *cabinet souverain*. *Vice versâ* : les *intrigues* s'élèvent à la hauteur de la *politique* dans les *gouvernements représentatifs*, et dans ceux où le pouvoir exécutif a besoin de gagner des corps ou des masses de citoyens, qui opinent ou qui agissent de plein gré selon ses intentions. La *politique* de William Pitt l'engagea à redoubler ses *intrigues* pour diminuer la puissance du *parti de l'opposition*, et pour se former une majorité permanente dans le parlement d'Angleterre, afin de pouvoir résister aux principes révolutionnaires qui commençaient à gagner les esprits de son pays.

Nous revoyons encore ici ce mélange inévitable de la *politique* et de *l'intrigue* dans les républiques, et chez tous les peuples où le *pouvoir exécutif* a besoin du concours d'un certain nombre de *votes* pour faire une loi, ou pour être autorisé à prendre une détermination importante. Les motions qui, selon les circonstances, seraient les plus avantageuses à l'État, et motivées d'après les règles constantes d'une bonne *politique*, ne passeraient point, si le ministère qui les propose ne s'était pas d'avance assuré par *l'intrigue*, une *majorité* dans les Corps co-souverains de son gouvernement, qui ont la faculté légale de transformer ses demandes en actes législatifs, et obligatoires selon leur forme et teneur.

Il est impossible qu'un gouvernement empêche qu'il n'y ait des *intrigants* chez lui. Mais il peut, et il doit ne pas souffrir qu'il y ait des bandes enrégimentées contre le souverain, contre la tranquillité de l'État et celle des citoyens. Un moyen sûr d'y parvenir, c'est de ne pas les craindre, de les attaquer de front et de les poursuivre à outrance. Dès que les premières étincelles manifestent l'existence de ces foyers révolutionnaires, il faut que ces lueurs vous servent de guide; il faut suivre leurs indications, marcher sur leurs renseignements, remonter à leur source, pénétrer dans les repaires de ces perturbateurs du repos public, les traquer jusque dans les dernières ramifications de leurs souterrains infernaux, et les y écraser tous, sous le poids d'une justice sévère, inquisitoriale, pleine de courage et d'activité. Si l'oubli de ce principe n'a pas perdu l'Europe, il l'a au moins mise à deux doigts de sa perte.

Nous le répétons : la *politique* apprend à gouverner, à contenir les hommes et à les diriger en masse. *L'intrigue* n'apprend qu'à se conduire avec adresse dans la poursuite de ses vues personnelles. On dit : les *intrigues* de Cour, et la *politique* d'un parti; on découvre la *politique* d'un ministre, on développe une *intrigue* de comédie. On suit sa *politique*, on trame ses *intrigues*; la *politique* a une marche noble, des projets élevés qui imposent; *l'intrigue* indispose contre elle la majorité des honnêtes gens, par la bassesse de ses menées, l'obscurité de ses démarches tortueuses, la mesquinerie de ses vues et de la plupart de ses entreprises; on vante quelqu'un, en le présentant comme un bon *politique*; et le titre de bon *intrigant* est plutôt une injure qu'un éloge. Les grands génies sont seuls capables de former de grands *politiques*; mais on a vu, et on voit encore, de très-petits esprits être de grands *intrigants*.

Nous croyons avoir suffisamment exposé les nuances qui rapprochent et les qualités qui distinguent la *politique* de *l'intrigue*. Ces deux inséparables, qu'à chaque pas on rencontre dans le monde accolées l'une avec l'autre, nous obligent à ne pas oublier la dernière, dans un livre consacré à l'art de gouverner les hommes, *tels qu'ils sont aujourd'hui*. Les portraits de *l'intrigue* et de *l'intrigant*, et le développement de leurs caractères, sont donc une partie obligée d'un *Lexicon politique*. J'en parlerai comme *un aveugle des couleurs* : mon genre d'esprit, et le dédain insurmontable que j'ai toujours eu pour les petites choses, se sont constamment opposés à ce que j'entrasse dans une carrière où, à force de broncher, j'aurais sûrement fini par me casser le cou. Les occasions m'ont donc manqué pour connaître et approfondir par mon expérience les secrets d'un métier dont les ressources et les procédés sont si compliqués. Mais j'ai tant vu *d'intrigants* dans ma vie; le hasard m'a dévoilé si souvent le secret de quelques-unes de leurs

manœuvres, que je risquerai de tracer dans une faible es-
quisse, les grands traits de leurs mœurs et de leurs habitudes, qui sont encore présents à ma mémoire. Puisse ce
méchant croquis mériter d'être revu, corrigé et considérablement augmenté par Mesdames et Messieurs de.... qui,
par une pratique journalière et pleine de succès, ont, de
l'aveu de tout le monde, obtenu la réputation si bien acquise d'être des *intrigants* par excellence ! Que ces professeurs daignent achever ce tableau et le rendre digne de son
sujet !

Avant de se mettre à l'ouvrage, le premier soin de *l'in-*
trigant est un retour sur lui-même, sans se faire illusion
sur ses bonnes et ses mauvaises qualités. *Nosce te ipsum* est la
maxime fondamentale sur laquelle il doit régler le plan de
sa conduite, et ne jamais la perdre de vue dans le cours
de ses *intrigues* futures.

Si votre ambition vous porte à vous avancer par *l'intri-*
gue, commencez par consulter votre caractère, le genre
de votre esprit, la position où vous êtes dans le monde, et
comparez ces données avec celles qui leur sont analogues
chez vos rivaux, chez les personnes dont vous comptez
vous servir, et arrangez-vous en conséquence. Ces connaissances préliminaires vous aideront singulièrement ; elles
vous permettront de tracer d'une main sûre votre plan de
conduite ; elles vous indiqueront d'avance les contours, les
ravins, et les autres inégalités de terrain que vous trouverez sur votre route ; elles vous montreront les chemins, les
sentiers, les voies obliques et détournées que vous pourrez
suivre, pour profiter des sites et des incidents que vous
rencontrerez chemin faisant, et elles vous suggèreront les

22*

moyens les plus prompts et les plus faciles pour les rendre
favorables à vos desseins. Cette étude d'ailleurs n'est pas
indispensable, et ne convient pas à tout le monde. On voit
tous les jours des sots parvenir et se tirer très-bien *d'intrigue*,
sans se donner tant de peine. Ils ont un instinct qui les dirige mieux, dans ces dédales, que la raison et les plus savants calculs; mais ne vous y fiez pas, si vous pouvez
faire autrement.

En marchant ainsi toujours d'un pas ferme et d'après vos
penchants personnels, vous êtes assuré de vous garantir de
ces écarts et de ces inconséquences, dans lesquels vous
trébucheriez sans doute assez souvent, si vos démarches
calculées étaient sans cesse en opposition ouverte avec les
habitudes de votre caractère. Qui peut se flatter d'être assez continuellement sur ses gardes pour n'avoir pas de ces
minutes d'impatience, d'humeur ou de distraction, qui
renversent les plus sages résolutions par la force du naturel, et qui vous poussent à des boutades et à des indiscré-
tions qui détruisent, dans un moment, le travail d'une
longue suite d'années? Ces étourderies mortelles échappent
aux plus circonspects; et leurs conséquences sont quelquefois terribles et irréparables. Elles cassent à jamais tous les
fils de la trame la mieux ourdie et éventent les manœuvres
souterraines de *l'intrigant*, qu'elles laissent à découvert
et en butte aux caquets du public; comme à la *pipée*, on voit
une chouette exposée à la risée des petits oiseaux du voisinage. Mais si vos vues et vos menées sont invariablement
conformes à vos goûts et à votre caractère, alors tout est
d'accord et tout va bien.

Une des conditions essentielles du caractère de *l'intri-*

gant est d'être *sans honneur* et *sans humeur*. Il doit, de bonne heure, s'aguerrir aux refus, aux impolitesses, aux réceptions sèches, aux réponses brutales et aux renvois malhonnêtes, qu'il sera dans le cas d'essuyer dans le cours de ses visites intéressées. Chassé cent fois de la même maison, ces outrages ne le rebutent point ; il continue de s'y présenter dans l'espérance d'y être mieux reçu à la cent et unième, et il finit par y être mieux accueilli, par s'emparer de l'esprit des maîtres, de leur affection, et par les mettre dans peu au rang de ses plus chauds protecteurs. La *persé-vérance* est tout dans ce métier.

Laid, bancroche, ignorant, ne sachant ni parler, ni écrire, sans aucune idée, et n'ayant jamais fait que des sottises, dont quelques-unes, si justice lui eût été rendue, auraient entraîné la *peine capitale* contre lui, le comte de Beugnon, lieutenant-général des armées navales de Sa Majesté, interrogé comment, étant si disgrâcié de la nature, il avait pu être un des officiers de marine les plus distingués par le nombre des emplois et des missions honorables qu'on lui avait confiés ? — Eh ! mon ami, par ma persévérance à faire ma cour dans les bureaux, sans en oublier le plus petit commis, et à les servir avec zèle et sans pudeur, toutes les fois qu'ils ont eu recours à moi. —Voilà un sot, un malotru, plus avancé par sa *persévérance* que beaucoup de bons officiers, ses camarades, qui n'avaient pu l'être par leur esprit, leurs talents et une conduite irré-prochable.

Voyez et concluez.

L'art de l'*intrigant* est de savoir à propos plaire, inté-resser, intimider ou ennuyer les personnes dont il veut obtenir quelque chose. Ses visites et ses mémoires vous obsèdent; il en devient importun, et on lui accorde ce qu'il demande, pour ne plus le revoir. L'importunité, fille de la *persévérance*, a fait accorder beaucoup de grâces importantes. Il ne manquera jamais de gens en place qui se liguéront pour se débarrasser d'un ennuyeux.

Ce n'est pas le tout de n'avoir ni *honneur*, ni *humeur*. L'*intrigant* doit être aussi sans *affection*, sans rancune et sans reconnaissance. On le voit impassible au milieu des passions humaines, caresser les faiblesses des autres, et partager avec adresse les sentiments et les ressentiments de ceux auxquels il veut plaire. Il baise respectueusement la poussière des souliers de l'homme en place, dont il a le plus à se plaindre; et avec la même insouciance, il couvre d'ordures le ministre déplacé qui l'a comblé de grâces et qu'il encensait la veille. Il ne s'y résout pourtant qu'avec répugnance, et qu'autant qu'il est persuadé que ses démarches hostiles seront agréables aux personnes qui ont succédé aux emplois de ses premiers bienfaiteurs; parce que, ce que l'*intrigant* craint le plus, est de se voir démasqué.

Sans *honneur*, sans *humeur* et sans *affection*, l'esprit du métier exige en outre qu'un parfait *intrigant* ne tienne fixement à aucune autre *opinion* que celle de réussir auprès des personnes dont il prévoit tirer un parti avantageux par la suite. Doucereux *Moliniste* chez les Jésuites, on le rencontre *Janséniste* outré avec les Oratoriens; chez *Cazalès* il tonne contre les révolutionnaires; et, un moment après, il répand sur les royalistes un torrent d'injures avec le père *Duchesne*. Indifférent sur tout, excepté sur ses intérêts, il regarde avec des yeux de lynx quel est le système qui prévaudra, et il l'adopte avec empressement, quand il est sûr de l'avoir deviné. *Vive le Roi! vive la Ligue!* est son cri favori : vive *ce qui peut m'être utile*, est la maxime fondamentale de sa conduite.

La faculté de ne tenir à aucune *opinion* et de tirer un parti avantageux de celles qui maîtrisent les autres est le chef-d'œuvre de l'art. Elle permet à l'*intrigant* de ne jamais contrarier les personnes qu'il croit devoir ménager, et de défendre hautement, envers et contre tous, les sentiments des gens en crédit qu'il espère gagner, et dont il compte s'étayer dans la suite. Qu'il est aimable et qu'il est aimé celui qui abonde dans notre sens, qui se laisse vaincre à chaque discussion, et qui ne se lasse pas de flatter nos goûts et notre amour-propre! Quelle justesse de jugement n'accorderez-vous pas au *Philinte* qui est toujours de votre avis, et sans cesse en admiration devant ce que vous dites et ce que vous faites?

Les naturalistes rangent les *intrigants* dans la classe des *vers rongeurs* qui travaillent dans l'obscurité. Ils craignent le grand jour, les ténèbres leur plaisent davantage. Les conversations particulières, entre peu d'interlocuteurs de leur choix, leur conviennent mieux que le bruit des assemblées nombreuses et diversifiées; les propos des salons les effraient, et ils préfèrent la solitude du cabinet où ils s'entretiennent secrètement et en tête-à-tête avec une personne ou tout au plus avec deux ou trois, sur lesquelles ils ont déjà un certain ascendant et qu'ils désirent accaparer tout à fait. C'est là qu'un maître fourbe se trouve dans son centre et dans une position très-favorable à ses desseins; il y sonde plus à son aise le cœur de ses dupes ; il y tend ses filets à la sourdine ; et plusieurs grands seigneurs de la Cour, des gens en crédit et des hommes d'esprit, s'y prennent et restent ses captifs.

La même *politique* engage quelquefois ces faux amis à faire semblant de n'avoir pas la même opinion que leur protecteur ; à risquer des contradictions, des erreurs, des paradoxes et des arguments puérils ; à les soutenir faiblement, à préparer leur défaite d'avance et à ménager à leur patron des triomphes réitérés, qui gonflent son amour-propre et intéressent sa vanité ; à exalter, à ses propres yeux, la supériorité de son génie qui lui procure de si fréquentes victoires sur un adversaire, dont le savoir et l'habileté sont généralement reconnus. S'il se trouve seul renfermé dans son cabinet avec cet *intrigant*, son agent confidentiel, celui-ci est trop fin pour lui dicter ses mémoires et lui donner directement les avis qu'il croit les plus sûrs ; il feint de les chercher, il tâtonne, il prononce des moitiés de phrases, il propose des demi-mesures et il les abandonne aussitôt ; tout chez lui marque l'indécision ; mais il tourne tant autour des idées qu'il veut suggérer, qu'enfin son maître les devine, qu'elles naissent dans son cerveau, et qu'il en accouche, en croyant de bonne foi qu'elles sont de lui, qu'il est l'auteur des meilleurs conseils qu'il doit suivre, et des expressions les plus convenables et les plus heureuses qu'il ait placées dans ses écrits. On est si enchanté, surtout en France, qu'on vous accorde de l'esprit, que le flatteur qui vous en donne est sûr d'obtenir un grand crédit sur vous.

Par ces moyens, par ces chemins couverts, on s'insinue de plus en plus dans le cœur de son patron ; on découvre ses faiblesses, et on s'avance dans la connaissance de ses secrets. Chaque individu a ses affections et ses craintes. On lui plaît en flattant les premières : on l'épouvante en le menaçant de divulguer ce qu'il a le plus grand désir de tenir caché ; en lui persuadant que les poursuites et les malheurs qui l'effraient le plus, vont se réaliser, s'il n'obéit pas ponctuellement aux ordres de cet *intrigant*, qui les colore, par *courtoisie*, de conseils dictés par l'amitié. Alors il vous tient, et vous ne pouvez plus lui échapper.

Les soubrettes n'y manquent pas ; elles se prêtent de la meilleure grâce à favoriser les actions illicites et à jeter des voiles sur les torts des femmes auxquelles elles appartiennent ; mais aussi, pour prix de leurs soins officieux, elles prétendent être traitées en *servantes-maîtresses* : ce qui ne se refuse presque jamais.

Ne négligez donc pas de courtiser les domestiques ; ils valent quelquefois mieux que leurs maîtres. Flattez-les, gagnez-les, employez-les dans vos *intrigues* ; persuadez-leur qu'ils sont vos protecteurs, et que, si votre affaire réussit, vous les protégerez à votre tour toutes les fois que l'occasion s'en présentera. L'*intrigant* doit être prodigue de promesses ; les serments ne lui coûtent rien et lui rendent beaucoup.

N'allez pas, comme un imbécile provincial, vous en laisser imposer par le rang et le titre des habitués de la maison dans laquelle vous voulez vous impatroniser. Commencez par dresser la *carte morale* de ses habitants ; fixez chaque personne dans la position qui lui convient, d'après le rôle qu'elle y joue et l'influence dont elle y jouit ; et que vos marches et contre-marches soient sans cesse rapportées et déterminées sur ce plan que vous aurez levé dans le plus grand détail, avec des soins persévérants et minutieux. Ayant une parfaite connaissance du terrain sur lequel vous devez manœuvrer, et des individus avec qui vous avez affaire, vous êtes moins sujet à vous égarer, et il vous est plus facile de vous tracer le chemin qui doit vous conduire le plus sûrement à votre but.

Lorsque Marie-Thérèse voulut négocier avec la France le traité de Versailles, qui fut si avantageux à l'Autriche, tant *par sa teneur que par la manière dont les articles en ont été tenus de chaque côté*, elle ne s'adressa point à sa *sœur*, à la maîtresse de la maison, à la digne épouse de Louis XV, à la reine *Marie Leczinska*. Cette fière impératrice préféra et ne rougit point d'entrer en correspondance, en sollicitant ses bonnes grâces, avec la concubine affichée de ce prince; elle la flagorna, et écrivit en conséquence, de sa belle main, les lettres les plus amicales à la *marquise de Pompadour*, qui, par des revirements d'*intrigues*, fit nommer l'abbé de Bernis cardinal et ministre des affaires étrangères, à condition qu'il minuterait ce traité et qu'il le ferait signer au Roi.

On vit quelque temps après, sous le même règne, les plus grands seigneurs courtiser bassement *Lebel* et obtenir, par son influence, des places essentielles, en se faisant, sans pudeur, les *valets* de ce valet de chambre qu'en langage de Cour on nommait l'*ami du prince*. Maître ou laquais, caresses ou menaces, traits de générosité ou de perfidie, tout est bon à l'*intrigant*, pourvu qu'il ne manipule ces différents ingrédients que d'après les ordonnances d'un *esprit de conduite* expérimenté et imperturbable dans sa marche et dans ses desseins.

Esprit de conduite. L'intrigant doit en faire son premier ministre, ou ses affaires iront mal ; c'est le seul qu'il lui soit indispensable d'avoir ; s'il ne s'en rend pas l'esclave docile, ses *intrigues* travesties en tracasseries le brouilleront avec tout le monde, et au lieu d'avancer il reculera.

Les faiblesses humaines, dont nous venons de parler, sont également enracinées dans le cœur des deux sexes. La femme assujettie à l'homme par l'infériorité de ses forces physiques, par les lois et les usages, a eu besoin d'être pourvue de plus de moyens d'adresse, pour rivaliser de puissance et marcher d'un pas à peu près égal avec son supérieur de droit ; et à cet égard, la nature a été très-généreuse envers cette belle moitié de nous-même. Elles ont, en général, un ton de douceur, un patelinage, un *galvanisme* qui attire les hommes, les dispose en leur faveur, et leur donne, dans les pays civilisés, un ascendant décidé sur les distributeurs des grâces et les autres personnes de l'autre sexe, avec lesquelles elles sont dans le cas de traiter. Ces qualités les rendent très-propres aux manœuvres de l'intrigue ; aussi s'y adonnent-elles volontiers, et beaucoup de ces dames y ont obtenu de grands succès.

La coquetterie est naturelle aux femmes ; elles aiment qu'on les courtise, et qu'on les regarde comme le centre d'une cour nombreuse qui marche toujours à leur suite. Le titre de protectrices flatte leur vanité ; il annonce une supériorité qui attire autour d'elles un concours, un assemblage de personnes qu'elles espèrent dominer par la puissance de leurs agréments ; tandis qu'elles ne sont que les courtières des petites ambitions de ces courtisans, ou les chefs des bureaux de passeports des *merveilleux* qui veulent se mettre à la mode.

La femme est plus sédentaire, et l'habitude de s'occuper presque continuellement de bagatelles et de colifichets, exerçant plus ses doigts que sa tête, l'asservit davantage aux caprices de son imagination. L'activité de son esprit s'augmente en raison de l'inactivité de son corps. Moins absorbée par les grandes pensées, elle s'occupe plus aisément de petites idées; elle les y reçoit avec plaisir, les caresse, les goûte, en nourrit volontiers les fibres de son cerveau, et les rend plus propres à réussir dans les commérages de l'*intrigue*, qu'à concevoir et à suivre les combinaisons d'une profonde *politique*.

Que le véritable amour n'entre pour rien dans les liaisons ambitieuses que vous croirez devoir former avec une femme; il la rendrait trop exigeante. Ce sentiment ne la dominerait pas impunément; il en exclurait tous les autres de son cœur. Dans le cours de ses sollicitations et de ses intrigues, elle songerait plus à son amant qu'à son protégé. Sa passion l'entraînerait quelquefois à des gaucheries qui nuiraient à vos intérêts; elle désire aussi ardemment que vous d'augmenter votre aisance, de vous obtenir des décorations, et de vous voir comblé de grâces; mais à condition que vous en jouirez auprès d'elle. Ainsi vous devez vous attendre qu'elle emploiera son crédit et tous ses moyens, afin d'empêcher qu'on vous donne un poste brillant et au-dessus de vos prétentions, qui vous éloignerait et vous forcerait de résider dans un endroit où elle ne serait pas. Si vous vous en fâchez, elle en sera piquée, et, les larmes aux yeux, elle vous dira : *Que vous importe d'avoir cette place ? ne vous suffit-il pas que vous m'ayez ?* Si vous êtes vraiment amoureux, ou si vous vous croyez obligé d'en faire semblant, qu'aurez-vous à répondre à un reproche si tendrement exprimé ?

Cet abandon sentimental ferait, sur le théâtre, un superbe effet, surtout si cette exclamation sortait de la bouche d'une charmante actrice ; et toutes les femmes le sont en pareil cas. Dans les rôles de cette espèce, la femme honnête y met ordinairement une vérité d'expression qui la rend supérieure à la comédienne. L'histoire ne se compose que de scènes dramatiques ; à la seule différence que *les jeunes premières* prirent dans les *intrigues* de comédie, et que dans celles de l'ambition, c'est l'emploi des *vieilles coquettes* qui a tout l'avantage.

En *intrigue*, les vieilles femmes ont leur prix, et les dédaigner est une faute impardonnable ; elles sont flattées qu'on les courtise, et répondent sincèrement aux soins qu'on leur rend. La fuite des charmes de leur printemps est une époque bien pénible pour elles, et, dans l'âge de leur retour, elles craignent d'être délaissées, et de rester seules et isolées dans le monde.

Aux approches ou près de la quarantaine, beaucoup de femmes ressemblent à une vigne qui cherche et qui a besoin de trouver un échalas, sur lequel elle puisse s'appuyer avec confiance. Profitez de cette heureuse disposition que la nature vous a ménagée exprès, pour favoriser vos démarches, dans le cours de votre carrière ambitieuse ; surmontez votre répugnance, oubliez les goûts et les folles idées de votre jeunesse, et attachez-vous au solide. Il ne faut pas se laisser aller à cette fatuité française, à ces dédains du bon ton, et faire le dégoûté à l'aspect de ces belles antiques ; soyez, au contraire, complaisant, assidu et persévérant auprès d'elles, et tâchez de vous lier, le plus tôt possible, au char de la première qui se présentera, avec les qualités requises pour l'usage que vous en voulez faire. A ces conditions, prenez celle qu'il vous sera le plus facile d'obtenir, et n'y regardez pas de si près ; supportez ses défauts et ne songez qu'aux avantages que vous pourrez en retirer. Est-elle capricieuse ? armez-vous de patience et résignez-vous de bonne grâce à être son souffre-douleurs. A travers les écarts et les boutades de son humeur fantasque, étudiez et approfondissez son caractère et son genre d'esprit. Ces connaissances vous seront très-utiles ; et maniées avec un peu de cette adresse que vous aurez acquise dans le cours de vos expériences journalières, elles faciliteront singulièrement votre entreprise, et vous verrez bientôt la maison changer de face à votre égard ; d'esclave soumis quand vous y êtes entré, la maîtresse ne tardera pas à devenir *votre très-humble et très-obéissante servante.*

A cet âge, la femme est moins assujettie à l'empire des sens qu'à celui de sa vanité. Son amour-propre triomphe de traîner à sa suite le prisonnier qu'elle tient captif, et elle s'empresse de présenter sa conquête dans tous les cercles qu'elle fréquente. Le voilà sur le Pinde, comme Apollon au milieu d'un cercle de muses surannées, qui, pour l'honneur du corps, réunissent leurs moyens pour élever, enrichir, faire décorer l'*intrigant* qu'elles protègent, et lui donner une grande considération ; elles ne perdent point leur objet de vue ; aguerries aux refus, elles ne se rebutent jamais, et avec une persévérance obligeante elles vont, viennent, reviennent et parcourent toutes les antichambres, les salons, les bureaux et les coteries dont elles ont connaissance ; elles y prônent, chantent ou glapissent, sans discrétion et à tout propos, les éloges du coryphée qu'elles ont pris en affection, et finissent ordinairement par obtenir ce qu'elles demandent en sa faveur. Elles sont parvenues, dans plusieurs occasions, à force de répéter et d'exagérer les bonnes qualités de cet *intrigant*, à lui faire, soit à la Cour, soit à la ville, une haute réputation qui s'est propagée en province, et qui, quelquefois, s'est étendue jusque chez les étrangers, où on l'a cru un grand homme, sur la périlleuse parole de ces vieilles *intrigantes*.

Mais ce grand homme, ce favori si vanté, doit rester collé auprès de sa protectrice, au centre de ses *intrigues*. La vieille est pire que la jeune sur cet article ; elle ne veut pas se départir de son amant, et ne souffre pas impunément qu'on l'abandonne. Elle n'entend pas raison là-dessus, et la seule grâce qu'elle puisse lui faire, c'est de lui accorder *le vol du chapon*. Son empressement à l'obliger se tourne en contrariétés manifestes du moment qu'elle s'aperçoit qu'on songe à la quitter. C'est alors qu'elle multiplie les obstacles, qu'elle contrecarre et entrave de son mieux le cours d'ambition de celui qu'elle aime tant, s'il sollicite une place qui l'oblige à vivre en province éloigné d'elle, et de sa société qui, sous l'égide de sa maîtresse, veut tant de bien à cet *intrigant*. Il eût été plus difficile à *l'abbé Mazarin* d'obtenir l'évêché de *Perpignan*, à charge de résidence, que d'être cardinal et premier ministre en France.

Les femmes ont eu et auront toujours, chez les nations

civilisées, un empire décidé sur les hommes ; mais elles l'exercent plus volontiers et d'une manière plus marquante sur les gens en place que sur ceux qui n'y sont pas. Les individus des deux sexes éprouvent nécessairement, après une vingtaine ou trentaine d'années, beaucoup de variations dans leurs grades, leur fortune, leur position politique dans l'État, leur pouvoir ou leur influence dans une ou plusieurs branches de son administration. *La vieille Coquette* qui jeune a passé une partie de sa vie à folâtrer avec des jeunes gens de son âge, en rencontre, lorsqu'elle est sur le retour, un certain nombre qui se sont avancés, qui sont devenus fonctionnaires en chef ou en sous-ordre, dirigeant de confiance une partie importante du gouvernement. On en revient toujours à ses anciennes amours ; et si ces distributeurs des grâces n'y reviennent pas dans ces entrevues, ils reçoivent avec plaisir la solliciteuse qui les leur rappelle et causent volontiers avec elle ; les audiences se multiplient et s'allongent sans qu'on y pense ; elle se trouve en connaissance intime avec la plupart de ces petits dieux de la terre ; leurs cabinets, leurs bureaux sont ouverts à toute heure à cette douairière ; elle y entre et y reste à volonté ; sa présence ne gêne point le chef qui l'habite ; au contraire ; elle le délasse agréablement de l'aridité de quelques-unes de ses fonctions, et le débarrasse par fois des importuns qui viennent l'y ennuyer avec un étalage de leurs titres et de leurs états de service. Ces vieux serviteurs et leur mérite sont éconduits avec perte, et on les renvoie à un autre temps pour examiner leurs papiers et leur rendre justice ; mais on garde la belle près de soi ; elle y est aussi à son aise qu'elle le serait chez elle ; et ces demi-potentats ne lui refusent rien, en commémoration des exemples qu'elle leur avait donnés, quand elle était plus jeune. Entre eux tout s'arrange à l'amiable et au gré de l'*intrigante* matrone.

O vous ! qui suivez l'ennuyeuse et pénible carrière de solliciter des grâces, adressez-vous aux vieilles :

C'est, croyez-moi, le parti qu'il faut prendre.

Elles ont, par leur crédit, élevé et enrichi beaucoup de particuliers ; mais en revanche, par la trop grande influence des femmes dans le gouvernement, elles ont aussi abaissé et appauvri beaucoup d'Empires. *L'intrigant* se soucie fort peu du sort de l'État ; il ne songe qu'au sien, bien ou mal calculé.

Il est, en général, plus aisé d'avoir une femme d'un certain âge, que de s'en défaire impunément. Nous avons déjà observé que, jeunes ou vieilles, elles sont furieuses d'être délaissées ; et que, malgré le vif désir qu'elles avaient de contribuer, par leurs *intrigues*, à la fortune et à l'élévation de leurs amis, elles s'y opposeraient de toutes leurs forces, si ces avancements devaient être le prix de l'absence de leurs chers protégés, et d'une entière séparation entre eux. Cette règle n'est pas sans exception ; elle n'est applicable qu'aux dames qui, par leur position dans le monde, sont obligées de vivre soit à la Cour, soit dans la capitale, soit dans un domicile fixe en province, que décemment il ne leur est pas permis de quitter. Mais il en est d'autres qui, moins gênées par les convenances de la société, sont tourmentées de l'envie d'augmenter leur aisance et leur considération, en s'accolant avec des hommes en évidence qui les fassent *reines* du nouveau poste qu'elles travaillent à leur procurer. Celles-ci ne sont ni moins actives, ni moins *intrigantes* que les premières, pour faire placer *leurs maris, leurs parents ou tout ce que l'on voudra,* dans des commandements ou dans des directions qui leur donnent un pouvoir et des émoluments, qui tentent ces protectrices et qu'elles brûlent de partager avec eux.

Ces femmes sans existence personnelle, dont quelques-unes sont souvent gênées par leur pauvreté, tracassées par leurs créanciers, et poursuivies par une réputation plus que douteuse, ne sont point effrayées par les grandes distances auxquelles on les enverra; elles s'exilent volontiers dans un pays lointain où elles espèrent primer bien plus qu'elles ne feraient à Paris ou dans leur province. Libres de courir le monde avec leur soutien, elles sollicitent de bonne foi et avec un zèle infatigable en faveur de l'homme qui doit les tirer de la misère et de l'obscurité, résolues à le suivre partout où on le placera. Ces *intrigantes* ne sont pas dépourvues de ressources pour réussir; mais si, par ses menées, une de ces aventurières parvient à placer avantageusement *son acolyte,* le service qu'elle lui rend est ordinairement plus que compensé, quand il est entré en pleines fonctions, par les tracasseries qu'elle excite autour de lui, et par un tas d'économies sordides qu'on peut appeler *vilenies,* qu'elle l'oblige de faire dans le cours de sa représentation et quelquefois de sa gestion.

Ces commères croient toujours survivre à l'homme sur lequel elles sont appuyées; elles savent bien qu'elles perdront tout à sa mort. Par prévoyance, elles deviennent avides et tous les moyens leur sont bons, s'ils grossissent le trésor qu'elles accumulent pour leurs vieux jours. Leur caractère change; les contradictions qu'elles éprouvent, les quolibets qu'on leur lance, les rendent humoristes; elles dégoûtent, vexent et soulèvent tous ceux qui l'entourent; elles impatientent même leur patron par les plaintes continuelles qu'elles ne cessent de faire sur chacun de ceux qui ont affaire à lui; le désordre est au comble dans cette société et parmi les subalternes du chef qu'elles ont mis en place. Celui-ci se fâche de temps en temps contre cette *compagne* qui veut s'ériger en *maîtresse*, et il l'accable par des boutades qui la mettent au désespoir et la font rougir de colère; elle se targue alors des services qu'elle lui a rendus, de la position où elle l'a trouvé, de celle qu'elle lui a procurée; elle les compare l'une avec l'autre; elle lui reproche qu'après tant d'obligations, il s'avise d'avoir si peu d'égards pour ses demandes et ses prétentions; elle finit par le menacer de s'en venger en temps et lieu, s'il continue de la traiter ainsi.

Beaucoup de ces commandants cèdent pour avoir la paix dans le ménage, et dans la crainte d'être destitués, s'ils sont trop récalcitrants avec une femme si exigeante : mais le véritable *intrigant*, qui sait son métier, a prévu le coup, et il a pris ses précautions d'avance, à l'exemple du cardinal de Richelieu, qui, monté au ministère, par le crédit de *Marie de Médicis*, la fit renvoyer aussitôt qu'il s'aperçut que cette *reine* prétendait le maîtriser despotiquement et le restreindre à n'être, pour ainsi dire, que le commis expéditionnaire de ses volontés.

Il n'y a pas de position plus embarrassante pour un honnête homme, jaloux de sa réputation et qui veut laisser un nom honorable dans l'histoire, que d'avoir été porté au ministère par un cercle *d'intrigantes*. Il leur doit son existence, et elles peuvent la lui ôter du jour au lendemain; il faut les satisfaire en tout point, ou perdre sa place : voilà le difficile, si l'on veut la conserver sans manquer à ses devoirs. Ces fâcheuses alternatives se rencontrent, à chaque instant, dans le gouvernement des *cabinets souverains*; mais elles inquiètent peu les *intrigants*. *Restons en place, tâchons d'en attraper de meilleures, et moquons-nous du reste :* telle est leur devise.

Les femmes choient, flattent, protègent de préférence les petites passions et les petits talents; elles ont contribué à l'avancement de beaucoup de personnes, mais il est rare qu'en même temps elles aient donné aux individus qui les intéressaient, les qualités requises pour gérer avec honneur les places où elles les avaient élevés par leurs *intrigues*. Au contraire, elles affaiblissent, si un commerce trop fréquent avec elles ne le détruit pas tout à fait, le caractère ferme de ces hommes instruits, bien prononcés et capables de remplir, d'une manière distinguée, les hautes fonctions qu'on leur confiera; en un mot, elles déforment plus de grands hommes qu'elles n'en forment.

Dans l'âge viril d'une société politique, les femmes ont peu de crédit, et leurs *intrigues* se bornent à des *commérages* très-indifférents à l'État; mais c'est quand il est à son déclin que leur triomphe commence. Le plus ou moins d'influence qu'elles exercent chez un peuple dépend de la nature de son gouvernement, de son caractère national, de ses mœurs, de ses habitudes, du genre d'esprit qui règne dans les hautes classes de sa hiérarchie sociale et d'une multitude d'autres accessoires qui, à la même époque, ne se trouvent jamais exister dans une proportion égale chez deux nations différentes. Dans le 18ᵉ siècle, par exemple, l'empire des femmes a été tout-puissant en France, tandis qu'elles en avaient très-peu en Angleterre; aussi, le gouvernement britannique a-t-il survécu à celui que la France avait alors.

Les *intrigants* trouvent encore de grandes ressources et de bons soutiens chez leurs créanciers. *Jules-César*, voulant augmenter la masse de ses partisans, emprunta de très-grosses sommes, afin d'acheter un nombre plus considérable de créatures en sa faveur. Par cette opération de banque, *il mit dans ses intérêts les pauvres et les riches.* Les premiers, parce qu'ils se crurent obligés de favoriser un homme qui les avait si bien payés; et les autres, dans la crainte de n'être jamais remboursés, si leur créancier ne réussissait pas. L'homme qui réunira comme lui un ensemble de qualités si brillantes et si solides, poussées à leur dernier point de perfection, est presque sûr, à moins que quelque événement imprévu ne vienne l'arrêter, de vaincre tous les obstacles qui s'opposeront au succès de son ambition, chez un peuple souverain, nombreux et corrompu.

L'argent des autres vint, dans cette occasion, lui donner un surcroît de moyens qui lui permirent d'engager des milliers de plus de partisans à son service. Les esprits vulgaires n'en seront point étonnés, mais ils se demanderont comment il a pu trouver des prêteurs assez confiants pour lui avancer de très-grosses sommes sur une hypothèque aussi chanceuse que le renversement de la république romaine, et le joug dictatorial qu'il comptait imposer à ses, concitoyens, à ce peuple si fier et si jaloux de sa souveraineté.

A la première vue, cette question paraît difficile à résoudre; mais l'expérience journalière nous montre tant d'*intrigants*, tant de *chevaliers d'industrie* qui, sans avoir l'esprit de *Jules-César*, ni une expectative aussi brillante à offrir à leurs créanciers, ont passé leur vie, en empruntant de tous côtés, ne payant jamais, trouvant toujours de l'argent, mourant insolvables, et ne laissant, en héritage, qu'un *bilan* rempli de dettes considérables, qu'il ne faut point s'étonner qu'un homme aussi habile en *intrigues* qu'en *politique*, que ce conspirateur par excellence soit parvenu à séduire un si grand nombre de créanciers et à avoir à sa disposition la caisse des principaux capitalistes de son pays.

Les *intrigants* sont des colporteurs qui brocantent toutes sortes de marchandises, et n'épargnent ni soins, ni peines, pour attraper des dupes. Ils débitent de l'*honneur* et de l'*infamie* avec la même indifférence que les apothicaires manipulent des sucs nutritifs ou des poisons, et ils n'écoutent que leurs intérêts dans le choix des drogues qu'ils font passer à leurs pratiques. Ce commerce est libre et admet une concurrence indéfinie parmi ceux qui exploitent cette branche d'industrie. Au milieu de cette foule d'*intrigants*, il s'élève par fois des spéculateurs à grandes vues, qui s'associent en corporations, travaillent en commun, et prennent à *forfait* des entreprises considérables et même *gigantesques*.

Le régime intérieur de ces espèces de *jurandes* volontaires n'est pas aussi démocratique qu'on aurait lieu de le

penser, par la composition de leurs membres. Ils reconnaissent une hiérarchie et des degrés de subordination entre eux. Ils ont un directeur-commandant, des directeurs
particuliers, des sous-directeurs, des commis aux écritures,
des commis-assassins, des *gens de lettres* faiseurs de pamphlets et de proclamations, des orateurs du peuple, des
aboyeurs des rues, des trésoriers, des recruteurs et des ouvriers de toutes les façons. Parmi ces *intrigants*, chefs de
manufactures, *Jules-César* est un de ceux qui se sont rendus les plus célèbres par leurs œuvres immortelles. Quel
génie, quel talent, quelles ressources, et quelle persévérance ne lui a-t-il pas fallu pour concevoir et exécuter un
plan aussi étendu que le sien ? Quelle sagacité n'a-t-il pas
été obligé de déployer dans l'art de reconnaître, organiser,
discipliner et placer selon leur mérite personnel, cette diversité innombrable de garçons d'*intrigue*, qui lui ont été
nécessaires pour détruire la république romaine, monter
sur ses débris, et de son autorité privée, se proclamer le
souverain suprême de ces fiers conquérants du monde, qui
se prosternèrent à ses pieds, et reçurent ses ordres avec
respect et soumission ?

Pour obtenir de pareils succès, il ne suffit pas d'ê-
tre un habile *intrigant* ; il faut être heureux, favorisé
par les circonstances, être un *grand homme d'État*, supérieur aux hasards de la fortune et à toutes les personnes avec lesquelles on se trouve en présence et en
rivalité d'intérêt.

Est *Jules-César* qui peut ! Mais voulez-vous des *intrigants* à la douzaine, vous en trouverez partout, cherchant
des dupes et attrapant des nigauds. Tous les États en sont

farcis; les princes et les valets, les grands et les petits, le clergé, la noblesse, la bourgeoisie, la roture et la populace, les riches et les pauvres, vous en fourniront plus que vous ne pourrez en satisfaire. Ce monde est une arène où on les observe, ligués ou désunis, s'aidant ou se battant entre eux; vainqueurs ou vaincus, ils sont tantôt élevés ou abattus par leurs intrigues, sans jamais se corriger. Cette race est comme celle des ivrognes : *qui a bu boira.* Il faut que l'*intrigant intrigue*, ou qu'il périsse d'ennui s'il veut rester tranquille, et vivre dans un état si éloigné de son ancien métier d'activité et d'hypocrisie, dont il a contracté l'habitude.

Elle est innombrable la quantité d'*intrigants* de tous les états, de tous les métiers ou professions, qu'on rencontre dans la société, abusant de *la crédulité et de la bonhomie* des gens qu'ils ont séduits et hébétés. Un homme étranger à leurs menées, et indifférent à leurs tours de passe-passe, jouit d'un spectacle assez divertissant, à la vue de ces prêtres *intrigants* qui abusent de *la crédulité et de la bonhomie* de leurs ouailles dévouées; de ces philanthropes *intrigants* qui abusent de *la crédulité et de la bonhomie* des imbéciles charitables; des philosophes *intrigants* qui abusent de *la crédulité et de la bonhomie* des fats, jaloux d'avoir la réputation d'esprits forts ou de beaux esprits; de ces *intrigants* en science, en beaux-arts, en peinture, en sculpture ou en musique, qui abusent de *la crédulité et de la bonhomie* des ignorants, pour acquérir dans le monde la réputation d'être des génies du premier ordre; et de *la crédulité* enfin de ces riches amateurs, demi-savants, ambitieux de passer pour des *Mécènes*, et de mériter bien mieux le titre pompeux de protecteurs éclairés des sciences et des arts. Tout cela vaut de l'argent et donne de la considération à ceux qui vous le promettent; enfin, il y a des *intrigants* pour tous les goûts. Chaque caractère, chaque prétention, en un mot, chaque homme trouve des gens prêts à abuser de ses vertus et de ses vices, pour le séduire et l'attraper plus aisément. On se trompe, si l'on croit que les facultés de médecine aient le privilège exclusif de fournir des charlatans. Le monde est plein de ces *intrigants* qui vantent leurs baumes et cherchent à vivre aux dépens de ceux qui les accueillent, et dont ils surprennent la confiance.

Il était assez plaisant de voir ces ministres, ces cardinaux, ces personnages considérables, si fiers, si impérieux, et même si impertinents avec leurs subalternes qui souvent valaient mieux qu'eux, prendre un ton modeste, et devenir humbles, soumis et serviables envers ces messieurs. Ces *petits* grands seigneurs étaient vivement flattés et enorgueillis, lorsqu'ils recevaient des éloges, des bonnes grâces, des coups d'œil de satisfaction, des marques d'amitié et de familiarité intime de la part de ces adeptes, de ces académiciens, de ces beaux esprits, de ces virtuoses passés-maîtres dans l'art de la *jonglerie*, qui, tout en faisant des dupes, s'en moquaient, et riaient aux dépens de leurs admirateurs serviles qu'ils mystifiaient journellement. La révolution a dévoilé beaucoup de ces mystères, ridicules d'un côté, et scandaleux de l'autre.

Pénétration, souplesse, persévérance et *discrétion* : voilà, en quatre mots, le catéchisme de *l'intrigant*. La réunion de ces quatre qualités, dans un même individu, est indispensable à l'ambitieux qui vise à jouer un rôle important.

Elle n'est pas nécessaire à ces piliers d'antichambre, à ces jockeys de coteries, à ces *petits intrigants*, solliciteurs infatigables de *petites* places et de *petits* avancements; à ces gens à *petites* prétentions, et n'ayant que de *petits* moyens pour les faire valoir. Ces pygmées à courte vue ne sont pas strictement obligés d'être aussi habiles ni aussi réservés que leur chef; et les défauts et les écarts qui perdraient à coup sûr leur maître, peuvent ne pas leur nuire essentiellement. Mais, par leur seule infériorité, ils sont condamnés à se traîner de bas grade en bas grade, jusqu'à une certaine hauteur qu'ils ne dépassent jamais. Ils arrivent lentement, lourdement, à la fin de leur carrière, avec un sort aussi mesquin que les moyens auxquels ils le doivent : tandis que l'homme supérieur, doué des qualités requises pour être un *intrigant* par excellence, maîtrise ses protecteurs, les attèle à son char; il les entraîne et les force de le conduire, sans broncher, à l'accomplissement de ses désirs.

L'*intrigue* change de caractère selon la position, la nature des affaires et le cercle où vivent les personnes qu'*elle* travaille. Il n'y a pas de groupe d'hommes sans *intrigue*; mais *elle* n'est pas la même à la Cour qu'à la ville; sous un despote, que dans un gouvernement représentatif; à la Bourse, que chez les moines; dans les sociétés dominées par les hommes, que dans celles où les femmes exercent une puissante influence. C'est un Protée qui se métamorphose de mille manières, pour parvenir plus sûrement à ses fins. Ses formes et ses couleurs sont variables; mais son fond et sa nature sont constants. Ainsi, les principes que nous avons développés, peut-être avec trop de détails, serviront à démasquer, quel que soit son genre d'*intrigue*, l'homme qui en vit et en fait profession. Nous venons de le peindre comme un simple particulier; il est temps de le lancer dans la société, et d'observer comme il s'y démènera.

Géronte ne contrarie jamais personne; il est de l'avis de tout le monde; et pendant les controverses les plus vivement discutées, il reste muet et ne plaide pour aucun parti. Mais, de temps en temps, il s'approche avec négligence d'un de ses voisins, et lui dit quelques mots à l'oreille, pour lui persuader qu'il partage sa façon de penser. C'est sa manière habituelle, à moins que, dans ce cercle, il ne voie des hommes marquants, dont il ambitionne de captiver la bienveillance. La circonstance est trop favorable pour n'en point profiter. Alors, sans laisser percer ses motifs, il se lève et soutient avec chaleur la cause qu'a embrassée l'individu dans l'esprit duquel il veut s'impatroniser avantageusement.

Isolé dans lui-même, au milieu de la foule, l'*intrigant* y est un observateur impassible, muet; il écoute attentivement ce que disent les autres, et il ne lui échappe aucune parole ni aucune remarque propre à l'éclairer sur le caractère, les goûts et la façon de penser des gens qui l'entourent. Il s'informe avec le même soin de leurs parents et des personnes qui ont de l'influence sur leur esprit et sur leurs démarches; il les étudie à fond, soit avant ou après les repas, soit dans leurs moments tranquilles ou de vivacité, de gaîté ou de discussion sérieuse; il note ses résultats et les combine avec les connaissances qu'il a déjà acquises à leur sujet; et, dans plusieurs occasions importantes, la somme de ces renseignements lui rend des services inappréciables.

C'était au milieu des sociétés nombreuses, c'était dans ces champs vastes et fertiles, que le *cardinal de Loménie*, le plus habile *intrigant* et le plus sot ministre que la France ait eu, faisait ses meilleures récoltes. Il y tendait ses pié-ges, et il en avait imaginé un, si caché et si bien conçu, qu'il y attrapait presque tous les secrets qu'il voulait con-naître. Dans une conversation oiseuse, et à propos inter-rompus, *comme il y en a tant à Paris*, il faisait une ques-tion très-indifférente en apparence, et se réservait à lui seul la valeur qu'il comptait lui donner par la suite. La ré-ponse était soigneusement inscrite sur ses registres. Mais quelques jours après, au milieu d'une causerie à peu près pareille à la précédente, mon *intrigant* hasardait une se-conde demande qui paraissait aussi insignifiante que la pre-mière, mais qui, sans qu'on s'en aperçut, en était le com-plément. Le temps écoulé, et le peu d'attention que son interlocuteur mettait dans ces entretiens, l'empêchaient de prendre garde aux feintes et au jeu embrouillé du prélat avec lequel il avait affaire ; et dans son incurie, le nigaud ne se méfiant de rien, répondait sans détour à la question qu'on lui faisait. Cet archevêque continuait ainsi, jusqu'à ce qu'il fût initié dans l'entière confidence de son patient, et qu'il eût appris ce qu'il voulait savoir. Il était rare qu'il manquât son coup, et qu'il fût obligé de poursuivre ses recherches jusqu'au quatrième interrogatoire.

Qu'un *intrigant* acquiert de force sur une personne qui a quelques prétentions, si, d'un coup d'œil, il pénètre son cœur, et s'il est assez souple pour, sans l'incommoder, s'y

loger, et chatouiller adroitement ses humaines faiblesses !
De ce poste important il saisit sa dupe, il en observe les
mouvements, s'insinue dans ses pensées, attrape ou devine
les secrets les plus cachés des démarches antérieures et des
vues futures de son captif. Devenu son gendarme, sous
prétexte d'être son ami sincère, il se garde bien de lui rendre confidence pour confidence; il se contente de lui en
faire de fausses, de temps en temps et à-propos; et, à l'om-
bre d'une profonde dissimulation, il feint d'épouser les intérêts de son prisonnier, de partager ses craintes et ses espérances; et il ne perd aucune occasion de flatter l'amour-
propre et d'exagérer les sujets d'effroi de son compagnon.
S'il est assez heureux pour les réduire à cet état, il ne l'a-
bandonne plus, il marche au même pas et dans le même
sens que l'homme auquel il veut plaire et s'attacher, en attendant qu'il puisse le maîtriser. Ils cheminent long-temps
ensemble; mais si l'*intrigant* y trouve son intérêt, il fait dévier peu à peu, et sans qu'il s'en aperçoive, son ami trop confiant, de la route que le bon sens lui prescrit de tenir, et il
le conduit dans des défilés et des terrains difficiles, dont il
ne peut plus sortir, s'il ne se soumet pas entièrement à la
disposition de son ravisseur.

Pris dans le piége, les *intrigues* les plus embrouillées en-
veloppent et garottent le bonhomme avec des fils flexibles
et inextricables, qui le forcent d'agir comme son courtisan
devenu son seigneur le lui commande. Ce ci-devant protégé
est maintenant un guide irrévocable dont il ne peut plus se
passer dans le labyrinthe où il se trouve engagé. On le
mène alors comme un enfant; il n'ose hasarder aucune résistance, et il est obligé de se soumettre en aveugle aux

conseils impérieux de ce nouveau maître que lui ont donné sa trop grande crédulité, et ce penchant irrésistible qui nous lie au flatteur qui sait nous caresser et nous épouvanter à propos.

Si vous avez une affection ou une crainte qui vous domine exclusivement à toute autre considération, et sur laquelle vous n'entendiez pas raison, gardez-vous de la laisser apercevoir ; car si un *intrigant* la découvre, il vous tiendra et vous mènera loin. Il vous attaquera par ce côté faible, et obtiendra de nombreux avantages sur vous. *Emmanuel Pinto*, grand-maître de l'ordre de Malte, plein de sagacité, de pénétration, d'une imagination vive, d'une conception étendue, d'un esprit actif, souple, ferme et adroit en même temps, et capable des vues les plus élevées, fut, des princes qui régnèrent dans le 18ᵉ siècle, l'un des mieux doués des qualités royales. Chef d'un gouvernement très-circonscrit, qu'il n'y avait qu'à conserver intact, et qui, d'ailleurs, était réglé depuis long-temps par une routine invariable, son génie se trouvait trop à l'étroit dans un cercle d'occupations, si petites à ses yeux qu'elles étaient incapables de suffire aux besoins d'une tête ardente et pleine de projets comme la sienne. Aussi l'égara-t-elle ; et, à défaut de réalité, elle adopta une chimère. Il eut la fantaisie de se faire élire *roi de Corse*, avant la conquête que Louis XV en fit en 1769. Ce caprice, devenu passion impérieuse, domina tellement les facultés de son intelligence, qu'il obscurcit son jugement qui était sûr et clairvoyant en toute autre occasion. Quelques-uns de ces insulaires, peut-être ceux qui avaient été assez fins pour lui en suggérer l'idée, flattèrent son ambition, entretinrent des

correspondances actives avec lui, qui augmentaient journelle-
lement ses espérances. Ils l'engagèrent à commettre plusieurs injustices et passe-droits en faveur de leurs protégés,
et lui firent faire mille extravagances; enfin, ces *intrigants*
lui mangèrent beaucoup d'argent, et le traitèrent exactement de la même manière que les filles de l'Opéra ont
coutume de se conduire avec les imbéciles qu'elles ont
rendus esclaves de leurs charmes. Si un *politique* aussi habile et aussi astucieux que le grand-maître *Emmanuel
Pinto* y a été attrapé, que ne doivent pas craindre les autres ?

Qu'on me pardonne ici une petite digression qui, s'écar-
tant un peu de mon sujet, n'est pourtant pas sans importance. Supposons que la divine Providence eût permis que
le grand-maître *Hompech* eût rempli le rôle de *Pinto*, et
que celui-ci se fût trouvé le chef des chevaliers de Malte,
au moment de la révolution, cet ordre eût peut-être succombé, mais il eût péri avec gloire. L'esprit d'*Emmanuel
Pinto* se trouvant de niveau avec la hauteur des circonstances, cet homme extraordinaire aurait sans doute fait des
choses étonnantes avec les petits moyens que ses confrères
lui avaient confiés. Ces suppositions, ces transpositions de
temps et de princes peuvent s'étendre plus loin, se trans-
porter sur d'autres lieux, à des époques contemporaines du
règne du grand-maître *Pinto*, et présenter des résultats à
peu près pareils. Je crois fermement que l'histoire de l'Europe rapporterait une série d'événements bien différents de
ceux que nous avons vus, si, au lieu d'éclater dans l'intervalle de 1780 à 1800, les explosions de la révolution française se fussent manifestées vingt ou quarante ans plus tôt.

Revenons aux *intrigants*, dont nous ne nous sommes pourtant pas éloignés en parcourant les diverses Cours de l'Europe, comme elles étaient dans le 18e siècle. Si l'on consulte ces hypocrites sur une affaire nouvelle, ils examinent, avant tout, s'il leur convient mieux de la finir ou de la traîner en longueur, de l'éclaircir ou de l'embrouiller; et le parti le plus avantageux qu'ils en pourront tirer pour leurs intérêts particuliers. Ils suggèrent des doutes, font naître des incidents, engagent dans de fausses démarches, et ne manquent jamais de moyens ni de prétextes de prolonger et compliquer cette affaire, et d'embourber l'individu confiant et de bonne foi dans une foule d'embarras inextricables et dont eux seuls ont la clef. Êtes-vous cet homme? vous vous croyez perdu sans ressource, si l'*intrigant*, votre ami intime, vous abandonne et cesse de vous continuer ses avis amicaux et désintéressés, à ce qu'il dit. La dupe alors est prise dans les filets de son conseiller officieux; il la retient sous sa main, tant que cela lui paraît nécessaire pour ses intérêts, et, pendant ce temps-là, il en fait ce qu'il veut. Dès ce moment, la présence de cet *intrigant* vous paralyse, comme la vue de la vipère engourdit le petit oiseau, et le force de venir, malgré lui, se faire dévorer dans la bouche de ce serpent, pour y assouvir son appétit. Le venin qui émane des yeux de cet être rampant pénètre vos organes, corrompt les sucs de votre système nerveux, et anéantit vos facultés morales. Il ne vous est plus permis d'avoir d'affections ni de volonté, et vous en êtes réduit à n'être que le *prête-nom* de vous-même. Êtes-vous évêque? cet ami prétendu devient votre coadjuteur. Avez-vous des bénéfices? vous les lui résignez. Une famille chérie vous entoure-t-elle? vous la déshéritez par testament, donation ou vente simulée, qu'il fait dresser sous sa dictée. A-t-il besoin d'un crime? il vous le fait commettre, et se tient à l'écart pour n'être pas compromis. Enfin, fussiez-vous le Prince le plus puissant de la terre, vous êtes toujours prêt à faire, à signer, et à obéir ponctuellement à toutes les ordonnances qui vous seront prescrites par l'*intrigant* qui vous a emmailloté.

Ce genre d'*intrigues*, répandu avec profusion dans une société, et exercé par des mains habiles, y désunit nécessairement les familles, désorganise les corporations les mieux composées, et enfante cette quantité prodigieuse d'*intrus* frauduleux, usurpateurs impitoyables des droits et des places des titulaires légitimes. Les corps perdent de leur force, et les ressorts de l'État se relâchent et s'affaiblissent en proportion. La France, *où rien n'est fixe et allonge qui peut*, comme l'observe très-bien Loyseau, jurisconsulte du 16ᵉ siècle, en est un exemple. Un royaume qui, selon l'heureuse expression de M. *Bertin-de-Vaux* (1), a constamment été gouverné par des lois et des hommes *provisoires*, et dans lequel chaque ministre, chaque chef de corps arrivait en place, avec la ferme résolution de faire du nouveau, *sans savoir ce qu'il ferait ni ce qu'il faisait*, était la terre promise aux *intrigants* de l'espèce dont nous venons de nous occuper; à ceux qui, sachant se lier avec leur supérieur, et s'impatroniser chez lui, profitent de sa faiblesse et de son

---

(1) Voyez la séance de la Chambre des Députés, du 12 avril 1821.

II — 24

ignorance, pour le diriger à leur fantaisie et commander en son nom.

Les règles routinières des corps où ils étaient subalternes ne convenaient pas à ces *intrigants;* elles retardaient trop leur marche. Il ne manquait pas de se trouver, parmi ces sous-ordres, des gens instruits et de mérite, qui étaient ambitieux de jouer un rôle distingué et d'occuper une bonne place dans l'administration où ils servaient : c'est pour cela qu'ils proposaient de la perfectionner ou de la régénérer complétement, dans l'espoir de retirer de grands avantages personnels, si l'on exécutait les projets qu'ils présentaient et qu'ils appuyaient si vivement.

Jaloux de s'avancer rapidement, ils peignaient avec art les défauts de l'organisation de leurs corps; ils en exagéraient les inconvénients, les abus qu'ils entraînaient, et les torts qui en résultaient pour le bien du service. Ils citaient des faits, ils rappelaient des anecdotes à l'appui de leur critique; et ils étaient soigneux de les arranger, de les controuver et de les présenter sous les points de vue les plus favorables à leur système d'incrimination. C'est une ignorance, une insubordination, un désordre universel, en un mot, c'est un corps, une administration totalement perdue, si l'on tarde d'attaquer les vices inhérents à son régime actuel, par des remèdes prompts et violents; et le seul qui soit infaillible, et dont le succès soit certain, est celui que j'ai l'honneur de proposer à *Monseigneur.*

C'est le langage usité de ces *intrigants.*

On ne saurait croire à quel point les *petits* esprits avaient poussé en France l'art de faire valoir les *petites* choses, et de persuader les ministres avec de *petites* raisons. A *ces cau-*

ses : *ouï le rapport de l'intrigant*, Monseigneur demandait qu'on lui présentât un mémoire pour la forme, accompagné d'une ordonnance toute faite, qu'il signait sans la lire et sans en comprendre les motifs ni sans en calculer les résultats définitifs. Les détails et la suprématie de son exécution étaient de droit confiés à son rédacteur, et il en avait si bien combiné les articles, qu'il éloignait ses anciens contradicteurs, de manière qu'il restait seul, avec ses partisans ou ses satellites, chef souverain, de fait et de droit, de la branche du gouvernement dont il avait été le législateur.

De pareils exemples fourmillent dans nos histoires. Le duc de Choiseul, après la paix de 1763, bouleversa infanterie, cavalerie, artillerie, et les remit à la discrétion de ces novateurs, dont quelques-uns avaient du mérite, et d'autres n'en avaient point. Vers 1776, le comte de Saint-Germain, ministre de la guerre, traita de même la maison du Roi, le corps des ingénieurs militaires, et presque généralement la totalité des administrations qui dépendaient de son département. La Marine ne fut point exempte de ces variations de formes et de principes, tant dans son régime intérieur que dans les diverses parties qui la regardent spécialement. Lorsque j'aurai le temps d'écrire une douzaine de volumes *in-folio*, je m'amuserai à composer une histoire détaillée de ces *intrigants*, de leurs projets, des suites des essais qu'on en a faits, et des biens et des maux dont ils ont été la cause, dans la Marine seulement, depuis mon entrée au service en 1768.

Ces désorganisations et ces réorganisations successives et coup sur coup, faites par des *intrigants* et pour des *intrigants*, produisent quelquefois un peu de bien et toujours

24*

beaucoup de mal; elles détruisent un abus, dont les torts sont connus et appréciés depuis long-temps à leur juste valeur, et elles en créent mille nouveaux dont il est impossible de prévoir ni de calculer les conséquences. Elles ont l'apparence d'économiser quelques centaines de mille livres, et elles nécessitent des changements d'uniforme, des refontes d'artillerie, des constructions d'un nouveau genre, des renouvellements généraux d'usines, d'ateliers, de procédés, d'édifices et d'établissements de toute espèce, qui coûtent des millions; elles placent parfois de bons officiers, et mettent une infinité de fats, légers et ignorants, à la tête des corps que ces chefs achèvent de désorganiser dans le plus grand détail; elles favorisent l'émulation des jeunes gens et dégoûtent les anciens officiers, les vieux serviteurs, les personnes éprouvées, qui, par leurs talents, la ponctualité à remplir leurs devoirs, leur vie sans tache, souvent entremêlée d'actions glorieuses, méritaient la confiance de leur souverain, et avaient obtenu le respect du public, la vénération de leurs subordonnés, et qui, par leur seule présence, entretenaient les principes d'honneur, de fidélité et de désintéressement parmi leurs camarades; elles réforment des officiers sûrs et dévoués, et substituent à leur place des égoïstes sans moralité; enfin, elles peuvent, en certaines occasions, resserrer les liens d'une discipline peut-être trop relâchée; mais leurs effets certains et journaliers sont d'affaiblir et de finir par rompre les liens d'amour et d'estime qui doivent unir les inférieurs à leurs supérieurs, et les égaux entre eux, et d'augmenter, en même temps, dans la masse de la nation, l'influence puissante de l'*intrigue* et le nombre des *intrigants* bouleversateurs.

Mais il y a des esprits supérieurs qu'on ne mystifie pas aisément, de ces caractères impérieux qui ne souffrent pas qu'on les assujettisse, et qui aiment mieux rompre à tout risque que de se laisser mener. Si ces qualités sont unies au pouvoir, on ne trompe pas deux fois impunément les hommes qui les possèdent. Dès le premier pas que vous faites pour les subjuguer, ils devinent vos intentions, et vous dégoûtent de tenter de nouveaux essais de ce genre, s'ils ne vous mettent pas dans l'impossibilité d'en recommencer un second. L'*intrigant souple et pénétrant* change alors son système de conduite, et il varie son ordre de marche, selon les sentiments bien connus du chef dont son sort dépend. Il renonce aux avantages de commander, et se soumet avec complaisance aux volontés des autres. Il ne songe qu'aux moyens d'acquérir la confiance de ses protecteurs, et de s'en faire remarquer avec distinction. Ses *intrigues* se dirigent vers ce but unique, et il les emploie à seconder, le mieux qu'il lui est possible, les vues ultérieures de ses patrons.

Les plus grands hommes, les caractères les plus fermes et les plus opiniâtres dans la poursuite de leurs entreprises, sont aussi les plus capables de se voir dominés par des idées créatrices, par des projets prépondérants qui les absorbent, et auxquels ils tiennent autant et quelquefois plus qu'à leur existence personnelle. C'est en s'ancrant sur leur *marotte*, en partageant avec ardeur et sans réflexion la haute opinion qu'ils en ont, en vantant et en soutenant envers et contre tous leur importance et leur sublimité ; c'est en n'épargnant ni soin ni peine à montrer à leurs yeux le zèle, l'activité et l'intelligence que l'on met à presser l'ouvrage et à exécuter avec perfection les plans qu'ils ont conçus; c'est avec ces moyens, suivis avec adresse et persévérance, que vous vous insinuerez avantageusement dans l'esprit de ces grands personnages, que vous y entrerez avec une bonne réputation, que vous enleverez leur confiance, et que vous leur persuaderez que vous êtes un sujet précieux, un homme nécessaire, indispensable, dont ils ne peuvent pas se passer; enfin vous deviendrez leur ami, leur confident intime, et vous les rendrez les artisans les plus actifs de votre fortune. *Menzicoff,* garçon pâtissier à Moscou, devint le seigneur le plus puissant de la Russie, en flattant *les idées créatrices* et les projets favoris de *Pierre-le-Grand,* et en travaillant à leur exécution en collaborateur zélé et intelligent. Par la même voie, *Catherine,* servante d'un vivandier, parvint à la souveraineté de cet Empire immense, qui menace aujourd'hui d'engloutir tous les autres.

Ce genre d'*intrigue* est très-puissant : elle n'a qu'un défaut, c'est d'exiger, de part et d'autre, des hommes faits exprès pour qu'elle réussisse. Henri IV et Sully, Louis XIII et le cardinal de Richelieu, Louis XIV et Louvois, en sont des exemples tirés de nos annales : peut-être qu'en remontant plus haut on en trouverait davantage; mais, en général, ils sont clair-semés dans les vastes champs de l'histoire.

Ce sont ces mélanges du haut et du bas, ces intimités des premiers personnages de l'aristocratie d'un royaume, pour des sujets des dernières ou des avant-dernières classes de la société; ce sont ces alliances si disproportionnées par le rang respectif des personnes qui les composent, qui ont servi de marche-pied à tant d'*intrigants* pour devenir révolutionnaires, et monter des plus bas étages aux plus hautes dignités. Ces liaisons dangereuses et impolitiques ont élevé quelques *petits*; mais elle est prodigieuse la quantité de *grands* qu'elles ont abaissés, et le nombre de *révolutions* qu'elles ont préparées.

Les *intrigues* sont des maux inévitables dans les sociétés humaines. Mais une administration prudente doit toujours porter ses efforts pour affaiblir les suites funestes de leur influence politique, et travailler sans relâche à diminuer considérablement le nombre des *intrigants* qui l'infestent dans le courant de sa gestion. On parviendra facilement à remplir ce devoir indispensable, en conservant, avec un scrupule religieux, les institutions et les formes de son gouvernement, et en ne laissant à *l'arbitraire* que le moins possible de grâces et d'emplois à distribuer.

232. Usage du monde. Sorte de papillotage plein de grâce, de réserve et de futilité, qu'on acquérait par une connaissance approfondie des riens et des petites pratiques qu'on devait suivre avec une scrupuleuse attention, pour être bien vu, avant la révolution, dans les grandes sociétés de la Cour et de la ville, dans ce qu'on appelait alors la bonne compagnie.

C'était ce manque d'*usage du monde* qui rendait les provinciaux si ridicules aux yeux des Parisiens; et de là cette assertion politique, *qu'en France, quelqu'un qu'on couvrait d'un ridicule était un homme perdu sans retour*; ce qui est assez vrai sous le règne de la frivolité, mais pas autrement (1).

_____

(1) Voyez dans ce *Lexicon politique* le mot *Ridicule*; *Correspondant royaliste*, n° 4.

« Lorsqu'il y avait dans la capitale un foyer commun de frivolité, d'amusement et de corruption ; un lieu de ralliement pour les oisifs, les libertins, les sots et les intrigants de toutes les espèces ; un point central où les deux sexes se donnaient des rendez-vous, pour s'examiner, se juger, se tromper et s'ennuyer ; en un mot, lorsqu'il y avait un noyau de société choisie qu'on appelait, par excellence, *le monde* ou la *bonne compagnie ;* une sorte de tribunal où l'on décidait en dernier ressort, des habits, des manières et des *opinions à la mode,* dont les arrêts fixaient le bon ton (1) » et souvent le choix et les actions de nos ministres : un grand *usage du monde* pouvait mener à tout. Combien de gens n'ont pas eu d'autres titres pour s'être élevés aux places importantes qu'ils occupaient avant la révolution !

La grande influence de la science de l'*usage du monde,* quelquefois si puissante sous le gouvernement d'un despote ou d'un monarque presque absolu d'une nation civilisée, devient nulle dans la démocratie ou sous un gouvernement représentatif.

Madame l'Épinai nous a donné un portrait d'une ressemblance parfaite d'un de ces *merveilleux :* c'est ainsi qu'on les appelait quelques années avant 1789 (2).

« J'aimais la société de *Margency,* lorsque je le voyais de temps en temps à Paris ; mais du matin au soir, et tête à tête, il est insupportable à tout être qui aime qu'on raisonne un peu.

---

(1) Feuilleton de Geoffroy, article *Boissy.*
(2) *Mémoires* de madame l'Épinay, tom. II, pag. 9.

« Ce compagnon est d'une paresse qui engourdit à voir;
il n'a jamais un quart d'heure de suite la même volonté.
Veut-on causer, on ne trouve pas une idée dans cette tête;
ou dans d'autres moments, on en découvre une foule de si
petites, de si petites, qu'elles se perdent en l'air avant
d'arriver à votre oreille. Il tient comme un diable à l'opinion du moment, et l'on est étonné de la lui voir abandonner, le quart d'heure d'après, sans qu'on l'en prie. Il
commence trente choses à la fois, et n'en finit aucune. Il
est toujours enchanté de ce qu'il a vu faire, et ennuyé de
ce qu'il fait. Le morceau le plus sublime ne lui inspire que
du dédain, s'il y trouve, par malheur, une expression qui
blesse son oreille. Je suis sûre qu'il ne pardonnerait pas à
la plus belle femme d'être coiffée de travers. Aussi a-t-il en
aversion *tout ce qui sent la province.* Il ne manque ni de pénétration ni de finesse, mais je ne l'ai jamais vu saisir une
chose fortement pensée ni écouter un raisonnement suivi. »

Ouf! c'est donc là cette classe d'élus qui obtenaient si
facilement les grâces de l'État, et qui ont eu une si grande
influence sur l'opinion publique et sur les actes du gouvernement d'alors.

On s'en souviendra
Larira.

P. S. Cette bonne compagnie s'est vue dépouillée de son
manteau par la révolution; mais son esprit et ses préjugés
ont encore, pendant long-temps, dirigé les paroles et la
conduite politique des *ultrà*; c'est la cause de ce que la plupart des discours et des résultats définitifs des démarches
de ce parti ont été si faibles et si puérils jusqu'en 1821; où

un petit nombre de députés *royalistes* osèrent enfin secouer le joug de cette circonspection criminelle, pour se livrer entièrement aux inspirations franches et courageuses d'un bon citoyen qui ne craint que la honte et la décrépitude de son gouvernement.

233. DÉSORDRE. *Désordre* dans les mœurs, *désordre* dans les idées, dans les finances, dans la répartition des grâces et des avancements; *désordre* à la Cour, à la ville, dans les campagnes; *désordre* dans toutes les affaires publiques et privées; *désordres* généraux ou particuliers, sont autant de causes mortelles que doivent éviter avec le plus grand soin les États, les corps et les individus qui tiennent à conserver et à prolonger leur existence.

Le *désordre* avec excès chez un peuple s'appelle *anarchie*, signal d'une dissolution prochaine.

Si le *désordre* en gros ou en détail est un fléau subversif des États; l'*ordre* dans toutes les parties, qui est son opposé, est donc le plus ferme soutien d'un gouvernement établi.

L'*ordre* et l'arbitraire sont incompatibles, parce que l'arbitraire est capricieux, et que l'*ordre* se plaît à suivre des règles invariables.

C'est un théorème incontestable en politique, que l'*ordre* qu'on met dans les affaires est toujours en raison inverse de l'*arbitraire* qui les conduit : plus cet antécédent l'emportera sur son conséquent, plus l'État aura de stabilité, et plus il aura de chance de se conserver avec plus de force et de durer plus long-temps.

Mettez de l'*ordre* à tout, même à la correction des abus

les plus criants. Règne-t-il un désordre ruineux dans les finances? ne songez-pas, en débutant, à les rétablir en étourdi, par des réformes, par des transpositions d'attributions d'un bureau à un autre, par des opérations habilement conçues, par des calculs à perte de vue, par des ressources brillantes et lucratives dans le moment, et par tous ces moyens d'industrie, pour se procurer de l'argent, dont les valets de comédie donnent des leçons journalières sur le théâtre.

Commencez bonnement à mettre un grand *ordre* dans vos registres de comptabilité de recettes et de dépenses, de manière que d'un coup d'œil on voie ce que chaque branche de l'administration rend ou coûte au gouvernement, et que les totaux de ces différentes sommes soient à l'abri de toutes critiques. Qu'une loi solennelle, bien détaillée et éclaircie par des modèles de tableaux subséquents, fixe ensuite irrévocablement la forme et les coupes de ces comptes rendus, et que, sous peine de prévarication, les ministres des finances soient assujettis à s'y conformer avec le dernier scrupule. Cette méthode, à laquelle le public sera bientôt accoutumé, lui donnera au moins, à la fin de chaque année, une connaissance claire et précise de la situation exacte du trésor, des frais et du produit de chacune de ses opérations. Ces bordereaux présenteraient, en outre, la totalité des dépenses que chaque administration entraîne avec elle; les moyens de rendre le courant de leur service plus simple, moins coûteux, plus facile à surveiller, et feraient connaître en même temps les rouages inutiles et dispendieux qui entravent leur gestion respective. Ils mettraient sous leur vrai jour, devant les yeux les moins exercés, les sommes que, sur des prétextes frivoles, romantiques ou sentimentaux, on prodigue pour fonder ou soutenir des établissements onéreux, sans procurer un avantage réel à la nation qui les paye; et ces états ainsi détaillés seraient déjà un grand pas de fait vers le rétablissement des finances qu'on projette.

Quoique de plus amples détails sur cet objet soient déplacés dans cet article, nous ne pouvons pas pourtant nous dispenser de faire remarquer le grand *désordre* de comptabilité que l'on a vu constamment régner en France, cause primitive de ses malheurs. *Necker, Calonne* et *Loménie,* ces trois grands directeurs de nos finances, nous ont donné consécutivement, pour les mêmes époques, des états-généraux des recettes et des dépenses du royaume, et les résultats de leurs totaux définitifs différaient entre eux d'une quantité considérable de millions. Dans le budget de 1819, les calculs du ministre des finances et ceux de la commission de la chambre des députés ne s'accordent qu'à 191 millions près. L'observation grammaticale d'un conseiller d'État réduisit cette différence à 58 millions. Il ajouta: «Ce *désordre* n'est qu'apparent, et provient uniquement de ce que les opinions sur les formes de comptabilité qu'on doit suivre ne sont pas les mêmes.» Sur quoi le *Conservateur* observe, avec raison, que ces opinions étaient un peu chères, tandis qu'avec la méthode que nous venons de proposer, la différence d'*un denier,* entre le budget d'un ministre et les calculs de ses vérificateurs, serait un scandale public.

Si la loi d'obliger les ministres de publier tous les ans un état clair, exact et rigoureux des recettes et dépenses de leurs départements eût été constamment suivie en France, il n'y aurait jamais eu de déficit dans ses finances, et par conséquent de révolution. Le premier écu dont les dépenses eussent excédé la recette totale aurait sonné l'alarme; les secours seraient aussitôt arrivés pour réparer cette brèche naissante, l'empêcher de s'agrandir et de donner passage à ces flots tumultueux soulevés par la philosophie moderne, et qui nous ont noyés dans des abîmes de malheur.

Il ne suffit pas à un gouvernement de mettre de l'*ordre* dans la comptabilité de ses écus; il lui en faut aussi dans le mode de leur perception, dans la distribution de ses dépenses, dans la répartition de ses grâces et avancements; enfin il lui est indispensable d'en mettre partout, s'il veut mériter l'estime générale, qu'on accorde toujours aux administrations réglées par la sagesse et l'honnêteté réunies.

Le *désordre* dans la distribution des grâces et la nomination aux emplois est encore plus dangereux que celui des finances. *Plaie d'argent n'est pas sans remède*, dit le proverbe; on en calcule les ravages à livre, sou et denier, avec la dernière exactitude; mais comment supputer les suites funestes d'un État dont le gouvernement est infecté dans toutes ses parties, par une trop grande quantité de fonctionnaires publics qui sont nuls, médiocres, véreux ou indécents?

Ces excès, ces *désordres* dans la répartition des avancements, s'arrêtent en grande partie en fixant irrévocablement dans chaque corps le nombre des titulaires des différents grades qui doivent le composer. Cette règle est un grand acheminement à la destruction des abus dont nous venons de parler, parce qu'y ayant moins d'arbitraire, il y aura plus d'*ordre*. Un reste de pudeur, surtout aux époques où la corruption ne fait que se préparer, empêchera la Cour de préférer, pour la seule place importante qui soit à remplir, un homme vicieux ou incapable à un homme distingué dans son corps, tandis que si les ministres peuvent créer des grades à la suite et des emplois à volonté, ils feront passer dans la foule les individus qu'ils voudront, sans que personne s'en aperçoive et ait le droit de s'en plaindre.

On dit *qu'un grand désordre amène l'ordre;* sans doute, puisqu'il rend sensibles à tous les yeux les innombrables vices de cette confusion générale, et les dangers prochains que chacun court en la laissant continuer. Mais ce n'est pas toujours celui que l'on espère. Les *désordres* anarchiques qui tourmentèrent ma patrie sous les règnes de Robespierre et du Directoire, amenèrent l'*ordre* que Buonaparte établit pour les faire cesser; mais ce ne fut pas celui que les bons citoyens voulaient. Le *désordre,* entretenu par les grands vassaux de la couronne, sous les successeurs de Charles-le-Chauve, *amena l'ordre* que Hugues-Capet et ses successeurs légitimes mirent dans le royaume de France; mais les partisans des *Carlovingiens* en désiraient un autre.

Ce remède est bien hasardé de la part d'un prince ou d'un ministre qui y a recours pour rétablir l'*ordre* dans son pays; à moins qu'il ne soit l'âme secrète de ce *désordre* général, qu'il excite et entretient lui-même, afin de se débarrasser de mille puissances importunes qui entravaient la sienne, l'empêchaient de s'élever au-dessus de ses volontés partielles, et selon les circonstances ou les intentions de ces chefs de faction, de les astreindre à reconnaître son despotisme, ou l'autorité des lois et des anciennes institutions. Cela a quelquefois réussi, mais des exceptions rares ne se citent jamais comme des maximes à suivre. Dans ces entreprises, on risque le tout pour le tout, à un jeu rempli de chances défavorables contre soi.

Semer des pommes de discorde, fomenter des troubles, exciter des révoltes, encourager des factieux, entretenir une confusion générale dont on est l'âme, tenir dans ses mains tous les fils qui font agir habilement, selon le besoin qu'on en a, les fauteurs du *désordre*; conserver une suprématie secrète sur cette multitude en fermentation, et y faire naître le calme et la tempête à volonté, c'est le chef-d'œuvre du conspirateur et peut-être de la sagacité humaine. C'est, dans ce sens, qu'on peut dire *qu'un beau désordre est un effet de l'art*; mais n'est pas bon artiste qui veut, dans ce genre. Si cette carrière flatte votre ambition, il faut y primer; ou consentir à être le dernier des hommes.

Une tête forte, des bras vigoureux, une activité infatigable et des circonstances faites exprès, sont des conditions nécessaires, sans lesquelles les conspirateurs échouent, sans pitié, dans l'exécution de cette suite de nombreux forfaits, auxquels ils sont forcés d'avoir recours, pour s'emparer du pouvoir suprême, chez les peuples qu'ils ont ainsi soulevés. César et Auguste, le cardinal de Richelieu et Cromwel, dans l'histoire ancienne et dans la moderne, nous offrent des modèles de ces hommes extraordinaires. Necker voulut suivre leurs traces et tenter pareille aventure. Avec ses phrases arrogantes et ses petites connaissances de manége, il se crut assez fort pour maîtriser ces chevaux fougueux tirés des étables d'Augias; il les attela au char de la révolution, qui devait promptement le mener en triomphe au ministère suprême et perpétuel de la nation française. Sans vertus, sans talents politiques, ses mains débiles ne purent en tenir les rênes ; ses coursiers l'emportèrent, et de la hauteur dont leurs premiers pas l'avaient élevé, ils le renversèrent, et foulèrent sous leurs pieds ce conducteur présomptueux, sa réputation, les trônes et les institutions qui existaient avec avantage dans tous les pays qu'ils parcoururent. Telle est l'histoire de l'auteur des *désordres* qui ont agité les peuples de l'Europe, et qui peut-être les agiteront encore pendant long-temps ; de ce dépositaire infidèle et maladroit de l'autorité royale qu'on lui avait confiée pour la soutenir, et non pour travailler plus sûrement à sa destruction ; de ce nouveau *Phaéton* genevois, qui eut la sotte vanité de paraître éclairer le monde entier dans le char du soleil régénérateur de la France ; de cet homme enfin dont le nom sera immortel comme celui d'*Erostrate* : châtiment éternel que le ciel, dans sa justice, a infligé à la mémoire de ces deux incendiaires.

Les troubles qu'on fomente dans un pays, pour le gouverner plus aisément ensuite, sont toujours des tentatives criminelles. Le succès parvient à les absoudre en partie aux yeux de l'histoire. La politique les range alors au rang des exceptions téméraires et brillantes. Pour éviter que de pareilles entreprises ne se forment dans son sein, un bon gouvernement, jaloux de conserver son existence intacte, empêche, avec la plus scrupuleuse attention, que le *désordre* ne s'introduise dans aucune des parties de son administration et de ses hiérarchies sociales.

Le *désordre*, par lui-même, dégoûte tout le monde ; il n'inspire d'intérêt qu'aux fripons et aux intrigants qui en profitent. Un gouvernement qui se plaît à vivre dans le *désordre*, exclut de droit, de son service, les honnêtes gens et les administrateurs exacts, travaillant en conscience; et si par hasard il en rencontre quelques-uns dans le cours de ses nominations, il ne les conserve pas long-temps, ou il annulle les heureux effets de leur bonne volonté.

Semblables aux têtes de l'*hydre*, les *désordres* se régénèrent d'eux-mêmes, si une main sûre et bien dirigée n'en coupe pas au vif les premières racines. Ils se multiplient selon les lois d'une progression géométrique croissante, et d'une manière si effrayante, qu'après un nombre de termes assez courts, l'État le plus riche, le plus puissant et le plus solidement constitué, se trouve incapable de résister à la somme des *désordres* qui le déchirent dans tous les sens, et qu'il périt de lui-même, au milieu du *désordre* le plus complet.

C'est ordinairement le sort des États qui ont été trop long-temps sous le joug d'un *cabinet souverain* (1).

234. GARANTIE. Hypothèque que l'on donne pour sûreté qu'on tiendra une promesse convenue.

« De quelque manière qu'on veuille entendre le mot *garantie*, il est impossible d'en séparer l'idée d'un *contrat*, puisque la personne qui a pris des sûretés ne peut s'en servir que dans le cas où une autre aurait manqué à ses engage-

(1) Voyez le mot *Désordre* dans l'*Art de faire les Lois*. Paris, 1821, pag. 59 et suivantes.

ments; et tout engagement étant de droit réciproque, la *garantie* suppose donc un *contrat* mutuel entre les deux parties.

» Mais tout *contrat* suppose aussi un tribunal qui ait à la fois la compétence et la puissance nécessaires pour forcer deux parties à se conformer à ses sentences. Or, est-il possible de placer entre un peuple et son roi, un tribunal auquel tous les deux obéissent de plein gré, quand on croira les circonstances favorables pour obtenir quelques-unes de ses prétentions?

» On dit que les droits du peuple sont trop sacrés pour qu'il puisse être forcé de les débattre devant un tribunal; qu'il est et doit être juge dans sa propre cause. Outre le ridicule qui s'attache à l'idée de voir une personne juger sa propre cause, il est évident que, reconnaissant cette nécessité, vous niez les effets naturels du contrat.

» Dans un contrat tout doit être égal entre les deux parties. Si le peuple est juge dans sa propre cause, le roi doit l'être dans la sienne. Voilà donc, grâce à votre idée de *garantie,* un état de guerre perpétuel établi entre la nation et le souverain.

» Si le Roi viole les articles du contrat, le peuple a, selon vous, le droit de renoncer à son obéissance, ou, en d'autres termes, de déposer son Prince.

» Qu'arrivera-t-il, si c'est le peuple qui viole ses engagements?

» S'il y a un contrat mutuel, le peuple n'a pas plus le

droit de rompre le premier les liens de l'obéissance, que le Roi n'a celui d'opprimer ses sujets (1).

» Mais si, vu l'absence d'un tribunal auquel on puisse en appeler pour le maintien de ses droits respectifs, le peuple peut venger sa propre cause, le Roi doit aussi le pouvoir. En attendant, on conçoit fort bien ce qu'un peuple peut faire à son Roi; mais il est plus difficile de savoir ce qu'un Roi peut faire à son peuple, et comment il s'y prendra pour le forcer à tenir ses engagements et pour le punir en cas qu'il les viole : bien entendu qu'il ne s'agit point ici d'une révolte partielle, mais d'un soulèvement universel (2). »

Ce contrat est une fiction : mais la nécessité indispensable d'avoir des *garanties* intermédiaires entre le Prince et ses sujets est une réalité. Le Dauphin, père de Louis XVI et de Louis XVIII, l'avait remarqué. « Sans ces *garanties*, nous dit-il, les idées du juste et de l'injuste, de la vertu et du vice, du bien et du mal moral, seraient anéanties dans l'esprit des hommes; les trônes deviendraient chancelants et mobiles; les sujets, indociles et factieux : les peuples seraient donc toujours dans la révolte où dans l'oppression (3). »

---

(1) Ces deux vérités sont incontestables : pourtant, avant 1789, l'opinion publique n'admettait guère que la première de ces deux alternatives. *Si veut le Roi, si veut la loi*, était une maxime reconnue légale par les jurisprudences de presque toutes les monarchies de l'Europe : la révolution de France lui doit son origine.

(2) *Drapeau blanc*, tome II, 15e livraison, pag. 109.

(3) Mémoires pour servir à l'histoire du Dauphin, père de Louis XVI. *Paris*, tome I, pag. 249 à 252.

Les seules *garanties* raisonnables et sûres qui puissent exister entre les fougues populaires et les empiétements du pouvoir exécutif, sont les habitudes nationales et le bon esprit des citoyens qui composent les institutions intermédiaires. Entre ces deux extrêmes de l'échelle des autorités politiques d'un pays, c'est à l'opinion publique d'accord avec l'opinion générale (1) et éclairée des amis de la patrie; c'est à elles deux de former un bon tribunat, de le soutenir de toutes leurs forces. C'est aux premières classes de la société à propager et à fortifier cet attachement opiniâtre qu'un politique habile doit inspirer à la masse de ses concitoyens, à conserver leurs mœurs, leurs lois, leurs usages, leurs manières, et, à quelques aisances près que le progrès des arts leur procure, à vivre comme leurs pères, et comme ils ont vécu eux-mêmes depuis leur naissance jusqu'à l'époque où il a été question de régénérer tout ce qui les entoure; c'est surtout d'accorder une considération respectueuse, soutenue et bien prononcée, aux institutions, et aux hommes qui, dans les occasions remarquables, ont montré une conduite noble, zélée, édifiante, désintéressée, ferme, dévouée quand il le fallait, et uniquement dirigée par l'amour de la patrie, de l'ordre, de la justice, et de l'exactitude rigoureuse à remplir, à leurs risques et périls, les devoirs de leurs charges; et si, par un retour nécessaire, l'esprit public se révolte à la vue d'une infamie où d'un manque

---

(1) Voyez la différence qu'il y a entre l'opinion publique et l'opinion générale. (*Correspondant royaliste*, chez Gide, libraire. *Paris*, 1817, tome IV, pag. 190 et suivantes.)

de principe trop scandaleux, qu'il méprise, qu'il couvre de dédains et d'humiliations les gens incapables ou véreux qu'on nomme aux places importantes, les novateurs qui troublent la société en faveur des nouvelles formes de gouvernement qu'ils tâchent d'introduire, et les intrigants qui les secondent de tous leurs moyens, dans l'espérance de profiter du désordre qu'ils vont occasionner : voilà les seules cautions dans lesquelles on puisse avoir confiance pour assurer la stabilité d'un grand État, et le gouvernement d'un peuple nombreux.

Qu'on ne croie pas que ces concours, ces associations d'animosités fanatiques qui électrisent une nation tout entière contre des ennemis communs, entrent dans les vues d'un homme de bien qui s'égare dans le pays des chimères. On a vu plusieurs fois des peuples réaliser ces tableaux patriotiques, ces conformités de but et d'efforts dont nous venons de parler ; on les a vus exister en *Espagne* pour en chasser les Maures, depuis Pélage jusqu'au règne de Ferdinand et d'Isabelle ; dans le 18e siècle, pour se délivrer de la maison d'Autriche et placer Philippe V sur le trône ; dans le 19e siècle, pour combattre les envahisseurs de leurs pays, ces révolutionnaires sans principes qui y outrageaient leur culte, leur gouvernement et leurs personnes, et on les a vus sortir victorieux d'une lutte dans laquelle la plus grande partie de l'Europe avait succombé. Dans les années de 1790 à 1792, William *Pitt* n'employa-t-il pas les mêmes moyens pour soulever la masse des Anglais contre les idées démagogiques qui menaçaient de les infecter ?

Tous les peuples peuvent être enflammés par un pareil enthousiasme : les Français ne font point exception à cette règle générale : on les a vus, sous Charles VII, s'unir avec le ciel, poursuivre les Anglais, et les renvoyer de leur territoire dont ils étaient presque totalement les maîtres. Sous les fils de Henri II, ils se liguèrent contre ces protestants fougueux qui prétendaient régénérer la France en commençant à renverser les autels de leurs pères : de l'autel au trône il n'y a pas loin quand les idées républicaines dominent les esprits. Sous la minorité de Louis XIV, Paris et les provinces se soulevèrent au spectacle des faussetés et des extorsions de Mazarin et de la canaille italienne qui était venue à sa suite ; mais ils respectèrent toujours le nom du Roi, ce fut la cause pour laquelle son ministre triompha. On les aurait vus de même s'élever avec succès contre les factieux de 1789 et ceux de 1815, si le respect pour nos Princes, qui est invétéré dans nos cœurs, nous avait permis de séparer de notre obéissance leurs ordres directs d'avec ceux qui avaient été donnés en leur nom par des ministres prévaricateurs.

Je n'ai parlé ici que des premières causes motrices de ces soulèvements en masse et presque instantanés. Je sais bien que les ambitions particulières s'en emparent ensuite ; les prétextes restent les mêmes, les motifs qui animent les simples soldats ne changent point ; mais le but que les chefs et leurs partisans veulent atteindre, devient, selon les circonstances, bien différent de celui qu'ils avaient avoué dans les manifestes de leurs premières prétentions. Cette remarque change entièrement l'état de la question, sans infirmer la vérité des principes que nous venons de poser.

Les exemples de ces soulèvements en masse sont assez

terribles pour qu'un gouvernement se *garantisse* avec le plus grand soin de les voir renouveler chez lui.

Mais le gouvernement ne peut pas être une *garantie* du gouvernement : il serait absurde d'en faire la proposition. Après lui, les hautes classes de la société, les personnes les plus riches, celles qui occupent les premières places, ou qui jouissent de la plus grande considération dans l'État, sont de droit les plus intéressées pour que la tranquillité et le bon ordre règnent dans leur patrie. Cette masse renferme, sans contredit, les citoyens qui ont reçu la meilleure éducation, les plus capables par conséquent de se conduire par des sentiments généreux, et les plus jaloux de conserver jusqu'après leur mort une réputation intacte parmi leurs égaux, qui ont en général une opinion éclairée et incorruptible. C'est donc dans cette classe que se trouveront les éléments des meilleures *garanties* qu'on puisse interposer entre un prince et son peuple que les factieux travailleront toujours à soulever; c'est chez elle qu'on doit s'attendre à voir moins de traîtres, moins d'âmes vénales, plus d'honneur, plus de fermeté, plus d'indépendance, plus de susceptibilité, plus de crainte de la honte, plus d'envie de se distinguer et d'acquérir une bonne réputation, et que les corrections fraternelles du corps ont le plus d'empire et produisent les meilleurs effets. Si l'un d'entre eux, par faiblesse de caractère ou par quelques autres vues particulières, faillit ouvertement, et sacrifie les intérêts de son ordre à des projets ultérieurs de fortune ou d'avancement, c'est à ses *pairs* à en faire justice : la noblesse de Bretagne le savait bien, et, dans plusieurs occasions importantes, elle a su, à cet égard, déployer une autorité qu'aucun membre de son corps n'osait méconnaître.

Les individus, les parties intégrantes de ces corps sont ordinairement trop nombreux et trop épars pour qu'ils puissent s'assembler avec facilité ; s'ils s'assemblent, leur réunion forme aussitôt une multitude, et une multitude, quelle que soit la bonté de ses membres, est toujours une cohue : il lui faut donc des points qui la concentrent, des syndics qui fixent son opinion, des organes qui la promulguent, des officiers qui la fassent respecter, des magistrats qui instruisent contre les délinquants, des huissiers qui les poursuivent, et une force publique et légale qui protége ses mandataires et assure l'exécution de ses décrets. Les institutions politiques remplissent ce but dans les monarchies modérées et bien réglées. Chacune de ces associations, selon sa compétence, arrête la corruption des mœurs, l'esprit d'innovation, et les ministres dans le cours de leurs prétentions illégitimes. Si ces corporations-tribunats sont les sauvegardes du peuple et soutiennent ses droits de tout leur pouvoir, le peuple, par un retour intéressé de sa part, doit aussi de son côté soutenir et renforcer ces tribunats par tout le pouvoir de son influence et de la considération publique qu'il leur accorde, faire cause commune avec eux, et imposer par leur ensemble aux délégués du pouvoir exécutif qui travailleraient à affaiblir l'autorité morale de ces corps, afin de les rendre nuls, et de pouvoir, à la première occasion favorable, se débarrasser de ces censeurs importuns.

Il est donc essentiel pour un peuple d'entourer et de renforcer, autant qu'il le peut, par une considération publi-

que bien prononcée l'autorité morale de ses institutions légales qui sont sa sauvegarde. Cette attention soutenue des
bons citoyens produira le plus grand bien ; elle rendra les
membres de ces corporations politiques orgueilleux de leur
état, jaloux jusqu'au scrupule de conserver dans sa pureté
leur considération personnelle et la gloire de leur corps;
elle excitera le plus vif empressement d'en faire partie, et
par ce moyen elle permettra de n'y admettre que des sujets
choisis, tirés en grande partie du sein de ces familles dis-
tinguées dans l'État, et qui, en masse, *ont tout à perdre
dans les troubles, et rien à gagner avec les empiétements du
pouvoir exécutif.*

Les Français savent peut-être maintenant les avantages
inestimables qu'on a de confier le maniement de ses affaires
jusqu'à leur moindre détail, à des personnes honnêtes qui
ont une réputation à soutenir, et indépendantes parce que
leur fortune est faite, plutôt que de s'en remettre à
des parvenus qui ne songent qu'à faire la leur : mais ils
ne l'ont pas su avant 1790. La légèreté dédaigneuse avec
laquelle on regardait dans les sociétés le titulaire d'une
fonction essentielle dans le gouvernement intérieur de l'État
en est une preuve; c'était au point que les grandes familles
s'en retiraient tous les jours, et que les moyennes commençaient à ne plus se soucier de ces places qui, sous Louis XIV,
comblaient l'ambition des meilleures maisons.

Après la mort de ce grand roi, la Cour continua à donner le ton, et long-temps avant la révolution elle n'accordait une considération marquée qu'aux personnes revêtues
d'une charge ou d'une décoration brillante à ses yeux; de
chez elle, la mode en passa aux salons de la capitale, où

l'on avait plus d'égards pour un jeune colonel que pour un officier-général distingué, et commandant une des premières places du royaume.

La magistrature, surtout celle des provinces, fut la classe qui se ressentit le plus du discrédit général dans lequel les états utiles étaient, à cette époque, tombés dans l'opinion des Français ; les *parlements* mêmes, ces sauvegardes de la loi et de la fortune des citoyens, ces barrières redoutables et incorruptibles, ces *garanties*, ces tribunats reconnus depuis long-temps intermédiaires entre le prince et ses sujets, pour s'opposer également aux insubordinations des peuples et aux abus de l'autorité des bureaux ministériels....... eh bien ! personne n'en voulait ; c'était à qui affaiblirait la considération de la *robe*, et à qui dégoûterait le mieux d'y entrer les hommes honnêtes et d'une naissance distinguée.

Ces exemples et beaucoup d'autres, pris des chambres des comptes, des cours des aides, des assemblées du clergé, des états de quelques provinces et de plusieurs corps qui se sont anéantis sous nos yeux, nous offrent des modèles de *garanties* qu'on peut interposer avec avantage entre les gouvernants et les gouvernés, pour leur assurer à tous deux la pleine jouissance de leurs intérêts respectifs : voilà les tribunats que, dans sa miséricorde, la divine Providence avait accordés à ma patrie, qu'avec plus ou moins de force elle conservait encore en 1789, et qui lui ont rendu de si bons et de si loyaux services en plusieurs occasions remarquables.

Les Français qui vivaient avant 1771, et qui ont réfléchi sur ce qu'ils ont vu en 1790, ont dû se convaincre de l'utilité de leurs parlements, de ces corps dont l'origine était antérieure à celle de leur monarchie, et dont, depuis 1788, ils ressentent cruellement les pernicieux effets que leur vide a produits dans l'indépendance et l'impartialité de leurs tribunaux. Pourquoi ces mêmes Français, au lieu de les soutenir de toute leur influence, d'employer tous leurs moyens pour renforcer à l'égard du peuple l'autorité morale de ces corps respectables, de les investir de la considération publique qui est toujours à la disposition des bons citoyens éclairés, et de rendre, pour ainsi dire, invulnérables aux coups du despotisme ces *garanties* tant de fois éprouvées qui empêchaient qu'on ne violât impunément les droits et les libertés de leurs compatriotes, se sont-ils amusés, au contraire, pendant les règnes de Louis XV et de Louis XVI, à discréditer ces tribunaux antiques et solennels, à se liguer avec leurs détracteurs, et à travailler avec un zèle infatigable à faire déchoir ces magistrats si forts dans l'opinion, au point qu'à Paris, par exemple, on rougissait presque de s'avouer conseiller dans un parlement de province, tandis qu'on était fier de s'annoncer capitaine de cavalerie ou officier des gardes-du-corps?

Quelles *garanties* mutuelles un prince et ses sujets peuvent-ils se demander pour la conservation de leurs droits respectifs, si tous les deux, ennuyés de celles qu'ils ont, et dont depuis des siècles ils éprouvent les heureux effets, se liguent pour dépopulariser et déconsidérer dans l'opinion l'état de ces magistrats vénérables et fidèles, et dont le caractère révéré était la principale force de ces institutions sublimes qui maintenaient, depuis des siècles, un juste équilibre entre ces deux pouvoirs, qui ne pouvaient se passer l'un de l'autre sans s'affaiblir mutuellement?

Une nation dont le bon sens ne serait encore qu'à demi

perverti frémirait à l'aspect d'une partie qui, abusant de sa force, pourrait, d'un coup de plume, sans le consentement et contre la volonté des autres cointéressés dans le même contrat, anéantir de son autorité privée les seuls articles qui lui déplairaient de la transaction qui fondait la puissance du monarque, fixait entre ses sujets et lui les relations réciproques qui les unissaient, et sur laquelle les citoyens se reposaient avec confiance pour la conservation de leurs droits respectifs. Les Français se trouvaient dans cet état de demi-ignorance quand la foudre révolutionnaire écrasa leurs parlements en 1771; aussi ils en prirent le deuil, et ils le conservèrent pendant trois ans jusqu'en 1775, que Louis XVI les rétablit; mais depuis, les lumières du siècle, les calomnies des philosophes, les manœuvres des ministres, et les progrès des arts désorganisateurs d'une société, avaient si fort éclairé les esprits et influencé l'inconséquence du public, qu'on vit, par un concours malheureux, la Cour et la ville, le Prince et le peuple, s'applaudir dans la sincérité de leurs cœurs d'être parvenus à détruire, jusqu'à leurs noms, ces anciens édifices colossaux et fortement construits qui renfermaient leurs *garanties* mutuelles et les principes vivifiants de leur existence commune.

« Jaloux de tous les pouvoirs, les ministres perfides, par des attributions multipliées aux conseils du Prince, s'emparèrent de toutes les causes juridiques et les remirent à la décision de leurs subordonnés. Afin que le public ne se plaignît point de la perte de ses anciens juges, ils lâchèrent les philosophes et les mauvais sujets avec commission de décrier la bonté des arrêts de ces tribunaux, de semer

contre eux la calomnie et la médisance, quand,ils en trouveraient l'occasion. Le gouvernement, pendant ce temps-là,
travaillait à miner la dignité et la considération de ses magistrats par des distinctions désagréables et des tracasseries
sans nombre ; ces *ministres révolutionnaires* affaiblissaient
exprès dans l'esprit du peuple l'autorité et le respect qu'il
est indispensable de donner aux grands corps judiciaires et
aux magistrats qui les composent. Placés dans l'État, gardiens de toutes les *propriétés* et de tous les *droits*, la couronne et les particuliers ne trouvèrent plus, dans ces tribunaux ainsi dégradés, des *garanties*, des forces suffisantes
pour soutenir les *droits* et les *propriétés* du *Prince* et de ses
sujets, quand ils furent tous les deux vivement attaqués par
la violation manifeste de toutes les lois (1). »

Une nation qui demande à son souverain des *garanties*
contre son pouvoir exécutif, doit avant tout se *garantir*
elle-même des novateurs et des mystifications qui la portent
à abandonner à la légère les anciennes institutions qui lui
ont servi si heureusement depuis son origine, et leur pardonner quelques écarts passagers en faveur des bons offices
qu'elle en a constamment reçus.

Une collection de grands corps aristocratiques puissants,
respectés et variés, est la meilleure *garantie* que les droits
des citoyens puissent avoir dans un État monarchique, et
peut-être aussi dans quelques autres.

---

(1) Tydologie. *Londres*, 1813, tome II, pag. 656.

235. Responsabilité. Garantie, caution d'un délégué, envers ses commettants.

En vertu de la *responsabilité* de leurs délégués, les commettants ont le droit de les poursuivre jusqu'à condamnation, dans le cas qu'ils aient mal géré les affaires confiées à leurs soins. On les attaque parce qu'ils ont outre-passé leurs pouvoirs ou abusé de ceux qu'on leur avait donnés.

Il y a deux espèces de *responsabilité* : la *responsabilité morale* et la *responsabilité matérielle*.

La *responsabilité morale* cautionne sur sa parole les degrés d'intelligence, de vertus et de vices qu'un délégué a montrés dans la gestion des affaires qu'on lui a confiées.

La *responsabilité matérielle* garantit seulement que les comptes et la conduite du délégué sont à l'abri des reproches d'une cour judiciaire.

La *responsabilité morale* poursuit jusqu'aux intentions.

Les intentions n'entrent point dans la compétence de la *responsabilité matérielle*; elle se fixe et prononce exclusivement sur les faits présentés par les plaignants.

La *responsabilité morale* ne porte que sur l'honnêteté et la capacité du délégué.

La *responsabilité matérielle* cautionne en outre les actions et les omissions du délégué.

La *responsabilité morale* n'a action que sur la réputation du délégué coupable.

La *responsabilité matérielle* a en outre action sur le corps et la fortune du délégué coupable.

Ces deux *responsabilités* n'étant point de la même nature, il a fallu créer des tribunaux différents pour juger les procès qui leur sont relatifs. L'opinion est le juge de la *respon-sabilité morale*.

Les Cours de justice ordinaire et les Autorités consti-tuées sont nanties de droit du contentieux de la *responsa-bilité matérielle*.

Les magistrats qui composent ces deux espèces d'aréo-page ne sont ni plus infaillibles ni plus incorruptibles les uns que les autres.

Il n'est donc pas étonnant que leurs arrêts pour la même cause diffèrent si souvent entre eux, et que l'on voie con-damner par l'un ce que l'autre approuve et applaudit : quel-quefois ils s'accordent; c'est le triomphe de la vertu, mais elle ne l'obtient pas toujours.

Les jugements de l'opinion sont les plus justes quand ils sont les fruits des discussions qui ont duré pendant des laps de temps assez courts, si l'esprit de système n'a pas gâté celui des juges, et si, munis de toutes les pièces du procès., le public y prend un intérêt suffisant pour se don-ner la peine d'approfondir dans le plus grand détail les cir-constances et les dépendances de l'affaire sur laquelle il prononce.

A l'exception de quelques affaires particulières de peu d'importance pour la politique en grand, ces instructions sont rarement données à la foule des raisonneurs : il s'en-suit de ces lacunes, que les prononcés de l'opinion sont les plus versatiles de tous; il n'y a pas de loi de prescription, ni de puissance dans le monde qui puisse rendre ses arrêts définitifs. On appelle tous les jours avec gain de cause de l'opinion de la veille à celle du lendemain. Les changements de système, les nouveaux principes qui agitent les esprits sont les causes intarissables de ces variations perpétuelles. Sans nous perdre dans les ténèbres de l'antiquité, n'avons-nous pas vu, au commencement de notre 19e siècle, l'opinion condamner aux reproches les plus amers, Louis XIV, Voltaire, J.-J. Rousseau, Necker et tant d'autres célèbres personnages qu'elle avait déifiés jusque vers la fin du 18e siècle? Il faut le dire à la honte des chrétiens d'aujourd'hui, n'ont-ils pas abandonné leur *évangile* à ces oscillations judiciaires du tribunal de l'opinion? la plupart n'ont-ils pas donné force de loi à *l'opinion* créée par les philosophes, qui commandaient de tourner en dérision ce livre divin, contradictoirement à *l'opinion* de leurs pères, qui avaient proclamé impérativement que cet ouvrage apostolique devait être à jamais, tant pour eux que pour leurs enfants, l'objet de leur culte et de la vénération publique?

Le contentieux de la *responsabilité matérielle* rentre de droit dans le cours de la jurisprudence ordinaire. Il est jugé souverainement, selon leur compétence, par les tribunaux et les autorités constituées du pays dont il relève, et y est soumis. Leurs arrêts s'exécutent, ils reconnaissent les lois de la prescription, et dans certaines formes et certains intervalles déterminés, leurs sentences deviennent définitives. On peut bien pour sa consolation en appeler au grand tribunal de l'histoire et de l'opinion publique, le même qui décide les procès de la *responsabilité morale*; et s'en remettre avec confiance aux chances de justice et d'injustice qu'il se permet impunément de commettre quelquefois sans pudeur et sans raison; mais on ne doit pas s'attendre à en tirer aucun profit corporel ni pécuniaire.

La *responsabilité matérielle* est invulnérable, quand le délégué prouve que ses opérations arithmétiques sont parfaitement justes, et que, dans le cours de sa gestion, il s'est littéralement conformé aux formes et aux conditions *matérielles* ordonnées par la loi; mais les formes juridiques comme celles des corps sont sujettes à se présenter sous des apparences trompeuses. L'illusion est tout dans ce genre d'optique. La *fantasmagorie*, avec tous ses accompagnements et ses ressources est aussi le recours ordinaire auquel s'adressent les comptables et les gens en place qui veulent malverser impunément dans leurs emplois, sans compromettre leur *responsabilité matérielle*.

Les avoués, ci-devant procureurs, se moquent habituellement de leur *responsabilité morale*. Les arrêts de l'opinion et de la postérité les touchent peu; leur *responsabilité matérielle* les embarrasse davantage, à cause des brutalités de la justice qu'elle leur attire quelquefois, mais pas toujours; c'est ce qui les console et les enhardit un peu.

Les Rois, dans les monarchies, sont impeccables aux yeux de leurs sujets. Soumis à la *responsabilité morale*, comme le reste des humains, la *responsabilité matérielle* est nulle à leur égard. Ils ont des ministres qui les cautionnent corps pour corps. Ce sont les garanties légales et solidaires de la bonne gestion du gouvernement. Si ceux-ci croient de même qu'ils ne sont obligés de rendre compte de leur conduite politique qu'à Dieu et à leur Prince, je ne leur disputerai pas ce droit; mais tant que je serai maître de choisir, je ne les prendrai pas pour mes hommes d'affaires.

Un État est toujours à la veille de sa perte, quand ses principaux agents prétendent avec succès qu'à l'exception du prince régnant ils ne doivent compté à personne de leur *responsabilité matérielle* ; car, comme les procureurs, beaucoup d'entre eux se moquent de leur *responsabilité morale*.

236. Responsabilité religieuse. Aux deux *responsabilités* de l'article précédent, il faut en joindre une troisième, celle d'une âme qui se croit *responsable* devant Dieu des fautes qu'elle fait commettre à son corps et à son esprit.

Avec de l'intrigue et de la prévoyance, on espère éluder les jugements des deux premières *responsabilités* ; mais une âme timorée et pleine de foi est si persuadée qu'elle ne pourra rien cacher à son divin Juge, qu'elle n'ose pas même le tenter. La surveillance scrupuleuse sur ses actions que lui inspire la crainte du Seigneur, la retient sans cesse dans le chemin de la stricte observance de ses devoirs, et l'empêche continuellement de s'égarer dans les détours du crime.

Lycurgue, Numa, Manco-Capac, les jésuites du Paraguai ont commencé à bâtir sur la *responsabilité religieuse* de leurs peuples les fondements des empires que l'histoire n'a pas cessé de citer avec éloge. Elle a été en très-grande considération chez les anciens législateurs; les modernes s'en moquent.

La *responsabilité religieuse* décroît en force et en vertu, en raison directe de la civilisation d'un peuple. Elle est nulle chez une nation qui s'est élevée à la hauteur des lumières d'un siècle savant et corrompu.

Il y a beaucoup d'affinité entre la *responsabilité religieuse* et la *responsabilité morale*; mais dans plusieurs occasions les jugements de la *responsabilité religieuse* d'un individu ne sont point du tout d'accord avec ceux qu'il obtient en faveur de sa *responsabilité morale.*

237. Responsabilité des ministres. Les ministres sont les hommes d'affaires du gouvernement.

Délégués du pouvoir exécutif, ils ont des comptes à rendre de leur conduite à Dieu, au souverain leur commettant, à l'histoire et au public.

Leurs *responsabilités religieuse, morale* et *matérielle* ont des garanties à donner à chacune de ces quatre puissances; ils sont en outre citoyens, soumis par conséquent comme les autres aux jugements des tribunaux du pays où ils vivent.

Il n'y a donc aucun doute que les ministres, à l'instar de tous les gens d'affaires, ne soient des fonctionnaires *responsables* devant qui de droit, de la pureté de leurs comptes et de leur gestion. Cette obligation est si inhérente à leur place que cela va sans dire, et qu'il est inutile d'en parler dans le recueil des lois fondamentales, et surtout de vouloir y préciser les délits qui s'y rapportent. Puisque c'est *inutile,* c'est donc vicieux; car le plus grand défaut que puisse avoir une *charte* est de contenir des mots, des expressions, des phrases, des tournures et des articles amphibologiques, louches ou sans *utilité.* Ces fautes de rédaction obligent de toute nécessité les tribunaux et les corps législatifs d'interpréter les dispositifs de ce code, de les commenter et de les corriger en mainte occasion. Des lois fondamentales sujettes à de pareilles révisions ne tardent pas à tomber en desuétude, et à ne devenir bientôt que les

26 *

prête-noms d'une nouvelle constitution absolument contraire à celle que l'on avait pétendu donner.

Par exemple, la charte française de 1814 dit, article 55 : « La chambre des députés a le droit d'accuser les ministres et de les traduire devant la chambre des pairs, qui seule a le droit de les juger.

Art. 56. » Ils ne peuvent être accusés que pour fait de *trahison* et de *concussion*. Des lois particulières spécifieront cette nature de délits et en détermineront la poursuite. »

En attendant que ces *lois particulières* paraissent, les ministres, comme le Roi, sont donc également impeccables. Les *rédacteurs de la charte n'ont sûrement pas voulu dire cela*, mais ils l'ont dit.

Les ministres ne sont justiciables que de la chambre des pairs, et d'après une accusation formelle de la chambre des députés. Celui qui aura en sa faveur la majorité des députés ne sera donc justiciable de personne ; aucun procureur général, aucun accusateur tant public que privé, ne pourra donc intenter une action criminelle contre lui, et quelque crime que ce ministre commette comme simple particulier, non-seulement il restera impuni, mais il ne sera pas même permis de le traduire en justice. *Les rédacteurs de la charte n'ont sûrement pas voulu dire cela, mais ils l'ont dit.*

« Ils ne peuvent être accusés que pour fait de *trahison* et de *concussion*. »

Un ministre qui aura soulevé contre lui les deux chambres et l'ensemble de la nation par des abus d'autorité sans nombre, n'en sera pas moins sous la sauve-garde des lois fondamentales, à l'abri de toutes les punitions légales, s'il s'est seulement abstenu des crimes de *trahison* et de *con cussion*. S'il prend en conséquence ses précautions, la chambre des députés ne pourra porter accusation contre lui, ni aucun tribunal le poursuivre, pour ses viols, assassinats, sacriléges, conspirations franchement prononcées (car conspirer ouvertement n'est pas trahir), ni pour toutes les horreurs et toutes les infamies que ce ministre se serait permises, mais qui littéralement n'aurait aucun rapport avec les crimes de *trahison* et de *concussion*, les délits de ces deux classes étant les seuls que la charte a nommément exceptés de l'impunité générale qu'elle a accordée à tous les ministres des Rois de France. *Les rédacteurs de la charte n'ont sans doute pas voulu dire cela*, mais ils l'ont dit.

La charte sûrement n'a pas voulu dire tout ce qu'elle a dit; mais si, à cet égard, elle n'eût rien dit, personne n'eût douté qu'un ministre ne fût *responsable* envers son souverain du maniement des affaires de l'État, qui lui ont été confiées par le pouvoir exécutif; la *responsabilité* des ministres eût donc été de droit reconnue par tout le monde, si l'on ne se fût pas donné la peine de la définir et de la préciser avec une attention aussi irréfléchie.

Tous les ministres sont citoyens de fait, s'ils ne le sont point par leur naissance et leurs sentiments; ils sont en outre *hommes d'affaires* du gouvernement; or, s'il y a un axiome de jurisprudence qui soit à l'abri de toute contestation, c'est qu'un *homme d'affaires* répond devant Dieu et devant les hommes de la manière dont il a géré les *affaires* qui ont été commises à ses soins, sous son autorité et sa surveillance. Sous ces deux points de vue, de *citoyen* et d'*homme d'affaires*, je ne vois pas que les ministres fassent et puissent faire une classe particulière dans la société, et qu'il soit nécessaire, *quant au fond*, de composer des lois criminelles exprès pour eux.

Mais par la nature même de leurs fonctions, les ministres sont journellement dans le cas de mécontenter beaucoup de monde, et d'être en butte à des partis nombreux d'intrigants qui travaillent jour et nuit à leur ôter des places qu'ils convoitent pour eux-mêmes; d'un autre côté, les lois ont en général des *formes* brutales dans leur exécution : ordinairement elles exigent avant tout qu'on s'assure de la personne des prévenus. Où en seraient les affaires d'un département ministériel, si à chaque instant on avait le droit d'en arrêter le chef, en vertu d'une sentence de *prise de corps?* Il faudrait au préalable qu'il la fît purger, et qu'il perdît beaucoup de temps pour se débattre et faire juger le procès que bien ou mal à-propos on lui aurait intenté; pendant ce temps-là les affaires de l'État n'iraient pas, ou iraient fort mal; les magistrats devant lesquels les causes de cette espèce se plaideraient ne deviendraient-ils pas, avec le temps et par la force de leur situation, plus ambitieux qu'impartiaux? Ne serait-il pas à craindre que ce tribunal ne finît par vouloir nommer les ministres, ou du moins qu'il ne souffrît en place que ceux qui lui seraient entièrement dévoués? mais à charge de revanche.

Les procès en matière civile ne comportent aucune exception de personne, tant au fond qu'à la forme des tribunaux qui doivent les juger. Relativement à ses domaines et à ses autres propriétés particulières, le Prince y est soumis comme le dernier de ses sujets; c'est une règle généralement reçue chez tous les peuples qui ne sont pas sous un despotisme absolu.

Nous avons dit que, *quant au fond*, les lois criminelles devraient être communes avec celles qui régissent l'ensemble des citoyens. Cette règle générale n'admet qu'une seule exception dans les monarchies : elle est en faveur du *Prince* qui, par les lois fondamentales de cette espèce de gouvernement, est considéré comme un être *impeccable* et inaccessible à la poursuite d'aucun tribunal, d'un matériel (1) ou cour de justice quelconque; ainsi, le sacrilége, l'assassin, le voleur, etc., ministre ou non, doivent être condamnés à subir la même punition que le code criminel ordonne pour de pareils délits.

On vient de voir que, *quant au fond*, le code criminel n'admet aucune distinction en faveur des ministres, mais il doit en mettre, quant à la forme de leur arrestation et des premières poursuites relatives à l'accusation d'un prévenu de ce rang. Il ne faut pas, par les raisons que nous avons déjà données, qu'il soit à la merci d'un procureur général ou privé qui voudrait sévir contre lui : on ne craint pas qu'il s'échappe, ou s'il s'enfuit, il sera assez puni par son exil et la perte de sa place pour qu'on puisse se contenter d'une pareille réparation ; rentré par sa retraite dans la

---

(1) *Tribunaux du matériel*, ceux qui sont chargés de juger les procès relatifs aux *responsabilités matérielles*; car, comme tout le monde, le *Prince* est dépendant du tribunal de la pénitence, du tribunal de l'opinion, de celui de l'histoire, et de tous ceux qui prononcent sur les *responsabilités religieuses ou morales* du reste des humains.

classe des simples citoyens, il y court la chance de ceux qui, comme lui, se sont brouillés avec la justice.

L'importance des fonctions d'un ministre, et son rang élevé dans l'administration de l'État, ne permettent donc point qu'il soit juridiquement accusé et arrêté par le premier venu; il est indispensable que ces actes préliminaires de toute procédure criminelle soient au préalable revêtus de l'assentiment d'un corps plus respectable aux yeux de la nation que des commissaires de police et les procureurs généraux des tribunaux de première instance, qui sont ordinairement chargés de remplir ces fonctions désagréables à l'égard des autres individus.

La charte, ou un code criminel relatif à la *responsabilité des ministres*, doit donc se borner à indiquer les personnes qui ont droit de les accuser légalement, le tribunal compétent pour les juger en dernier ressort, et à prescrire en même temps les formes auxquelles chacun de ces deux corps sera obligé de se conformer strictement pour suivre ces deux procédures, depuis l'accusation formelle jusqu'à parfait jugement et exécutions subséquentes.

Ces règles sont générales, mais elles varient selon la nature des gouvernements qui les ont mises en pratique.

Sous le despotisme absolu, le sultan accuse, juge et quelquefois exécute lui-même les Visirs dont il veut se défaire. La *responsabilité des ministres* dans ces espèces de gouvernement consiste uniquement à se conserver toujours bien dans l'esprit de leurs maîtres.

Ce point de législation, quant à la pratique, est à peu près le même chez les républicains; on y voit souvent les mêmes personnes figurer parmi les accusateurs et parmi les juges; *la saine majorité de la nation* (1) n'eut pas même l'idée de sauver ce scandale dans le procès *régicide* qu'elle fit à Louis XVI. M. *Desèze*, avocat officieux de ce malheureux monarque, eut le courage vraiment civique, on peut dire héroïque, de leur en faire le reproche en pleine audience. L'histoire a déjà immortalisé la superbe apostrophe avec laquelle il commença son plaidoyer : *Messieurs, je regarde autour de moi, j'y cherche les juges de mon client, et je n'y vois que ses accusateurs.*

Les Anglais se sont constamment conformés aux vrais principes d'une législation fondée sur la liberté des peuples qu'elle gouverne; dans aucun cas l'accusateur ne peut faire partie du tribunal qui juge le *prévenu.* Les procès relatifs à la *responsabilité des ministres* suivent la même marche; *la chambre des communes* examine s'il y a lieu à accusation; si elle l'approuve, elle poursuit en son nom et par ses commissaires le délinquant *devant la chambre des pairs,* qui le juge définitivement; et si ce tribunal suprême le déclare coupable, le roi ordonne son exécution, lui fait grâce ou modifie sa peine, selon son bon plaisir.

C'est, comme l'on voit, le corps d'élite de la nation qui accuse les ministres prévenus d'avoir enfreint leur devoir d'une manière trop marquante; ce sont les grands seigneurs réunis en tribunal suprême qui les déclarent *coupables ou non.* L'autorité royale, le nom du roi n'est jamais compromis dans ces sortes d'affaires; ce n'est qu'après l'arrêt que

---

(1) Paroles de M. de Serre, garde des sceaux, à la séance du 17 juin 1819, à la Chambre des Députés.

le Prince se montre, à son choix, revêtu des emblèmes de sa justice ou de sa bonté, mais toujours dans l'appareil de sa toute-puissance. Ces formes sont très-favorables pour soutenir la dignité du trône.

Avant leur révolution, les Français confondaient le *Roi* et *l'État* : cette fausse considération a fini par perdre le *Roi* et *l'État* le même jour et du même coup. Nous avons tâché, au mot *souverain* (1), de démontrer combien cette idée était erronée dans le fond comme dans la forme; mais, dans le fait, de jour en jour elle s'approchait davantage de la vérité. Par cet ordre de choses, les ministres n'étaient vraiment responsables qu'envers le roi; un commandement, une simple approbation signée de sa majesté justifiaient complétement les concussions, les abus d'autorité et les autres délits qu'un de ses agents se serait permis dans le département qui lui était confié. Les tribunaux n'avaient pas le droit de passer outre ce *palladium* des abus ministériels, à moins que le Roi ne les fît accuser en son nom d'avoir surpris sa religion et ses signatures, d'avoir outre-passé ou mal interprété les ordres qu'il avait donnés; cette forme rendait par le fait les ministres de France presque aussi impeccables que leur maître, et celui-ci ne paraissait dans ces espèces de procès que comme le protecteur, le souteneur des individus et des prévarications de ses agents coupables, ou comme leur accusateur : rôles également odieux à faire jouer publiquement et juridiquement au prince régnant.

(1) *Correspondant royaliste*, n° 20, tome IV, page 161 ; — et dans ce Lexicon, tome 1er, p. 51.

Les parlements, et surtout celui de Paris, ayant la haute police du royaume, les procès relatifs à la *responsabilité des ministres* entraient de droit dans leur compétence; leur discipline intérieure permettait même à un magistrat de cette Cour de demander au premier président une assemblée des Chambres, qu'on ne pouvait pas lui refuser quand il avait une dénonciation à porter contre un ministre en place ou non; il y présentait ses chefs d'accusation, ses preuves et les motifs qui devaient engager ce tribunal à instruire contre cet homme d'État, et à en suivre la procédure jusqu'à parfait jugement. Après avoir écouté et discuté les griefs exposés par ce magistrat dénonciateur, la Cour, si elle les approuvait, ordonnait à son procureur général de porter sa plainte officielle contre le prévenu, et l'affaire se suivait ensuite selon les formes ordinaires. C'était leur prétention, on ne la leur a jamais disputée; mais aussi ne l'ont-ils jamais mise en pratique, et dans le fait elle a toujours été comme non avenue.

Cette prétention, en théorie, était sans inconvénients; mais si l'on eût voulu l'appuyer sur une pratique constante, elle eût entraîné avec elle deux conséquences incompatibles avec une bonne législation et la monarchie française.

1° Par ce mode de procédure, le parlement se rendait juge et partie, ou accusateur. Une jurisprudence raisonnable ne doit jamais permettre une pareille association.

2° Si ce mode eût été exercé à la rigueur, les ministres n'eussent pas appartenu au Roi, mais au parlement; car, en cas d'insubordination de leur part, cette Cour n'aurait pas manqué de prétextes pour leur susciter des procès plus ou moins désagréables. C'eût donc été dénaturer le gouvernement monarchique en le rendant oligarchique ; c'était rétablir l'autorité du sénat de Rome, après l'expulsion des Tarquins.

Par l'esprit de la législation française, je ne serais pas éloigné de croire qu'effectivement la *responsabilité des ministres* ne ressortît de la juridiction des parlements ; mais qu'ils eussent ce droit d'attaque ou non, ne l'ayant jamais exercé, il est assez inutile de s'en occuper. Je ne me souviens pas d'aucun ministre déplacé dont la conduite administrative ait été soumise à l'examen d'une de ces cours souveraines, sans un ordre exprès du Roi : la guerre de la Fronde n'est pas une exception. Ce ne fut pas le procureur général qui commença les attaques contre le cardinal Mazarin ; les arrêts suivirent les premiers troubles, et rien depuis n'ayant été légal, aucun des actes de cette époque ne peut être cité en force de loi ni même d'usage. Depuis le règne des Valois, au moins la *responsabilité des ministres* n'a jamais été qu'envers l'autorité royale ; les tribunaux ordinaires et légaux ont constamment été écartés de ce contentieux ; les ministres jugés et condamnés dans les deux ou trois derniers siècles de cette monarchie ne l'ont été que par les ordres du Roi, et par des commissions extraordinaires nommées par le Roi. Voyez ce que nous avons dit plus haut sur les vices de cette forme judiciaire, et l'article *commission* de ce Lexicon (1).

Frappés du rôle brillant que les Anglais avaient joué pendant les guerres de la révolution, les législateurs de la

---

(1) *Correspondant royaliste*, tome IV, page 170 ; et dans ce Lexicon, tome 1er p. 93.

nouvelle France crurent naïvement, à l'époque de la restauration, qu'en donnant au gouvernement qu'ils fondaient les habits de la constitution d'Angleterre, tout le monde s'y méprendrait, et que les Français, sous cette mascarade, acquerraient sur-le-champ un surcroît de force et de richesses aussi rapide qu'inattendu. Ils se dépêchèrent en conséquence de décréter une chambre des pairs, une chambre des communes, le droit de pétition, des *emprunts*, la liberté des cultes, celle de la presse, la *responsabilité des ministres*, etc. On a eu depuis 1814 les occasions fréquentes de voir comme toutes ces promesses ont été tenues, et les beaux effets qu'elles ont produits.

La *responsabilité des ministres* fut remise à l'anglaise, à la discrétion de la chambre des députés et au jugement de celle des pairs; mais la composition de la chambre des pairs ne ressemble pas plus à celle des *lords*, que la signification du mot *dire* français à l'acception du mot *dire* anglais (1). On ne veut pas se ressouvenir que les Anglais n'ont jamais décrété de constitution, et que c'est pour cela qu'ils en ont une. Les lords d'Angleterre sont comme étaient les ducs et pairs de France avant la révolution, les successeurs immédiats des anciens pairs qui, dans le commencement de la féodalité, formaient la Cour suprême du Roi, et était composée des grands barons qui relevaient de sa couronne. Le Roi d'Angleterre ne crée pas un nouveau pair qu'il ne crée en même temps un nouveau titre féodal qui lui rappelle l'ori-

(1) *Dire*, en anglais, se traduit en français par *inhumain, sauvage, barbare.*

gine du *patriciat* dont on l'honore. Les Français auront une idée exacte de la chambre des lords plutôt en la comparant avec leur ancien parlement de Paris, qu'avec leur chambre des pairs actuelle. Quand l'un et l'autre subsistaient ensemble, ils étaient les premiers tribunaux de leur pays respectif, et sans le consentement desquels une ordonnance ne pouvait avoir force de loi. C'étaient, comme on le voit, les mêmes fonctions et les mêmes prérogatives quant au fond. J'espère que l'on ne poussera pas le parallèle plus loin ; car deux peuples dans des positions si opposées et d'un caractère si différent, qui ont basé leur société naissante sur des institutions pareilles, doivent nécessairement après un millier d'années de séparation et de rivalité, ne s'être pas toujours accordés dans les interprétations et les modifications que, par le laps du temps, ils ont fait subir aux lois et aux articles de leurs constitutions primitives.

Mais les membres de la chambre des pairs actuels ne dérivent point des anciens pairs de France ; il n'y a d'autre parité entre eux que le nom. Plusieurs anciens pairs sont descendus dans la nouvelle chambre, mais ce Corps ne descend de personne : il n'a encore aucune généalogie à présenter. On l'a vu un beau jour comme Minerve, déesse de la sagesse, sortir tout formé du cerveau du plus grand des rois. Ses droits et son autorité ne datent que du jour de sa naissance : elle ne cite pas encore un *lustre* en sa faveur (20 juillet 1818). Cette chambre n'avait donc aucune prétention à faire valoir.

Lorsque Charles H remonta sur son trône il ne créa point une nouvelle chambre de lords ; il ne statua rien sur les droits, les prérogatives, fonctions et autorité de celle qui reparaissait avec son avénement au trône ; tout rentra sur l'ancien pied, et cette chambre se trouva comme elle l'était avant les troubles qui avaient porté le Roi son père sur un échafaud, et qui l'avaient forcé lui-même de s'exiler et de vivre hors de son royaume pendant de longues années. Il est vrai que ce prince éleva à la *pairie* plusieurs de ceux qui avaient contribué à sa restauration ; il la donna aussi à quelques-uns de ceux qui lui avaient été opposés, dans la vue de se les attacher ; mais à eux seuls ces nouveaux pairs ne composèrent pas toute la chambre, pas même la majorité.

« Il réussit mal dans cet essai. Quelques-uns de ces républicains, comme *Schaftesbury*, continuèrent d'être les ennemis de la famille royale. Les *Stuarts* apprirent à leurs dépens combien est dangereuse dans son application cette maxime machiavélique, *de gagner plutôt un ennemi que de récompenser un ami fidèle*, parce qu'en la pratiquant il arrive toujours qu'on dégoûte l'un sans gagner l'autre (1). »

On reproche avec raison à Charles II d'avoir oublié ses fidèles serviteurs, mais il ne poussa pas l'ingratitude jusqu'à les poursuivre à la rigueur, à étudier avec des attentions recherchées les moyens de multiplier leurs désagréments, de les exclure de droit et de fait de toutes les places et de la considération publique, autant que son influence royale pouvait leur en ôter ; malgré cela, qui sait jusqu'à quel point cet oubli, cette basse politique de Charles II facilita, peu de temps après, la rébellion de 1688, le renvoi du roi son frère, et l'expulsion éternelle de sa famille du

<hr/>

(1) *Conservateur*, tome III, page 220.

trône de ses ancêtres, qui en furent les conséquences immédiates ?

La chambre des lords ayant été de tout temps le tribunal suprême d'Angleterre, les procès intentés aux ministres prévaricateurs ne pouvaient pas, sans changer la constitution du pays, ressortir d'une autre juridiction que de la sienne ; mais la chambre des pairs, qu'en 1814 on a créée comme on a voulu, n'a que son nom de commun avec celle qui existait avant 1790 ; elle ne représente pas plus l'ancienne cour des pairs de France, que les *Césars* d'Allemagne d'aujourd'hui ne ressemblent aux empereurs romains d'autrefois. Cette nouvelle chambre n'ayant ni titres à produire, ni réclamations à faire, on était absolument le maître de lui donner les attributions que l'on croyait les plus favorables aux grands intérêts de la patrie. On avait donc la liberté de la créer ou de ne la pas créer juge souveraine du contentieux relatif à la *responsabilité des ministres* ; mais alors à qui donner cette juridiction ?

Sans doute que cette question a été au préalable discutée par les savants législateurs qui ont rédigé la charte de 1814 ; mais n'ayant pas daigné nous instruire des raisons pour ou contre, qui ont déterminé leur opinion, nous allons nous en occuper de nouveau : nous considérerons ce point de loi d'une manière générale, après l'avoir réduit à sa plus simple expression : *sans y être obligé par la nécessité absolue d'une longue prescription*, est-il avantageux, oui ou non, de donner le pouvoir judiciaire à un corps politique ?

Il est difficile de répondre à cette question chez un peuple qui, comme l'étaient les Français en 1814 à la rentrée de leur monarque légitime, n'avait aucun tribunal ni aucune magistrature qui eussent et qui méritassent la confiance et la considération publique. Afin d'éviter les allusions satiriques qu'on pourrait tirer des raisonnements que nous allons entreprendre à cet égard, nous remonterons à l'époque peu reculée, et dont la plupart de nous ont encore été témoins, où les parlements de France possédaient et méritaient le respect et la vénération de leurs compatriotes, tant par leur incorruptibilité que par leur composition et l'indépendance dont jouissait chacun de leurs membres, depuis la majorité de Louis XIV, jusqu'à leur suppression sous Louis XV, en 1771. Ce coup fatal ébranla les colonnes du temple, donna la première impulsion à ces mouvements révolutionnaires qui ont fini par renverser et entraîner après eux le Roi, les parlements et toutes les institutions françaises. Voilà à quoi conduit le despotisme quand on ne sait pas le manier.

La chambre des pairs d'aujourd'hui, et en général toutes les chambres hautes, composées de personnes occupant les premières places de l'État, ou qui y aspirent avec des prétentions fondées, sont rarement indépendantes de fait, si un plus grand nombre de leurs membres, proportionnellement aux autres classes de la société, sont admis dans la société du Prince et dans les intrigues de sa Cour. Ce voisinage leur donnera certainement de l'ambition, offusquera leur conscience et influera peut-être un peu trop sur leurs votes : ils seront donc moins indépendants que ne l'étaient les anciens conseillers de nos parlements.

Un pair, devenu par sa place juge d'un ministre ou d'un Grand de l'État, aura-t-il une conscience assez timorée pour ne pas écouter les liaisons de société et de parti qu'il

a eues avec le délinquant? Sera-t-il insensible, aux sentiments de reconnaissance pour les services que l'accusé lui
aura rendus? L'envie d'acquérir la faveur du gouvernement
actuel qui poursuit, ou le dépit qu'il a conçu contre le
prévenu qui, lorsqu'il était en place, lui a refusé des grà-
ces, et n'a pas obtempéré à toutes les demandes que ce
pair lui aurait faites, n'influeront-ils pas un peu trop sur
ses jugements? Ainsi, liaison, reconnaissance, dépit ou
rancune, tout tend à éloigner l'impartialité de la bouche de
ce magistrat, quand il s'agira de prononcer un arrêt définitif après une procédure criminelle contre un des principaux agents de l'État.

Les conseillers au parlement de Paris avaient en général
une considération moindre, et étaient par l'usage censés ap-
partenir à une classe un peu inférieure à celle des grands seigneurs et des premiers personnages de l'administration. Ils ne
fréquentaient pas la Cour ni les Princes dans leur société privée; la carrière qu'ils parcouraient bornait leur ambition;
la plus grande partie d'entre eux avait toujours été étrangère aux intrigues qui plaçaient et déplaçaient les ministres, et ne s'était jamais trouvée dans le cas de recevoir de
leur part aucune grâce ni aucun refus : leur opinion était
donc plus indépendante et moins obscurcie que celle des
pairs, par les sentiments de reconnaissance, de rancune ou
de tendres souvenirs d'une ancienne liaison. Le plus grand
nombre de ces magistrats n'apprenait le nom de ces coupables illustres, ou ne les voyait que depuis qu'on avait
commencé une procédure contre eux.

D'ailleurs le genre de service, la vie privée, les habitudes
de société et de jeunesse de la plupart des pairs ont rendu

leur caractère presque incompatible avec cette assiduité, cette attention soutenue, pour démêler dans une procédure le vrai du faux à travers toutes les ressources de la fraude, de la chicane et de la mauvaise foi que les accusés et leurs avocats se permettent dans ces occasions. L'étude des lois, des formalités, et les examens minutieux et contradictoires d'une foule de témoins, de controverse bruyante d'une infinité de détails, ou plutôt de commérage, qu'une instruction criminelle un peu compliquée entraîne nécessairement après elle, exigent une suite de travaux longs, assujettisants et fastidieux que la presque totalité des pairs ne pourra ni ne voudra prendre, et encore moins suivre avec cette patience à toute épreuve et indispensable, si l'on veut connaître à fond l'affaire qu'on va juger.

Les conseillers au parlement étaient plus exercés dans ce genre d'escrime; ces discussions, depuis leur entrée au barreau, leur étaient devenues familières; ils avaient souvent été occupés, par la nature de leur service, à instruire des procédures criminelles contre des assassins, des voleurs, des filous et de mauvais sujets de toute espèce; les habitudes contractées dans leur métier ordinaire les avaient mis à même de connaître mieux que toute autre classe de la société les ressources, les faux-fuyants et la manière de convaincre les brigands. Il y en avait beaucoup dans le nombre qui, par une éducation soignée, se trouvaient très déliés, connaissant parfaitement leur code, les tours qu'on pouvait donner aux énoncés des lois pour les rendre favorables à leur défense, et qui en outre avaient pris les précautions les mieux avisées et les plus savantes avant de commettre les crimes dont ils étaient accusés devant le tribunal.

Les méfaits domestiques des coquins obscurs sont en général plus difficiles à suivre et à prouver que les actions con-
damnables des coupables à grand éclat, dont la vie publique
se trouve presque en entier dans les recueils des actes offi-
ciels, et confirmée par une masse de preuves évidentes,
palpables et connues de tout le monde, avant qu'on ne
songe à les attaquer judiciairement. *Qui peut le plus, peut le
moins*, dit le proverbe. La législature et le bon sens doivent
donc présumer que des magistrats qui sans cesse s'occupent
de leur état, sont plus capables de débrouiller et de bien
juger ces sortes d'affaires, que des magistrats éphémères et
par occasion (1).

Ces raisons, conséquences immédiates du caractère des
hommes et de la nature des affaires dont nous sommes actuellement occupés, eussent peut-être, au nom de la justice et de la sagesse, engagé les états-généraux convoqués
en 1788, à investir un ou les trois Ordres, de la faculté
d'accuser un ministre prévenu de prévarication ou d'abus
d'autorité, et à le poursuivre devant le premier tribunal
du royaume, le parlement de Paris. Les états de Bretagne
en avaient donné l'exemple ; ils renvoyaient leur contentieux à la décision du parlement de Rennes.

Nous ne déciderons point cette question ; nous la propo-
sons seulement, et elle vaut la peine qu'on la discute. Nous

---

(1) Le maréchal Ney et Louvel sont jusqu'à présent les deux seuls
hommes dont les procès criminels aient été faits et jugés par la Chambre
des Pairs actuelle. Elle ne les a sans doute pas compris dans toute l'é-
tendue de sa juridiction, puisqu'elle n'a condamné qu'un déserteur et
qu'un assassin.

nous sommes bornés à la présenter, à la développer, à l'é-
claircir par l'application de nos raisonnements à un exemple tellement éloigné de nous, qu'on ne puisse en tirer une
induction maligne sur aucun de nos contemporains, ni sur
aucune de nos institutions actuelles. D'ailleurs, les habitudes nationales, l'esprit de la magistrature en général et
les circonstances dans lesquelles le peuple se trouve, sont
des régulateurs impérieux d'une sage législation, chargée de
désigner les accusateurs publics et les juges des ministres qu'on veut poursuivre légalement.

Le malheur de la France a été que de tout temps ses
meilleures lois et ses plus belles institutions ont été, par le
fait, soumises aux caprices de ses ministres, qui ont commencé par être des étourdis, et qui ont fini par être des
factieux maladroits.

Les ministres légalisent les ordres du Prince. Ce sont des
hommes, des hommes publics, des hommes d'affaires,
comme l'on voudra, mais rien de plus. Le chef du gouvernement leur a confié une partie de son pouvoir, et nous
avons déjà vu que tout dépositaire est *responsable* du dépôt qu'on lui a remis. C'est une maxime commune à toutes
les législations.

Il faut se rappeler en outre qu'un monarque est un
Homme-Roi : l'*Homme* n'est rien dans ce gouvernement, le
Roi y est tout; il en est l'administrateur suprême, et il
n'est *responsable* de rien. La politique le veut ainsi, et les
lois faites en conséquence assurent son inviolabilité et ne
reconnaissent que sa souveraine puissance; mais aussi quand
ces États sont bien constitués, ils exigent que les ordres qui
émanent du trône soient contre-signés par un officier pu-

blic désigné à cet effet, qui certifie et affirme en son propre et privé nom, à ses risques et fortune, que la pièce officielle qu'il promulgue est bien revêtue de la véritable signature du Prince, qu'elle n'a point été surprise à sa religion, et que cet acte royal ne contient rien de contraire aux formes et teneur des lois du royaume.

Que le seing du Prince soit vrai ou faux, qu'il l'ait donné de plein gré ou qu'on l'ait surpris à sa religion, n'importe; le ministre qui a fait mettre à exécution ces ordonnances n'en est pas moins responsable corps pour corps aux yeux des tribunaux et de la postérité, si, vérification faite, on trouve dans ces mêmes ordonnances, revêtues de la sanction royale, des dispositions contraires aux lois du pays.

« On ne pénétrera pas dans les secrets des délibérations du conseil du Roi; on ne recherchera point si c'est sa volonté personnelle ou l'avis des ministres qui a déterminé les actes du gouvernement; il est convenu que ce que l'on aimait jusqu'à présent à présumer, on le regardera désormais comme un fait positif. S'il y a une faute, on supposera toujours qu'elle a été inspirée par les ministres; il ne sera pas question de savoir si le *Roi* l'a voulu ou ne l'a pas voulu; le *Roi* sera toujours supposé comme un être infaillible; le mal sera toujours considéré comme provenant des ministres, et ils seront toujours *responsables*. La nation conserve ainsi les avantages du *pouvoir royal*, et acquiert en même temps ceux qui résultent de la faculté de discuter les actes émanés du pouvoir (1). »

C'est donc un principe fondamental d'une monarchie

---

(1) *Le Drapeau blanc*, 14ᵉ livraison, tome II, page 55.

qui n'a pas encore abandonné un pouvoir despotique à ses ministres, « que le *Roi* ne peut pas abuser de son autorité sans les instigations criminelles de ses conseillers et de ses ministres dépravés, et que ces hommes doivent être examinés et punis selon l'exigence des cas et des lois de l'empire (2). »

Dans les États despotiques, chez les peuples barbares ou à demi civilisés, la crainte, les ressentiments et les désirs de vengeance sont souvent plus écoutés que le calcul et la politique. Du comble du pouvoir et de la dignité, on voit tout-à-coup un ministre tomber sur un échafaud, renfermé dans des cachots ou envoyé en exil. Il n'est pas rare que ses successeurs, sans prévoyance sur leur propre avenir, se montrent dans ces conflits les ennemis les plus cruels et les plus acharnés de celui qu'ils viennent d'abattre et de remplacer; mais tout change et tout s'adoucit avec le temps. Les progrès de la civilisation engagent maintenant les fonctionnaires publics amovibles et à grand pouvoir à ne plus s'appesantir sur leurs devanciers, à solliciter au contraire en leur faveur, et à protéger de toute leur influence les personnes et les fortunes de ceux qu'ils ont détrônés. Lord *Carnevan* nous donne l'origine de ce perfectionnement et nous en explique la cause.

« Les registres du parlement d'Angleterre font foi que les ennemis du comte de *Damby*, ayant voulu lui faire son procès à la chambre des pairs, le lord *Carnevan*, par un dis-

(1) Blakstone.

cours aussi singulier qu'inattendu, avait trouvé le secret de détourner l'orage.

« Milords, dit-il, je sais assez mal le latin, mais je sais très-bien l'anglais, et je connais l'histoire de mon pays. J'ai appris les suites fâcheuses de ces désordres de procédures et le sort funeste de ceux qui les ont entreprises : j'en pourrais citer plusieurs exemples anciens, mais je ne remonterai pas plus haut que la fin du règne d'Elisabeth.

« En ce temps, le comte *d'Essex* fut poursuivi par sir *Walter Raleigh*, et vous savez ce qui est arrivé au comte *d'Essex*; milord *Bacon* poursuivit sir *Walter Raleigh*, et vous savez ce qui est arrivé à milord *Bacon*; le duc de *Buckingham* poursuivit milord *Bacon*, et vous savez ce qui est arrivé au duc de *Buckingham*; sir *Thomas Went-Worth*, depuis comte de *Straffort*, poursuivit le duc de *Buckingham*, et vous savez ce qui est arrivé au comte de *Straffort*; sir *Henry Vane* poursuivit le comte de *Straffort*, et vous savez ce qui est arrivé à sir *Henry Vane*; le chancelier *Hyde* poursuivit sir *Henry Vane*, et vous savez ce qui est arrivé à ce chancelier; sir *Thomas Osburn*, à présent comte de *Damby*, poursuivit le chancelier *Hyde*; mais qu'arrivera-t-il au comte de *Damby*? c'est ce que nous allons apprendre par votre décision. En attendant, que celui qui veut poursuivre le comte de *Damby* paraisse, il ne sera pas difficile de lui prédire ce qui doit lui arriver.

« Ce discours ayant été prononcé, le duc de Buckingham, *qui avait dressé toute la batterie*, aussi déconcerté que surpris, s'écria : L'homme est inspiré; un verre de vin a décidé l'affaire ; et ainsi elle ne fut pas poussée plus loin (1). »

D'après de pareils exemples, est-il étonnant que les *ministres* soient toujours empressés d'écarter la discussion d'un point de loi, dont la décision doit fournir des armes pour les poursuivre légalement, en conséquence de leur *responsabilité* reconnue ? Par bonheur elle est de droit, et une nation n'a qu'à savoir la mettre en cause pour contenir dans de justes bornes l'autorité de ses principaux agents.

238. CONCUSSION, TRAHISON DES MINISTRES. Nous associons ces deux mots dans un même article, parce que la charte constitutionnelle de 1814 les confond dans son texte, comme étant les seuls genres de crimes ministériels que les députés aient le droit de poursuivre par-devant la chambre des pairs. Mais dans les discussions où nous allons entrer à leur égard, nous ne considérerons ces deux délits que sous le point de vue de la *responsabilité des ministres*.

Concussion, abus que fait de son pouvoir un homme constitué en dignité, en charge, en commission ou emploi public, pour extorquer de l'argent non dû des personnes sur lesquelles il a quelque autorité.

La *concussion* se commet de différentes manières. Un officier revêtu de l'autorité du Prince se rend coupable de *concussion*, lorsqu'il met, fait mettre, ou laisse prélever à bon escient des impositions plus fortes que celles qui sont ordonnées.

---

(1) *Bibliothèque royaliste*, tome II, page 154.

Lorsqu'il reçoit par lui, ses secrétaires ou ayants-cause, des sommes, des cadeaux ou des *services* pour accorder ou refuser les grâces qu'on lui demande.

L'article 114 de l'ordonnance de Blois défend aux officiers royaux et autres, ayant charge et commission de S. M., de quelque état, qualité et condition qu'ils soient, de prendre ni recevoir de ceux qui auront affaire à eux, aucun don et présent de quelque chose que ce soit, sous peine de *concussion*.

D'après le *digeste* et le code, à l'article *ad regem juliam repetendarum*, le juge qui reçoit de l'argent et le plaideur qui en donne ; l'homme en place qui vend les grâces et le solliciteur qui les achète, etc., sont également coupables de *concussion*.

Dans la jurisprudence francaise, la prescription en faveur du *concussionnaire* est de vingt ans, comme pour les autres crimes. Chaque législation a des règles différentes à cet égard.

Hérodote raconte que Cambyse, roi de Perse, fit écorcher vif un juge convaincu de *concussion*, qu'il fit couvrir de sa peau le banc qu'il occupait quand il siégeait dans son tribunal, et qu'il força le fils de ce magistrat corrompu de s'y asseoir pour y rendre la justice à la place de son père.

Les membres des chambres co-souveraines dans un gouvernement représentatif ne sont-ils pas des magistrats chargés de surveiller la gestion et la conduite administrative des ministres et des autres agents de l'État ? Ils deviennent donc *concussionnaires* toutes les fois qu'ils vendent leur *vote* pour de l'argent, des places ou la promesse d'une grâce quelconque, ainsi que les fonctionnaires publics qui les achètent à ce prix. Cette *concussion* entraîne après elle des maux plus fâcheux et souvent plus incurables que celle d'un juge vénal qui se laisse corrompre par de l'argent. L'iniquité de celui-ci ne nuit qu'à une ou à un petit nombre de familles; mais les prévarications des membres d'un corps législatif, de ces premiers magistrats d'une nation, intéressent la société entière, qu'ils ruinent, affaiblissent, bouleversent et tendent à détruire de fond en comble. Un ministre, un pair ou un député *concussionnaires* sont donc plus coupables qu'un juge atteint et convaincu du même crime; et si, d'après Beccaria, *les peines doivent être proportionnées aux délits*, quel supplice ces législateurs cupides, ces régulateurs infidèles, ces instigateurs de désordres ne méritent-ils pas? La punition que Cambyse fit infliger à ce juge qui accordait ses arrêts à prix d'argent ne sera-t-elle pas trop douce? Mais, en faveur de la philanthropie du siècle, on pourrait s'en contenter jusqu'à nouvel ordre.

Les ministres qui corrompent les parties d'un co-souverain ou celles qui se laissent corrompre, sont donc *concussionnaires* dans toute la force du terme, et ils *trahissent* également la confiance du gouvernement auquel ils appartiennent; il est en outre contre toute vraisemblance qu'un ministre puisse tramer une *trahison* sans vendre les grâces de l'État pour en *acheter* des complices. Ainsi, *concussion* et *trahison* sont presque inséparables dans les procès que la chambre des députés a le droit de poursuivre à la chambre des pairs, relativement à la *responsabilité des ministres*.

Le mot *trahison* est si bien défini dans le dictionnaire de l'Académie, dans tous les livres de jurisprudence, et par l'usage habituel qu'on en fait dans la société, qu'une nouvelle loi grammaticale pour en fixer le sens est d'autant plus inutile, que dans les cas douteux qui entraîneraient un partage parmi les juges, l'interprétation la plus favorable à l'accusé prévaudrait de droit.

Tout est prévu, tout est arrangé ; en un mot, tout est prêt : on est donc libre de commencer quand on voudra.

239. FAVEUR PAR PATERNITÉ. Ce qui a perdu la France, ou du moins une des causes qui a le plus contribué à désordonner son gouvernement et à le mettre dans l'état de délabrement où la révolution l'a trouvée en 1788, a été que la Cour et le public avaient eu plus d'égard aux intérêts particuliers des individus qu'à ceux de l'État en général. Le chevalier *Pierre* est sans fortune, et pour soutenir son rang dans le monde, il lui faudrait une pension de quarante mille francs; cette place convient beaucoup à M. *Claude ;* c'est un sujet médiocre, passablement bête, mais *père d'une nombreuse famille ;* les émoluments de cette charge lui sont absolument indispensables, pour l'entretenir. Des demandes fondées sur des motifs à peu près semblables étaient appuyées de l'assentiment des commères du quartier ; elles ne concevaient pas qu'elles pussent être rejetées et leurs caquets réunis leur imprimaient une bénigne tendance, qui faisait presque toujours pencher la balance du distributeur des grâces et des emplois en faveur d'une *paternité* surchargée d'enfants et de filles à marier. Il n'est que trop souvent arrivé qu'un pareil *état de services* ait prévalu et ait décidé un ministre à accorder au solliciteur qui le lui présentait, des préférences marquées, au détriment de plusieurs autres bons sujets qui appuyaient leurs réclama-

tions sur des raisons beaucoup plus justes et mieux calculées pour l'avantage général de la société.

Malgré la fureur des révolutionnaires d'introduire une
égalité absolue parmi les Français et d'abolir toute espèce
de distinction entre eux, *les pères de famille* n'en conservent
pas moins la prérogative de pouvoir être de *mauvais citoyens*, sans que personne s'en formalise et y trouve à
redire. C'est le seul privilége, en vigueur sous l'ancien régime, qui n'ait pas encore été détruit.

Les talents, l'instruction, la bonne conduite en un mot;
les vertus privées et publiques n'étaient que des accessoires secondaires auxquels on avait moins d'égard qu'aux
vertus prolifiques du solliciteur. Il a une si *nombreuse famille* qu'on ne peut pas lui refuser cette place. — Il n'y
entend rien et il n'a aucune qualité pour la remplir passablement. — C'est vrai : mais il a une si *nombreuse famille!*
—Il n'a aucun titre pour l'obtenir. — C'est vrai : mais ayez
pitié de sa femme, de ses enfants; il a une si *nombreuse
famille....!* Il était rare que ce refrain n'eût pas un plein
succès. Voilà où nous en étions avant 1788, et où nous en
sommes peut-être encore.

Il y a 40 ou 60 ans que nous nous occupons de politique
et nous n'avons pas encore appris à distinguer, soit dans
nos élections, soit dans nos jugements, l'homme privé de
l'homme public. *Il est impossible de choisir un meilleur député que* M. Nicodème, *c'est un parfait honnête homme;* oui,
dans son ménage; mais à la tribune, à la tête d'une administration importante, que sera-t-il? un bon *père de famille*
qui, avant tout, tâchera d'assurer le sort de ses enfants et
travaillera à rendre leur position aussi heureuse et aussi

brillante que l'abus des prérogatives de sa place le lui permettra.

A ce compte, la mère *Gigogne*, qui tous les soirs accouchait aux marionnettes d'une douzaine ou d'une vingtaine d'enfants, mériterait qu'on accordât à sa *nombreuse famille*, un droit de *prélation* (1) sur toutes les places de l'État qui viendraient à vaquer.

D'après ce système prédominant, on ne doit plus s'étonner qu'on ait vu en France, au commencement de la révolution, tant de *Fantoccinis* remplir des places importantes et quelquefois très-essentielles. Leur père avait eu une si *nombreuse famille* !

Les directeurs des théâtres du gouvernement s'accommodent fort bien de ces mannequins en fonctions. On en fait tout ce qu'on veut ; et suivant l'impulsion que les metteurs en œuvre leur donnent, ces machines politiques agissent pour le bien ou pour le mal avec une indifférence extrême. Si quelques-unes d'elles se trouvent avoir joué des rôles trop actifs, sous *Robespierre* ou d'autres illustres révolutionnaires, leurs avocats les excusent et les défendent, en disant : « Que vouliez-vous qu'ils fissent dans ces circonstances désastreuses ; ils avaient une si *nombreuse famille* à soutenir ! » Ces motifs jusqu'à présent (juillet 1828) ont toujours été favorablement reçus et admis sans contradiction.

_____

(1) *Prélation*, préférence, ou droit en vertu duquel les enfants obtiennent les charges que leurs pères ont possédées.

Le public approuvant ce prétexte et applaudissant ces nominations, je n'ai plus rien à dire et je finis cet article.

(Voyez ci-devant : *Faveur d'héritage*, tome II, p. 303; — et *Faveur de hasard*, id., p. 318.

240. FAVORITISME. C'est moins l'ascendant qu'un esprit fort prend sur un esprit faible, qu'une espèce d'engouement de sympathie qui attache un homme à un autre, lequel partage rarement l'affection qu'on a pour lui.

Le patron s'identifie si fort avec son favori qu'il ne voit, ne pense et n'agit que pour lui. On ne doit pas être étonné qu'il y ait eu tant de favoris qui aient abusé de leur position et de l'aveuglement de leurs maîtres.

Les qualités qui conduisent au *favoritisme*, ne sont pas celles qui constituent l'homme d'État : aussi peu de favoris ont été de grands ministres, et ont mérité la reconnaissance des sujets de leurs maîtres. Le plus grand nombre, au contraire, s'est attiré leur indignation, et en a reçu le traitement le plus dur, quand les circonstances ont permis de ne plus les craindre.

Plus les favoris sont agréables à leurs maîtres, plus ils sont odieux à la nation; plus ils exercent d'empire sur l'esprit fasciné des souverains.

Le besoin et l'habitude de la part d'un Prince, d'abandonner la direction de ses affaires et de ses plaisirs, à l'homme qui s'est emparé de son esprit, est toujours une preuve de faiblesse d'esprit et de caractère. Les grands Rois ont d'illustres amis et de grands ministres, mais jamais de favoris.

Si de grandes Reines ont eu des favoris, cette faiblesse

avait une autre source et un autre caractère, et rarement elle a eu des suites fâcheuses.

On ne saurait trop mettre dans tout son jour, le résultat funeste du *favoritisme*, de cet abandon qu'un Prince fait de son pouvoir, de sa pensée, de sa gloire et de ses peuples à un homme qui doit toujours être leur ennemi.

Les favoris ont beau élever leur Prince au rang des Dieux, il n'en est pas moins *homme*. Son âme est comme les autres, un peu plus blasée peut-être, mais susceptible des mêmes passions et des mêmes faiblesses. Quoique le besoin de s'attacher et de s'identifier avec quelqu'un, ne soit pas général parmi nous, il y est assez commun pour voir les neuf dixièmes des souverains s'y livrer avec complaisance et sans réflexion.

FIN DU DEUXIÈME VOLUME.

TABLE ALPHABÉTIQUE

DES MATIÈRES

TRAITÉES DANS LES DEUX VOLUMES DU LEXICON POLITIQUE.

(La lettre *a* désigne le premier volume; la lettre *b* désigne le second volume : les chiffres sont ceux des pages.)

A.

B.

II.

C.

D.

E.

F.

Fidélité, *b* 205.

Force, *a* 47.

Force publique, *a* 50.

G.

Galanterie, *b* 240.

Garantie, *b* 385.

Girouette, *b* 263.

Gouvernement, *à* 60.

Gouvernement de la médiocrité, *a* 78.

Gouvernement despotique, *a* 363.

Gouvernement monarchique, *a* 363.

Gouvernement républicain, *a* 366.

Gouvernements industriels, *a* 90.

Grand Orient, *a* 348.

H.

Habitudes nationales, *a* 203.

Hiérarchie des Pouvoirs dans le spirituel de la Religion catholique, *b* 6.

Honneur, *b* 206.

Honneur de l'État, *a* 235.

Humanité, *a* 166.

I.

Idées libérales, *a* 237.

Idéologie, *b* 95.

Importuns, *b* 322.

Improvisateurs *b* 109.

II.

Q.

R.

S.

T.

FIN DE LA TABLE ALPHABÉTIQUE.

FAUTES ESSENTIELLES A CORRIGER.

TOME PREMIER.

Page 97, ligne 16, au lieu de : *à quelques distractions près*, lisez : *à quelques exceptions près*.

Pag. 195, lig. 24, au lieu de : *comme de l'Egypte*, lisez : *comme l'Egypte*.

Pag. 231, lig. 13, au lieu de : *sa petite vanité. Son caractère connu, les*, etc., lisez : *sa petite vanité, son caractère connu. Les.....*

Pag. 303, ligne 22, au lieu de : *1739*, lisez : *1789*.

TOME SECOND.

Pag. 134, lig. 1, au lieu de : *capable*, lisez : *coupable*.

Pag. 147, lig. 20, au lieu de : *sujets de leur souverain*, ôtez : *de leur souverain*.

Pag. 152, lig. 12, au lieu de : *loyaux Américains*, lisez : *loyaux Anglais*.

www.ingramcontent.com/pod-product-compliance
Lightning Source LLC
Chambersburg PA
CBHW071951270326
41928CB00009B/1408